Hiebel · Die Zeichen de

Hans Helmut Hiebel

Die Zeichen des Gesetzes

Recht und Macht bei Franz Kafka

Wilhelm Fink Verlag München

Als Habilitationsschrift auf Empfehlung der Philosophischen Fakultät II
der Universität Erlangen-Nürnberg gedruckt mit Unterstützung der
Deutschen Forschungsgemeinschaft.

Der Verfasser bedankt sich für Anregungen und Einwände bei
Walter Bauer-Wabnegg, Karl Bertau, Ulrich Fülleborn, Friedrich A. Kittler,
Wolf D. Kittler, Gerhard Neumann, Helmut Pfotenhauer, Heinz Schlaffer,
Gisbert Ter-Nedden, Kurt Wölfel und Ulrich Wyss.

CIP-Titelaufnahme der Deutschen Bibliothek

Hiebel, Hans H.:
Die Zeichen des Gesetzes: Recht und Macht bei
Franz Kafka / Hans Helmut Hiebel. — 2., korri-
gierte Aufl., —
München: Fink, 1989
  Zugl.: Erlangen, Nürnberg, Univ., Habil.-Schr.
  ISBN 3-7705-2137-4

2., korrigierte Auflage

ISBN 3-7705-2137-4
© 1983 Wilhelm Fink Verlag, München
Gesamtherstellung: Graph. Betrieb Ferdinand Schöningh, Paderborn

Inhaltsverzeichnis

6

Einleitung:
Recht, Macht und Begehren in den ›Mythen‹ Franz Kafkas

> »Um die Figur der Gerechtigkeit aber blieb es
> bis auf eine unmerkliche Tönung hell, in die-
> ser Helligkeit schien die Figur besonders vor-
> zudringen, sie erinnerte kaum mehr an die
> Göttin der Gerechtigkeit, aber auch nicht an
> die des Sieges, sie sah jetzt vielmehr vollkom-
> men wie die Göttin der Jagd aus.'' (P 177)[1]

a) Die Schrift des Gesetzes (Die Zeichen und ihre Einschreibung)

Immer wieder geht es in Kafkas Werk um unverständliche, unzugängliche, un-
auffindbare Urkunden. »[...] vielleicht bestehen diese Gesetze, die wir hier zu
erraten suchen, überhaupt nicht« (ER 361), heißt es in dem Text ZUR FRA-
GE DER GESETZE, und im PROZESS erzählt die Legende »Vor dem Gesetz«, die den »einleitenden Schriften zum Gesetz« (P 255) entnommen ist,
von der Unzugänglichkeit eben dieses Gesetzes; Josef K. gelangt in der Tat
niemals in seine Gemächer und an seine Codices. Im SCHLOSS bleiben bis
zum Ende des Romans der Wortlaut, ja die Existenz der Berufungs-Urkunde
des »Landvermessers« umstritten (S 36, 105, 174).
   In der STRAFKOLONIE andererseits, deren Schreib-Maschine dem Verurteilten mit Nadeln das »Urteil« in den »Leib« sticht (ER 118), sind die
Gesetzes-Graphen, die der Maschine eingegeben werden, eindeutig. »Ehre deinen Vorgesetzten!« (ER 117) lautet das dem verurteilten Wächter einzuschrei-
bende Gebot. Indessen vermag nur dieser das Gesetz zu lesen, zu »erfahren«
(ER 118); der Außenstehende kann die Schrift der Eingabe nicht »entziffern«
(ER 121), er erkennt nur »labyrinthartige, einander vielfach kreuzende Linien« (ER 121). Somit erinnern ihre kryptischen Hieroglyphen wieder an die
Legende im PROZESS (P 255 ff.) bzw. die Kryptogramme im Buch des Untersuchungsrichters (P 67). Gleichwohl scheint sich die Metapher von der
»Schrift« bzw. den »Zeichen des Gesetzes« hier zu verschieben. Die Erzählung
verbildlicht jene Vorstellung, die dem spanischen Sprichwort »La letra con
sangre entra«[2] zugrunde liegt. Strafen und Lehren, Vergeltung und Prävention
bzw. Sozialisation werden in Kafkas Metapher in eins gesetzt und gleichermaßen als Verfahren der Einschreibung des Gesetzes begriffen. Soma und Psyche, Körper und Seele werden in diesem Bild, das nicht buchstäblich zu nehmen und nicht, wenigstens nicht umstandslos, auf die Brandmarkung im Mittelalter oder das Initiationsritual der Wilden zu beziehen ist, als Einheit gefaßt. Das Sinnbild von der Einschreibung des Gesetzes, das Familie und Gesellschaft, Erziehung und Recht umgreift, ist bei Kafka kein vereinzeltes Phänomen. Stiche, Schnitte, Schläge und Einschüsse verletzen den Körper — oder
die Seele — und hinterlassen in den Narben die Schriftzeichen des Gesetzes:
Sie treffen den Affen im BERICHT FÜR EINE AKADEMIE (ER 167), den
Kranken in EIN LANDARZT (ER 144) oder den Käfer Samsa in DIE VER-
WANDLUNG (ER 79, 96), wo von »Andenken im Fleische« (ER 96) die Rede

ist. Daß es bei den dargestellten Einschreibeverfahren um Verinnerlichungs-prozesse geht, das macht vielleicht jener Aphorismus am deutlichsten, in wel-chem die Peitsche als ›Schreib-Instrument‹ fungiert: »Das Tier entwindet dem Herrn die Peitsche und peitscht sich selbst, um Herr zu werden, und weiß nicht, daß das nur eine Phantasie ist, erzeugt durch einen neuen Knoten im Peitschenriemen des Herrn.« (H 42)

An anderer Stelle geht es weniger um den Prozeß der Einschreibung als um das Bleibende der Schrift, d.h. das Fortwirken der Engramme, des nicht in Gesetzes-Tafeln, sondern in die ›Körper-Seele‹ Eingeschriebenen. So in der un-vernarbten, unheilbaren Wunde des kranken Sohnes in EIN LANDARZT. Im übertragenen Sinne aber ist auch Josef K. im PROZESS ›verwundet‹. In ihm selbst ist das Gesetz, das er im Draußen zu finden sucht, aufgeschrieben. Die »Wunde«, »deren Tiefe Rechtfertigung heißt« (T 529), veranlaßt Josef K., sich immer wieder den Verhören des Gerichts zu stellen und sich unentwegt — wenngleich widerstrebend — zu legitimieren. Daß Josef K. die Bücher des Gesetzes, die Absichten des Gerichts niemals in Erfahrung bringen kann, die-sem Äußeren entspricht, daß jene anklagenden Mächte im Innern K. bis zu-letzt unzugänglich, unbewußt bleiben. Die Hieroglyphen des inneren Skripts bleiben trotz oder gerade wegen ihrer Unzugänglichkeit von nicht zu schwä-chender Wirksamkeit.

Der Text FÜRSPRECHER (ER 369 f.) legt einen weiteren Aspekt der Schrift-Metapher nahe. Hier werden Gesetz und Rechtspraxis, Codex und Rechts-Kampf radikal geschieden. Unüberschreitbare Parteilichkeit bestimmt das, was Recht heißt. »Wirklich urteilen kann nur die Partei, als Partei aber kann sie nicht urteilen« (H 86), heißt es daher auch an anderer Stelle. Es geht nicht mehr um die Einprägung einer fertigen, sondern um die Ausprägung ei-ner unfertigen Sache. Der unabschließbare Austrag von Kräfte-Verhältnissen und dezisionistischen Entscheidungsprozessen im sozialen wie im privaten Feld der Interaktion formieren das Gesetz, das niemals fixierbare, fließende »Gesetz«. »Was der Adel tut, ist Gesetz« (ER 361), heißt es entsprechend im Text ZUR FRAGE DER GESETZE. Daher ist der Einschreibevorgang der STRAFKOLONIE auch als Bild für die lebenslange Beschriftung des Indivi-duums zu verstehen, auf dessen Einschreibfläche sich das soziale Kräfte-Verhältnis abdrückt. In den FÜRSPRECHERN wird also folgerichtig das ge-schriebene Gesetz als ›Satzung‹ fundamental geschieden von den *de facto* sich ins Individuum ›einschreibenden‹ Gewalten.

Vielleicht ist es daher kein Zufall, daß in dem Text EIN TRAUM (ER 164 ff.) der Buchstabe zum Grabmal wird. Das Lebendige erliegt der Schrift, die »Ei-gentümlichkeit« der »Allgemeinheit« (H 227 ff.), deren Sprachmacht ein Let-ter symbolisiert. Als Josef K. auf dem Grabstein über einem frisch aufgeworfe-nen Erdhügel erkennt, wie ein »J« als Initial seines Namens in Goldschrift er-scheint, weiß er, daß von ihm gefordert ist, in dieses Grab hinabzusteigen.

b) Innen und Außen

»Kapitalismus ist ein Zustand der Welt und der Seele« (J 206) soll Kafka zu Gustav Janouch, dessen Zeugnisse freilich immer wieder in Zweifel gezogen worden sind[3], gesagt haben. Jedenfalls aber verleiht diese dichterische Reflexion Kafkas bzw. reflexive Erdichtung Janouchs sehr exakt jener Erfahrungsweise und Bildform Ausdruck, welche uns in Kafkas Werk immer wieder begegnet: der des dialektischen Wechselverhältnisses von sozialer Außen- und psychischer Innenwelt, der der Ineinanderbildung und des Zirkels von Drinnen und Draußen. »Der Kapitalismus ist ein System von Abhängigkeiten, die von innen nach außen, von außen nach innen, von oben nach unten und von unten nach oben gehen« (J 205), so erläutert Kafka bzw. Janouch jenes Wechselverhältnis, in welchem sich unserer Auffassung nach rechtsphilosophisch bzw. machttheoretisch faßbare und psychoanalytisch beschreibbare Kräfte und Gesetze einander verbinden, jenen Raum, in welchem die gesellschaftlichen Institutionen und das Begehren der Subjekte miteinander und gegeneinander operieren, Recht und Macht sich gegen das Begehren richten wie auch aus ihm hervorgehen.

Erscheinen die beiden Sphären der Erfahrung, die soziale und die innerseelische, bei Kafka als ineinander verschränkt, so gilt dies noch nachdrücklicher vom Verhältnis von Form und Inhalt, was der Begriff des »Denkbilds« zum Ausdruck bringen mag.[4] Kafkas »Denkbilder« vom »Zustand der Welt und der Seele« evozieren die Anschauung und zugleich die Reflexion von Weltinnen- und Weltseelenräumen. Wie das »Sinnbild« vom Individuell-Bildhaften zum Allgemein-Gedanklichen führt, so das »Denkbild« von der Betrachtung zur Reflexion, nur daß dies niemals bruchlos geschehen kann, da es zu keiner Kongruenz von Sinn und Erscheinung kommt bzw. der Reflexion nicht an einem Ziel auszuruhen erlaubt wird.[5] »Bilder, nur Bilder« (J 54) meinte Kafka zu erfinden, und doch nötigen seine sich unentwegt verschiebenden, vieldeutig-paradoxen Metaphern zur Reflexion wie sonst keine.

Im Titel dieser Einleitung stehen *Gehalte* – das Recht, die Macht, das Begehren – an erster Stelle; diese Plazierung bedarf des ergänzenden Hinweises, daß die hier versuchte Herausarbeitung des Gedanklichen und Gehaltlichen nie anders als über die Analyse der *Form* der Kafkaschen Konfigurationen erfolgen soll. Zerfällt die Kafka-Literatur im großen und ganzen in die Inhaltsexegese einerseits und die bloß formale Textbeschreibung andererseits, so käme es nun darauf an, die Formdeskription in die Formanalyse überzuführen, welche im Wie der Gebilde das Was zu entdecken vermag, das in ihnen am Werk ist. So wird weder die ›inhaltsästhetische‹ Orientierung an der Botschaft oder Aussage noch die ›formästhetische‹ an der äußeren Gestalt des Werks die Beantwortung der Frage zulassen, welche *Gehalte* sich denn *in seinen Formen* sedimentierten und weshalb es der Formung und Umbildung unmittelbarer Erfahrungsinhalte überhaupt bedurfte. Wie in der formalen Beschreibung von (einsinniger) Perspektive, (uneigentlicher) Bildlichkeit und (zirkelhafter) Handlungsstruktur meist der soziale und psychologische Bezug, aus dem die Kafkaschen Formen und Figuren hervorgehen, verschwindet, so bleiben die nur« an der Aussage interessierten theologischen, philosophischen, soziologischen und psychologischen Exegesen oft die Antwort auf die Frage nach der *Funktion* der änigmatischen, polysemischen und paradoxen Gestaltungsweise Kafkas schuldig.

c) Form, Gehalt, Funktion

Die Rätsel, die Kafka aufgibt, sind seit Max Brods allegorischen Interpretationen immer wieder eilfertig in Antworten umgemünzt worden. Erst in den letzten Jahren wurde der Rätselcharakter der Kafkaschen Texte als solcher zum Gegenstand philologischer Erkenntnis erhoben, wurden inhaltsästhetische Axiome in Frage gestellt durch funktionsästhetische.[6] Als die hervorragendste Arbeit dieser Art kann Michel Dentans Analyse »Humour et Création Littéraire dans L'Oeuvre de Kafka«[7] gelten, welche die allegorischen, phantastischen und humoristischen Züge Kafkascher Gestaltung auf ihren produktions- und wirkungsästhetischen Sinn hin — nämlich den, der aller Gewißheiten beraubten, zerfließenden modernen Seele durch die Produktion von *Bildern* Einheit, Halt und Sicherheit zu geben — zu erläutern unternimmt.[8]

Die Kafka-Literatur vermag wie keine andere zu demonstrieren, wie leicht der Gegenstand philologischer Erkenntnis zum »Rorschach-Test«[9] entraten, zum Träger projizierter Botschaften umgedacht werden kann. Allerdings sind die jeweiligen theologischen, psychologischen, existentialistischen, soziologischen und biographischen Exegesen der Interpretationsgeschichte eher als ein *Zuwenig* denn als ein *Zuviel* zu begreifen; in den Chor der Anklagen gegen die angeblich »textfremden« Auslegungen vermag der Verfasser nicht einzustimmen. Nur die Verabsolutierung des jeweils den polysemischen Texten Unterstellten verfälscht Philologie in Übersetzung. Vereinzelter Mangel an Evidenz hat nichts mit der prinzipiellen Interpretationsleistung der jeweiligen Analysen zu tun, welche durchaus den Kafkaschen Texten adäquat waren, da diese — wenn auch verrätselt und implizit — in der Tat existentielle Situationen, theologische Traditionen, soziale Zusammenhänge, intrapsychische Gesetzlichkeiten und biographische Ereignisse spiegeln. Die Grenze dessen, was Implikation heißen kann, darf nicht durch Ressentiments verengt werden. Aber Kafkas Werke manifestieren eben niemals *nur das Eine;* als »offene Kunstwerke«[10] erschließen sie Spielräume, in welchen sich die Erfahrungsgehalte verschiedenster Sphären durchdringen und im Experiment der Fiktion zu Vexierbildern zusammengeschlossen werden. Weder *Bestimmtheit,* noch sinnverweigernde *Unbestimmtheit* ist deren Signum, sondern »bestimmte Unbestimmtheit«[11] oder »überbestimmte« Unbestimmtheit[12] prägt die Konfigurationen, in welche die Erfahrungen konkreter Subjektivität und ihnen entspringende Sinnfragen änigmatisch verschoben Eingang gefunden haben.

Obgleich die vorliegende Arbeit vornehmlich Gehalten nachgeht, denen innerer und äußerer Mächte im Universum Kafkas, erschließt sie diese Gehalte über die Formanalyse, und dies dergestalt, daß der Sinn der poetischen Gestaltung, die Funktion — humoristischer, satirischer, sarkastischer, traditionskritischer und ratlos-skeptizistischer Selbstvergewisserung — in den Blick kommt.

Die Betrachtung der Metapher von der »Schrift des Gesetzes« und der Figur der Ineinanderbildung von »Innen« und »Außen« faßte bereits formale Erscheinungsweise und Gehalt summarisch zusammen. Im engeren Sinne bilden »Recht« und »Macht« als sozialphilosophisch bestimmbarer Komplex sowie das »Begehren« als das psychoanalytisch begreifbare Konstituens der Subjektivität den thematischen Horizont der vorliegenden Arbeit; dies, weil es sich hier einmal um Desiderate der Kafka-Exegese handelt, und weil es zum anderen um die zentralen Gegenstände der Kafkaschen Erfahrung und Reflexion geht.

Auch die Verknüpfung der beiden Gegenstandsbereiche — deren Trennung bedingt ist durch eine sozialhistorische Trennung von Familie und Gesellschaft, Privatperson und sozialem Wesen, sowie eine wissenschaftsgeschichtliche Trennung von Soziologie und Psychologie — ist begründet in der Verschränkung beider Sphären der Erfahrung in Kafkas poetischem Werk selbst. Die Wiedervereinigung des Ent-zweiten, die Vermittlung von psychischer und sozialer Logik war ganz analog ein Anliegen der soziopsychoanalytischen bzw. freudomarxistischen Theorien der letzten fünfzig Jahre.[13] Die sozialphilosophische Reflexion auf Recht und Macht hat die — wesentlich familial bedingten — Prägungen des Psychismus in ihr Gebiet einbezogen, wie umgekehrt die psychoanalytische Theorie der Subjektivität, zum Teil schon bei Freud selbst, die makrosozialen Bedingungen und Auswirkungen der Primärsozialisation in den Blick nahm.

d) Das »Begehren« und die psychoanalytische Perspektive

Das Gesetz, das aus dem Recht — oder der Macht — hervorgehende Gesetz, hat bei Kafka stets etwas mit dem Begehren, dem Wünschen, der Hoffnung zu tun und ist nicht reduzierbar auf die Organisation der Bedürfnisse der Selbsterhaltung. Im SCHLOSS geht es um mehr als die Integration in die soziale Welt der Arbeitsteilung; K. versucht, an Klamm »vorbeizukommen, weiter, ins Schloß« (S 163), er möchte jenen Sieg seiner Kindheit, das Erklimmen der »Friedhofsmauer« (S 44 f.), das seine phantasmatische Wunschwelt begründete, wiederholen. Auch das »Begehren« im engeren Sinne bestimmt durchweg die Verhöre, Gerichtsverfahren und Urteilsverkündungen des Kafkaschen Werks. Der PROZESS beginnt mit dem Sündenfall der ›Vergewaltigung‹ Fräulein Bürstners (P 42), und all die Fehlleistungen K.s sind seinem Begehren vermittelt, was besonders aus jener Episode erhellt, die zeigt, wie K. in den Armen Lenis, des Dienstmädchens seines Advokaten, diesen und den Kanzleidirektor vergißt, d.h. seinen Prozeß verdrängt. (P 134 ff.)

Der Begriff des »Begehrens« soll den Nenner für die psychoanalytische Perspektive unserer Studie abgeben. Er meint das über Jacques Lacans *désir* ins Deutsche zurückgekommene Synonym für den Freudschen »Wunsch«, d.h., er bezeichnet das Movens des dem »Realitätsprinzip« entgegenstehenden »Lustprinzips«, das die Konfigurationen des Unbewußten — in Träumen, Fehlleistungen, Symptomen, Tagträumen und Witzesbildungen — determiniert. In den Hieroglyphen des Unbewußten haben der Wunsch bzw. seine Umkehrung, die Angst, ihre Wirklichkeit. Dieses Unbewußte als Rede des Anderen gibt Auskunft über das Schicksal des Subjekts in der Familie, wie vor allem die linguistisch und struktural orientierten Freud-Kommentare Jacques Lacans — angefangen von LA FAMILLE (1938) in der *Encyclopédie française* — zeigen. Das Subjekt ist Produkt der mikrosozialen symbolischen Interaktion der Familie in Abhängigkeit von den makrosozialen Strukturen. Das Wunschprinzip ist entscheidender Faktor in den durch die Primärsozialisation sich herausbildenden Abwehrvorgängen — den Verdrängungen, Verleugnungen, Verschiebungen, Verdichtungen, Projektionen —, welche immer wieder an Kafkas Darstellungsformen, aber auch direkt an seinen Figuren in Erscheinung treten.

Die psychologische Perspektive dieser Arbeit richtet sich folglich nicht, wie es Ziel der meisten analytischen Interpretationen Kafkas seit H. Kaiser[14] war, auf die Biographie des Autors, gar seine mutmaßlichen Psychopathien, sondern auf das, was in den Texten selbst am Werk ist und auch an den Figuren — überdeutlich an Josef K. im PROZESS, dem Affen des BERICHTES, dem Tier des BAUS — demonstriert wird; wobei es Kafka nicht um eine Bebilderung dessen geht, was er von Freud gelernt haben mag, sondern um die Produktion von der Freudschen Erfahrung Analogem, den Freudschen Modellen Entsprechendem.

Kafkas metonymische Anspielungen und metaphorische Rätselspiele bedürfen, will man sie überhaupt verstehen, einer tiefenhermeneutischen Exegese; eine solche Hieroglyphen-Analyse konvergiert schließlich notwendig mit einer psychoanalytischen Interpretation. Nicht um eine textexterne Fragestellung geht es also, sondern um eine Interpretation, welche die analytischen Modelle nur als Hilfsmittel benützt, welche aber auch — damit wird jeweils die Textimmanenz verlassen — sich in den Kommentar überzugehen erlaubt, d.h. analytische Modelle und theoretische Erklärungen zur Erhellung des Interpretierten heranzieht, es einbettet in theoretische Kontexte. Immer aber ist Verstehen, nicht Erklären das Ziel der kommentierenden Passagen. Das Textexterne soll nur Mittel sein, die Evidenz des textimmanent Interpretierten zu bekräftigen.

Allerdings stellt sich des öfteren die Frage nach der Grenze von Impliziertem und von außen Herangetragenem, bzw. von bewußt Intendiertem und unbewußt Mitgeteiltem. Die bewußt oder halb-bewußt gesuchten Bilder dieses aus dem Reservoir des Traumes schöpfenden Dichters sind oft von den genuinen Symbolisierungen des Unbewußten nicht zu unterscheiden. E.D. Hirsch hat in den PRINZIPIEN DER INTERPRETATION den unbewußten Sinn zum intendierten Sinn gerechnet[15] und damit eine Philologie, welche den bewußten Sinn favorisiert, um den unbewußten Sinn »textexternen« Analysen zu überantworten, ins Unrecht gesetzt. Aber nicht darum, Selbstmißverständnisse in den Verschiebungen und Widersprüchen zu entdecken und zu »entlarven«, geht es hier, sondern um die Auslegung unbewußter, aber zugelassener, ja aufgesuchter Symbole und Konfigurationen, vorausgesetzt, es handle sich hier um unbewußte und nicht um vom überaus wachen Bewußtsein Kafkas aus dem »traumhaften innern Leben« (T 420) treffsicher hervorgeholte und ganz kontrolliert eingesetzte Zeichen.

Der Wunsch nach dem Ende des Wünschens, der Kafkas Reflexionen über den Tod, seine Sterbeszenen bzw. den Sinn des Todes im jeweiligen Werk bestimmt, gehört mit zu der Perspektive, welche wir die psychologische nannten. Nicht der Tod im Sinne biologischen Verfalls oder physischer Vernichtung ist im URTEIL, der VERWANDLUNG, der STRAFKOLONIE, dem LANDARZT, dem PROZESS am Werk, sondern der Tod als allegorisierter Todeswunsch. Daher hat G. Kurz es gewagt, Kafkas Werk eine »Thanatologie« zu nennen.[16]

e) Recht und Macht

Schon im ödipalen Drama, wie es Kafka vom URTEIL an immer wieder gestaltet, ist das Prinzip der »Macht« am Werk, der Macht, welche Tabus setzt — und dies im Dienste eines Realitätsprinzips, in welchem selbst Macht und Recht miteinander kollidieren. In Texten wie der STRAFKOLONIE, dem PROZESS, der CHINESISCHEN MAUER aber werden Rechtsfragen und Herrschaftsformen (in makrosozialer Hinsicht) explizit zum Gegenstand der Darstellung erhoben.

Kafka — Canetti zufolge der »größte Experte der Macht« unter den Dichtern[17] — entwirft in den bezeichneten Werken eine Mikrophysik der Macht, welche sich vom Juridisch-Sozialen bis in die extrajuridischen Sphären, das Private, die Familie, die Sprechakte, das Vokabular und die Symbolsysteme des Unbewußten erstreckt.[18] Ein Wille zur *Macht*, der nicht allein das Juridische, Politische, Soziale oder die Formen direkter Repression erfaßt, bestimmt hier das Agieren der Kafkaschen Herrschaftsträger, so daß das *Rechts*denken, das seine Helden unermüdlich verfolgen und das deren Gegner bereitwillig als Phantasmagorie aufrechterhalten, an ihm sich stets vergeblich abarbeitet. Da bei Kafka das Recht als Mittel der Macht erscheint, da das Recht immer wieder durch die Macht pervertiert und also aufgehoben wird, verbinden sich die beiden Komplexe zu einer Korrelation, so daß die beiden Themen im Grunde ein einziges Sujet ausmachen. Die Erscheinungsformen und Prinzipien dieser — dialogisch-dialektisch begründetes Recht in Frage stellenden — Macht, die in der Familie ihren Ausgang nimmt und in der Sozietät endet bzw. in der Sozietät beginnt und auf die Familie übergreift, gilt es hier herauszuarbeiten. Herrschafts- und Machttheorien — besonders diejenigen Michel Foucaults und Friedrich Nietzsches — stellen für uns Hilfsmittel der Interpretation dar, sie dienen der Schärfung des Blicks, aber auch — soweit unsere Interpretation in Kommentar übergeht — der Erhellung des Interpretierten durch Analogien, durch parasprachliche Entsprechungen. Wie die psychoanalytischen Kommentare dienen die sozialphilosophischen nicht der Erklärung und der Ableitung, sondern — obgleich sie dem Textexternen entstammen — der verstehenden Erhellung des Textinternen, der Bekräftigung der immanenten Auslegungen.

»Recht«, »Macht« und »Begehren« bezeichnen also die *Stoff*bereiche dieser Arbeit; die »Waage«, das »Schwert« und den »Pfeil« könnte man zu ihren emblematischen Nennern erklären. Eine solche Bildvorstellung legt Kafka selbst mit jenem Gerichtsgemälde des Malers Titorelli im PROZESS nahe, welches die »Göttin der Gerechtigkeit« mit der Göttin des »Sieges« und der Göttin der »Jagd« in eins setzt (P 177); aus Justitia wird eine geflügelte, mit schwankender Waage eilende Nike, welche das Schwert mit dem vergifteten Pfeil der Artemis — oder des Eros — vertauscht hat.

f) Figur und Konfiguration

Die »Schrift des Gesetzes«, diktiert vom Recht, der Macht und dem Begehren, erscheint bei Kafka stets als ästhetisch-fiktional verzeichnete »Schrift«, als Kunst- oder Spiegelschrift. Daher weisen die »Zeichnungen«, nach deren Richtlinien die Maschine der STRAFKOLONIE den Verurteilten das Urteil auf den Leib schreibt, mit ihren »labyrinthartigen, einander vielfach kreuzenden Linien« (ER 121) nicht allein auf ein bestimmtes Rechtssystem, sondern auch auf Kafkas Bilder-Schrift selbst, seine Kryptogramme.

Kafkas labyrinthischen »Denkbildern«, seinen Sinn-Bildern ohne fixierbaren, ruhenden Sinn, soll sozusagen ikonographisch, d.h. durch sukzessives Aufspüren ihrer Verweise, und ikonologisch, d.h. durch Analyse ihrer Bild-Logik, nachgegangen werden. Angebracht scheint daher eine semiotische Zergliederung in Grundformen, in kleinste, elementare Figuren, und schließlich eine Rekonstruktion der zur komplexeren Gestalt, zur »Konfiguration«[19] zusammentretenden Grundfiguren. Der Terminus »Figur« entstammt dem Strukturalismus, der ihn — seinem analytisch-segmentierenden Verfahren entsprechend — aus der Linguistik bzw. Rhetorik in die Poetik entnommen hat. So unterschied zunächst Roman Jakobson metaphorische und metonymische, d.h. paradigmatische und syntagmatische Figuren der poetischen Prosa[20]; Todorov verglich dann die Formen der narrativen Syntax mit den »Figuren« der Rhetorik[21]. Ähnlich forderte G. Genette, sich auf Roland Barthes beziehend, in seinem Aufsatz FIGURES die Festlegung von Figuren der »poetischen Grammatik«[22]. Und Jean Rousset versuchte schließlich in FORME ET SIGNIFICATION solchen Forderungen nachzukommen[23].

Obgleich seit F. Beißners Kafka-Vorträgen die einsinnige Perspektive als Grundfigur der Kafkaschen Weltdarstellung gilt, meinen wir, die ›Urgebärde‹ seiner Gestaltungsweise in der *fortgesetzten Paradoxie* und der *gleitenden Metapher* (der changierenden, mit semantischen Verschiebungen arbeitenden Bildlichkeit) erkennen zu können. In der Notiz »Meine Gefängniszelle — meine Festung« (H 421) schließen sich beide Grundfiguren auf knappstem Raum zusammen. Alle Verästelungen der traditions- und poesiekritischen Formgebung Kafkas scheinen sich aus diesen beiden elementaren Bauformen herauszubilden: die Form des Nicht-Ankommen-Könnens, des Auf-der-Stelle-Tretens, des Kreislaufs, der unentwegten Verschiebung, des unendlichen Aufschubs usw. »Parabel« und »Paradox« hätten demnach die Nenner Kafkascher Gestaltung werden können, hätte H. Politzer sie nicht pauschal und vage als Verfahren bestimmt, in welchen der Verweis auf das schlichtweg Unenträtselbare statthabe.[24] Die fortgesetzte Paradoxie und die unausgesetzt sich verschiebende metaphorische Seinsauslegung konstituieren bei Kafka Anschauungsformen, mit Hilfe derer das Subjekt die äußere und die innere Welt erfährt und verarbeitet. Wie wir an der schon komplexeren Konfiguration des ›Zirkels von Innen und Außen‹ sehen können, geht es dabei immer auch um ein dialektisches Wechselverhältnis von inneren und äußeren Phänomenen. Entscheidend an diesem ›Metaphern-Zirkel‹ ist, daß der Signifikant des Vergleichs in paradoxer Weise unmittelbar vom Verweis auf das eine Signifikat zum Verweis auf ein anderes übergeht: »[...] an seiner eigenen Stirn schlägt er sich die Stirn blutig« (B 292).

Daß Kafkas Uneigentlichkeit, und nicht nur die der auf Antikes sich beziehenden Texte um Prometheus (H 100, ER 351 f.), die Sirenen (ER 350 f.), Poseidon (ER 353 f. und H 304) usw., nicht in symbolischer Weise dechiffrierbar ist, rückt sie in die Nähe der mythischen Denkformen. Kafkas reflexive Neo-Mythen verweigern mit ihren dunklen Metonymien und hermetischen Metaphern eine Festlegung auf definitive Signifikate; sie sind gewoben aus Analogien und Oppositionen, Verkehrungen und Verdichtungen, so daß man in Anlehnung an Lévi-Straussens Bestimmung des Mythos davon sprechen könnte, daß hier metasprachliche Oppositionen eine atemporale Matrix hinter dem scheinbar temporalen Syntagma bilden, synchron zu lesende »Beziehungsbündel« sich über den diachronen Verlauf der Erzählung erheben.[25] Kafkas Verschiebungen und Verdichtungen, seine ›Bedeutungs-Knoten‹ weisen aber zugleich auch auf die dem Mythos verwandte Kombinatorik des Traums. So ist es kein Zufall, daß seine sinnbildlichen Abläufe an den unentwegt bemühten, nie ans Ziel gelangenden Sisyphos, den unentwegt begehren müssenden Tantalos und den auf seinem Rad kreisenden Ixion erinnern.

Alle drei Orientierungssysteme unserer Studie, das formanalytische, das Recht und Macht thematisierende sozialphilosophische und das aufs Begehren sich richtende psychoanalytische, sind, so können wir zusammenfassen, strukturalistisch konzipiert. Sie beziehen sich — verkürzt und pointiert gesagt — im ikonisch-poetologischen Aspekt auf Roland Barthes, im psychoanalytischen auf Jacques Lacan und im rechtstheoretischen auf Michel Foucault. In der Herstellung dieser Bezugssysteme geht es aber niemals um »generelle«, sondern stets um »philologische Erkenntnis«[26], das heißt um Erhellung des Werkinternen, um Interpretation des Individuellen.

Allerdings bemüht sich die vorliegende Studie um eine Generalisierung im strukturalen Sinne, d.h. um das dem Immanenten zugrundeliegende Baugesetz, die rekurrenten Formen, Motive und Gehalte, also die das Gesamtwerk zuinnerst prägende Struktur. Daher wird die Gesamtheit der Kafkaschen Schriften und Aussagen als Totalität genommen, als *ein* Text, den es auf seine Elementarformen hin zu befragen gilt. Das Gesamtwerk bildet sozusagen den

›Fluchtpunkt‹ der Untersuchung; dies bedeutet, daß alle Texte Kafkas bedacht wurden und virtuell gegenwärtig sind, faktisch jedoch einige genauer, aus der Nähe betrachtet werden. Dies sind die bisher sehr vernachlässigten sogenannten »Skizzen« und »Fragmente«, sodann einige der größeren Erzählungen und schließlich das Romanfragment DER PROZESS. Der verhängnisvollen Unterscheidung von »Werk« und »Fragment«, wie sie Max Brod in die Wege leitete, möchte die vorliegende Analyse mithin opponieren.

g) Forschungs-Lücken

Angesichts der Flut der Kafka-Literatur erstaunen die Lücken, die geblieben sind. Es gibt keine größere Arbeit über den Komplex des Rechts in Kafkas — an juristischer Metaphorik überreichem — Werk.[27] Macht und Herrschaft thematisiert — in textnaher und detaillierter Weise — allein Karin Kellers Interpretation des Schloß-Romans[28]; nach den Anregungen von W. Benjamin und Th.W. Adorno, den sozialkritischen Partien in W. Emrichs Gesamtdarstellung und den nur die Oberflächenstruktur erfassenden Arbeiten von A. Wirkner oder auch H. Richter und K. Hermsdorf[29] ist diese auf Max Weber sich beziehende Analyse im Grunde auch die einzige ausführlichere soziologische Arbeit zu Kafka, soziologisch im Sinne einer Interpretation der sozialen Gehalte Kafkas; sozialhistorisch-erklärende Analysen gibt es ohnehin bislang nur in Ansätzen.

Die Masse der psychologischen bzw. psychoanalytischen Literatur bezieht sich, wie erwähnt, meist nur in biographischer bzw. pathographischer Weise auf den Autor[30], nicht auf die Form des Werkes, nicht auf das, was in den Werkstrukturen und an den Figuren selbst an Psycho-Logik bewußt oder zumindest intentionell demonstriert wird.

Freilich hat die Kafka-Literatur Erhebliches zusammengetragen, um das Dunkel-Änigmatische ihres Gegenstandes zu erhellen. In erster Linie gilt dies für die hermeneutisch-biographischen Arbeiten, welchen man die Untersuchungen H. Politzers, W.H. Sokels, H. Binders, M. Pasleys und K.-H. Fingerhuts zurechnen kann; die biographisch-historischen Forschungen K. Wagenbachs und C. Stölzls sind, obgleich sie die Werke selbst kaum thematisieren, in die Nähe dieser Bemühungen zu stellen. Die existentiellen Deutungen M. Benses, W. Biemels, H. Ides und auch W. Emrichs erweitern die biographische Perspektive um eine metaphorisch-verallgemeinernde Dimension, welche dem Werk — trotz all seiner Affinität zum Biographischen und Stofflichen — zweifellos eignet und nicht — so wenig wie die psychologische, soziale und theologische Dimension — als werkextern zu begreifen ist. Freilich stellt sich hier immer wieder die Frage nach dem von außen ans Werk herangetragenen Vorverständnis, denn die Grenze, an der sich das im Werk *Implizierte* von *textexternen Bezugswelten* scheidet, ist nie mit fragloser Eindeutigkeit zu ziehen.

Am extensivsten untersucht wurden die formalen Strukturen der Kafkaschen Texte, insbesondere deren Perspektivgestaltung; hier ist an F. Beißner,

M. Walser, F. Martini, J. Kobs, K.-P. Philippi, G. Neumann, H. Binder und K. Ramm zu erinnern. Gleichwohl fehlen auch hier eingehendere Studien zur Bildlichkeit und Metaphorik Kafkas[31], zur paradoxen Anlage des Gesamtwerks[32], zur Funktion und Symbolik der Räume[33], zur Struktur der Zeit, zur Form der Kausalität und schließlich auch zum literarhistorischen und sozialgeschichtlichen Standort des Werks.

Nach diesen Worten der Einführung und Legitimation bleibt es nun unserer ›soziopsychoanalytischen Ikonographie‹ überlassen, sich durch sich selbst zu rechtfertigen.

1. Teil: Exposition

A. Die Grundformen

I. Die Paradoxie

> »Nicht verzweifeln, auch darüber nicht, daß
> du nicht verzweifelst.«
> (T 309)

a) Figur

»Ein Krokodil ergriff das Kind einer jungen Mutter und versprach, das Kind zurückzugeben, wenn die Mutter die Frage ›Werde ich das Kind fressen?‹ richtig beantworten würde.«[1] Wird das Krokodil das Kind *nicht fressen* — und antwortet die Mutter falsch mit »ja« —, dann wird das Krokodil das Kind *fressen*; wird das Krokodil das Kind *fressen* — und antwortet die Mutter richtig mit »ja« —, dann wird das Krokodil das Kind *nicht fressen*. Diese verwirrende Paradoxie könnte als Metapher für die Beschäftigung mit Kafkas Texten gelten.[2] Kafka setze, so hatte Walter Benjamin geschrieben, »kleine Tricks« in seine »Märchen für Dialektiker« hinein[3]. Im Zentrum jener »Tricks«, welche jede sich als Übersetzung verstehende Interpretation vereiteln, steht aber die Paradoxie selbst. Sie ist eine Keimzelle all jener poetischen Verfahren, die die Irritation begründen, die von Kafka ausgeht. Vielleicht ist sie die »Urgebärde«[4] seines Schreibens überhaupt, aus welcher sich die fortgesetzten Paradoxien, die semantischen Verschiebungen, die prozessualen und widersprüchlichen Metaphern, die antinomischen Polysemien usw. herausentwickeln.

Die »Tricks« jener Kafkaschen »Dialektik« aber sind nicht dazu angetan, die Helle der Aufklärung ins Dunkel des Erzählten zu tragen, im Gegenteil. Sie verstärken den mythischen Bann, der von ihm ausgeht; der Leser fällt den »Tricks« zum Opfer wie das »Kind« dem »Krokodil« oder die »Maus« der »Katze« in der KLEINEN FABEL (ER 368). Von ›Mythen für Dialektiker‹ hätte daher Benjamin sprechen sollen. Im Blick auf die — für uns nur *scheinbare*[5] — Rettung des Odysseus im SCHWEIGEN DER SIRENEN (ER 350 f.) hatte Benjamin geschrieben: »Vernunft und List hat Finten in den Mythos eingelegt; seine Gewalten hören auf, unbezwinglich zu sein. Und Märchen für Dialektiker schrieb Kafka, wenn er sich Sagen vornahm.«[6] Aber Kafka legt eher Finten in die *Aufklärung* hinein, biegt das rationale Denken zurück in den Mythos, da dessen Gewalten aufgehört haben, bezwinglich zu sein, bzw. der Aufklärung Gewalten aufgehört haben, bezwingend zu sein. Kafkas ›Mythen für Dialektiker‹ drücken, wie wir sehen werden, den Widerspruch eines rationalen und dennoch auf den Mythos zurückgeschlagenen Denkens aus.

Das bestätigt jene andere These Benjamins, nach welcher Kafkas Dichtung aus dem »Gestus« als der »wolkigen Stelle der Parabel« hervorgehe[7]. Hier wird ganz eindeutig vom Widerspruch von Wolkigem und Gleichnishaftem, Gestischem und Lehrhaftem, Symbolischem und Vernunftverantwortetem — d.h. letztlich Mythischem und Dialektischem — ausgegangen. Damit sind wir auch bei der zweiten Keimzelle der Kafkaschen Poetik, der obskuren Metaphorik bzw. Parabolik, deren nähere Bestimmung dem folgenden Kapitel vorbehalten bleibt. Zunächst wenden wir uns aber der Figur der Paradoxie zu, welche — zusammen mit derjenigen der brüchig-vieldeutigen Metapher — Kafkas ›Mythen für Dialektiker‹ konstituiert.

Der *literarische* Begriff des Paradoxons meint ganz allgemein die überraschenden Wendungen, die Formen des *acutum* im *genus admirabile;* im speziellen zielt er auf Antinomien und Widersprüchlichkeiten und nähert sich so dem *logischen* Begriff der Paradoxie. Das älteste Beispiel eines logischen Paradoxons stammt von Eubulides, einem Schüler Euklids von Megara, und heißt: »Epimenides der Kreter sagt, daß alle Kreter Lügner sind.«[8] Wenn Epimenides die Wahrheit sagt, lügt er, und wenn er lügt, sagt er die Wahrheit. Seit Russels und Whiteheads PRINCIPIA MATHEMATICA (Cambridge 1910) wird der purifizierten Wissenschaftssprache das Paradoxon verboten und nahegelegt, Objektsprache und Metasprache (Aussagen und Aussagen über Aussagen) oder Denotation und Konnotation, Inhaltsaspekt und Beziehungsaspekt, Ausgesagtes *(énoncé)* und Aussagevorgang *(énonciation)* usw. streng auseinanderzuhalten.[9]

In der Aussage »Ich lüge« wäre demnach die (wahre?) Metaaussage von den (lügnerischen?) Sätzen der bezeichneten Objektsprache zu scheiden, der Aussagevorgang vom Ausgesagten zu trennen. Das gilt auch für alle semantischen Paradoxien und literarischen Antinomien; die jeweils fälschlich miteinander identifizierten Kommunikationskanäle müssen wieder auseinandergenommen werden. Wenn zum Beispiel Kafka vom »Schein von Unendlichkeit« (H 99) spricht[10] und in einem Signifikanten (Schein) zwei Signifikate (*splendor* und *simulatio,* Lichtschein und Anschein) kontaminiert, um eine kontradiktorische Doppeldeutigkeit zu konstruieren, dann muß der Analytiker den eigentlichen vom uneigentlich-figürlichen Kommunikationsmodus bzw. den einen Kontext vom anderen Kontext scheiden, und er muß schließlich die beiden Sinnsysteme auseinanderhalten, auf welche die Konfiguration sich letztlich bezieht.

Die ›unreine‹ Alltagskommunikation kennt nun allerdings sehr wohl jene bis zum Paradoxen gehende Identifikation der Kommunikationsebenen, und die »pragmatische Paradoxie« oder der »double bind« ist in der Psychiatrie als weitverbreitete aitiologische Grundbedingung der Schizophrenie behauptet worden.[11] Als durchaus alltägliches Phänomen hat die ›pragmatische Paradoxie‹ Eingang in Kafkas satirische und selbstironische Erzählpartien gefunden.

Im Gegensatz zu den logischen Spielereien (»ich lüge«) wird in den schizogenen »Mystifikationen« (»Betrachte diese Ohrfeige nicht als Strafe!« — »Sei spontan!«) aus dem Spiel mit den zwei Sprachebenen Ernst.[12] Es geht um eine auf unbewußte Weise bewußte bzw. intentionelle Verwirrung. Ihr liegt ein wirklicher und wirksamer Widerspruch zugrunde. Dieser muß allerdings vom Analytiker erst freigelegt werden. Statt zwei identifizierte Sprachebenen *auseinanderzunehmen,* hat man hier erst einmal zwei auseinandergenommene Aussagen auf ihren *gemeinsamen* Nenner hin zu befragen und dann erst nach einer Auflösungsmöglichkeit zu suchen. In der »Mystifikation« werden also verschiedene Kommunikationsmodi vermengt, aber zugleich wird auch eine fundamentale Widersprüchlichkeit verschleiert dadurch, *daß* ihre Bestandteile in zwei verschiedenen Kommunikationskanälen transportiert werden.

Auch was die poetische, also bewußt konstruierte Paradoxie angeht, jedenfalls eine ihrer Formen, so muß der in ihr *implizierte* Widerspruch erst entdeckt, erst rekonstruiert werden; allerdings nicht in aufklärendentmystifizierender Absicht, sondern in ästhetischer Absicht, d.h., um die verborgene Pointe der sprachlichen Konfiguration überhaupt erst realisieren zu können.

Wenn Kafka schreibt: »Ich habe einen starken Hammer, aber ich kann ihn nicht benützen, denn sein Schaft glüht« (H 348), so ist hier das *implizierte* Paradox erst freizulegen: Ich habe große Kräfte, aber da ich sie auszuagieren nicht die Kraft habe, habe ich hinwiederum keine großen Kräfte. Während Russels Logik gebietet, zwei Sprachkontexte strikt zu trennen, hier also Virtualität und Faktizität (oder: Potenz und Hemmung) zu scheiden, tendiert Kafka dazu, obgleich er durchaus eine Auflösungsmöglichkeit andeutet, durch die ostentativ paradoxe Form eine paradoxe *Erfahrungstatsache* festzuhalten. Alle psychologisch-genetische Ausdifferenzierung vermag nicht jene Widersprüchlichkeit wegzubannen, der sich ein gehemmtes Vermögen ausgesetzt sieht: der Gehemmte begreift sich als unvermögend und vermögend zugleich. Offensiver noch als die einfachen Paradoxien opponieren Kafkas »gleitende Paradoxien«, wie G. Neumann gezeigt hat[13], einsinnigen und starren Denkprozessen (von ihnen ist später noch die Rede). Für Kafka steht hinter der logischen Auflösbarkeit der Paradoxie deren pragmatische Unauflöslichkeit.

Kafka bringt also, besonders in paradoxen Selbstdefinitionen, in versteckter, aber absichtlicher Weise zwei Erfahrungs- und Sprachmodi auf einen — und das heißt einen widersprüchlichen — Nenner; nicht aber um Konfusion zu stiften, wie es bei den pragmatischen Mystifikationen oder *double binds* geschieht, sondern um in sarkastischer Weise Widersprüche des Subjektseins bloßzustellen.

Ähnlich und doch anders verfährt Kafka in der satirischen Karikatur fremder und der selbstironischen Verlachung eigener Torheiten. In ihnen wird ein vermeidbarer Widerspruch als Widerspruch stehengelassen; allerdings vollzieht sich eine indirekte Entmystifikation dadurch, daß die Paradoxien der empirischen Wirklichkeit in *pointierter* Weise zitiert werden. Nach Roland Barthes' Begriffen ist dieses Verfahren »mythenkritisch« darin, daß es Mythen nachkonstruiert, die Mythen allerdings *als Mythen* kenntlich macht.[14] So zum Beispiel wenn der Advokat Huld zu Block, den er eben herbeigerufen hat, sagt: »Du kommst ungelegen« (P 229), oder wenn Josef K., überrascht durch die Verhaftung, von sich behauptet, er sei »keineswegs sehr überrascht« (P 20).

Den formalen Gegensatz zu den ›impliziten‹ Paradoxien bilden die ›expliziten‹.[15] In ihnen wird der Widerspruch direkt und offensiv artikuliert; und obgleich hier eine — implizit mitgedachte — Auflösung in zwei Sprachmodi oder Wortkontexte möglich wäre, insistiert Kafka wieder auf der Antinomie, um die Erfahrungstatsache der Widersprüchlichkeit des Subjektseins sinnfällig zu

23

machen. Eine aggressive und sarkastische Tendenz liegt solchem Sprachspiel zugrunde. Die Paradoxie vom Schwimmer, der nicht schwimmen kann, ist wohl das markanteste Beispiel dieser Gattung: »Ich kann schwimmen wie die andern, nur habe ich ein besseres Gedächtnis als die andern, ich habe das einstige Nicht-schwimmen-können nicht vergessen. Da ich es aber nicht vergessen habe, hilft mir das Schwimmen-können nichts und ich kann doch nicht schwimmen.« (H 332) Die (zum Allegorischen und Parabolischen tendierende) Metapher strahlt semantisch weit aus, bis hin in jene Bereiche von *Vermögen* und *Unvermögen,* welche die Psychoanalyse um das analytische Symbol schlechthin, den ödipalen Signifikanten, zentriert hat. Im BRIEF AN DEN VATER ist dieser Signifikant anwesend und ausgespart zugleich, wenn dort die *Macht* des Vaters der (imaginären oder doch transitorischen) *Ohnmacht* des Sohnes gegenübergestellt wird: es geht zum einen um »Stärke, Gesundheit, Appetit, Stimmkraft, Redebegabung, Selbstzufriedenheit, Weltüberlegenheit, Ausdauer, Geistesgegenwart, Menschenkenntnis« (H 164 f.), zum anderen um »Nichtigkeit«, »Jämmerlichkeit«, »Verrücktheit«, »Schande«, »Schuldbewußtsein« (H 167, 168, 169, 173, 185, 196) und nicht zuletzt um die Furcht vor dem »Schwimmen« selbst (H 168). — Wie den Stotterer die Differenzierung von Sprachvermögen und Hemmung nicht zu beruhigen vermag, so insistiert Kafka auf dem Widerspruch und beruhigt sich nicht bei Unterscheidungen, wie es die von Potentialität und Hemmung oder von Entwicklung und Regression wären. Kafka hält jene Paradoxie fest, die der ödipalen Paradoxie antwortet, welche gebietet, wie der Vater zu sein und (bezüglich des zentralen Tabus) *nicht* zu sein wie der Vater.[16] Die Paradoxie als ästhetische Figur, als *Form*schema birgt also in sich eine (bestimmte) *Welt*sicht.

Eine Variation dieser Antinomie von intrapsychischer Zensur und hypothetischem Vermögen lautet folgendermaßen: »›Es ist keine öde Mauer, es ist zur Mauer zusammengepreßtes süßestes Leben, Rosinentrauben an Rosinentrauben.‹ — ›Ich glaube es nicht.‹ — ›Koste davon.‹ — ›Ich kann vor Nichtglauben die Hand nicht heben.‹ — ›Ich werde dir die Traube zum Mund reichen.‹ — ›Ich kann sie vor Nichtglauben nicht schmecken.‹ — ›Dann versinke!‹ — ›Sagte ich nicht, daß man vor der Öde dieser Mauer versinken muß?‹« (H 331 f.) Aufgrund einer früheren Versagung versagt sich das Subjekt alles Genießen. Ein Tabu überzieht sämtliche Objekte des Wunsches.

Ein frühes Reflexionsbild Kafkas aus der BETRACHTUNG, J. Kobs parallelisierte es zu Unrecht dem Lügenparadoxon[17], steht zwischen dem ›expliziten‹ und ›impliziten‹ Paradox; das zweite Glied der Antinomie ist zwar deutlich kontradiktorisch, aber dennoch ist eine minimale Schlußfolgerung vorausgesetzt, um die Achse des Identischen und somit die Antithese herauszufinden: »Denn wir sind wie die Baumstämme im Schnee. Scheinbar liegen sie glatt auf und mit kleinem Anstoß sollte man sie wegschieben können. Nein, das kann man nicht, denn sie sind fest mit dem Boden verbunden. Aber sieh, sogar das ist nur scheinbar.« (ER 22, Be 122) Der exegetische Teil des Gleichnisses (der *tota allegoria* des ersten Satzes) verdunkelt eher, als daß er erhellte. Dem Scheinbaren wird das Tatsächliche gegenübergestellt, aber dann wiederum wird dieses Tatsächliche verneint: Auch das Fest-mit-dem-Boden-

Verbundensein ist nur Schein. D.h., die Bäume sind mit dem Boden verbunden, und sie sind es nicht. Gerade das erste »scheinbar« bedingt das versichernd Assertorische der Aussage »Nein, das kann man nicht [...]«. Die zweite Umkehr aber setzt nun das »Assertionsmorphem«[18] dieses Satzes außer Kraft und destruiert damit unser Sprachvertrauen überhaupt. Ins zirkelhafte »Gleiten« gerät die Paradoxie durch ihre Dreigliedrigkeit, durch den Rückbezug des zweiten »scheinbar« aufs erste: nur scheinbar liegen die Baumstämme »fest« auf, aber es hieß doch bereits, nur *scheinbar* lägen sie »glatt« (und nicht fest) auf. Die Sprache gerät hier ins Rutschen, die Paradoxie ins Gleiten. Damit deutet sich an, wie in den größeren Erzählungen (insbesondere der JOSEFINE und dem BAU) und den Romanen aus den »Urgebärden« der zweideutigen Metapher (Baumstämme), der semantischen Verschiebung der lexikalischen Bedeutung (scheinbar — nur scheinbar) und der Paradoxie (fest und nicht fest aufliegend) sich eine gestrüppartig-rhizomatische Verfahrensweise entwickelt, eine ›gleitende Semiose‹, die die gleitende und sich verzweigende Paradoxie (Josef K. ist verhaftet und doch frei usw.), die fortgesetzte semantische Verschiebung (Was ist »Verhaftung«?) und die changierende, prozessual sich verschiebende Metapher (inneres Gericht, sozialer Machtapparat usw.) in sich vereint. Die sprachliche Figur bzw. poetische Konfiguration der Betrachtung DIE BÄUME deutet auch den Übergang zu solchen Textstrukturen an, deren Grundlage die Kreisbewegung, das Auf-der-Stelle-Treten, die fortgesetzte Aufhebung und die unendliche Verschiebung darstellen.

Der Sinn der doppelten und zirkelhaften Paradoxie (Die Baumstämme liegen scheinbar glatt auf, sie liegen tatsächlich fest auf, sie liegen nur scheinbar fest auf) und der ihr zugrundeliegenden parabolischen Metapher ist freilich durch die Deskription der Konfiguration noch nicht erhellt worden. Ohne das an dieser Stelle versuchen zu wollen und ohne den Kontext zu bemühen, dem die paradoxe Reflexion ursprünglich entstammt (BESCHREIBUNG EINES KAMPFES) (Be 122), wollen wir die Hypothese aufstellen, ein Bezugspunkt des Bildes sei die Vorstellung, wie fest verankert im Alltag doch der noch so Entwurzelte sei, wie fragwürdig und wahnhaft aber auch diese Verankerung sei angesichts der Absurdität des Daseins überhaupt.[19]

Der Gedanke des ›unmöglichen Möglichen‹ oder ›möglichen Unmöglichen‹ prägt die meisten der Kafkaschen Paradoxien; so stark deren negatives Moment auch sei, ein Rest minimaler Positivität bleibt in der Antinomie erhalten. Bezeichnend ist ein Diktum Kafkas, das Brod überlieferte: »[Es gibt] viel Hoffnung — für Gott — unendlich viel Hoffnung — nur nicht für uns«. (Brod 71) Diese bitterparadoxe Ironie enthält einen, wenn auch ›unmöglichen‹, Messianismus; sie enthält, so schrieb Benjamin an Scholem, »wirklich Kafkas Hoffnung«[20]. Die Aphorismen zum Sündenfall wiederholen diese Figur: »Wir wurden aus dem Paradies vertrieben, aber zerstört wurde es nicht.« (H 101); die »Vertreibung aus dem Paradies« ist zwar »endgültig«, aber wird sind noch »dauernd« in ihm (H 46)[21]. Aus dem ›unmöglichen Möglichen‹ (Hammer, Schwimmer, Rosinenmauer) wird das ›mögliche Unmögliche‹. Um die Paradoxie (nur vorübergehend!) aufzulösen und die kontaminierten Sprachebenen oder Kontextkreise zu differenzieren oder zu entmischen, wäre eine Trennung von Wunsch und Wirklichkeit, von quasi halluzinatorisch verwirklichter Wunschwelt und Realitätsprinzip, von Ideal und es vereitelnder Gewalt vorzunehmen. Wie rein formal die sprachlich-logische Konfiguration eine Semiose schwebend »zwischen positivem Sinn und Sinnlosigkeit«[22] konstituiert, so kommt es inhaltlich zu einem Widerspruch von Hoffnung und Hoffnungslosigkeit, von Negativität und Positivität; die Negativität freilich ist das Bestimmende, nur wird ihre Verabsolutierung negiert, wird ein Weg, der nicht auffindbar ist, offengehalten.

Genau diese Struktur zeigt auch die negative Parabel VOR DEM GESETZ (P 255 ff., ER 148), wo die *offene* Tür zum Gesetz *unzugänglich* bleibt bis zum Tode, aber eine *absolute* Unzugänglichkeit nicht behauptet werden kann. »Une œuvre en parfait suspens« nannte M. Dentan zurecht Kafkas Werk.[23] Die beschriebene Figur entspricht auch Kafkas Poetik; in einem frühen Brief an O. Pollak heißt es: »[Ein] Buch muß die Axt sein für das gefrorene Meer in uns.« (Br 28) Dem Verwunschenen steht der Wunsch gegenüber, auf den sich hier die ›mögliche Unmöglichkeit‹ reduziert; nur Erinnerung, nur Verlangen, nur Idee kann dasjenige sein, das gegen das Kalte und Verhärtete in uns anzugehen versucht. Die Litotes wird zur Paradoxie, wenn man berücksichtigt, daß der Gegensatz von weitem Meer und kleiner Axt gegen unendlich geht. Das Unmögliche scheint zunächst möglich, bis sich das Mögliche als unmöglich herausstellt. Wieder aber bleibt eine (wenn auch ›unmögliche‹) Hoffnung im Hoffnungslosen; immerhin ist die Rede von einem — allerdings gefrorenen — *Meer* in uns; es gibt einen Himmel der ›Gnade‹ (wenn auch nicht für uns). Diese Konfiguration variiert Kafka wieder und wieder. Auch in den paradoxen Strukturen der Romane kann man sie erkennen; die vergebliche Mühe mit der Axt: sie könnte eine Metapher für die Unternehmungen der Kafkaschen Romanhelden abgeben.

In den Aphorismen um die Hoffnung, das Paradies, das gefrorene Meer, das Schwimmen-Können, den Hammer oder die Rosinenmauer klingen die Mythen um Prometheus, Tantalos und Sisyphos nach. In einer der prägnantesten Paradoxien Kafkas — der Autor nahm sie in seine »BETRACHTUNGEN« (deren Titel [H 39] Max Brod erfand) auf — verbindet sich die skizzierte Thematik mit dem Bild des Gefängnisses: »Ein Käfig ging einen Vogel suchen.« (H 41 u. 82) Ihre Struktur ist die »Umkehrung« und »Ablenkung«[24]. Umgekehrt ist die ohnehin paradoxe Idee vom Vogel, der den Käfig sucht. Diese Vorstellung vom gewissermaßen freiwilligen Aufenthalt im Gefängnis erscheint auch in einem der sogenannten — von Brod *so genannten* und den »Werken« gewaltsam entgegengesetzten — »Fragmente«, das sich nach Pasley und Wagenbach im Konvolut B (von 1920) befindet[25]. Es geht um die Antwort des einen der dort geschilderten Zellengenossen auf die Frage nach der Wünschbarkeit der Befreiung: »Und was mich betrifft, so habe ich es in der Freiheit, der gleichen Freiheit, die jetzt unsere Rettung werden soll, kaum ertragen können oder wirklich nicht ertragen, denn jetzt sitze ich ja in der Zelle.« (H 361) Auch das sozusagen ›gefangene‹ Tier der Erzählung DER BAU möchte nicht das »alte, trostlose Leben« wieder aufnehmen (ER 422) und beklagt sich nicht über seine Isolation (ER 424): es möchte den Prozeß der Kulturation und den Aufschub der Unmittelbarkeit — bei aller Unsicherheit des sicheren Baues (ER 422 u. 442 ff.) — nicht rückgängig gemacht sehen: »Meine Gefängniszelle — meine Festung« (H 421). Das gleiche gilt für den »Zellengenossen«; er hat wie der Affe im BERICHT FÜR EINE AKADEMIE die Idee der »Freiheit nach allen Seiten« (ER 169, E 188) aufgegeben zugunsten eines Prinzips kulturellen Selbstzwangs. Aber die Parabel von der »Zelle« hat noch einen anderen Aspekt: der Gebrauch der Freiheiten *innerhalb* der Kultur scheint dem Delinquenten mißlungen zu sein; die Grenzen des Erlaubten einzuhalten, muß ihm schwergefallen sein. Ein Gerichtsverfahren hat ihn niedergezwungen oder, wenn man das Bild von der Zelle nicht wörtlich nehmen will, ein Akt freiwilliger Anpassung (wie paradox!) hat ihn zu Triebunterdrückung, Ich-Einschränkung, Selbstkontrolle und schließlich zur Rationalisierung seines Gefangenseins genötigt. Nicht nur die phylogenetische Evolution der Selbstzensur und die ontogenetische Wiederholung derselben ist gemeint, sondern auch die irrationale Reaktion auf eine irrationale Welt der Restriktion, d.h. die vorweggenommene Unterwerfung, die einen davon befreit, in der »Freiheit« autonom die Grenze von Erlaubtem und Verbotenem zu erkunden und zu erleiden, die »Regel« (H 232) zu ergründen.

Nun sucht aber nicht der Vogel den Käfig, sondern der Käfig den Vogel, als wäre sich das Subjekt selbst gänzlich abhanden gekommen. »Käfig« und »Vogel« scheinen auf *ein* Subjekt und nicht auf *zwei* sich zu beziehen. D.h., weniger scheint gemeint, daß hier ein Jäger auf sein Opfer wartet — wie die Katze auf die Maus in der sogenannten KLEINEN FABEL (ER 368) —, als vielmehr, daß vom unterdrückten Begehren überhaupt nur noch der Unterdrückungsmechanismus geblieben ist, so, als frage sich der menschgewordene Affe des BERICHTS, nachdem er die »Durchschnittsbildung eines Europäers erreicht« hat (ER 174), was denn noch ›Äffisches‹ an ihm sei. Dieser Affe hat denn auch die »Erinnerung« (an den Urwald) verloren (ER 166); »vielleicht« (!) nur, so heißt es ausdrücklich, kannte er einmal das »große Gefühl« der »Freiheit nach allen Seiten« (ER 169).

Das, worum es hier geht, heißt in der Psychoanalyse die Selbstentfremdung des Subjektes; es geht um das geteilte, durchstrichene, *ausgesperrte* Subjekt, das »sujet barré 𝔖«: »je pense où je ne suis pas, donc je suis où je ne pense pas«.[26] Diese Aussperrung des Subjekts realisiert sich in historisch konkreten Erscheinungsformen. Der Kulturprozeß hat, wie es Adorno und Horkheimer in der DIALEKTIK DER AUFKLÄRUNG nachkonstruierten, nicht nur seiner Intention widersprechend neue Zwänge errichtet, er hat auch den ursprünglichen Wunsch paralysiert.[27] Das Über-Ich hat das Es eingefroren oder — um mit dem Bilde des PROMETHEUS (ER 351 f.) zu sprechen — »versteinern« lassen. Der im »Käfig« Gefangene ist abgestorben.

»Ein Käfig ging einen Vogel suchen« — in dieser Wendung ist die funktionale Relation von Gefängnis und Gefangenem, Repression und Begehren usw. in paradoxer Weise ausgelöscht. Die Logik der Konfiguration macht es undenkbar, daß der Käfig den Vogel auch findet. Dieser Gedanke zerstörte die Pointe des ganzen. Denkbar ist nur, daß der Vogel im Moment seiner Gefangennahme sich in einen Gitterstab verwandelte, d.h., daß der Freie im Moment seiner

Gefangennahme zum Unfreien würde. Das Bild des Unfreien aber ist der Käfig! Der Käfig, in sich schon paradox als leerer Käfig, sucht paradoxerweise nach dem freien Wesen, das im Moment des Gefundenwerdens kein freies Wesen mehr wäre. Aber auch in dieser melancholisch-depressiven Denkfigur Kafkas steckt — wie im Gleichnis von der Axt und dem gefrorenen Meer — ein Moment Hoffnung, ein gegen die Logik der Figur rein assoziativ evoziertes Moment Hoffnung. Zwar ist das Subjekt sich selbst abhanden gekommen, aber ›etwas‹ sucht nach ihm, obgleich die Wiederholung des Zirkels von Gefangennahme und Verschwinden droht.

Eine Parallele zum Aphorismus »Ein Käfig ging einen Vogel suchen« (6. November 1917; Heft G bzw. drittes Oktavheft) bildet die folgende Reflexion aus dem Schwarzen Quartheft I von 1922: »Ein Strohhalm? Mancher hält sich an einem Bleistiftstrich über Wasser, hält sich? Träumt als Ertrunkener von einer Rettung.« (H 387) Es gibt unendlich viel Hoffnung für uns, aber wir leben nicht mehr — sind ertrunken, sind zur Gefängnismauer versteinert.

Die Figur des ›unmöglichen Möglichen‹ erhält gänzlich statischen Charakter in jener Parabel von der »Gefängniszelle«, deren »vierte Wand« »völlig frei« ist. (H 345)[28] Das Gefängnis nimmt gefangen und gibt frei; der Gefangene wird scheinbar gezwungen, aber er zwingt sich doch eher selbst. Der individuelle oder kollektive »Selbstzwang« scheint in dieser Paradoxie sowohl dem freien Willen zu entspringen wie auch den das Subjekt von außen einschränkenden sozialen Gewalten.[29]

Die auf die konkrete Erfahrungswelt des Einzelnen gemünzten Paradoxien haben Entsprechungen in solchen, die sich explizit aufs Kollektive beziehen. In einigen Reflexionsbildern verbinden sich Gefängnis- und Wegmetaphorik unter dem Gesichtspunkt teleologischen bzw. anti-teleologischen Denkens. Der Aphorismus »Ich will einen Gang graben. Es muß ein Fortschritt geschehen« (H 386 f.) führt zu der bekannten (eng zum STADTWAPPEN und zur CHINESISCHEN MAUER gehörenden) Sentenz: »Wir graben den Schacht von Babel.« (H 387) Ursache und Wirkung des Mythos von der Sprachverwirrung (GENESIS 11,1 ff.) werden hier miteinander identifiziert: Fortschritt ist Rückschritt, der Weg ins Freie ist der Weg in die Enge, Himmelsstürmerei ist Verdunkelung, Vereinheitlichung ist Versprengung, Kommunikation heißt Sprachverwirrung, Sich-einen-Namen-Machen heißt Namenlos-Werden; es ist das paradoxe Bild des Wunsches als der Selbstzerstörung, der »Erektion« als der »Kastration«.[29a] Hier ist gar nicht erst von den fatal sich verselbständigenden kulturellen Mitteln des Begehrens die Rede, sondern unmittelbar von diesem selbst.

Die Demontage finaler, teleologischer Denkkonstruktionen findet sich desgleichen in dem berühmten Aphorismus »Es gibt nur ein Ziel, keinen Weg. Was wir Weg nennen, ist Zögern.« (H 303; 17.9.1920) Die Kontradiktion ergibt sich hier aus der Division einer notwendig zweistellig-komplementären terminologischen Relation: der Zweck wird bejaht, das durch ihn definierte Mittel verneint. Eine (wiederum nur provisorische) Auflösung der Antinomie ließe sich über die Entmischung und Ausdifferenzierung zweier Kontexte oder Sprachebenen erzielen, nämlich durch die Scheidung von Phantasie und

Wirklichkeit, von Wunsch und Realitätsprinzip.

Auf der einen Seite steht das ewig illusorische »Ziel« (welchem natürlich ein — wenn auch ebenso illusorischer — »Weg« zuzuordnen wäre), auf der anderen Seite das Fehlen eines »Wegs« (und folglich auch eines realistischen »Ziels«). Das eine Komplement (Ziel) ist der imaginären Sphäre, das andere (Weg) der realen entnommen. (Ähnlich ist der »Himmel«, den die Krähe zerstören kann, nicht der »Himmel«, der die »Unmöglichkeit von Krähen« bedeutet.) (H 42)[30] Und doch liegt der Sinn der paradoxen Figur gerade darin, die *Identität* jener scheinbar differierenden Sphären zu beschwören: Das imaginäre Ziel ist uns, die wir keinen Weg sehen, in schizophrener Weise ein reales Ziel. In diesem Sinne ließe sich ein Satz Michel Foucaults zur psychopathologischen Paradoxie auch auf die poetische beziehen: »Einzig und allein der reale Konflikt der Existenzbedingungen kann als Strukturmodell für die Paradoxe der schizophrenen Welt dienen.«[31] Der theoretische Stand der Naturbeherrschung läßt das Ziel einer befreiten Gesellschaft aufscheinen, aber dieser Stand ist selbst Schein, da die ihm immanenten Widersprüche zu seinem Wesen gehören.[32] »Es gibt nur ein Ziel, keinen Weg« heißt elegisch formuliert: »Wir wurden aus dem Paradies vertrieben, aber zerstört wurde es nicht.« (H 101) Das »Prinzip Hoffnung« rettet sich in die absurde Form eines »En attendant Godot«. Das homogene Zeitkontinuum ist leer und weder in kumulativer noch in dialektischer Hinsicht ein Garant teleologischen Fortschreitens. »Der entscheidende Augenblick der menschlichen Entwicklung ist immerwährend. Darum sind die revolutionären geistigen Bewegungen, welche alles Frühere für nichtig erklären, im Recht, denn es ist noch nichts geschehen.« (H 73) Auch hier sind die Revolutionen nicht als »Wege«, sondern nur als imaginär am »Ziel« festhaltende Bewegungen verstanden; daher auch die Paradoxie, sie »ins Recht« zu setzen bezüglich ihrer Radikalität und zugleich, antidialektisch, als resultatlose Bewegungen ins »Unrecht«.

Kafkas ironische Haltung gegenüber geschichtsphilosophischen Teleologien ist hier der Walter Benjamins in den GESCHICHTSPHILOSOPHISCHEN THESEN verwandt. Auch für Benjamin ist die lineare Zeit »homogene und leere Zeit«[33], das bedeutet, daß hier nur der Augenblick der »Jetztzeit« von Belang ist[34]. »Jede Sekunde« stelle (für den Juden) die »kleine Pforte« dar, »durch die der Messias treten« könne[35]. Die bisherige Geschichte ist Benjamin wie Kafka ein ›babylonischer Schacht‹: Ein Sturm weht den Angelus Novus vom Paradiese weg. »Dieser Sturm treibt ihn unaufhaltsam in die Zukunft, der er den Rücken kehrt, während der Trümmerhaufen vor ihm zum Himmel wächst. Das, was wir den Fortschritt nennen, ist dieser Sturm.«[36] Gleichwohl führt nach Benjamin die Vergangenheit einen »zeitlichen Index mit, durch den sie auf die Erlösung verwiesen wird«[37], auch die gescheiterte Revolution wendet als das »Gewesene« sich der »Sonne« zu, die am »Himmel der Geschichte im Aufgehen ist«[38]. Bei Kafka heißt es ungleich pessimistischer, das Ziel läge *hinter* dem Ende des Weges, der Messias komme *nach* dem Ende der Tage: »Der Messias wird kommen, sobald [...] die Gräber sich öffnen« (H 88); »Der Messias wird erst kommen, wenn er nicht mehr nötig sein wird, er wird erst einen Tag nach seiner Ankunft kommen, er wird nicht am letzten Tag kommen, sondern am allerletzten.« (H 90) Es wiederholt sich hier die Struktur des ›unmöglichen Möglichen‹ oder ›möglichen Unmöglichen‹, die die »Hoffnung« »unendlich«, aber nicht »für uns«, sein läßt oder das »Außerzeitliche« in »jedem Augenblick«, aber nicht in »Berührung« mit dem »Zeitlichen« (H 94).

So löst Kafka das zeitliche Kontinuum durch die Suspension jeglicher Teleologie auf in kontingente Punkte, in ›Jetztmomente‹. In der Geschichte DAS NÄCHSTE DORF zersetzt sich die zielorientierte Einheit des Lebens zugunsten des verabsolutierten Augenblicks von Gegenwärtigkeit; es gibt kein Ankommen am »Ziel«. (ER 155 f.) Es erschließt sich, so Benjamins Auslegung dieser Parabel, Finalität und zielorientierte Kontinuität allein nach Maßgabe der »Erinnerung«[39], während das gelebte Leben, wie Benjamin in DER ERZÄHLER schreibt, in absolute Augenblicke der Präsenz zerfalle; nur dem *Eingedenken* werde ein Mann, der mit fünfunddreißig Jahren gestorben sei, »an jedem Punkte seines Lebens als ein Mann erscheinen, der mit fünfunddreißig Jahren stirbt«.[40]

Aber auch ein so sich erschließendes Ganzes als »Wesen der Romanfigur«[41] ist bei Kafka problematisch geworden; so sehr Kafkas Figuren von der Idee eines »Ziels« bewegt sind, so sehr zerfällt — bei aller einsinnig-personal perspektivierten lückenlosen Kontinuität des Erzählvorgangs — der Romanverlauf in kontingente, nicht-teleologische Momente, was noch im Fragmentcharakter seiner Werke sich Ausdruck verschafft. »Es gibt einen Weg, aber kein Ziel« — so könnte man in Umkehrung der zitierten Paradoxie von der Struktur der drei Romane sagen. »›Weg-von-hier‹, das ist mein Ziel«, heißt es in DER AUFBRUCH (ER 369), und von der Straße zum Schloß steht geschrieben — es mag als Metapher für die Romane genommen werden —: »und wenn sie sich auch vom Schloß nicht entfernte, so kam sie ihm doch auch nicht näher.« (S 18) Diese Struktur der permanenten »Aufhebung«, wie es Martin Walser nannte[41a], bewirkt die Dekonstruktion der teleologischen Form. Die Kippstruktur des ›unmöglichen Möglichen‹, die Struktur der von Beißner so genannten »mißlingenden Ankunft«[42], die Figur des Kreises, die schleifen- oder spiralförmige Bewegung (mit gleitender Paradoxie und semantischer wie metaphorischer Verschiebung), sie prägen die Erzählungen und Romanfragmente durch und durch. In der Paradoxie haben sie ihre »Urgebärde«.

Paradoxe Erfahrung und paradoxe Form prägten, um dieses Kapitel mit einem biographischen Exkurs abzuschließen, Kafkas Denken so grundlegend, daß er noch im Sterben, seinen Freund Klopstock um Morphium bittend, äußerte: »Töten sie mich, sonst sind sie ein Mörder.« (Brod 185)

b) Humor und Paradox

Kafka hat einmal notiert, »Schreiben« sei ihm »Spaß und Verzweiflung« (T 551), und Michel Dentan hat in seinem Buch HUMOUR ET CRÉATION LITTÉRAIRE DANS L'OEUVRE DE KAFKA dargelegt, wie in dessen Werk ein kontinuierliches Oszillieren zwischen einer phantastisch-humoristischen und einer sinnbildlich-ernsten Perspektive statthat.[43] Durchs *forma-*

le Moment also stellt sich jene ironische Distanz her, die den Humor, so schwarz er auch sei, konstituiert. Samuel Beckett äußerte einmal, er interessiere sich für »die Form der Ideen«, auch wenn er nicht an die Ideen »glaube«, und er zitierte als Beispiel bezeichnenderweise eine Paradoxie (von Augustinus): »Verzweifle nicht, einer der Schächer wurde erlöst. Frohlocke nicht, einer der Schächer wurde verdammt.«[44] Obgleich Kafka, anders als der ›Marionetten-Dramaturg‹ Beckett, an der »*Idee*« festhielt[45], war auch ihm die »*Form*« die Quelle für den »Spaß« am literarischen Theater. Das Absurde und Paradoxe bei Kafka scheint nicht so sehr dem mimetischen Impuls, die »Welt ins Reine, Wahre, Unveränderliche« zu heben (T 534), zu entspringen; vielmehr wird der »Form« die Aufgabe zugedacht, eine ästhetische »Kraft« zu entbinden, die ins Werk ein- und aus ihm hervorzugehen hat.[46] Die Paradoxie nun stellt ein zentrales Medium Kafkascher Form-Kraft dar.

Eine wie immer zu definierende Lust scheint noch die düstersten Sätze, die zu sprechen ansonsten kein Grund vorhanden wäre, zu bedingen, ganz wie das auch für den Humoristen gilt, der am Montag, kurz vor der Exekution, den Blick auf die Regenwolken richtend, räsoniert: »Na, diese Woche fängt gut an.«[47] Daß die Woche für den Humoristen mit ihrem Anfang auch aufhört, ist sowohl impliziert wie zugleich negiert. Allein die *Form* gewährleistet, wie S. Freud in seinen Untersuchungen zu Witz, Humor und Komik demonstrierte[48], eine Lust ermöglichende Ablenkung und Distanznahme; das Sprach- und Formspiel erlaubt einer »Tendenz« (d.h. einem »Wunsch«), sich Ausdruck zu verschaffen, was ihr in direkter, unmaskierter Weise nicht möglich gewesen wäre.[49] In Kafkas Aphorismen nun scheint eine sarkastische »Tendenz« doppelter, nämlich sadomasochistischer Natur die Kraft zu sein, die durchs Sprachspiel entbunden wird. In den übrigen Werken sind jedoch auch die ›klassischen‹ Tendenzen des Erotischen und Aggressiven wirksam, wie zu zeigen sein wird. Die Paradoxie stellt in jedem Falle eine der Grundformen des Kafkaschen Sprachspiels, seines düsteren ›Witzes‹, seines ›schwarzen Humors‹ dar.

Es handelt sich Freud zufolge in der »Witzarbeit« um eine halbbewußte Kompromißbildung zwischen Über-Ich und Es nach Maßgabe der unbewußten »Primärprozesse«, wie sie den Traum oder das Symptom prägen; durch Formen der »Entstellung« (Isolierung, Verschiebung, Verdichtung usw.) wird die Zensur partiell umgangen, so daß sich im Lachen ein Moment an »erspartem Hemmungsaufwand« (Witz), »erspartem Vorstellungsaufwand« (Komik) und »erspartem Gefühlsaufwand« (Humor) verausgaben kann.[50] Durch Vorgänge wie »Isolierung« oder »Verschiebung« kommt zustande, was Dentan das »Negieren eines Aspekts« und das »Arretieren der Urteilskraft« nennt.[51] Das Ich wird entlastet, denn der Humorist »a le pouvoir de reporter tout le poids psychique sur le sur-moi«; dem »geschwellten Über-Ich kann nun das Ich winzig klein erscheinen«[52]. Damit wird zugleich aber die tyrannische Zensur des Über-Ichs entkräftet, das Ich negiert das Realitätsprinzip, Lust wird freigesetzt.

Wenn Kafka das »Minutiöse« das »Komische« nennt (S 469)[53], so sind damit eben die Phänomene des Isolierens, Verschiebens und Verleugnens angespro-

chen, die uns den Toren lächerlich machen, aber uns auch mit ihm Lasten negieren und Wünsche befriedigen lassen.

Der humoristischen »Abwehr« bleibt jedoch ein paradoxer Widerspruch immanent: die Doppelheit von *Anerkennung* und zugleich statthabender *Verleugnung* der Realität durch das Ich. Freud hat dieses Phänomen in DIE ICH-
SPALTUNG IM ABWEHRVORGANG und in DIE VERNEINUNG
beschrieben[54]. Es läßt sich im Satz des Galgenvogels »Na, diese Woche fängt
gut an« entdecken wie in Kafkas Paradoxon von der »Axt für das gefrorene
Meer in uns«.

Verwundert es daher, wenn die *Ichspaltung* die meisten der Kafkaschen Figuren prägt? Sie ist das Medium des humoristischen Erzählens, wie man am
deutlichsten am BERICHT FÜR EINE AKADEMIE, am BAU und am PRO-
ZESS[55] sehen kann. Weniger objektive Wirklichkeitsbeschreibung oder refe-
rentielle Prädikation ist hier am Werk als vielmehr ein Sprechen, das Wahrheit noch im Verleugnen der Wahrheit bekundet. Das gilt nicht nur für die Figuren, sondern auch den Autor, dem es weniger um das Signifikat, als um die
Funktionen des Signifikanten geht.

c) Das paradoxe Begehren

Schließen wir mit zwei Paradoxien, zwei Figuren des ›unmöglichen Möglichen‹, in welchen die Kipp- und Kreisstruktur bedingt ist durch jene Doppelheit von Anerkennung der (negativen) Wirklichkeit und Verleugnung derselben, wo die sarkastische Tendenz durchs Formspiel entbunden wird und ein
Schatten von Humor (›Witz‹ im allgemeinsten Verstand) über dem Ganzen
liegt: »Es ist nicht so, daß du im Bergwerk verschüttet bist und die Massen des
Gesteins dich schwachen Einzelnen von der Welt und ihrem Licht trennen,
sondern du bist draußen und willst zu dem Verschütteten dringen und bist
ohnmächtig gegenüber den Steinen, und die Welt und ihr Licht macht dich
noch ohnmächtiger. Und jeden Augenblick erstickt der, den du retten willst,
so daß du wie ein Toller arbeiten mußt, und niemals wird er ersticken, so daß
du niemals mit der Arbeit wirst aufhören dürfen.« (H 347) Leben ist Aufschub: Hinauszögern des Todes und des Lebens selbst[56], Sterben und Leben
kommen paradox zur Deckung; es ist sozusagen der Vogel, den der Käfig
sucht, noch am Leben und zugleich, vom Telos her betrachtet, vom Leben
endgültig abgeschnitten. Dies ist analog zu der mythisch-wissenschaftlichen
Idee Freuds gedacht, die Eros und Thanatos unentwirrbar einander verbindet,
und derzufolge das Leben als ›Umweg zum Tod‹ erscheint. Sie zielt auf das
»Paradoxe«, daß der Organismus sich sträubt, »sein Lebensziel auf kurzem
Wege« zu erreichen.[57] Nach Freud und Kafkas Metapher vom »Bergwerk« hat
hier das Leben selbst die Funktion der minutiös-humoristischen »Abwehr«:
der Anerkennung und zugleich Verleugnung der Realität des Seins-zum-Tode,
denn »lebend stirbt man, sterbend lebt man« (H 302). Das Leben deutet Kafka
als »eine einzige Verdrängung des Todes«[58].

Im folgenden Gleichnis, das die Motive des Gefangenseins, der Wegsuche, der Hoffnung auf Rettung, des Schachtes und der Dunkelheit zusammentreten läßt, wird eine Vermittlung von Ziel und Ursprung versucht: »Wir sind, mit dem irdisch befleckten Auge gesehn, in der Situation von Eisenbahnreisenden, die in einem langen Tunnel verunglückt sind, und zwar an einer Stelle, wo man das Licht des Anfangs nicht mehr sieht, das Licht des Endes aber nur so winzig, daß der Blick es immerfort suchen muß und immerfort verliert, wobei Anfang und Ende nicht einmal sicher sind [...] Was soll ich tun? oder: Wozu soll ich es tun? sind keine Fragen dieser Gegenden.« (H 73) Die Frage nach dem Telos wird paralysiert, dadurch nämlich, daß es im unklaren gelassen wird, ob das wahrgenommene Licht tatsächlich das Licht des Ausgangs und nicht das Licht des Ursprungs ist (d.h. ein »Ziel«, zu dem kein »Weg« zurückführt). Vielleicht aber ist umgekehrt das Licht des Ursprungs — das man paradoxerweise gar »nicht mehr sieht« — das des Ausgangs, also rückwärtsprojiziertes Licht?

Der »Ursprung« wird im BERICHT FÜR EINE AKADEMIE als phylogenetischer (Urwald) bzw. als ontogenetischer (frühe Kindheit) dargestellt. Da die »Erinnerung« des Affen verloren ist (ER 168), erhält auch dort das ›Licht des Ursprungs‹ den Charakter eines Phantasmas, einer Projektion. Wahrscheinlich geht es im BERICHT wie im ›TUNNEL‹ hauptsächlich um Ontogenetisches, d.h. um die Erinnerung an eine reale, und doch phantasmatisch wirksame Erfüllung, eine Erfüllung, die Voraussetzung dessen ist, was Freud den »Wunsch« nennt. Nach Jacques Lacans struktural Interpretation der Freudschen Psychoanalyse induziert die Separation des Infans von der Mutter im Einschnitt der ödipalen Szene den nostalgischen, unstillbaren »Wunsch« oder das »Begehren« (désir), und zwar in der Transformation des — von der Mutter noch restlos gestillten — »Bedürfnisses« (besoin) in die »Bitte« (demande), d.h. das durch die Symbole der Sprache mediatisierte Verlangen.[59]

Die Entwöhnung (sevrage) endigt und gipfelt sozusagen in dem ödipalen Einschnitt, der Kastration als der Trennung von Mutter und Kind durchs Nein des Vaters[60]. Das Begehren wird entbunden in der Spaltung von Bedürfnis und Bitte (Anspruch), wie sie im Prozeß der Separation sich ereignet; es richtet sich nicht auf Bedürfnisbefriedigung, noch auf Liebesansprüche[61]; es entspringt nicht der Frustration[62]. Es definiert sich als Wunschphantasie, womit sich die Psychoanalyse absetzt von Gesellschaftstheorien, die vom Axiom der Bedürfnis-Befriedigung durch Subsistenzmittel ausgehen.[63]

Die Separation hinterläßt die »Sehnsucht nach dem Ganzen«, »la nostalgie du Tout«: »metaphysische Fata Morgana der universalen Harmonie, mystischer Abgrund der affektiven Verschmelzung, soziale Utopie einer totalitären Bevormundung, alle Formen des Heimwehs nach einem vor der Geburt verlorenen Paradies und der dunkelsten Strebungen zum Tod.«[64] Eine frühere reale Erfüllung fungiert mithin als Phantasma; die Täuschung besteht darin, für wiederholbar zu halten, was an eine bestimmte zeitliche Phase des Lebens gebunden ist. Der Ursprung verkehrt sich zum Telos. Andererseits hat es den Ursprung, so wie er imaginiert wird, niemals gegeben. Man sieht ihn »nicht mehr«, schreibt Kafka; d.h., sein »Licht« muß sich dem »Licht des Endes« verdanken, dem Imaginären. So wird er wieder sichtbar; sein »Licht« ist eins mit dem des Zieles, des »Endes«.

Der psychologische Exkurs sollte verstehbar machen, weshalb in Kafkas Paradoxie vom ›TUNNEL‹ sich das Licht des Ursprungs jenem des Zieles substituiert, ja, es wohl erst gebiert — und weshalb auch die Umkehrung dieser Figur einen Sinn ergibt. Kafkas komplizierte Konfiguration legt nahe, daß es sich um ein und dasselbe Licht handelt, d.h. um jenes vorwärts und zugleich rückwärts gewandte Begehren, um jenes *paradoxe Begehren* — auch Lacan nennt es paradox[65] — nach dem in der Zukunft liegenden Vergangenen.[66]

Unser Begehren heißt uns den »Schacht von Babel« zu graben, in ihm gibt es keinen Ausgang, immer nur ein Verschieben der Rückkehr: einen Aufschub, eine Verschiebung, ein metonymisch-metaphorisches Deplacieren[67], eine Wiederholung — ein »Encore«[68]. Ursprung und Telos sind für das »irdisch befleckte Auge« nicht mehr auseinanderzuhalten: das Licht des Anfangs sieht es »nicht mehr«, und doch sind »Anfang und Ende« nicht sicher auseinanderzuhalten. Es geht um eine *Wiederkehr* im atemporalen Unbewußten. »Jedem Augenblick entspricht auch etwas Außerzeitliches. Dem Diesseits kann nicht ein Jenseits folgen, denn das Jenseits ist ewig, kann also mit dem Diesseits nicht in zeitlicher Berührung stehn.« (H 94) »Wir wurden aus dem Paradies vertrieben, aber zerstört wurde es nicht.« (H 101) — Es gibt ein Jenseits, das wir allzugern zu einem diesseitigen Ziel erklären; dieses Jenseits hat einen diesseitigen Ursprung, der sein Licht dem Ziel leiht, welches zurückstrahlt. So aber, wie er dann reflektierend aufleuchtet in der Imagination, hat es den Ursprung, zu dem kein Weg zurückführt, nie gegeben.

Schließlich und endlich gehört auch der paradoxe Todeswunsch zum Begehren. Das Begehren, dem Begehren ein Ende zu setzen, der Wunsch, nicht mehr wünschen zu müssen, ist das *paradoxe Verlangen, das paradoxe Verlangen zu negieren*: »Mein Leben habe ich damit verbracht, mich gegen die Lust zu wehren, es zu beenden.« (H 338) Die Hoffnung auf das Ende ist nur das Komplement eines Hoffens ohne Ende.

Der Kafkaschen Paradoxie entspricht der *Widerspruch* von Wunsch und Versagung, Begehren und Blockade; der changierenden, gleitenden Metapher aber, der wir uns nun zuwenden, entspricht der *Aufschub*, d.h. die Öffnung der Zelle, das Verlängern und Verschieben des Begehrens und damit auch das Abwehren der Versagung, des Todes. Indem dasjenige, was »Gericht« oder »Schloß« heißt, durch einen Prozeß semantischer Verschiebung, einen Ent- und Umdefinierungsprozeß in die Ferne gerückt wird, verlängert sich das Erzählen und mit ihm das Hoffen und Begehren des Helden. Aber wir müssen ergänzen und sagen, daß sich Metapher *und* Paradoxie zu dieser Bewegung des Aufschubs verbinden, so daß also der *Widerspruch* (von Wunsch und Versagung) verlängert wird zum *prozessierenden Antagonismus.* So bleibt z.B. Josef K. bis zur endgültigen Niederlage gefangen in dem Dilemma, sich durch Rechtfertigungen immer nur neu zu belasten, genau wie das Tier des BAUES in der Paradoxie, durch jede Sicherheitsvorkehrung immer nur das Gefühl der Unsicherheit zu mehren.

II. Die gleitende Metapher

>Ein Glaube wie ein Fallbeil,
so schwer, so leicht.« (H 50)

a) Unbestimmte Uneigentlichkeit

In einer Reflexion von 1920 schreibt Kafka: »Er erinnert sich an ein Bild, das einen Sommersonntag auf der Themse darstellte. Der Fluß war in seiner ganzen Breite weithin angefüllt mit Booten [...], von Boot zu Boot teilte sich Scherz und Lachen mit [...]« (H 419 f.). In seinen Imaginationen fühlt sich der Betrachter von dieser Versammlung »ausgeschlossen« (H 420), wodurch — allerdings ohne Indizien einer Verallgemeinerung — Bild und Ausgeschlossener symbolisch-sinnbildlichen Charakter erhalten. Die Darstellung führt aufs Gegenteil des Dargestellten aufgrund einer Verkehrung der mimetischen Funktion: Geselligkeit evoziert das Gefühl des Ausgeschlossenseins. Das Vorhandensein minimalster Hinweise auf eine figürliche Bedeutung und die gleichzeitige Unterdrückung deutlicher Indizien der Uneigentlichkeit konstituieren jene Kafkasche Ambivalenz, in welcher *Eigentlichkeit und Uneigentlichkeit in der Schwebe bleiben, eindeutige* Auslegung mithin vereitelt wird.[69] Was sich hier nur andeutet, ist in den phantastischen Texten, welche durch *logische Brüche* zu figürlicher Auslegung nötigen, zum *principium stilisationis* entfaltet.

Der Bildbetrachter fährt nun in seiner räsonierenden Reflexion fort: »Sie [die Ausflügler in den Booten] waren doch auch Menschen wie er, nichts Menschliches konnte ihnen völlig fremd sein, würde man sie also durchforschen, müßte man finden, daß das Gefühl, das ihn beherrschte [...], auch in ihnen lebte [...]« (H 420). In dieser Verdrehung wird das Symbolische als Zusammenfall des Besonderen mit dem Allgemeinen selbst problematisiert. In paradoxer Weise verkehrt sich dem Betrachter das Bild der Geselligkeit vollends ins Bild des Ausgeschlossenseins. Kafkas Reflexion steht hier gewissermaßen am Ursprung jener Brüchigkeit, die all seine Verweisverfahren auszeichnet. Immer schon ist diese ihm attestiert worden: »Wenn der Symbolbegriff in der Ästhetik, mit dem es überhaupt nicht recht geheuer ist, irgend etwas Triftiges besagen soll, so einzig, daß die einzelnen Momente des Kunstwerks aus der Kraft ihres Zusammenhangs über sich hinausweisen: daß ihre Totalität bruchlos übergehe in einen Sinn. Nichts aber paßt schlechter auf Kafka.«[70]

Zwischen Eigentlichkeit und Uneigentlichkeit, zwischen Besonderem und Allgemeinem, zwischen »subjektiver Allegorese«[71] und trans-subjektivem Allgemeinheitsanspruch, ja zwischen dem Bedeuteten und seinem Gegenteil oszilliert diese »Symbolik«[72] allemal. Um nicht zur sogenannten »absoluten Metapher«[73] zu entarten, zur Figur barer »Unbezüglichkeit«[74] zu werden, muß das Verweisverfahren notwendigerweise Elemente verstehbarer Metaphorik oder Metonymik[75] an sich haben. Als *exemplum* oder *pars pro toto* weist die Kafkasche Figur der Uneigentlichkeit — wie verborgen und gebrochen auch immer — metaphorisch-analog auf ähnliche Fälle bzw. metonymisch-synekdocheisch auf ein Ganzes vergleichbarer Fälle. Die dekompositorische Tendenz der Verdichtungen, Sinnverschiebungen und Antinomien vermag diese semiotische Grundbedingung nicht außer Kraft zu setzen.

Wenn in EIN ALTES BLATT (ER 146 ff., E 155 ff.), das zum Komplex der CHINESISCHEN MAUER gehört[76], vom Einfall der Nomaden in die Stadt der Bürger die Rede ist, dann gewinnt das eigentliche Geschehen allmählich eine uneigentliche Dimension der Bedeutung hinzu: Seßhaftigkeit und Sekurität scheinen thematisch zu werden. Doch das Phantastische des Geschehens und seine logischen Brüche — die Nomaden verzehren einen Ochsen bei lebendigem Leib, selbst ihre Pferde erweisen sich als Fleischfresser — verkehren das Abgebildete noch deutlicher ins Metaphorische; Mensch und Tier (!) werden zu Allegorien wilder Unmittelbarkeit oder unmittelbarer Wildheit. Die Kennzeichnung, daß die Nomaden »jede Zeichensprache« ablehnen und sich wie die »Dohlen« verständigen (E 156), transformiert überdies den Text in eine Reflexion über die *symbolische Ordnung* der Kultur und setzt die asignifikante Stimme (Schrei) dem signifikanten Zeichen (Sprache) entgegen[77]; damit wird zugleich auch auf die Bilder der »Teilbauten« und des »babylonischen Turmes« in der CHINESISCHEN MAUER — die Metaphern kollektiver Sprachfindung und Sprachverwirrung — angespielt (ER 332 ff., B 67 ff.). Aber der Plural (die Dohlen) steht im Widerspruch zu einer Lesart, die hier eine Anspielung auf Biographisches wahrnimmt: »Dohle« heißt im Tschechischen »kavka«; die Dohle war das Emblem der Kafkas. Der Schrei der Dohle könnte mithin auf die Tendenz Franz Kafkas, ›sinnfreie‹, ›nicht-signifikante‹, ›asignifikante‹ Textgebilde zu entwerfen, verweisen. Das Wesen »Odradek« (ER 157 f.) wäre deren Sinnbild. — Wollte man den Widerspruch von Plural (die Dohlen) und Singular (kavka) noch auflösen, so müßte man von einer Art ›Psychomachie‹ ausgehen: Schreie und Zeichen, Nomaden und Bürger stünden für den Gegensatz von ›sinnfreien‹ und sinnhaften, ›asignifikanten‹ und signifikanten Elementen in Kafkas Werk.

Jeder Satz zieht also neue Verweismomente nach sich, so daß sich semantische Verschiebungen ergeben (die bis zum Antinomischen und Paradoxen führen) und die Verweisebenen sich überlagern, verschränken und überkreuzen. Metaphern durchdringen sich (soziale Welt und private Welt), Metonymien verschachteln sich (so die *synecdoche a minore ad maius*: der Schrei als Zeichen prähistorischer oder latenter Wildheit und Unmittelbarkeit und die *synecdoche a maiore ad minus*: die Dohlenschreie als Zeichen der Kafkaschen Asignifikanz). Treffend schrieb daher Martini, daß bei Kafka »jedes Wort aus seinem gewöhnlichen Gebrauch herausgenommen« werde, wobei sich eine Tendenz zum »Unausdeutbaren« ergebe und die allegorischen und symbolischen Momente zu »hinweisenden und wie eine Leerform abstrahierenden Bildzeichen« transformiert würden.[78] In Kafkas Texten verdrängt die sich ausbreitende Konnotation allmählich die Denotation, das Buchstäbliche; aber dies nicht dergestalt, daß eine eindeutige metasprachliche Ebene des Vergleichenden sich gegenüber einer eindeutigen Ebene des Verglichenen etablierte, sondern so, daß das Buchstäbliche stets erhalten bleibt und durch dieses paradoxe Zugleich einen irrealen Status erhält. Roland Barthes, der die Konnotation generell »mythisch« nennt, hätte besser nur die Kafkasche mit diesem Index versehen.[79] Die ›uneigentliche Eigentlichkeit‹ charakterisiert sowohl realistische Partien (die Themse-Boote) wie auch phantastische (die fleischfressenden Pferde); letztere sind ja stets aus denotativen Elementen gefügt, insofern sich eine allegorische oder metaphorische Lesart immer nur partiell herstellt, immer nur qua Neben-Sinn oder Kon-Notation. Deshalb sprach Karl-Heinz Fingerhut von »Figurenspielen« und »offenen Erzählgerüsten«, in welche die verschiedensten Sinnmomente eingelagert werden könnten[80], und deshalb stellte Michel Dentan die Funktion des einheitgebenden »image« ins Zentrum seiner psycho-ästhetischen Untersuchung, derzufolge bei Kafka die zerfließenden Impressionen des labilen Ich allein durch einen fixen und zugleich variablen Bildkomplex zusammengehalten werden könnten[81].

Die eigentliche Ebene weist bei Kafka aufgrund von logischen Brüchen und Indizien der Figürlichkeit auf eine uneigentliche Ebene, aber deren Brüche verweisen wiederum zurück auf die eigentliche. So konstituiert sich eine Figur der »Unbestimmtheit«[82], der ›unbestimmten Uneigentlichkeit‹, wobei freilich keine Bestimmungsleere, sondern eine Bestimmungsfülle, eine »Überbestimmtheit«, wie Hart Nibbrig differenzierte, vorausgesetzt ist[83], sich letztlich also, bezogen auf die Aussage-Logik, eine Ambivalenz von »positivem Sinn und Sinnlosigkeit« herstellt[84].

Der Tendenz zur Konnotation entspricht spiegelbildlich die immer schon bemerkte Tendenz zur Buchstäblichkeit.[85] Kafka nimmt bekanntlich metaphorisch begründete Redewendungen der Alltagssprache wörtlich, materialisiert und verlebendigt sie in der Figur der Vereigentlichung des Uneigentlichen. Aus dem »Ab-« und »Verurteilen« (H 229 f.) wird ein Urteilsspruch und ein Gericht, aus dem »unsichtbaren Gericht« (T 31) ein Prozeß, aus dem Schimpfwort »Ungeziefer« (H 171) der Käfer Samsa, dem Bild vom »Abmagern« (T 229) der Hungerkünstler, dem »Verschlossen-Sein« (H 88; Br 20) das Schloß, dem »Sich-Verkriechen« (F 626, 647) der Bau.

Daher trifft Emrich etwas Richtiges, wenn er schreibt: »Jedes Wort und jedes Bild meint in der Tat sich selbst«[86]; aber er behält auch wieder nicht Recht damit, denn er trifft nur die eine Seite der in dissonanter Spannung verharrenden Semiotik, führt er doch selbst aus, daß bei Kafka, wenngleich sich jegliche allegorische Entschlüsselung, symbolische Verallgemeinerung und parabolische Festlegung verbiete, ein aufs »Universelle« zielender »Verweischarakter« am Werke sei[87].

Es gibt demnach, wie Max Bense in der THEORIE KAFKAS schrieb, keine »Zeichen für«, nur »Zeichen von Etwas«[88]; es gibt keine fixierbaren Denotate bzw. festen Signifikate, kein eindeutiges *tertium comparationis*. »Die Sprache kann für alles außerhalb der sinnlichen Welt nur andeutungsweise, aber niemals auch nur annähernd vergleichsweise gebraucht werden [...]«. (H 45) Das heißt aber andererseits doch auch, daß dies Sprechen nicht ohne »Andeutung«, *nicht ohne Metonymie und ohne Metapher* (Analogie oder Similarität) möglich ist; es heißt, daß auch die »absolute Metapher« nur ›relativ‹ sein kann. Dennoch muß festgehalten werden, daß Kafka durch seinen fortgesetzten »Andeutungs«-prozeß und das paradoxe Hin und Her von Eigentlichkeit und Uneigentlichkeit eine unauflösliche Dissonanz erwirkt, ein »œuvre en parfait suspens«[89].

b) »Absolute Metapher«

> »Das können wohl einzelne, zum Beispiel japanische Gaukler, die auf einer Leiter klettern, die nicht auf dem Boden aufliegt, sondern auf den emporgehaltenen Sohlen eines halb Liegenden, und die nicht an der Wand lehnt, sondern nur in die Luft hinaufgeht.« (T 12)

Wenn Deleuze und Guattari in ihrem polemischen Kafka-Buch schreiben: »Kafka tue délibérément toute métaphore, tout symbolisme, toute signification, non moins que toute désignation. La métamorphose est le contraire de la métaphore [...]«, oder auch: »Il n'y a plus désignation de quelque chose d'après un sens propre, ni assignation de métaphores d'après un sens figuré«[90], so treffen sie zwar wie in vielen anderen Bemerkungen genial Kafkas Eigentümlichkeiten, aber beim Wort dürfen sie nicht genommen werden; sie stellten denn die Doxa ihrer Väter — Ferdinand de Saussures, Louis Hjelmslevs, Claude Lévi-Strauss', Jacques Lacans, Louis Althussers und Roland Barthes' — auf den Kopf. Roland Barthes z.B. hat stets an der minutiösen Zeichen-Analyse festgehalten[91], er hat die Textsemiotik sogar als Ideologiekritik verstanden[92], indem er ihr aufgab, den Schein der Natürlichkeit konnotativer Zeichengebilde durch strukturale Zergliederung zu destruieren[93]. In der »Metasprache« eines »sekundären semiologischen Systems« verwandeln sich nach Barthes die Zeichen der denotativen (oder designativen, referentiellen) Sprache, d.h. die Einheiten von Signifikant (signifiant) und Signifikat (signifié), in *Signifikanten einer höheren Ordnung*, wodurch ein neues Signifikat evoziert werde[94]. Das Illustrierten-Photo z.B., das einen Neger in französischer Uniform zeige, beschwöre die »Imperialität« der französischen Nation, den »Mythos« der »Imperialität«.[95]

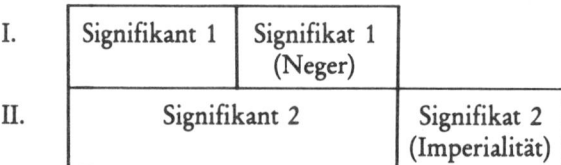

I.	Signifikant 1	Signifikat 1 (Neger)	
II.	Signifikant 2		Signifikat 2 (Imperialität)

Es handelt sich hier also um die Analyse von Tropen metonymischer oder metaphorischer Art, wie sie auch literarische Texte kennzeichnen. Barthes setzt aber für die literarische Konnotation eine dritte, eine mythenzitierende und mythenkritische Ebene an.[96] Das scheint nicht in jedem Fall nötig zu sein, denn die Mythen müssen nicht notwendig ideologisch fungieren, die Konnotation muß nicht notwendig mythisch, und die Literatur muß nicht notwendig mythen-zitierend verfahren.

Von »Mythos« oder »mythischem System« spricht Barthes offenbar aufgrund einer Analogie zwischen literarischer Konnotation und mythischer Symbolik, wohl in Anlehnung an Lévi-Strauss, der den Mythos als Erzählung versteht, in der sich oberhalb der denotativen Objektsprache konnotierte, metasprachliche »Oppositionen« formieren.[97]

Jedenfalls gilt es zunächst erst zu eruieren, was an Kafkas ›Verwandlungen‹ »métamorphose« und was »métaphore« ist. Seine VERWANDLUNG ist zwar eine phantastische Metamorphose, aber sie weist doch auch, sehr indirekt und versteckt, aufs Phänomen der Regression, der psychosomatischen Verweigerung.[98] Die Verborgenheit der Indizien der Uneigentlichkeit hebt die Metapher nicht auf; man hat ja die »Identifikation« als Vergleich ohne Verglichenes — das gilt relativ und nicht »absolut« — immer schon zur Metapher gerechnet.[99] Die Behauptung einer absoluten »Metamorphose« ohne Sinnbezug wie die Behauptung einer »absoluten Metapher« ohne jegliches *comparatum* oder *tertium comparationis* ist eine Mystifikation, deren Irrationalität durch semiotische Analyse aufzulösen ist.

Die »absolute Metapher« kann nur relativ sein. Wenn Hugo Friedrich von ihr sagt, in ihr werde die »zu vergleichende Sache überhaupt nicht oder erst spät genannt«[100], so deutet er selbst schon an, daß ihre Unbezüglichkeit nur ein transitorisches Phänomen ist.

Stellt sich indes keinerlei Analogie her, dann löst sich auch der Begriff der Metapher auf. Auch die »dissonantische« Metapher[101] — »Sand des Spiegels« (Lorca) — muß sich entweder als ein Alogon erweisen oder sie verbirgt, wie obskur auch immer, ein *simile* im *dissimile*, ein *tertium comparationis* im *contrarium*.

Bekanntlich galt die *obscuritas* schon in der antiken Rhetorik als Mittel der Verfremdung *(xenikon)* auf dem Gebiete der figürlichen Rede, d.h. der Tropen und Figuren (im engeren Sinne); sie konstituiert sich durch Formen der Auslassung und Polysemie, sowie durch paradoxe Phänomene. Ihr Hauptgebiet ist die bis zum *änigma* sich steigernde *allegoria*, der *parabola* und *similitudo* verwandt sind. In ihnen wird das *simile* oder *tertium comparationis* entstellt und verdunkelt durch die Verstärkung des *dissimile* oder *contrarium* der Analogien. Grundsätzlich kann die *obscuritas* jedoch durch jegliche Verrätselung mittels metaphorischer oder metonymischer Verfahren konstituiert werden, wobei wir diese Verfahren im elementaren, strukturalistischen Sinne verstehen: Seit Jakobson gilt die Metapher als paradigmatischer Ersatz eines Signifikanten durch einen anderen aufgrund einer Relation der Similarität, die Metonymie (die Synokdoche einschließend) als syntagmatischer Ersatz eines Signifikanten durch einen anderen aufgrund einer Relation der Kontiguität, der Nachbarschaft, des Zusammenhangs.[102] Auch Kafkas scheinbar »absolute« Rätselstrukturen konstituieren sich wesentlich durch die genannten Verfahren. Insofern ihnen meist eine psychologische Dimension, welche ins Unbewußte reicht, zukommt, ist es wichtig zu erwähnen, daß Jacques Lacan den bei Freud so zentralen Begriff der »Entstellung«[103] linguistisch (bzw. rhetorisch) auf eben jene Verfahren obskurer Metaphorik und Metonymik zurückführt[104].

Den Terminus der »absoluten Metapher« gilt es also zu hinterfragen. Auch G. Neumanns Ausführungen in DIE ›ABSOLUTE‹ METAPHER können nicht ganz wörtlich genommen werden, wenn es darin heißt, daß die Lyrik von Baudelaire bis Mallarmé »mit der Loslösung von ihrem ›Eigentlichkeitsgrund‹ ernst gemacht« habe[105]. Und wenn es heißt, diese Texte gäben »allenfalls Sinntendenzen, Auflösungsmöglichkeiten und -reflexe an, niemals aber eine unwiderlegbare, dem Eingeweihten einleuchtende Lösung«[106], so müßte das »allenfalls« durch eine »jedenfalls« ersetzt werden. Andererseits kann man nun Kafka, dessen »Kampf um die Eigentlichkeit« Neumann betont[107], gleichwohl attestieren, daß er mit transitorischer und partieller Unbezüglichkeit arbeitet; mit sich vom Eigentlichkeitsgrund entfernenden Großmetaphern; mit sich verdichtenden, verschiebenden, verzweigenden, überkreuzenden und widersprechenden Metaphern. Man könnte in Anlehnung an G. Neumanns Begriff des »gleitenden Paradoxons«[108] von einer »gleitenden Metapher« sprechen. Diese Bestimmung gilt auch für die sich durch Metaphorisch-Analoges begründenden Züge des Allegorischen und Parabolischen. Dementsprechend dürfte U. Fülleborns These von der »absoluten Parabolik«, in welcher es kein »Gleichnis von etwas« mehr gebe[109], nicht buchstäblich verstanden werden. Das gilt auch für Theo Elms formal evidente Kennzeichnung der Kafkaschen ›negativen Parabel‹ als Hohlform, die nurmehr das Leerlaufen hermeneutischer Bemühung und das Scheitern einer auf absolute Wahrheit ausgerichteten Reflexion inszeniere[110]; Elm entleert so die gleitende Metaphorese ihrer — wie immer gebrochenen — Bestimmungsfülle. Kafkas Semiose ist freilich so labyrinthisch, daß auch Adorno sich paradox ausdrückte, allerdings nicht ohne den Weg einer Aufklärung anzudeuten: »Jeder Satz steht buchstäblich, und jeder bedeutet [...] Es ist eine Parabolik, zu der der Schlüssel entwendet ward; selbst der, welcher eben dies zum Schlüssel zu machen suchte, würde in die Irre geführt, indem er die abstrakte These von Kafkas Werk, die Dunkelheit des Daseins, mit seinem Gehalt verwechselte«[111]. »Nur die Treue zum Buchstaben, nicht das orientierte Verständnis wird einmal helfen. In einer Dichtung, die unablässig sich verdunkelt und zurücknimmt, wiegt jede bestimmte Aussage die Generalklausel der Unbestimmtheit auf.«[112] Die Unbestimmtheit, die überbestimmte Unterbestimmtheit, die sinnhafte Sinnverweigerung, die uneigentliche Eigentlichkeit gilt es konkret, die Einzelelemente segmentierend, zu analysieren, wie es hier exemplarisch anhand des PROZESSES geschehen soll. Kafkas Texte sind wie Mythen einer fremden Kultur zu lesen, deren Zeichen wir buchstäblich verstehen, deren metonymische oder metaphorische Referenzen oder deren mythisch-metasprachliche »Oppositionen« uns aber unbegreiflich sind — bis sich auch ihr Sinn uns endlich, wenigstens partiell, erschließt.

c) Andeutende Allegorese

Adorno behauptete, daß Kafkas Prosa »eher der Allegorie nacheifer[e] als dem Symbol«: »[Nirgends verdämmert] die Aura der unendlichen Idee, nirgends öffnet sich der Horizont. Jeder Satz steht buchstäblich, und jeder bedeutet. Beides ist nicht, wie das Symbol es möchte, verschmolzen, sondern klafft auseinander [...]«.[113] Diese Begrifflichkeit geht auf Goethe und zugleich Walter Benjamin und dessen Aufwertung der von Goethe verfemten Allegorie zurück. Der *locus classicus* lautet bekanntlich: »Die Allegorie verwandelt die Erscheinung in einen Begriff, den Begriff in ein Bild, doch so, daß der Begriff im Bilde immer noch begrenzt und vollständig zu halten und zu haben und an demselben auszusprechen sei. — Die Symbolik verwandelt die Erscheinung in Idee, die Idee in ein Bild, und so, daß die Idee im Bild immer unendlich wirksam und unerreichbar bleibt und, selbst in allen Sprachen ausgesprochen, doch unaussprechlich bliebe.«[114]

Walter Benjamin hat das Unaussprechliche, Unbegrenzbare, Unfixierbare aber auch im allegorischen Verfahren entdeckt, welches er aus dem Blick auf das Naturgeschichtliche und Todverfallene der Welt heilsgeschichtlicher Obdachlosigkeit ableitet.[115] Ist die »Natur von jeher todverfallen, so ist sie auch allegorisch von jeher«; mithin liege in der »Allegorie die facies hippocratica der Geschichte als erstarrte Urlandschaft dem Betrachter vor Augen«.[116] In den Baudelaire-Studien, in welchen vielleicht der Ursprung des Allegorie-Begriffes der Arbeit zum barocken Trauerspiel zu sehen ist[117], tauchen diese Ideen ebenfalls auf: »Die spezifische Entwertung der Dingwelt, die in der Ware darliegt, ist das Fundament der allegorischen Intention bei Baudelaire«.[118] Die *Zeitverfallenheit* der sich wandelnden Erscheinungen, deren abstraktes Wesen nur reflexiv zu fassen ist, wäre demnach der übergreifende Aspekt des allegorischen Hinweisens.

Neuerdings hat H. Schlaffer in einer Interpretation von FAUST II die Allegorie zur adäquaten Ausdrucksform der sich unablässig wandelnden bürgerlichen Geld- und Warengesellschaft des 19. Jahrhunderts erklärt.[119] Gerade die Allegorie mit ihrem Auseinanderfallen von Erscheinung und abstrakter Bedeutung scheint ihm geeignet, das abstakte, nur reflexiv bestimmbare, nur in »Charaktermasken« sich vergegenständlichende überindividuelle Wesen der Tauschgesellschaft andeuten zu können.[120] Wieder ist die Zeit-, Tod- und Naturverfallenheit des Seins ein Kriterium des Allegorischen, und zwar im Hinblick auf die »zweite Natur« der alle individuelle Besonderheit sich unterwerfenden Eigengesetzlichkeit der Kapitalmechanismen.

Mit ganz anderer Begrifflichkeit beschrieb Jean-Paul Sartre das quasi allegorische Verfahren Flauberts als eine Technik der »Derealisierung«, die eine jegliche Erscheinung des Daseins zur ephemeren Allegorie des Nichts erkläre.[121] Die »Insignifikanz« der Erscheinungen und ihrer Zeichen wird an der Todesimmanenz allen Lebens festgemacht; ihre Erfahrung sei evoziert durch ein Todeserlebnis Flauberts, welches in enger Beziehung zur Abwehr oder Negation des bürgerlich-praktischen Lebens in der Tauschgesellschaft stünde.[122] An die Stelle direkter Strukturhomologie tritt ein biographisches Vermittlungsverfahren. Bei Sartre ist demnach wieder die Zeit- bzw. Todesabhängigkeit des Individuums das Apriori der allegorischen »Derealisierung«, zum andern liegt dieser die »objektive Neurose« des Zweiten Kaiserreichs, die Pathologie der bürgerlichen Gesellschaft als »zweite Natur« zugrunde. Die »Wendung von

Geschichte in Natur«, die nach W. Benjamin[123] Allegorischem vorausgesetzt ist, bildet auch für Sartre die Ausgangsbasis.

Schon auf einen ersten Blick hin fällt nun auf, daß Kafka sowohl die Zeit- und Todverfallenheit des Seins zur Darstellung bringt (DER BAU, IN DER STRAFKOLONIE, DER PROZESS) wie zugleich — in indirekter Form — die Wandelbarkeit und Unfaßbarkeit der sozialen Instanzen (ZUR FRAGE DER GESETZE, BEIM BAU DER CHINESISCHEN MAUER, DAS SCHLOSS, DER PROZESS). Bezeichnenderweise hat der Beamte »Klamm« im SCHLOSS, der Allegorie eines Kampfes um Anerkennung, keine feste Identität. (S 257 ff.) Der PROZESS wiederum stellt den lebenslangen ›Prozeß‹ der Selbstbehauptung allegorisch als Sein zum Tode dar, und zwar in individueller wie zugleich sozialer Hinsicht. Dies in der allegorisch »angedeuteten« (H 45) Metapher eines Rechtsverfahrens, das zu keinem Resultat führt, es sei denn dem der physischen Erschöpfung, der Erschöpfung der Lebenszeit. Das »Gehe hinüber« aus der Reflexion über die GLEICHNISSE (ER 411) deutet auf der dichtungstheoretischen Metaebene jenen allegorischen Blick an, dem das Irdische als ein Gleichnis, ein ins Nichts gehaltenes Sein erscheint. (Jene Vorstellung von der Austauschbarkeit von Sein und Nichts kündet sich bereits beim großen Allegoriker Jean Paul an.)[124] Kafkas Allegorese, die sich nach W.H. Sokel von der STRAFKOLONIE an ausbildet[125], kommt das Verfahren der gleitenden Metapher natürlich wie kein anderes zustatten. Dieses konstituiert geradezu die mit W. Benjamin von der platten Prosopopöe zu unterscheidende Allegorese.

Wenn der Lebensweg des Individuums resultatlos verläuft und zerfällt in kontingente Punkte, ohne eine teleologische Linie zu formieren, dann verleihen nur mehr einzelne quasi-allegorische Durchblicke dem Verlauf einen transitorischen Sinn. So schrieb auch Kafka in der Reihe ER einmal vom Wunsche, eine »Ansicht des Lebens zu gewinnen«, »in der das Leben zwar sein natürliches schweres Fallen und Steigen bewahre, aber gleichzeitig mit nicht minderer Deutlichkeit als ein Nichts, als ein Traum, als ein Schweben erkannt werde.« Und zwar nicht so, daß einem z.B. das »Hämmern« ein »Nichts« wäre, sondern so, daß dies »Hämmern ein wirkliches Hämmern und gleichzeitig auch ein Nichts« wäre. (B 293 f.) Das Darzustellende scheint dann eins zu werden mit der Darstellung: »›Immerfort sprichst du vom Tod und stirbst doch nicht.‹ ›Und doch werde ich sterben. Ich sage eben meinen Schlußgesang. Des einen Gesang ist länger, des anderen Gesang ist kürzer. Der Unterschied kann aber immer nur wenige Worte ausmachen.‹« (H 334) Das sich wandelnde Sein muß demnach in Sinnverschiebungen, ja in antinomischen und paradoxen Formen zum Ausdruck gebracht werden. Daß nichts mit sich identisch bleibt, hatte Kafka in Abwandlung einer der Gnomen Zenons formuliert: »Zeno sagte auf eine dringliche Frage hin, ob denn nichts ruhe: Ja, der fliegende Pfeil ruht.« (T 29) Bei J.L. Borges heißt es einmal ganz analog: »Die Zeit ist ein Fluß, der mich davonreißt, aber ich bin der Fluß.«[126] Bin und bleibe ich »Ich« oder werde ich von Augenblick zu Augenblick ein »Anderer«? Die Reflexion auf das Sich-Wandelnde und Sich-Widersprechende vermögen Kafkas gleitende Allegorien »andeutend« zur Darstellung zu bringen. Am markantesten geschieht dies vielleicht im BAU, wo das ›Gebäude der Sicherheit‹ sich in das ›Gebäude der Unsicherheit‹ verkehrt[127], wo das Leben als ein Sich-Bewahren durch Sich-Töten erscheint. Aber auch andere Texte verraten schon auf einen ersten Blick hin jenes allegorische Denken, das aufs wandelbare und antagonistische Sein sich richtet. In der CHINESISCHEN MAUER, die das Dasein als gesellschaftliches zum Gegenstand der Allegorie macht, schützen sich die Menschen durch einen Wall, der — aufgrund der sich niemals schließenden Lücken — keinen Schutz gewähren kann (ER 333). In der JOSEFINE wird die Kunst als »Musik« (ER 193) und zugleich als »übliches Pfeifen« (ER 195), als »Außerordentliches« (ER 194) und zugleich als Gewöhnliches (ER 194 f.) dargestellt. Im PROZESS erscheint das Recht als Justitia mit Waage und Binde und zugleich als schwebende Göttin des Sieges und der Jagd (P 177); Recht und Gesetz werden zu veränderlichen, unfixierbaren, unfaßbaren Größen erklärt, die »Gerechtigkeit« befindet sich »im Lauf« und trägt an den Füßen »Flügel« (P 176). Das allegorische Gemälde, Sinnbild auch des allegorischen Erzählens, macht deutlich, daß die allegorische Personifikation — mit ihrer eindeutigen Korrespondenz von Bild und Begriff — hier bereits in Auflösung begriffen ist.

Dennoch bestätigen Kafkas Gebäude, Tierfiguren und Sinnbilder jene Definition der Allegorie, die davon ausgeht, daß in ihr Abstraktes verdinglicht, verlebendigt, personifiziert wird. Kafkas Figuren weisen durchaus Züge der personifizierenden Prosopopöe auf. Gleichwohl geht es immer nur um schwach angedeutete Sinntendenzen, niemals bildet sich ein fixierbares Signifikat heraus. Auch bestätigt sich in Kafkas Verfahren des Buchstäblich-Nehmens jene andere Definition der Allegorie, die besagt, daß sie »sei«, was sie meine, daß in ihr ein Bild *für* eine Sache stehe und sich nicht — wie beim Symbol — *neben* die Sache stelle. Aber es kommt dann immer zu einer Schwebe zwischen Wörtlichkeit und übertragener Bedeutung, Eigentlichkeit und Uneigentlichkeit, sowie zur Vielbezüglichkeit des Bildes.

Während die *tota allegoria* von einem Bild- zu einem exegetischen Sachteil führt, die *permixta allegoria apertis* eine Bildvorstellung entfaltet, in der sich einzelne exegetische Elemente finden, entwirft Kafka eine *tota allegoria* ohne Sachteil, aber doch versehen mit minimalsten Sinnindizien; hinzu kommen Sinnverschiebungen und Widersprüche bzw. Paradoxien. Eine zum »sinnlichen Paradox« zugespitzte »fortgeführte Metapher« nannte daher G. Wöllner Kafkas Allegorese.[128] Der BERICHT FÜR EINE AKADEMIE z.B. demonstriert nach Wöllner das »Paradox des Zugleichs von vorzivilisatorischem Ursprung und zivilisatorischer Gegenwart, das sich in seiner [Rotpeters] Affen-Mensch-Gestalt zum sinnlichen Paradox verdichtet«.[129] Die Allegorie des »Unbehagens in der Kultur« (Freud) ist phylogenetisch wie ontogenetisch zu verstehen. Die Metapher ist multivalent. Und insofern im BERICHT nicht nur Affen dargestellt werden, sondern der Affe Rotpeter den Menschen vom Zirkus Hagenbeck gegenübergestellt wird, ergibt sich noch ein anderer Sinn: Ein individuelles Schicksal wird hier im Sinne der von Fingerhut so genannten »subjektiven Allegorese«[130] versinnbildlicht. Es mag mithin deutlich werden, daß Kafkas Allegorese stets sämtliche Merkmale der »gleitenden Metapher«

aufweist. Kafkas Mischgebilde lassen sich generell nicht mehr auf *eine* bestimmte Gattung oder Form beziehen. So kommt es bei Kafka auch oft zur Verdichtung von Sinnbildern der externen Welt und Allegorien der internen, von Parabolischem und Allegorischem.

Kafkas Welt trägt häufig Züge eines geträumten oder intrapsychischen Raumes; in diesen Weltinnenräumen lassen sich dann Personifikationen des Inneren von Allegorisierungen des Äußeren nicht immer scheiden. In Bezug auf einen vergleichbaren Zirkel von veräußerter Innerlichkeit und verinnerlichter, versinnbildlichter Äußerlichkeit in John Bunyans THE PILGRIM'S PROGRESS sprach E. Wolff von »Weltallegorese«[131]. Die Einbettung der Erzählwelt in einen Traum gestatte die Deutung der Fabel als Korrelat eines »innerseelischen Vorgangs«; sie erlaube es ferner, »die dargestellte Welt in ihrer Gegenständlichkeit zu belassen und sie doch gleichzeitig wiederum als Inhalt des erlebenden Subjekts hinzustellen«.[132] Das gilt in noch höherem Maße für Kafkas — erst gar nicht als Traum deklarierte — Allegorese, deren chamäleonhafte, gleitende Form freilich auf keiner festen Dogmatik aufbaut und sich zu keiner Schlüsselpoesie verfestigt.

In gewissem Sinn ist es oft das Soziale selbst, das Kafka allegorisiert.[133] Es erscheint als Strafmaschinerie in der STRAFKOLONIE und im VERSCHOLLENEN, als juridische Prozedur im PROZESS, als bürokratischer Machtapparat im SCHLOSS, als illusionistisches Sicherheits- und Schutzprojekt in der CHINESISCHEN MAUER. Das Schicksal des Individuums als ein Sein zum Tode und ein Sein auf Zeit ist dieser allegorischen Darstellung der Naturverfallenheit des sozialen Daseins stets integriert. Das soziale Schicksal des »Begehrens« der Individuen ist ihr Inhalt; deshalb scheint es sogar möglich zu sein, die Ausführungen von Deleuze und Guattari in diesen Zusammenhang einzubeziehen. Die beiden Autoren gehen davon aus, daß in Kafkas Werk stets Zustände repräsentiert werden, die auf einer Skala liegen, welche sich zwischen Wunsch und Tabu, Aufbegehren und Depression bzw. zwischen Eros und Thanatos erstreckt.[134] Das geht im Grunde auf den Freudschen Begriff der Libido zurück, deren abstraktes Wesen sich immer nur in konkreten Erscheinungen zu manifestieren vermag, ähnlich wie der Tauschwert sich immer nur in konkreten Gebrauchswerten verdinglichen kann. Also auch hier ist das Abstrakte nur in konkreten »Charaktermasken«[135] faßbar, das reflexiv begreifbare Wesen nur in momentanen Erscheinungen, das Zeitliche nur in Augenblicken. Nach Jacques Lacan, der von Heideggers historisierender Ontologie eines sich verbergend entbergenden Seins ausging, tritt dementsprechend jene Libido, jenes Begehren (désir) immer nur in transitorischen Erscheinungsbildern ans Licht, in metonymischen Verschiebungen und metaphorischen Substitutionen.[136] Es formiert sich jener unendliche Aufschub des eigentlichen Signifikates, des eigentlichen Wesens, welchen Jacques Derrida »différance« genannt hat.[137] Mit einigem Recht läßt sich also Kafkas Versinnbildlichung des Begehrens, Hoffens, Wartens als allegorisches Verfahren begreifen. Bezöge man die Rede von der »absoluten Metapher«, »absoluten Parabel« und »absoluten Allegorese« auf Kafkas Sinnverschiebungen, welche hinter den transitorischen Erscheinungen, punktuellen Epiphanien, changierenden »Charaktermasken« ein unfaßbares Signifikat — das Sein, das Nichts, das Begehren, die Macht, den Tauschwert — ahnen lassen, so entbehrte diese Rede nicht einer gewissen Berechtigung.

d) Psychologische Allegorien

DER STEUERMANN, von Brod den Entwürfen des Konvolut A von 1920 entnommen[138], mit einem Titel versehen und zum »Werk« hypostasiert — es gehört als Moment des »Schreibstromes«[139] vor KONSOLIDIERUNG (H 341) —, beginnt mit der Frage »Bin ich nicht Steuermann?« (ER 366; B 117) Der Fragesatz mit seiner scheinbar überflüssigen Negation verrät Unsicherheit.[140] Die Figur ist derjenigen, die Freud »Verneinung«[141] nannte, verwandt; es spricht das Unbewußte als die »Rede des Anderen«[142]. Und tatsächlich wird der Steuermann sogleich durch einen Rivalen verdrängt. Die zu Hilfe gerufenen Matrosen, »schwankende müde mächtige Gestalten«, nicken der erneuten Frage »Bin ich der Steuermann?« zwar zu, aber »Blicke« haben sie »nur für den Fremden«, der sie wieder die Schiffstreppe hinunterschickt. »Was ist das für Volk! Denken sie auch oder schlurfen sie nur sinnlos über die Erde?« (ER 367)

Das Erzählte verliert seine Eigentlichkeit als symbolisch-sinnbildlich fungierende Parabel, d.h. als *exemplum*, das metaphorisch-analog auf ähnliche Fälle von Unterwerfungsbereitschaft weist, bzw. metonymisch-synekdocheisch vom Teil aufs Ganze deutet. Die symbolischen Momente (der fortgeführten, konkretisierenden Metapher) und die parabolischen Momente (des lehrhaft-demonstrativen Beispiels) verlieren jedoch ihre Bestimmtheit durch den Traumcharakter des Ganzen, der sich z.B. zeigt, wenn der aus dem Nichts hervortretende Fremde dem Erzähler »den Fuß auf die Brust« setzt und ihn »langsam nieder[tritt]«. (ER 366) Das Phantastisch-Surreale in der Form des Traumhaften, es ist an Kafka oft genug beobachtet worden[143], impliziert auch Indizien eines allegorischen Sinnes, Indizien einer — nur angedeuteten — Personifikation intrapsychischer Imagines oder einer ›Psychomachie‹. Die Allegorese inszeniert eine Machtübernahme nach dem Ödipus-Modell, in welcher die Triebimpulse und das Ich (Mannschaft und Steuermann) ohnmächtig dem Über-Ich (dem Fremden) unterliegen. Die topologische Konstellation von Ich, Über-Ich und Es im STEUERMANN hat bereits A.M. Reh bemerkt.[144] Die andeutend-vieldeutige Allegorese weist in der Figur des ›Zirkels von Innen und Außen‹ sowohl auf die Genese der Ohnmacht (die Etablierung des Über-Ichs) wie die spätere Wirksamkeit des Über-Ichs (das unsichere »Bin ich nicht Steuermann?« setzt die Verinnerlichung einer externen Gewalt schon voraus). Die eine Lesart setzt die andere nicht außer Kraft, sondern thematisiert im Gegenteil implizit ein dialektisches Verhältnis; aber jede kollidiert mit der anderen, so daß sich Widersprüche hervorkehren. Sie sind das Zeichen (und teilweise das begründende Moment) der polysemischen, gleitenden Allegorese. Ist der »Fremde« intrapsychische Imago, dann kann er nicht zugleich eine gefürchtete äußere Machtinstanz darstellen; wird die Genese der Ohnmacht inszeniert, dann kann dem Steuermann nicht gut Unsicherheit (als Zeichen verinnerlichter Gewalten) zukommen. Auf diese Paradoxien hin aber ist Kafkas Psycho-Allegorese und seine Metaphorik überhaupt angelegt.

e) Der Zirkel von Innen und Außen
   (Die Außenwelt der Innenwelt der Außenwelt ...)

> »Das Ich ist ja nichts anderes als ein Käfig der Vergangenheit.« (J 87)

In einer Reflexion von der Form eines Vexierbildes[145] verdichtet Kafka zwei Perspektiven, verbindet eine psychologische Allegorie mit einer metaphorischen Parabel. Solche Figuren sind Vorformen der ›gleitenden Metapher‹, sie halten gewissermaßen den Augenblick vor der sukzessiven Verschiebung fest: »Ich bin gewohnt, in allem meinem Kutscher zu vertrauen. Als wir an eine hohe weiße seitwärts und oben sich langsam wölbende Mauer kamen, die Vorwärtsfahrt einstellten, die Mauer entlangfahrend, sie betasteten, sagte schließlich der Kutscher: ›Es ist eine Stirn.‹« (H 153) Es ist anzunehmen, daß es sich hier um die Innenseite der »Stirn«, ihre konkave Wölbung handelt. Wir kommen an die Grenze der Welt, über die hinauszudenken unmöglich ist; wir sind aber auch zurückgeworfen in das Innere des Kopfes und werden auf die subjektiven Grenzen unserer Wahrnehmungs- und Strukturierungsprinzipien verwiesen. Das Bild identifiziert verdichtend zwei Welten, läßt jäh — im Umschlag von der parabolischen in die allegorische Perspektive — die äußere Welt als innere erscheinen. Mit der Pointe der Figur ist die gewohnte Welt als imaginäre erkannt und damit aus den Angeln gehoben.

Wie im STEUERMANN entdeckt sich die Innenwelt auch als psychoanalytisch gesehene Innerlichkeit: Ich und Es — ein »Gespann« wie im LANDARZT (ER 141) — treffen auf einen unumstößlichen Gegner. Es ist die äußere Wirklichkeit, das Realitätsprinzip (welchem das Über-Ich seine Existenz verdankt; Freud nennt das Über-Ich den »Repräsentanten der realen Außenwelt«[146]). Und dieser Gegner ist aber auch zugleich ein innerlicher: eben dies Über-Ich. Wie im STEUERMANN hat das Bild eine Doppelfunktion, und diese weist auf einen beabsichtigten Zirkel. Die »Stirn« ist also die Schranke im Subjekt und zugleich die Kante der Außenwelt. Aber hier wird das Bild — wenn man beide Lesarten zusammenzudenken versucht — wieder paradox. Die »Stirn« ist Kante *zur* Außenwelt und ist als »Mauer« doch auch Grenze *der* Außenwelt (im *genitivus possessivus,* nicht *subiectivus).* Der Sinn der Doppeldeutigkeit (›Schranke der Außenwelt‹) liegt darin, daß es natürlich die Realität ist, das Objektive, welches dem Subjekt das »Realitätsprinzip« (und damit auch das Über-Ich) abnötigt, und daß andererseits nicht die Außenwelt schlechthin gemeint ist, sondern ihre ›Schranke‹, ihr Widerständiges, ihr Rand. Das Begehren und die Wünsche kommen an ein Halt, und dieses Halt wird im Innern selbst nochmals aufgerichtet. Das Subjekt ist nicht Subjekt, es ist nicht ›Herr im Haus‹; es »vertraut« ja auch »in allem« dem Kutscher.

Immer wieder erscheint die von Kafka entworfene Welt als projizierte und mithin verkannte. Die Pointe des Reflexions-Bildes bestand ja im Aufweis des Subjektiven und Imaginären der gewohnten Welt. Stets schließt sich der *Zirkel von Innen und Außen*, ja, Kafka versucht, die *Differenz zu löschen*. Damit kommt es immer auch zu einem *Zirkel von Erkennen und Verkennen*. Erkenntniskritik verbindet sich mit der poetischen Kritik der Wahrnehmung in der Figur des Zirkels von Drinnen und Draußen. Die »Stirn« ist das ›Brett vor dem Hirn‹. In einer Variante des Aphorismus, die, weit weniger dialektisch, nur den Innenweltcharakter der Schranke betont, heißt es: »Sein eigener Stirnknochen verlegt ihm den Weg, an seiner eigenen Stirn schlägt er sich die Stirn blutig.« (B 292) Es geht um Erkenntnisgrenzen und intrapsychische Hindernisse. Die *Angst*, die M. Foucault das »Herz der Krankheit« genannt hat[147], und die wohl auch bei Freud (zusammen mit Scham, Schuldbewußtsein, Minderwertigkeitsgefühl, Ekel, Zwang usw. als Nebenformen der Angst) im Zentrum des »Abwehrvorgangs«[148] steht, bildet den Grund des Verkennens und der inneren Hemmnisse. Verleugnung und Verdrängung[149] und im speziellen Entstellung, Verschiebung, Verkehrung ins Gegenteil, Verneinung, Ich-Spaltung, Isolierung, Idealisierung, Projektion, Introjektion usw. als Momente der Abwehr haben teil an der Deformation des Erkenntnisprozesses. In der SUBVERSION DES SUBJEKTS und an anderen Stellen hat daher Jacques Lacan das Verkennen *(méconnaissance)* ins Zentrum seiner psychoanalytischen Philosophie gestellt.[150] Im Subjekt spricht ein Anderes, ein Anderer (l'Autre).[151]

In der »Urverdrängung« wird Lacan zufolge eine erste »Spaltung« begründet: durchs Wort, das sich dem Gelebten entgegenstellt und Sprechenden und Seienden auseinanderreißt: »Elle s'opère de toute intervention du signifiant, entre le sujet de l'énonciation et le sujet de l'énoncé.«[152] Diese Spaltung vertieft sich (zur »refente«) durch die Selbstmodellierung des Ich nach dem Bilde des Anderen (l'autre) im narzißtischen Spiegelstadium, wo Rollen übernommen und Projektionsmechanismen begründet werden. Im ödipalen Drama und der Einführung in die symbolische Ordnung des Realitätsprinzips vertiefen sich Verdrängung und Ich-Spaltung nochmals durch die Gewalt des großen Anderen (l'Autre), dessen Verbote nur die (einer Sprachordnung vergleichbaren) Gebote der Kultur artikulieren.[153] Kafkas Ineinanderbildungen von Ich und Anderem, von Bewußtem und Unbewußtem, von Innen und Außen, Erkennen und Verkennen gehen auf vergleichbare Vorstellungen zurück. Auch theoretisieren einige Aphorismen und Reflexionen den immer wieder ins Bild gesetzten Zirkel von Subjektsein und Objektsein, Ich-Sein und Anderer-Sein, Frei-Sein und Determiniert-Sein, Erkennen und Verkennen: »Das, was man ist, kann man nicht ausdrücken, denn dieses ist man eben; mitteilen kann man nur das, was man nicht ist, also die Lüge.« (H 343) Also ist »Reden nur dort möglich«, »wo man lügen will«. (H 343) »Wahrheit ist unteilbar, kann sich also selbst nicht erkennen; wer sie erkennen will, muß Lüge sein.« (H 99) Mit der Sprache also spalten sich Sprechender und Seiender, Subjekt des Ausgesagten und Subjekt des Aussagevorgangs.

Der Sprechende vermag jedoch als Sich-Beobachtender sich selbst nicht zu entkommen, das Subjekt des Ausgesagten ist immer ein Teil des sich selbst aussagenden Subjekts. Vom Körper und der Seele, vom Begehren — und somit der Angst und dem von ihr begründeten Verkennen — kann der Reflektierende sich nicht losmachen; eine Meta-Aussage, eine Aussage eines sich selbst wissenden und zu sich selbst kommenden absoluten Geistes ist nicht denkbar: »Der Beobachter der Seele kann in die Seele nicht eindringen, wohl aber gibt es einen Randstrich, an dem er sich mit ihr berührt. Die Erkenntnis dieser Berührung ist, daß auch die Seele von sich selbst nicht weiß. Sie muß also unbekannt bleiben. Das wäre nur dann traurig, wenn es etwas anderes außer der Seele gäbe, aber es gibt nichts anderes.« (H 93) Mit der »Spaltung« ist das Unbewußte gesetzt und das Verkennen: »Erkenne dich selbst [...] bedeutet [...] verkenne dich!« (H 80) Die Erkenntnis der Berührung der »Seele« — genau wie die der Berührung der »Stirn« — ist, daß es keinen objektiven Außenstandpunkt gibt und mithin die innere Welt »unbekannt« oder doch imaginär bleiben muß. Sprechen und Sein fallen auseinander; die Spaltung von Erkenntnis und Wahrheit bzw. Bewußtem und Unbewußtem vertieft die Risse der »Urverdrängung«.

Die Macht des großen Anderen (l'Autre), die aus dem Unbewußten spricht, bestimmt fast alle Werke Kafkas. Am deutlichsten tritt sie wohl im PROZESS in Erscheinung; in Josef K. begegnet uns daher ein Subjekt, das sich und die Welt ver-kennt wie sonst vielleicht keine Figur Kafkas. (Allerdings thematisieren z.B. auch DER BAU und JOSEFINE, DIE SÄNGERIN ODER DAS VOLK DER MÄUSE das Subjekt als ein dem Verkennen und der Täuschung ausgeliefertes.) Nirgends in Kafkas Werk erscheint die Welt so deutlich als vom Helden projektiv verzerrte Welt wie im PROZESS. D.h., die erste Spaltung von Sprechen und Sein wird hier überlagert von der zweiten Spaltung (der »refente«) in das Selbst und die Spiegel-Imago (das Ich und den anderen / l'autre); dies alles wird indessen beherrscht von der dritten Spaltung, der Kluft von Bewußtem und Unbewußtem bzw. Verdrängtem, von Ich und großem Anderem / l'Autre). — Immer wieder verquicken sich diese Grundformen des *Verkennens* mit den *Ineinanderbildungen* von innerer und äußerer Welt in Kafkas Prosa.

Betrachten wir noch eine andere zirkelhafte und paradoxe Konfiguration. Fünf Zeilen vor dem Aphorismus über den »eigenen Stirnknochen« (B 292) ist ein »Käfig« beschrieben, dessen »Gitterstangen« »meterweit« auseinanderstehen. Das ist einen Parallele zur »Zelle«, der die »vierte Wand« fehlt (H 345; vgl. auch H 41 u. 360 ff.). Im Gegensatz zur Reflexion über den »Stirnknochen« ist es hier — zunächst — wieder die Außenwelt, von der ausgegangen wird. Es geht um eine Gefangenschaft innerhalb der sozialen Welt, doch diese erweist sich als Schein: *Schein* ist die Zelle, *Wirklichkeit* die Öffnung. Damit werden wir auf innere Zwänge verwiesen: Die Wand, die uns einsperrt, erweist sich als eine »Stirn«; wir erinnern uns an die süße Rosinenwand, welche sich als »öde Mauer« zu erkennen gegeben hatte (H 331 f.), und den »Schwimmer«, der »nicht schwimmen kann« (H 332). Aber als Gefängnis des Inneren betrachtet, erweist sich nun die »Zelle« als *Wirklichkeit* und ihre Öffnung als *Schein*. Die Paradoxie hat sich verdoppelt. Aber sie faltet sich ein weiteres Mal:

eine dritte Lesart könnte die »Zelle« wieder als Bild sozialer Gewalten auffassen, aber diesmal im Sinne eines nur *scheinbar* geöffneten *wirklichen* Gefängnisses: Der »Selbstzwang«[154] gehört nämlich als strategisches Mittel der sozialen Welt dieser selbst zu. Sie läßt uns nur scheinbar frei. Die Disziplin des Subjekts ist gewissermaßen die Antizipation der (Gefängnis-)Strafe.[155]

Eine vierte Lesart erlaubt es, die als Allegorie des Inneren entworfene »Zelle« als *Schein* und deren Öffnung als *Wirklichkeit* zu verstehen. Für das freie und vernunftbegabte Subjekt besteht ja die — theoretische — Möglichkeit, aus Zwängen, Ängsten und Charakterpanzerungen (mithilfe analytischer Selbstreflexion) herauszutreten. Und doch ist auch dies höchst fragwürdig, sofern unbewußte Prägungen (sozialer bzw. familialer Herkunft) im Subjekt eine ›zweite Natur‹ aufgerichtet haben. Nochmals verkehren sich Schein und Wirklichkeit.

Doppelte Allegorie und semantische Zweideutigkeit, Zelle heißt Gefangenschaft und das Gegenteil, haben zu einer fünffachen Paradoxie geführt. Die gleitende oder hier besser: kippende Metapher deutet auf ein dialektisches Wechselverhältnis und tendenziell auf einen *circulus vitiosus:* Die Zelle ist die Innenwelt der Außenwelt und die Außenwelt der Innenwelt. Sofern die sozialen Zwänge selbst psychologisch bedingt sind, geht es um die Innenwelt der Außenwelt der Innenwelt (usw.); sofern die Verinnerlichungen der Außenwelt die Sicht auf die Außenwelt verzerren und die Außenwelt diese Verzerrungen nochmals bestärkt, geht es um eine Außenwelt der Innenwelt der Außenwelt (usw.). Der Zirkel von Innen und Außen bildet ein zirkelhaftes Verhältnis von Subjekt und Objekt, Freiheit und Determiniertheit, Kultur und Natur ab. Es gibt für den »Beobachter« (H 93) des Weltinnenraums keinen Standpunkt außerhalb dieses Zirkels. Die Hand zeichnet die sie zeichnende Hand.[156] So spiegeln sich dann im PROZESS Josef K.s empirische Welt und die ›geträumte‹ (aber ihrerseits ebenfalls empirisch bedingte) Projektionswelt wechselseitig.

Die Genese der Innenwelt aus der Außenwelt verbildlicht ein anderer Aphorismus der BETRACHTUNGEN: »Das Tier entwindet dem Herrn die Peitsche und peitscht sich selbst, um Herr zu werden, und weiß nicht, daß das nur eine Phantasie ist, erzeugt durch einen neuen Knoten im Peitschenriemen des Herrn.« (H 42). Auch hier verschränken sich Parabel (des Draußen) und Allegorie (des Drinnen) in paradoxer Weise miteinander; in der Parabel gibt es nur einen »neuen Knoten« und eine »Phantasie«, in der Allegorie des Inneren ist die Phantasie schon Wirklichkeit: das Entwinden der Peitsche und die Selbstkasteiung. Ein Indikativ (»Das Tier entwindet«) entpuppt sich nachträglich als Irrealis, das Bild kippt aus dem Rahmen oder: es reicht hinein in das Bild, das den Rahmen darstellt. Paradox ist, daß innerhalb der parabolischen Bild-Ebene das Tier ›tatsächlich‹ die Peitsche dem Herrn entwindet und sich selbst peitscht. Im Bild der Gewaltmaßnahmen (neuer Knoten) und im Bild der Gewaltübernahme (Sich-Peitschen, um Herr zu werden) überlagern sich zwei Metaphern und greifen zugleich ineinander. Diese Drehung — des ›Möbius-Bandes‹[157] — bedingt die Paradoxie und die Zirkelstruktur: Sozialer Zwang wird zu Selbstzwang; geht es also um *Selbst*zwang? Die komplizierte

Konfiguration weist mit ihrem Indikativ aufs Moment des freien Willens (das auch in jeder noch so pathologischen Selbsttäuschung am Werk ist[158]) und aufs Moment quasi-naturhafter Kausalität. Die paradoxe Konfiguration bildet eine paradoxe Wirklichkeit nur nach: »Wenn das krankhafte Bewußtsein sich einer Wahnwelt öffnet, heißt das nicht, daß es sich durch einen imaginären Zwang Fesseln anlegt; sondern unter einem wirklichen Zwang flüchtet das Bewußtsein in eine krankhafte Welt, in der es, ohne ihn wiederzuerkennen, denselben wirklichen Zwang wiederfindet: man überschreitet die Wirklichkeit ja nicht dadurch, daß man ihr entrinnen möchte.«[159]

In dieser Dialektik von Herr und Knecht[160] kehrt das ›unmögliche Mögliche‹ ironisch-paradox wieder als ›Herrschaft der Ohnmacht‹ oder ›Freiheit der Unterwerfung‹ (denn das »Tier« glaubt, »Herr« zu werden). Wieder oszilliert die allegorische Parabel zwischen Besonderem und Allgemeinem, zwischen Individuellem (»subjektiver Allegorese«) und Universellem, denn sie trägt biographische Züge[161] wie sozialphilosophische.

In jedem Falle verbildlicht Kafka hier den Vorgang der Verinnerlichung, den die Aphorismen zu den »Rosinentrauben«, dem »Nicht-Schwimmer« und der »Zelle« schon voraussetzen. Das gilt in sozialer wie in familialer Hinsicht, betrifft also wieder die Aufrichtung des Über-Ichs im Rahmen des Ödipus- und Kastrationskomplexes, die Introjektion der Vater-Imago, die ja schon zu den verleugnenden Abwehrvorgängen, die mit ihr selbst begründet werden, gehört. Ein Teil des Ich trennt sich in einem Akt der Selbstentfremdung von diesem ab und stellt sich ihm gegenüber.[162] Aber auch dieser familiale ist kein gesellschaftsjenseitiger Akt, erstreckt sich doch, wie Adorno einmal sagte, »in alles Psychologische hinein die Gesellschaft als verdrängende, als Zensur und Überich«[163]. Mit dem Selbstzwang ist auch das Selbstmißverständnis gesetzt: das »Tier« »phantasiert«; es verkennt die Wirklichkeit und ist im Imaginären befangen (ähnliches muß der Kutscher an der Mauer der »Stirn« feststellen).[164]

Im Aphorismus von den »Rosinentrauben« geht die Bewegung von innen nach außen, in jenem vom sich peitschenden Tier von außen nach innen. Daß sich ein »Knoten« an den andern fügt, weist auf die zeitliche Dimension der Verinnerlichung. Wie im BERICHT FÜR EINE AKADEMIE geht es sowohl um einen historischen Übergang zum Selbstzwang wie um den ontogenetischen Prozeß der Internalisierung. Damit wird klar, daß es auch im Beispiel von den »Rosinentrauben« der Außenweltcharakter der Innenwelt war, welcher den Innenweltcharakter der Außenwelt bedingte. Nun ist der Zirkel vervollständigt, der im Bild von der ›offenen Zelle‹ indirekt impliziert ist. Die meisten von Kafkas Werken inszenieren diesen Zirkel in der einen oder andern Form. Es geht stets um das Währen der Vergangenheit, die Gegenwärtigkeit des Vergangenen, um das, was von Lacan mit Heidegger das »Gewesende« genannt wird[165]. Hinzu kommen oft Momente der Erhärtung und Verstärkung des Über-Ich[166], die sich mit dem Prozeß der Wiederholung verbinden. Oft — wie im URTEIL, dem LANDARZT, dem PROZESS — ist daher kaum zu entscheiden, ob es sich um die Verbildlichung der ›Urszene‹ oder die ihrer Wiederholung und Vertiefung handelt. Es geht also im ›Zirkel von Drinnen und Draußen‹ 1) um die Prägung der Innenwelt durch die Außenwelt (und das

»Gewesende«), 2) um den Innenweltcharakter der Außenwelt (den subjektiv-verzerrenden Blick), 3) die Reaktion der Außenwelt und ihre erneute Aktion.

Die skizzierte ästhetische Konfiguration ist der formale Ausdruck eines Herrschaftsbegriffes, der in den Konzeptionen des Freudomarxismus wieder-erscheint.[167] Der Begriff *direkter* Herrschaft löst sich auf, wenn man bedenkt, daß der Zirkel zu weiteren Spiegelungen führt, und wenn man annimmt, daß auch die ›Außenwelt‹ aus Individuen mit ›Innenwelten‹ besteht, daß auch der »Herr« — in gewissem Sinne — der Logik der Psyche nicht enthoben ist. Kafka hat einmal eine Zeichnung von George Grosz, welche den Kapitalisten als »dicken Mann im Zylinderhut«, sitzend »auf dem Geld der Armen«, zeigt, kritisiert (J 205 f.): »Der dicke Mann beherrscht den armen Mann im Rahmen eines bestimmten Systems. Er ist aber nicht das System selbst. Er ist nicht einmal sein Beherrscher. Im Gegenteil: der dicke Mann trägt auch Fesseln [...]«. Die »Allegorie« von Grosz aber werde zum »Abbild« und führe daher in die Irre. Wie Goethe schon verwirft Kafka die begrifflich-vereindeutigende Allegorie, sie gehe »nirgends ins Tiefere« (F 596). Dem höchst reflexiven, vermittelten Gegenstand kann sie nicht entsprechen; es geht um ein System der »überwachten Überwacher«, wie Michel Foucault in seinen Analysen von Macht und Herrschaft sagt, es geht darum, daß der »gesamte Apparat [...] ›Macht‹ produziert«[168]. Folglich gilt es, »die Macht ohne den König zu denken«[169]. Kafka fährt in der Diskussion der Grosz'schen Zeichnung ganz analog fort: »Der Kapitalismus ist ein System von Abhängigkeiten, die von innen nach außen, von außen nach innen, von oben nach unten und von unten nach oben gehen. Alles ist abhängig, alles ist gefesselt. Kapitalismus ist ein Zustand der Welt und der Seele.« (J 205 f.) Diesem Diktum entsprechend, konstruiert Kafka seine Welten als transversale »Verkettungen« von Macht- und Begehrensmotiven, wie Deleuze und Guattari zu zeigen versuchten.[170] In der CHINESISCHEN MAUER ist der Kaiser, der alles regiert, unsichtbar, unerreichbar, ja »längst verstorben«. (ER 332 ff., Zit. 341) Die »Kuriere« ohne »König« wagen es nicht, ihrem »elenden Leben ein Ende« zu machen »wegen des Diensteides«. (H 90) Der ›Zirkel von Drinnen und Draußen‹ erweist sich als bestimmten Herrschaftsformen adäquate Reflexionsfigur.

Karin Keller hat ihn im Hinblick auf traditionale und charismatische Herrschaftsstrukturen in ihrer detaillierten Analyse des SCHLOSS-Romans beschrieben: »Während einerseits heilige Tradition der Geltungsgrund herrschender Vorstellungen ist, werden diese Vorstellungen ihrerseits zum Legitimationsgrund der Herrschaft derselben traditionellen Mächte, die sie schufen. Es entsteht ein Projektionszirkel, in dem Vorstellungen Geltungsgrund der Macht sind und Macht wiederum Geltungsgrund der Vorstellung [...] Durch das Tabu des Heilig-Verruchten errichtet die patriarchale Autorität der fragenden Vernunft Grenzen.«[171]

f) Negative Parabel

Walter Benjamin hat behauptet, daß Kafkas Dichtung aus dem »Gestus« als

der »wolkigen Stelle« der »Parabel« hervorgehe.[172] Das »Wolkige«, schwer auf-
lösliche Andeutende — von der geistigen Welt kann nach Kafka nur »andeutungsweise«, »niemals auch nur annähernd vergleichsweise« gesprochen werden (H 45) — eignet (formal betrachtet) ja schon den Gleichnissen Jesu[173]. Bei
Kafka wird nun aber die Parabel zur ›Wolke‹ mit einer ›parabolischen Stelle‹.
Daher sagt Benjamin von Kafkas Parabeln auch: »Sie sind nicht [!] Gleichnisse
und wollen doch auch nicht für sich genommen sein«.[174]

Adorno hat das übernommen: »Jeder Satz steht buchstäblich, und jeder bedeutet [...] Es ist eine Parabolik, zu der der Schlüssel entwendet ward«.[175] Eine
garantierte Lehre, eine transzendente Wahrheit steht der ›negativen‹ oder ›leeren‹ Parabel nicht mehr als Bezugspunkt gegenüber. Das »Gehe hinüber« in
VON DEN GLEICHNISSEN (ER 411) bleibt leere Verheißung, die Parabel
von den Parabeln verharrt in der ungelösten Spannung zwischen der Forderung der »Weisen« und der Meinung der Praktiker, die Gleichnisse seien »un-
verwendbar im täglichen Leben«. Der Sachteil der Parabel erfüllt nicht die
Verheißung des Bildteils, wie Philippi schrieb; die »Transzendenz« bleibt
»leer«.[176] Der Gattung wird sozusagen der Boden unter den Füßen entzogen;
also konstituiert sich ihre Kontrafaktur nurmehr dergestalt, daß die »traditionellen Gattungsgesetze und das Verstehen selbst Gegenstand der Darstellung
sind«[177]. Das Epimythion wird wie in der sogenannten »absoluten Metapher«
tendenziell verweigert[178], mithin auch jede Doxa.[179] Der Zug des Beispielhaften, Demonstrativen, Lehrhaften, dialektisch Pointierten — er bleibt formal
aufrechterhalten, zumindest in der Gebärde eines existenzauslegenden »So ist
es!« — wird zur leeren Geste, die Geste zum Zentrum.

Auch die Tendenz der Verallgemeinerung bleibt, wie H. Politzer in PARA-
BLE AND PARADOX zeigt[180], erhalten; das sinnverweigernde Moment an
der Parabel, ihr »Wolkiges« sozusagen, ist für Politzer gleichbedeutend mit
dem »Paradoxen«; dieses definiert sich — reichlich pauschal — als das
Unerkennbare[181]. U. Fülleborn nimmt in seinem Konzept der »parabolischen
Welt« gewissermaßen die beiden Begriffe von Politzer zusammen; Unerkenn-
barkeit und Unanwendbarkeit charakterisieren die »absolute Parabel«, die
»nicht mehr Gleichnis von etwas« sei.[182] Auch nach Th. Elm sammelt bei Kafka die Parabel (bzw. der parabolische Roman) »als Leerform« nurmehr das Bewußtsein seiner Leser ein; diese Leerform problematisiere das hermeneutische
und rationale Denken, indem sie die Leser dessen Scheitern nachzuvollziehen
zwinge.[183]

Wenn aber in der Tat die »bestimmte Aussage die Generalklausel der Unbestimmtheit« aufwiegt[184], dann ist es möglich und sinnvoll, die verborgenen
und bruchstückhaften Sinn-Details der Parabolik Kafkas zutage zu fördern.
Diese Intention lag auch Benjamins Erörterung des »Wolkigen« und »Gesti-
schen« durchaus zugrunde. Das läßt sich seinen Notizen, die für eine Arbeit
über den PROZESS und andere Texte gedacht waren, entnehmen.

Die »wolkige Stelle« der Parabel nennt Benjamin auch ihr Symbolisches:
»Während der Lehrgehalt von Kafkas Stücken in der Form der Parabel zum
Vorschein kommt, bekundet ihr symbolischer Gehalt sich im Gestus. Die ei-
gentliche Antinomie von Kafkas Werk liegt im Verhältnis von Gleichnis und

Symbol beschlossen«.[185] Es geht um eine sich selber weitgehend zurücknehmende Metaporik oder Metonymik. Nicht zufällig notierte Benjamin einen Satz W. Krafts, nach welchem »jede Erklärung seine, Kafkas, Intentionen verfehlen« müsse[186]. Nur aus Verschiebungen und Entstellungen sei der Kafkasche Text gewoben; »alles, was er beschreibt, macht Aussagen über etwas anderes als sich selber.«[187] Daher kann die »wolkige Stelle« dem widerspruchsgeprägten und hieroglyphischen Rebus des Traumes analog gesetzt werden: der »Gestus« »entstammt nämlich Träumen«[188]. Traum und Symbol, Geste und Gebärde schließen sich zusammen gegen die von der Vernunft verantwortete Parabel. Der Gegensatz könne so weit gehen, daß aus dem Gleichnishaften die Satire hervorgehe, welche aber — wie z.B. im PROZESS — im gleichen Moment durch eine theologisch-mystische Gegenbewegung aus den Angeln gehoben werde, sich verschleiere und umwölke: »Bei Kafka kommt diese Satire nicht zum Durchbruch, denn so wie in der Parabel — die vom Türhüter zeigt es klar — die wolkige Stelle steckt, die dem Gleichnis seinen Gleichnischarakter nimmt, um es zum Symbol zu erheben, so steckt in der Satire die Mystik.«[189] »So steht Kafkas gesamtes Werk im Zeichen des Gegensatzes zwischen dem Mystiker und dem Paraboliker, der Geberdensprache [sic] und der Sprache der Unterweisung, dem Visionär und dem Weisen. Eines Gegensatzes, der eine Verschränkung ist.«[190] Diese Verschränkung sieht Benjamin in Kafkas VON DEN GLEICHNISSEN thematisiert, wo dem Standpunkt der Verwendbarkeit im »täglichen Leben« der des »sagenhaften Drüben« gegenübersteht (ER 411). Sinn wachse dem Wolkigen am Gleichnis nur zu durch Sinnentzug: »Bei Kafka ist die Neigung sehr bemerkenswert, den Vorfällen gewissermaßen den Sinn abzuzapfen. Siehe den Gerichtsbeamten, der eine Stunde lang die Advokaten die Treppe hinunterwirft. Es bleibt hier nichts weiter als der Gestus übrig, der aus allen affektiven Zusammenhängen herausgelöst ist.«[191] Dieser *per negationem* sympolisierende Sinnentzug präge aber das gesamte Werk Kafkas, sein »ganzes Werk stellt nämlich einen Kodex von Gesten dar«[192]; aus Benjamins Notizen ist nun zu entnehmen, daß vor allem an Gebärden gedacht ist: an die des »gesenkten Hauptes«[193], des »gebückt« Gehens[194], des Sich-Verkriechens[195], des Sich-Schämens, des Emporhebens der Bittschrift auf der »flachen Hand«[196], des Hinauswerfens der Advokaten. Die Gebärde, die Geste, das Symbolische, das Wolkige und das Mystische gehören nach Benjamin also zusammen; sie sabotieren das Lehrhafte der parabolischen Form. Sie entsprechen dem Obskuren der gleitenden Metapher oder andeutenden Allegorie; ihr Sinn ist gleichwohl im Hinzudenken des Elidierten, Ausgesparten annähernd zu umschreiben.

Kafkas Formen liegen fast ausnahmslos quer zur Gattungstradition. So ist es selbstverständlich, daß sein Parabolisches sich verbindet mit der gleitenden Metaphorik, der andeutenden Allegorese, dem psychologischen Zirkel. Die eigentlich mehr zum Beispielhaften, also zum synekdocheischen *pars pro toto* neigende Parabel wird bei Kafka grundsätzlich näher ans Metaphorische gerückt. Das gilt für die kurzen Texte: das »Verschüttetsein im Bergwerk« (H 347), das »Verunglücktsein im Tunnel« (H 73), den »Nicht-Schwimmer« (H 332), das »sich peitschende Tier« (H 42), den STEUERMANN (ER 366 f.), das Warten VOR DEM GESETZ, die KAISERLICHE BOTSCHAFT — wie auch für die Erzählungen und Romane: die STRAFKOLONIE als allegorische Parabel des ›Gestraftseins‹, den BERICHT FÜR EINE AKADEMIE als Modell der Phylo- oder Ontogenese des Selbstzwangs, den BAU als Allegorese kulturellen oder egoistisch-privaten Sicherheitsstrebens, den PROZESS als ›symbolischen Roman‹ der sich im Kreis drehenden Selbstverteidigung und Selbstbehauptung und das SCHLOSS als Modell eines »stehenden Sturmlaufs« (T 169) um Anerkennung.

g) Die gleitende Metapher (DER BAU)

Umkehr, Ablenkung, Verdoppelung, Vervielfältigung sind die Charakteristika des »gleitenden Paradoxons« bei Kafka; Zweideutigkeit, Vieldeutigkeit, Verschiebung, Verästelung und Widersprüchlichkeit die Merkmale seiner ›gleitenden Metapher‹, deren Begriff hier allegorische und parabolische Momente einschließt. Einer ihrer Ursprünge könnte der Aphorismus »Meine Gefängniszelle — meine Festung« (H 421) sein. Das Bild der Mauer ›gleitet‹ sozusagen von der Bedeutung ›Gefängnismauer‹ zur Bedeutung ›Schutzmauer‹ weiter. Die Erzählung DER BAU (B 173 ff., ER 412 ff.) inszeniert genau diese zweideutige Metapher; in ihr erhält das Moment der ablenkenden Umkehr, der semantischen Verschiebung, der Antinomie dann die Form eines fortgesetzten Gleitens. Die sich addierenden Bedeutungen sind hier, wie meist bei Kafka, nicht explizit ausgesprochen, sie manifestieren sich nur als angedeutete, assoziative Sinntendenzen. Je verschiedene, indirekt evozierte »Kontext-Welten«[197] legen mögliche Bedeutungen des »Baues« nahe. So kann es beim Werk des ›Tieres‹, das den Bau mit Schein-Eingängen und Labyrinthen versieht und Nahrung hortet, existentiell um Sorge und Vorsorge gehen[198]; kulturhistorisch um den Schutz gegen Feinde und Naturgewalten in der Form einer negativen »Dialektik der Aufklärung«[199]; sozialpsychologisch um die Entfremdung des Einzelnen vom Anderen; psychoanalytisch um Zwangsverhalten, d.h. um ›verbohrte‹ Selbstbezogenheit und egozentrisches Selbstischsein (was letztlich Selbst-Mord bedeutet)[200]; biographisch um die Bedrohung durch Krankheit und Tod[201] und um Kafkas schriftstellerisches Werk selbst[202]; bewußtseinstheoretisch ums Denken, den cartesischen Zweifel oder die irrationale Rationalisierung[203]; in erotischer Hinsicht um Sexualabwehr[204].

Die Eigentlichkeit verläßt der Text schon darin, daß das Bau-Tier denkt bzw. spricht. Wenn dann vom Horten der »Fleischvorräte« (ER 426) und dem Schutz vorm »Vernichtungskampf« (ER 421) die Rede ist, legen Bilder und Tönung des Vokabulars nahe, daß es hier um die existentielle Situation des Menschen, die *conditio humana* gehe. Diese Lesart verschiebt sich dann aber in die Richtung einer kulturhistorischen Reflexion, wenn das Tier — entsprechend der Verkehrung der »Dialektik der Aufklärung« von Adorno und Horkheimer[205], die die Resurrektion der externen (Natur-)Gewalt im Inneren beschreibt — von seinen neuen Sorgen spricht: »Es sind andere, stolzere, inhaltsreichere, oft weit zurückgedrängte Sorgen, aber ihre verzehrende Wirkung ist vielleicht die gleiche wie jene der Sorgen, die das Leben draußen bereitet«. (ER 425) Drittens reiht sich an diese Lesart der sozialpsychologische Aspekt der Entfremdung, der egoistischen ›Privat-Produktion‹[206]; wobei das allegorische Bild nur das ideologische Selbstverständnis des Privatproduzenten nachzeichnet, nicht die Tatsache der hinter seinem Rücken stattfindenden kollektiven Selbsterhaltung der tauschenden, arbeitsteiligen Gesamtgesellschaft. Das Tier ist voll Mißtrauen dem Anderen gegenüber; zwar äußert es den Wunsch: »Hätte ich doch irgend jemanden, dem ich vertrauen könnte [...]« (ER 423), aber im Widerspruch dazu läßt der ironische, karikierende Autor es denken, es könne niemandem vertrauen, wenn es ihn nicht »gleichzeitig überwach[e]«; infolgedessen will das Tier sich auch nicht darüber »beklagen«, daß es allein ist. (ER 424) Es »träumt« von »Verständigung«, obwohl es »genau weiß, daß es etwas derartiges nicht gibt« (ER 443). Kafka versucht hier so etwas wie eine Verbildlichung des Hobbes'schen *homo homini lupus*. — Der Egozentrismus des Tieres nimmt viertens immer deutlicher den Charakter psychopathologischer, ›verbohrter‹ Grübelei — siehe das Problem eines zweiten Eingangs (ER 424) — und zwanghafter Absicherung an. Die absolute Sicherheit bestünde im Graben eines ›Grabes‹ ohne Ausgang (vgl. ER 418); das ›Loch‹ der neurotischen Angst aber kann nicht verschlossen werden[207]. Das Bau-Tier ist in einem unlösbaren Dilemma befangen; je mehr es sich um »Stille«, »Ruhe«, »Alleinsein« und »Schutz« bemüht, desto geräuschvoller, unruhiger und gefährdeter erscheint sein »Bau«; Ausdruck dessen ist das »Zischen« (ER 429 ff.), das vielleicht von einer »großen Herde kleiner Tiere« oder wahrscheinlicher noch von einem »großen Tier« (ER 438 f.) herrührt. Da das dachsartige Bau-Tier[208] zuweilen glaubt, »niemand außer [ihm] würde es hören« (ER 430), wird das Zischen des Feindes indirekt als *innere* Unruhe, *innere* Bedrohung ausgewiesen. Die ›gleitende Metapher‹ führt wieder zu einem ›Zirkel von Innen und Außen‹, insofern das drohende große Tier zur Allegorie der Angst wird, welche Grund und zugleich Resultat des zwanghaften Bauens ist. So gräbt sich das Tier in der Tat sein ›Grab‹ in die Erde, denn durch seine Abwehr und seine Verdrängungen wird ja Leben annihiliert und Tod induziert. »Ist das nicht schon der Tod im Dienst eines Lebens, das sich vor dem Tod nur durch die *Ökonomie* des Todes, den Aufschub, die Wiederholung und den Vorrat schützen kann?«[209]. Das Bauen nimmt daher den allegorischen Charakter eines Kampfes zwischen Eros und Thanatos, eines Kampfes um den Aufschub (des gewissen Endes) an.

Die gleitende Metapher des »Figurenspiels« führt über diese Assoziationen und die Gleichung Zischen = Lungenhusten[210] fünftens in eine biographische »Kontext-Welt«; der BAU ist ja im letzten Lebensjahr des von Lungentuberkulose gepeinigten Kafka entstanden. Der herankommende Gegner ist unerkennbar; es geht um ein Tier, das »ich noch nicht kenne« (ER 433, vgl. 438 f.). Die Gefahr wird verdrängt; sie wird »verleugnet«[211], d.h. anerkannt wie abgewehrt zugleich: Das Tier gräbt verzweifelt und doch »glaubt« es »im Grunde nicht« an ein böses Ende, ein »schreckliches Ergebnis« (ER 434). Der Gegner wohnt im Inneren, daher hört das Tier auch am Ende *außerhalb* seines Baues »tiefe Stille« (ER 437), *in* seinem Bau, der es selbst ist[212], herrscht Unruhe, »Zischen«. Dennoch bleibt der Gegner ›Anderer‹; im ›Zirkel von Außen und Innen‹ ist der äußere Feind durch den inneren, durch Zwang und Angst, ersetzt, ist Symptom, Krankheit und Thanatos geworden. Die Geschichte wird zu einem ›Mythos des Unbewußten‹; nur symbolisch, nur andeutungsweise kann von dem mythischen Gegner gesprochen werden: »Vor dieser Erscheinung versagen meine ersten Erklärungen völlig« (Er 433). Kausalerklärung wird dem »Unerklärlichen« — in welches auch die Sagen von PROMETHEUS münden (ER 351 f.) — nicht gerecht. Schon am Beginn der Erzählung gedenkt das Tier der Feinde im »Innern der Erde«: »Ich habe sie noch nie gesehen, aber die Sagen erzählen von ihnen«; gleichwohl gilt: »nicht einmal die Sage kann sie beschreiben« (ER 413).

Die Metapher des Figurenspiels aber bleibt nie ›stehen‹; chamäleonartig wandelt sie sich, von Passage zu Passage eröffnen sich neue Kontext-Welten und damit neue Bedeutungsmöglichkeiten des zentralen Bildes. So legen indirekt bestimmte Konnotationen einzelner Vokabeln — man denke an die Ausführungen zum »Erstlingswerk«, der »dünnwandigen Spielerei« des »Labyrinthbaues«, das den jetzigen Ausgang darstellt (ER 418) — auf einer sechsten Ebene die Gleichsetzung von Bau und dichterischem Werk nahe, in welches freilich die psychologischen Bestimmungen mit hineingedacht werden können. Ans Denken überhaupt gemahnen wiederum indirekte Metaphorisierungen wie die folgende: »Für eine solche Arbeit aber habe ich nur die Stirn. Mit der Stirn also bin ich tausend- und tausendmal tage- und nächtelang gegen die Erde angerannt [...]« (ER 415)[213]. Dann wieder erscheint das Zwangsverhalten motiviert durch aggressive Sexualabwehr, wenn das Tier befürchtet, eine »beliebige kleine Unschuld«, ein »widerliches kleines Wesen« könne in den Bau eindringen, oder »irgendein Waldbruder« könne in seiner »schmutzigen Gier« das »Moos« des Eingangs (bzw. Ausgangs) heben, ihm seinen »Hinteren« entgegenstrecken (ER 423). Alle Angst scheint dann auf einen Punkt, eine ›Achillesferse‹, wie es im BERICHT heißt (ER 167), bezogen, einen zentralen Ort: »dort an jener Stelle im dunklen Moos bin ich sterblich« (ER 412). Immer wieder verbindet sich die ›gleitende Metapher‹ mit der Paradoxie, so daß der Bau der »Sicherheit« schließlich zum Bau der »Unsicherheit« wird — was er von Anfang an war. Das Unbewußte tritt in Widerspruch zum Bewußten. Der Bau scheint »wohlgelungen« (ER 412) und ist doch mißraten (ER 418, 431). Das schönste am Bau ist »seine Stille« (ER 413), und doch hat das Tier keine »ruhige Stunde« (ER 412), insbesondere sobald vom »Zischen« die Rede ist (ER 429 ff.). Nurmehr außerhalb des Baues herrscht »tiefe Stille« (ER 437). Der »Ort der Gefahr ist ein Ort des Friedens« geworden (ER 438); soll das Tier nun zurückkehren in die »sinnlose Freiheit« (ER 422), vor der es geflohen war?[214]

Was wir hier paradigmatisch zu ordnen versuchten, reiht sich freilich syntagmatisch und ohne Stringenz aneinander; ein metaphorischer Aspekt fügt sich an den anderen und veranlaßt Rekurse, welche die Bezugsvielfalt vermehren. Das Metaphern- und Paradoxiengeflecht ist als Ganzes unauflöslich, ist »rhizomatisch«: es kennt keine Stimmigkeit und logische Konsequenz, es ist labyrinthisch, aber führt nicht einmal an ein Ziel wie das Labyrinth. Die Vielfalt der Assoziationen wird durch ein »Figurenspiel«, ein »Erzählgerüst«[215] , eine nur formal einheitgebende »Image«[216] zusammengehalten. »Wie findet man Zugang zu Kafkas Werk? Es ist ein Rhizom, ein Bau. Das Schloß hat ›vielerlei Eingänge‹ [...]«.[217]

h) Mythen

Die ›gleitende Metapher‹ ohne fixierbares Signifikat trägt Züge einer reflexiven, ›sentimentalischen‹ Mythologie. Nach Lévi-Strauss zeichnet den Mythos ein quasi meta-sprachlicher Status aus[218], bedingt durch oft dunkle, zumindest dem Kultur-Fremden dunkle Metonymien und Metaphern, wobei das Ereignishaft-Faktische auf einen zwischen »Perzept« und »Konzept« liegenden strukturalen Sinn hinweist[219]; es etabliert sich kein festes Signifikat, und doch vermag der Analytiker den paradigmatisch sich wiederholenden »Mythem«-Paaren quasi Begriffs-Paare (Natur/Kultur, Rohes/Gekochtes) zu unterstellen[220], wodurch die temporal-syntagmatische Erzählung übersetzt werden kann in ein atemporal-paradigmatisches Modell[221]. Daß bei Kafka die sich zum Teil wechselseitig aufhebenden metaphorischen, allegorischen und parabolischen Verweise in kein festes Symbolsystem zu integrieren sind, das verbindet sein rhizomatisches Verfahren mit der Sprache der Mythen und Träume. Seine reflexiven ›Mythen des Unbewußten‹ entfalten sich, wie wir sehen werden, aus psychologischen bzw. soziologischen »Oppositionen«: zwischen »Perzept« und »Konzept« stehen Kafkas Verweise auf Charisma und Unterwerfungswillen, Selbstbewußtsein und Minderwertigkeitsgefühl, Macht und Ohnmacht, Eros und Thanatos.

B. Das Begehren

Encore: »Ich bin von zuhause fort und muß
immerfort nachhause schreiben [...]« (Br 392)

I. Eros und Thanatos

Jacques Lacan, der sich seit 1938[1] um die strukturale Rekonstruktion der
Freudschen Theorie bemüht, hat den *Wunsch* explizit zum Zentrum der seeli-
schen Logik erhoben und ihm den Namen »Begehren« (désir) gegeben; er läßt
das Begehren, das durch seine Beziehung zur Phantasie definiert ist, jener
Kluft zwischen »Bedürfnis« (besoin) und »Verlangen« bzw. »Bitte« (demande)
entspringen, die sich eröffnet im Prozeß der fruchtbar-furchtbaren Separation,
welche über das narzißtische Spiegelstadium von der dyadischen Totalität zu
»Ödipus« als dem Ende der Geburt führt, wo das Subjekt durch den Dritten,
der die Dyade in Frage stellt, in die Ordnung der Familie — die symbolische
Ordnung, identisch einer sprachlichen Ordnung — eingeführt wird, mithin
die Erfüllung des »Bedürfnisses« sich auf die Formulierung des »Verlangens«
oder der »Bitte« verwiesen sieht und Ich und Anderer nur mehr durchs Tor
der Sprache zueinander finden können.[2] Der Eintritt in die sprachliche Ordnung und somit die soziale Welt ist der Einschnitt, der den nostalgischen
Wunsch, das Begehren, allererst provoziert; das Begehren ist »weder Appetit
auf Befriedigung, noch Anspruch auf Liebe, sondern vielmehr die Differenz,
die entsteht aus der Substraktion [sic] des ersten vom zweiten, ja das Phänomen ihrer Spaltung selbst«.[3] Der Wunsch bzw. die nicht-reale, halluzinatori-
sche Wunscherfüllung, die das Unbewußte und seine »Primärprozesse« bestimmt — im Gegensatz zu den »Sekundärprozessen« des »Realitätsprinzips«
sind sie dem »Lustprinzip« zuzurechnen — stellt sich nun erst der Realität entgegen in den Träumen, den Fehlleistungen und Symptomen, regiert als »Sprache des Anderen«, was sich dem Zugriff des Ich, des Cogito, entzieht.[4] Der Begriff des Wunsches oder Begehrens trennt demnach radikal einen soziologischen Diskurs, der sich — wie der Marxsche — um die Begriffe des Bedürfnisses (und des Verlangens als der Dimension sozialer Vermittlung) zentriert,
von einem genuin psychoanalytischen. Der umrissene Gegensatz findet sich
wieder als literarischer in der Antiphonie von Brecht und Kafka zum Beispiel,
insofern bei Kafka durchweg das Unbewußte ins Bewußte einbricht, die
Wunschphantasie die Bedürfnisse und ihre soziale Vermittlung überlagert, der
Traum ins Wachen eindringt. An vier unbekannteren, aber aufschlußreichen
Texten soll die Einführung in diese Thematik des »Wunsches«, der der psychoanalytische Kommentar entspricht wie der sozialphilosophische dem Thema »Recht«, unternommen und modellartig auf die größeren Werke vorausge-
wiesen werden.
    In einem seiner lyrischen Texte, die lyrisch kaum zu nennen sind, hat Kafka
dem Satze »Das Ziel alles Lebens ist der Tod« in Freuds Thesen zum
Todestrieb[5] ein Pendant geschaffen. In ihm erscheint — wie bei Freud — das

Leben als Umweg, erscheint das »Paradoxe«, »daß der lebende Organismus sich auf das energischeste gegen Einwirkungen (Gefahren) sträubt, die ihm dazu verhelfen könnten, sein Lebensziel auf kurzem Wege (durch Kurzschluß sozusagen) zu erreichen«; dieses Verhalten, so sagt Freud, charakterisiere »eben ein rein triebhaftes im Gegensatz zu einem intelligenten Streben«[6]:

> Meine Sehnsucht waren die alten Zeiten,
> meine Sehnsucht war die Gegenwart,
> meine Sehnsucht war die Zukunft,
> und mit alledem sterbe ich in einem Wächterhäuschen
> am Straßenrand,
> einem aufrechten Sarg, seit jeher
> einem Besitzstück des Staates.
> Mein Leben habe ich damit verbracht,
> mich zurückzuhalten, es zu zerschlagen. (H 338)

Das Postulat, das Ende des Wünschens zum letzten Wunsche zu erheben, ist Grundbestand des Taoismus[7] und der Nirwana-Lehre des Siddhartha Gautama Buddha, auf welche sich Freud in der Erörterung der Frage, ob es ein »Jenseits« des Wunsches, des »Lustprinzips« gäbe, bezieht[8]. Auch Kafkas Text wirft die Frage auf, ob es hier um die Negation des unerfüllten, elenden Lebens geht oder um einen Gegenpol zum Lebenswunsch, der »Sehnsucht« überhaupt. Es handelt sich offenbar um eine Ambivalenz, welche sich schon im doppelbezüglichen »es« der letzten Zeile ausspricht; dieses steht pronominal für »Leben« genausogut wie für das »Wächterhäuschen«, welches dem Staate als dem Inbegriff des »Realitätsprinzips« zugehört, d.h. einer ganz spezifischen, historisch-sozialen Form von Bedürfnisbefriedigung zuzuordnen ist. Für das betroffene, historisch-bestimmte Subjekt indessen fallen Leben und defizientes Leben, fallen eine Ontologie unstillbarer Sehnsucht und eine Historie sozialer Formen von Entbehrung in eins; deshalb kommt es bei Kafka immer wieder zur *Kongruenz* von *ontologischer* und *sozialkritischer* Perspektive.[9]

Der Tod aber ist nicht allein im Ende des Wünschens oder im Wunsch des Endes wirksam, er wohnt — wie bei Freud, was noch zu zeigen ist — schon *im* Leben selbst. Im »aufrechten Sarg« ist dieses Leben ›begraben‹, diese »Sehnsucht« verschüttet. Der »Sarg« ist indessen identisch gesetzt dem »Wächterhäuschen«, in welchem gewacht wird über das Gesetz, die Grenze zwischen Wunsch und Realität, Privatem und Allgemeinem. Der Staat wird so zum Ort der Vermittlung, der Vermittlung von Lustprinzip und Realitätsprinzip, von Ich und Anderem. Ob diese Vermittlung schlechthin defizient ist oder nur aufgrund historischer Gewalten und Verzerrungen, das bleibt, wie gesagt, offen. Bezeichnend ist jedenfalls, daß genau *dieser Ort* sozialer Vermittlung als Ort *des Todes* markiert wird. Der *Aufschub* der unmittelbaren »Begierde«, in welchem diese nach Hegel ins konsentierte »Bedürfnis« verwandelt wird[10], gelingt nach Freud als Aufschub des Triebes im Übergang vom »Lust-« zum »Realitätsprinzip« niemals bruchlos.[11] Allerdings dient auch bei Freud der Aufschub zunächst nur der Adaption des Wunsches ans Mögliche; er dient also durchaus weiterhin dem Lustprinzip, bedeutet seine ›Sicherung‹[12]; das Realitätsprinzip ist, auch Lacan zufolge, nur »ein verzögertes Lustprinzip / un principe de plaisir à retardement«[13]. Aber führt nicht so die Bewahrung der Lebenstriebe zu deren Beschneidung, schränkt hier nicht Thanatos Eros zugleich auch ein? Jeder Aufschub bedeutet Vernichtung von Leben; in jeder Verdrängung, Abwehr, Gegenbesetzung wohnt der Tod. Jacques Derrida, der den Aufschub — als »différance« — zu einem seiner zentralen Gedanken gemacht hat[14], hat sich daher die bereits zitierte Frage gestellt: »Ist das nicht schon der Tod im Dienst eines Lebens, das sich vor dem Tod nur durch die *Ökonomie des Todes*, den Aufschub, die Wiederholung und den Vorrat schützen kann?«[15]

Ort des *Aufschubs* ist aber jenes »Wächterhäuschen«, wo die Zensur, die Kontrolle, die Überwachung ihren Sitz haben, zugehörig dem *Staate* als dem Institution gewordenen Realitätsprinzip. Das Leben des einzelnen ist »Besitzstück« des Staates, d.h. jener Instanzen, in welchen sich die soziale Realitätsbewältigung in spätbürgerlich-bürokratischen Formen vergegenständlicht und verdinglicht hat, bzw. in welchen sich soziale Synthesis und Macht oder Herrschaft miteinander verbunden haben. Das gilt natürlich auch, wenn man hier im Sinne einer »subjektiven Allegorese«[16] oder eines »semi-private game«[17] eine Anspielung auf die Arbeiter-Unfall-Versicherungs-Anstalt sieht, ein halbstaatliches Institut, in welchem Kafka von 1908 an tätig war, jenes »Bürokratennest«[17a], das, so Kafka, die »Sehnsucht« zu schreiben ungestillt ließ um eines »elenden Aktenstückes willen«[18].

Das »seit jeher« der sechsten Zeile erweist das Leben bzw. »Sterben« (Zeile vier: »sterbe ich«) im »aufrechten Sarg« als existentielle *conditio humana*; bezeichnenderweise spricht auch der Text von der »Gefängniszelle« ohne die »vierte Wand« von einem »aufrechten steinernen Sarg« (H 345). Das apriorische »seit jeher« kann sich aber auch auf die Zeile vom »Besitzstück des Staates« beziehen. Dem *Staat* als dem (zweifelhaften) Garanten des Allgemeinen ist das Subjekt »seit jeher« unterworfen, nicht allein in seiner öffentlich-produktiven, sondern selbst in seiner privat-reproduktiven Sphäre. (Noch der Friedhofsgrund erscheint in dieser Perspektive als nur auf Zeit vermietetes »Besitzstück des Staates«.)

Am »Straßenrand«, d.h. nicht auf dem Wege, der von der Vergangenheit in die Zukunft führt und so Grund der Gegenwart ist, befindet sich das »Wächterhäuschen« und mit ihm das lebende, sterbende Ich. Es wird hier die Legende VOR DEM GESETZ (ER 148, P 255 ff.) sozusagen gefaltet: es bleibt unentschieden und in gewissem Sinn gleich-gültig, ob hier das Subjekt überwacht wird oder selbst Wächter spielt, ob hier ein Wächter mühselig seine »Pflicht erfüllt« (P 258) oder ein Einlaß Begehrender zum lebenslangen Aufschub genötigt wird. Die beiden Perspektiven sind deshalb einander äquivalent, weil es sich ohnehin um Selbstzwänge, um *durchs* Subjekt gehende Grenzen, um ein System »überwachter Überwacher«[19] handelt. Der Staat, der Aufschub, der Tod — sie wohnen im *Innern* des Subjekts. Das Präteritum der ersten drei Zeilen, »meine Sehnsucht *war* ...«, spricht aus, daß die Sehnsucht, selbst als *a priori* unerfüllbares Begehren, als Wunschphantasie, weitgehend der *Vergangen-*

heit angehört und nur mehr in der Erinnerung fortlebt. Aber diese Sehnsucht hat den »unvernünftigen« Umweg des Lebes begründet als »Trieb«; offenbar ist die ›Vernunft‹, die im »Zerschlagen« des Lebens bestünde, ihr unterworfen, durch sie läßt sie sich offenbar »zurückhalten« von ihrem Vorhaben.

Das Dasein wird von Kafka also als Spannungsbogen zwischen zwei Polen beschrieben, als Spannung zwischen zwei Wünschen, der »Sehnsucht«, der Eros entspräche, und dem Wunsche, eben diese zu »zerschlagen«, welchem Thanatos gleichkäme. Dazwischen liegen Kompromißbildungen, liegt der Aufschub des Lebens *und* des Todes wie bei Scheherezade[20], liegen die Legierungen oder Verschmelzungen von Eros und Thanatos, von welchen auch Freud ausging[21].

Daß es Kafka beim Todeswunsch nicht nur um ›Vernunft‹, d.h. eine Negation aus Rationalität geht, deutet jene Zeile an, die als Variante unserem Text folgt: »Mein Leben habe ich damit verbracht, mich gegen die Lust [!] zu wehren, es zu beenden.« (H 338) Das steht ähnlich in einem Brief an Milena[22], wo auch das Gespräch über den »Schlußgesang« berichtet wird. (M 239, vgl. H 334)

Im Begehren nach dem ganz Anderen, dem Jenseitigen, dem, was es hier nicht gibt, kommen offenbar »Lust« und »Sehnsucht«, die »Lust« des »Zerschlagens« und die »Sehnsucht« nach den »alten Zeiten« überein. Das bringt uns auf eine dritte Frage, nämlich die, ob nicht Thanatos schon teilhat an dieser »Sehnsucht«, am Lebenstrieb, an Eros.

Dieser »Sehnsucht« im Text Kafkas geht es nicht um die Kämpfe nach Maßgabe des Realitätsprinzipes, es geht ihr als einer Wunschphantasie, einem nostalgischen Begehren um absolute Befriedigung, Stillung; der Wunsch nach Regression — in die »alten Zeiten« — steht an *erster Stelle* und scheint den Ursprung der anderen Sehnsüchte, welche aus Erinnerung und Wiederholung gemacht sind, darzustellen. Nur auf Grund einer sich bewahrenden Erinnerung scheint es zur Sehnsucht nach der »Gegenwart« und der »Zukunft« zu kommen. Der Wunsch nach ›Stillung‹, nach — durchaus im doppelten Wortsinn zu verstehendem — ›Gestilltwerden‹[23], formiert demnach den dritten Aspekt des Todestriebes; er stellt sich dem stillhaltend-verdrängenden Aufschub (Leben und Sterben im aufrechten Sarg) wie dem stillen Ende aller Wünsche (im Zerschlagen des Lebens) an die Seite, so daß sich eine Trias von ›Stillen‹, ›Stillhalten‹ und ›Stille‹ heraushebt.

Eine »Panik des Sterbenwollens«[24] durchdringt Kafkas Schreiben. Seine Sterbeszenen — in URTEIL, VERWANDLUNG, STRAFKOLONIE, PROZESS — sind niemals ausschließlich externen oder biologischen Gewalten anzulasten, sie tragen — in ihrem allegorischen Sinne gelesen — immer auch Züge melancholisch-selbstmörderischer Destruktivität. Kafka sind solche »Schilderungen im geheimen ein Spiel« (T 448), aber in seiner Inszenierung sammelt er nachgeholte und antizipierende Angstbereitschaft zum »Schlußgesang« (M 239); in ihnen wohnt der melancholische Wunsch nach ›Stille‹, der indessen stets verfilzt ist mit der Erfahrung eines defizienten, destruktiven, sich selbst annihilierenden Lebens.

Das Stück EIN TRAUM (ER 164 ff.), in welchem es Josef K. wie »auf einem reißenden Wasser« zu einem Grabhügel zieht, der sich als sein eigener erweisen wird, ist vielleicht der reinste Ausdruck dieses Todeswunsches: »mit allen Fingern grub er in die Erde, die fast keinen Widerstand leistete« (ER 166). Dieses Bild ist wie eine negative, gleichwohl ergänzende Variante des PROZESS-Romans zu lesen[25], in welchem — wie in AMERIKA und im SCHLOSS — der Aufschub dieses Todeswunsches und auch der Aufschub der (in immer neuen Verschiebungen wiederauflebenden) Sehnsüchte und Begehrungen inszeniert wird. Die Existenz im »Wächterhäuschen« wird in diesen Romanen nur verzeitlicht; das Warten in VOR DEM GESETZ ist dem Stillhalten im »Wächterhäuschen« sehr ähnlich.

Andererseits ist es auch jene Sehnsucht, jenes vom Bedürfnis zu scheidende Begehren, das die Helden der Romane bewegt: Nicht als »Knecht« (S 241) oder »Schuldiener« (S 134) möchte K. leben, was ihm gewährt würde, sondern an Klamm »vorbei« »ins Schloß« wünscht er zu gelangen (S 163); dieses erinnert ihn an sein »Heimatstädtchen« (S 15); die aus ihm tönenden Glocken gemahnen an die »Erfüllung dessen, wonach er sich unsicher sehnte« (S 26). Durch die Sehnsucht nach den vergangenen Zeiten ist K.s Streben motiviert; alles scheint auf eine Wiederholung jener Urszene ausgerichtet zu sein[26], in welcher K. als Kind die Mauer des Friedhofs seiner Heimatstadt siegreich erklettert hatte, aber vom Lehrer zurückbeordert worden war (S 44f.). Und auch im VERSCHOLLENEN sollten ja Zukunft und Vergangenheit zusammenfallen, sollten verlorene Heimat und Kindheit als das Paradies vor dem Sündenfall wiedererstehen, sollte Karl Roßmann im Naturtheater von Oklahoma seine Eltern und Freunde wiedersehen (A 356 f.). — Begehren, Aufschub und Todeswunsch — die »Sehnsucht«, das »Wächterhäuschen« und der Wunsch, beides zu »zerschlagen« — markieren die Motive dieses Erzählens.

Das Kafkasche Modell, das sich im lyrischen Entwurf *in nuce* ausspricht, kann erhellt werden dadurch, daß wir ihm Freudsche Parallelen parasprachlich zuordnen und so die Interpretation durch einen Kommentar ergänzen. Auch Freud kommt in JENSEITS DES LUSTPRINZIPS und in DAS ICH UND DAS ES zu einer Infragestellung der Alleinherrschaft der Wunschphantasie. Die Phänomene des Masochismus, Sadismus und Wiederholungszwanges drängten ihm die Annahme eines Strebens, »zur Ruhe der anorganischen Welt zurückzukehren«, auf.[27] Das Prinzip des Wunsches nach »Wiederholung eines primären Befriedigungserlebnisses«[28], des »Drangs zur Wiederherstellung eines früheren Zustandes«[29] dehnt er nun aus auf das »konservative« Streben nach dem Anorganischen, das vor dem Organischen dagewesen sei.

Nun zeigt sich das ›Unlust-Prinzip‹ nicht erst im Extrem masochistisch-melancholischer Selbstzerstörung, sondern schon im »Wiederholungszwang«, der mit einer jeglichen »Verdrängung« gegeben ist[30], d.h. — wie Jacques Lacan und Jacques Derrida gefolgert haben[31] — mit jeglichem »Aufschub«, jeglicher Transformation unmittelbarer Begierde durch Sprache, jeglicher Kulturation. An die Stelle einer Ökonomie der restlosen Verausgabung tritt eine ›ökonomische‹ Ökonomie der Retardation[32], welche Derrida eine »Ökonomie des Todes« nannte[33]. Allerdings steht diese Ökonomie mit ihrer Verhinderung sofortiger Vernichtung des Subjekts durch die Anpassung an die »Sekundärprozesse« des »Realitätsprinzips« gleichwohl im Dienste des »Lustprinzips«[34].

Nun kommt Freud aber auch zur dritten, radikalsten Folgerung, zu dem, was wir als »Stillung« den Tendenzen des »Stillhaltens« und dem Wunsche nach »Stille« gegenüberstellten: Das Lustprinzip selbst mit seinem Streben nach Erregungsabfuhr habe Anteil am Wunsche nach Regression in die »anorganische Welt«[35]: »Das Lustprinzip scheint geradezu im Dienste der Todestriebe zu stehen«[36]. Demzufolge erscheint das Leben als hinausgezögerter, repetitiv-aufschiebender Ausgleich von »Vitaldifferenzen«[37], als die Wiederholung der Befriedung derselben.

Differenz und Wiederholung regieren demnach das Begehren. Nicht zufällig zitiert Freud jenen ›Mythos der Differenz‹ bei Plato, in welchem das Begehren erscheint als der Wunsch, wieder »zusammenzuwachsen«, wieder zum »Mannweiblichen« zu werden, den Schnitt rückgängig zu machen (der an die Separation und den ödipalen Einschnitt erinnert).[38]

Gilles Deleuze hat aus Freuds Thesen den Schluß gezogen, Differenz, Ausgleich und Wiederholung bedingten sich wechselseitig, Thanatos sei nicht das Andere des Eros, sondern sei als das »transzendentale Prinzip«[39] nur die dialektische Möglichkeitsbedingung der Differenz, nur Negativ-Pol des Plus-Pols. Thanatos sei »wesentlich stumm«[40]. (Diese Stummheit zeigt sich bei Kafka, wie noch zu zeigen ist, im SCHWEIGEN DER SIRENEN, das den Mythos vom Verhältnis von Begehren und Tod revidiert). In Deleuzens und Guattaris Kafka-Analyse erscheint dementsprechend Kafkas Werk als Spannungsbogen zwischen zwei Polen, welche sich in zwei Chiffren Ausdruck verschafften: dem Motiv des »gesenkten Kopfes« (»blockierter Wunsch«) und dem Motiv des »erhobenen Kopfes« (»sich erhebender, aufbrechender Wunsch«)[41]. Entsprechend den Theoremen des ANTI-ÖDIPUS ist Thanatos verknüpft mit dem »paranoischen Gesetz«, d.h. den die Depression bedingenden familial-sozialen Normen des Realitätsprinzips — man erinnere sich des »Wächterhäuschens«! —, Eros hingegen wird zugeordnet der »schizoiden Flucht«, d.h. anarchischen Versuchen, die Wunschphantasie aus dem Zwang bestehender Normen zu lösen.[42]

Bei Kafka war die »Sehnsucht« nach der »Zukunft« in auffallender Weise mit dem regressiven Wunsch nach den »alten Zeiten« verkoppelt. Auch dieser vierte Aspekt, die *Ambivalenz* des Prinzips der »Befriedigung« und »Stillung«, läßt sich kommentieren durch Analoges im Feld der Psychoanalyse. Das auf die Zukunft gerichtete Prinzip Hoffnung scheint, da es durch nostalgische Regression motiviert ist, verwandt dem Vernichtungswunsch: Und in der Tat ist ja nach Freud das »konservative« Moment der Rückkehr zum Anorganischen das Motiv von Thanatos wie von Eros. Ein vorwärtsgewandter Thanatos (als Eros) steht einem rückwärtsgewandten Thanatos (*als* Thanatos) gegenüber.

Ganz deutlich wird uns dies aus Lacan, der das szientistische Moment an Freuds Theoremen zu tilgen versuchte: Das Begehren entspringt Lacan zufolge jener Spaltung von Bedürfnis und Verlangen, die sich dem Schnitt, welcher sich durch die Mutter-Kind-Dyade legt, verdankt; es ist *eo ipso* nostalgischer Wunsch. In der auf die Zukunft gerichteten Wiederholung lebt das Vergangene fort. Zum andern beschrieb Lacan 1938 den Todestrieb als regressive Suche nach der Imago der Mutter, wie sie sich vor Ödipus und Separation präsentiert: Die Analyse von Anorexien und gastrischen Neurosen zeige, daß »das Subjekt in seiner Preisgabe an den Tod die Mutterimago wiederzufinden sucht«[43]. In der »Sehnsucht nach dem Ganzen«, der »nostalgie du Tout«, seien daher auch »alle Formen eines Heimwehs nach einem vor der Geburt verlorenen Paradies und der dunkelsten Strebungen zum Tod« begründet[44]. Ein vorwärtsgewandtes, ›exogames‹ Begehren wird einem rückwärtsgewandten, ›endogamen‹ Begehren gegenübergestellt, beide entspringen indessen einer konservativ-regressiven Tendenz; die »Lust« des »Zerschlagens« wie die »Sehnsucht« nach der »Zukunft« haben ihren Ursprung in der »Sehnsucht« nach den »alten Zeiten.«[44a]

Schon Homer hat im Sirenen-Mythos[45] das sich vorbehaltlos verausgabende, nicht-retardierte, nicht-aufgeschobene Begehren dem Tode korreliert; Odysseus aber rettet sich, »indem er den Wunsch im Namen des Gesetzes verdrängt«[46]. Die Verdrängung allerdings haben wir als Leben annihilierendes Moment Thanatos zugeordnet; sie ist gleichursprünglich mit der im Aufschub begründeten Kultur. Genau dies ist auch der Gehalt der Interpretation des Sirenen-Mythos von Adorno und Horkheimer in der DIALEKTIK DER AUFKLÄRUNG: »Die Herrschaft des Menschen über sich selbst, die sein Selbst begründet, ist virtuell allemal die Vernichtung des Subjekts, in dessen Dienst sie geschieht, denn die beherrschte, unterdrückte und durch Selbsterhaltung aufgelöste Substanz ist gar nichts anderes als das Lebendige [...]«[47]. So inszeniert der Mythos ein Dilemma, in welchem sich Kommunikationsverlust zu Selbstgewinn verhält wie Kommunikationsgewinn zu Selbstverlust.[48]

Kafkas neo-mythischer, durch die Reflexion hindurchgegangener metamythischer Entwurf DAS SCHWEIGEN DER SIRENEN kehrt das Scheinhafte der odysseeischen Lösung durchaus hervor. Odysseus lebt ja wie der versteinerte Prometheus (ER 351 f.) völlig abgeschnitten vom Begehren: »Um sich vor den Sirenen zu bewahren, stopfte sich Odysseus Wachs in die Ohren und ließ sich am Mast festschmieden.« (ER 350) Nun haben aber die Sirenen »eine noch schrecklichere Waffe als den Gesang, nämlich ihr Schweigen«. Wenn Odysseus die Götter nicht getäuscht hat, wie es im »Anhang« für möglich gehalten wird (ER 351), dann gereichten ihm seine »kindischen Mittel zur Rettung«: er hört das Schweigen nicht. (Der »Anhang« allerdings beläßt diese Möglichkeit im Zweideutigen.) Die Verdrängung »rettet« also Odysseus um den Preis der Auslöschung des Begehrens und der Sehnsucht — ganz wie es dem Beamten im »Wächterhäuschen« geschieht. Das Nicht-Hören des Schweigens ist dann allerdings dem (im Anhang erwogenen) Hören des Schweigens sehr ähnlich: der annihilierende Tod wohnt in beidem.[49] Nicht mehr verlockt die Stimme in den Tod und seine ›Stille‹, die ›Stille‹ selbst ist vernehmbar; der Wunsch nach ›Stille‹ und der nach ›Stillung‹ sind eins geworden. »Wer dem Schweigen der Sirenen begegnet, hat nicht mehr gegen diese, sondern nur noch gegen sich selber zu kämpfen, nämlich dagegen, das Ende des Wünschens zu seinem Wunsch zu machen.«[50] Daß dies Odysseus — in der Form der Verdrängung oder der bewußten Selbstaufgabe (laut »Anhang«) — schon gelungen ist, das scheint der Inhalt des ironischen Meta-Mythos Kafkas zu sein. Ist der

Mensch in den »Käfig seiner Vorsicht eingesperrt«, dann hören die Sirenen für ihn auf zu sein[51], hört er ihr Schweigen, dann kommuniziert er bereits mit dem Tod, der sein Schweigen bei Homer noch hinter der Stimme zu verbergen wußte.

Hatte Freud zunächst Eros und Selbsterhaltungstrieb einander entgegengesetzt[52], ganz entsprechend der Homerschen Aporie, jener Urszene des Aufschubs, so kommt er in JENSEITS DES LUSTPRINZIPS zur Aufhebung dieses Gegensatzes[53] in der Antinomie von Thanatos und Eros, welchen beiden das ›Schweigen‹ des Anorganischen zugrunde liege. Kafka hat ganz analog sowohl Ichbewahrung wie Hingabe an die Sirenen (laut Anhang) in das Zeichen des ›Schweigens‹ gestellt. Im Nicht-Hören des Schweigens (Ichbewahrung) wie im Hören des Schweigens (Hingabe an den Anderen) ist die ›Stille‹ gleichermaßen anwesend.

II. ›Das Boot der Eltern‹ (Das Ödipus-Modell)

Die sozusagen universelle Libido-Theorie Kafkas wird in den folgenden Zeilen eines anderen lyrischen Versuches (H 129) an die Familiensituation gebunden[54]:

> Wohin treibt uns das Verlangen?
> Dies erwirken? dies verlieren?
> Sinnlos trinken wir die Asche
> und ersticken unsern Vater.
> Wohin treibt uns das Verlangen?
>
> Wohin treibt uns das Verlangen?
> Aus dem Hause treibt es fort.

Über die Beseitigung des Dritten, den symbolischen Vatermord, bahnt sich das Begehren seinen ›exogamen‹ Weg. Wir wissen aber, daß diese Richtung sich jederzeit verkehren kann, ja, daß die ›endogame‹ Tendenz selbst das Zukunfts- und Fernweh bestimmt: »Ich bin von zuhause fort und muß immerfort nachhause schreiben, auch wenn alles Zuhause längst fortgeschwommen sein sollte in die Ewigkeit.« (Br 392) Seine End- und Resultatlosigkeit macht das Begehren »sinnlos«; das immer wiederholte Ergebnis der Erregung und Entflammung ist Thanatos, das Anorganische: die Asche. Dieses Ergebnis wird über das Prozeßhafte des Ganzen erhoben und verabsolutiert. So präsentiert sich diese Idee als die Umkehr der Nietzsche-Zeile: »Flamme bin ich sicherlich.«[55]

Freud hat seine energetische bzw. ökonomisch-dynamische Theorie immer mehr verknüpft mit einer bestimmten Gestalt der Erfahrung: der Familienstruktur, dem Ödipus-Komplex. In der TRAUMDEUTUNG, die auf dem Prinzip der »Wunscherfüllung« und der Logik von »Verdichtung« und »Verschiebung« (als den Verfahren der »Entstellung« des Unbewußten im Konflikt von »Trieb« und »Abwehr«) aufbaut, wird dieser Komplex zunächst nur *en passant* erwähnt und mit dem mythischen Modell des OIDIPUS TYRANNOS erläutert.[56] Kafka kannte ihn, wie die Bemerkung zum URTEIL: »Freud natürlich« (T 294) verrät. Allerdings ist sein Werk, wie zu zeigen ist, weniger von diesem Modell bestimmt, als vielmehr von jenen logischen und topologischen Strukturen, die Freud als Ich-Spaltung, Spaltung in Bewußtes und Unbewußtes, in Über-Ich, Ich und Es faßte und als Verschiebung und Verdichtung beschrieb, welche Traumgeschehen, Fehlleistungen, Symptome und ästhetische Phänomene (wie Witz und Tagtraum) konstituieren.[56a] Aber auch Kafka hat ein Ödipus-Modell konstruiert, das deutlicher noch als URTEIL, VERWANDLUNG, AMERIKA oder PROZESS sein der Freudschen Erfahrung kongeniales Denken dokumentiert (H 315 f.):

> Es glitten die Boote vorüber. Ich rief eines. Ein alter großer weißbärtiger Mann war der Bootsführer. Ich zögerte ein wenig auf der Landungsstufe. Er lächelte, ihn anschauend stieg ich ein. Er zeigte auf das äußerste Ende des Bootes, dort setzte ich mich. Gleich aber sprang ich auf und sagte: »Große Fledermäuse habt ihr hier«, denn große Flügel waren mir um den Kopf gerauscht. »Sei ruhig«, sagte er, schon mit der Bootsstange beschäftigt und wir stießen vom Lande, daß ich auf mein Bänkchen fast hinschlug. Statt dem Führer zu sagen, wohin ich fahren wolle, fragte ich nur, ob er es wisse, nach seinem Kopfnicken zu schließen wußte er es. Das war mir eine ungemeine Erleichterung, ich streckte die Beine aus und lehnte den Kopf zurück, aber immer behielt ich den Führer im Auge und sagte mir: »Er weiß, wohin du fährst, hinter dieser Stirn weiß er es. Und seine Ruderstange stößt er nur deshalb ins Meer, um dich dorthin zu bringen. Und zufällig riefst du gerade ihn aus der Menge und zögertest noch einzusteigen.« Ich schloß ein wenig die Augen vor lauter Zufriedenheit, wollte den Mann aber wenigstens hören, wenn ich ihn nicht sah und fragte: »In deinem Alter wolltest du wohl nicht mehr arbeiten. Hast du denn keine Kinder?« »Nur dich«, sagte er, »du bist mein einziges Kind. Nur für dich mache ich noch diese Fahrt, dann verkaufe ich das Boot, dann höre ich zu arbeiten auf.« »Ihr nennt hier die Passagiere Kinder?« fragte ich. »Ja«, sagte er, »das ist hier Sitte. Und die Passagiere sagen uns Vater.« »Das ist merkwürdig«, sagte ich, »und wo ist die Mutter?« »Dort«, sagte er, »im Verschlag.« »Ich richtete mich auf und sah, wie aus dem rundbogigen kleinen Fenster des Verschlags, der in der Mitte des Bootes aufgebaut war, eine Hand grüßend sich ausstreckte und das starke Gesicht einer Frau, von einem schwarzen Spitzentuch eingerahmt, dort erschien. »Mutter?« fragte ich lächelnd. »Wenn du willst —«, sagte sie. »Du bist aber viel jünger als der Vater?«, sagte ich. »Ja«, sagte sie, »viel jünger, er könnte mein Großvater sein und du mein Mann.« »Weißt du«, sagte ich, »es ist so erstaunlich, wenn man allein in der Nacht im Boot fährt und plötzlich ist eine Frau da.«

Eine Drehung an der Struktur der Familie, wie sie diese Geschichte bewerkstelligt, offenbart den Wunsch und damit den Ödipus-Komplex. Sie ist sozusagen kongruent der Verdrehung, die Freud an seiner Familie erfuhr: Freuds Mutter war 20 Jahre jünger als der Vater Jacob, sie zählte im Jahre 1856, als Sigismund Schlomo geboren wurde, 21 Jahre. »[Er] könnte mein Großvater sein und du mein Mann«, heißt es bei Kafka, freilich im Konjunktiv. Schon der Text-Verfasser hat hier eine »Entstellung« vorgenommen, er »verschiebt« — nach der Logik des Traums — die Imagines der Eltern auf die dem Ich fremden Gestalten und verzeichnet den Vater zum »Großvater«. Das Text-Subjekt, der Held, vollendet die aggressiv-humoristische Tendenz und vergißt, verdrängt, beseitigt den Vater gänzlich: »Es ist so erstaunlich, wenn man allein [!] in der Nacht im Boot fährt und plötzlich ist eine Frau da.« Die humoristische Form der Entstellung inszeniert einen sanften Vatermord und befriedigt so die eine Seite der Wunschphantasie. Die Gestalt der fremden Frau, zwischen Mutter und (möglicher) Geliebter stehend, entfesselt das Begehren auf Grund eben der Entstellung, welche das Inzesttabu lockern hilft. Die Wunschphantasie bedient sich einer Maske wie bei Sophokles, wo nach Freud das Fatum die Maskierung übernommen hatte[57]. So ist die Ankunft in der Fremde eine Rückkunft ins Bekannte. Sie setzt da ein, wo der eine Term der triangulären Struktur der Familie aufgerufen wird: »Hast du denn keine Kinder?‹ ›Nur dich‹, sagte er, ›du bist mein einziges Kind.‹« Im Traum wird das »Heimliche« zum »Unheimlichen«, das Vertraute zum Fremden.

Handelt es sich aber gar nicht um einen Traum, geht es also um eine wirkliche Ferne, dann hat die Ankunft in der Fremde insofern gleichwohl den Aspekt der Rückkehr in die Heimat, als die halb-inzestuöse Übertragungsliebe die verinnerlichten Imagines der Vergangenheit reaktualisiert. Um die »Unbestimmtheit des literarischen Textes« als »zentrales und produktives Element«[58] zu erhalten und nicht zu vernichten, muß festgehalten werden, daß die Bootsfahrt sich nicht mit Bestimmtheit als Traumgeschehen fixieren läßt. Psychologische Allegorese und Weltallegorese verbinden sich wieder in einem ›Zirkel von Innen und Außen‹, welcher seine Möglichkeitsbedingung in der imaginativen, projektiven Funktion der Psyche hat.

Aber auch die Festlegung der Geschichte auf einen Übertragungs-Vorgang löscht das Phantastische und Frappierende an ihr. Sie liest sich wie ein ethnologischer Bericht über eine Kultur, deren Sprache wir zwar verstehen, deren Ordnung uns indessen fremd ist. Im beschriebenen fernen Land ist es, nehmen wir den Text wörtlich, Sitte, sich in bezug auf die Passagiere als »Vater« bzw. »Mutter« zu definieren. Nur für den der Kultur Fremden gibt es mithin eine Rückkehr in die »Familie« aufgrund des im Wort-Spiel evozierten Vorverständnisses. Aber freilich hat auch in anderen »Strukturen der Verwandtschaft«[59] das Inzesttabu seine Stelle; es organisiert alle Systeme der Verwandtschaft[60]. Lacan, der die Psychoanalyse der struktural-linguistischen Ethnologie der Verwandtschaft einschrieb, führte aus, daß »keine Macht außer der sprachlichen Benennung von Verwandtschaftsgraden« imstande sei, das »System von Präferenzen und Tabus zu institutionalisieren, das durch Generationen hindurch die Fäden der Abstammung miteinander verflicht und verknotet. Die Verwischung der Generationsgrenzen wird denn auch in der Bibel wie in allen traditionalen Gesetzen ebenso verflucht wie die Entweihung des Wortes (verbe) und die Gottverlassenheit des Sünders.«[61] Folglich hat Lacan das Inzesttabu nicht biologisch begründet gesehen, sondern symbolisch: dieses Urgesetz werde durch einen »puren Signifikanten« regiert[62]. Der »Name-des-Vaters« allein genügt, das Gesetz von Ödipus aufzurufen, *i.e.* das Verwandtschaftsgesetz patrilinearer, patronymischer Gesellschaften.[63] Daher reicht es in Kafkas Text aus, daß sich »Vater«, »Mutter« und »Kind« eben diese *Namen* geben, um die Symbolik des Inzesttabus und Ödipus-Komplexes in Kraft zu setzen. Gäbe es eine Gesellschaft, in welcher »Passagiere« zu »Kindern« erklärt würden — Kafkas Text allerdings ist zweifellos figürlich zu lesen —, so bildete sich entsprechend dieser Benennungen die symbolische Ordnung der Verwandtschaft heraus. In diesem Sinne kann bei den Aranda Australiens jeder Totem-Geist zum »Vater« erklärt werden[64] und bei den Bororo Brasiliens jede Frau der eigenen Dorfhälfte zur »Mutter«[65]. So führt die bloße Selbst-Definition der Figuren in Kafkas Text zur Inzest-Problematik, ob man nun von der Unterstellung einer fremden Kultur ausgeht oder von der Annahme, es handle sich um Vertrautes bzw. um Projektionen von Vertrautem.

Die Annäherung an die Kafkasche Kurzgeschichte über die Hypothese der Traumerzählung oder des ›ethnologischen‹ Berichtes kann nicht beanspruchen, eine Interpretation im Sinne einer Übersetzung metaphorischer Implikationen zu sein. Die Phantastik des Erzählten erlaubt nur Durchblicke auf bestimmte Erfahrungsgehalte und läßt sich auf fixierbare Signifikate nicht festlegen. Das gilt auch für einen letzten Aspekt: das vage assoziierte, aus dem JÄGER GRACCHUS bekannte Charon-Motiv, das uns zum Thanatos-Problem zurückführt: Eine regressiv-rückwärtsgewandte und eine vorwärts, in die Fremde gewandte »Sehnsucht« kommen hier, in der Höhlung des Bootes, zur Deckung im Zeichen der Mutter-Imago. ›Odysseus‹ hat seine Selbstbewahrung fahren lassen, er vertraut sich ganz dem Fährmann an: »Er weiß, wohin du fährst, hinter dieser Stirn weiß er es.«

III. ›Die beiden Emil‹ (Das Imaginäre: Spiegelungen)

Das »Imaginäre« als das Feld der Projektionen und Phantasmen[66] durchdringt das ganze Kafkasche Werk. Es entspringt dem vorödipalen Stadium der Ich-Bildung, in welchem Ich und Anderer noch nicht klar geschieden sind und eine »Objektbeziehung« noch nicht existiert: dem primären Narzißmus.[67] Die Projektion, eine »Abwehr, in der das Subjekt dem Anderen — Person und Sache — Qualitäten, Gefühle, Wünsche, die es ablehnt oder in sich verleugnet, unterstellt«[68], entspringt diesem — im Zeichen des Spiegels und des Doppelgängers stehenden — Stadium; sie hat ihr Hauptterrain im paranoischen Verfolgungs-, Eifersuchts- und Größenwahn.[69] Der folgende Text Kafkas, der die Eifersucht und das Doppelgänger-Motiv in sein Zentrum stellt, macht uns mit dem Imaginären vertraut (H 311 f.):

> Ich saß in der Loge, neben mir meine Frau. Es wurde ein aufregendes Stück gespielt, es handelte von Eifersucht, gerade hob in einem strahlenden, von Säulen umgebenen Saal ein Mann den Dolch gegen seine langsam zum Ausgang hin strebende Frau. Gespannt beugte man sich über die Brüstung, ich fühlte an meiner Schläfe das Lockenhaar meiner Frau. Da zuckten wir zurück, etwas bewegte sich auf der Brüstung; was wir für die Samtpolsterung der Brüstung gehalten hatten, war der Rücken eines langen dünnen Mannes, der, genau so schmal wie die Brüstung, bis jetzt bäuchlings da gelegen war und sich jetzt langsam wendete, als suche er eine bequemere Lage. Meine Frau hielt sich zitternd an mich. Ganz nah vor mir war sein Gesicht, schmäler als meine Hand, peinlich rein wie eine Wachsfigur, mit schwarzem Spitzbart. »Warum erschrecken Sie uns?« rief ich, »was treiben Sie hier?« »Entschuldigung!« sagte der Mann,

»ich bin ein Verehrer Ihrer Frau; ihre Ellbogen auf meinem Körper fühlen macht mich glücklich.« »Emil, ich bitte dich, schütze mich!« rief meine Frau. »Auch ich heiße Emil«, sagte der Mann, stützte den Kopf auf eine Hand und lag da wie auf einem Ruhebett. »Komm zu mir, süßes Frauchen.« »Sie Lump«, sagte ich, »noch ein Wort und Sie liegen unten im Parterre«, und als sei ich sicher, daß dieses Wort noch kommen werde, wollte ich ihn schon hinunterstoßen, aber das war nicht so einfach, er schien doch fest zur Brüstung zu gehören, er war wie eingebaut, ich wollte ihn wegwälzen, aber es gelang nicht, er lachte nur und sagte: »Laß das, du kleiner Dummer, entkräfte dich nicht vorzeitig, der Kampf beginnt erst und wird allerdings damit enden, daß deine Frau meine Sehnsucht erfüllt.« »Niemals!« rief meine Frau und dann zu mir gewendet: »Also bitte, stoß ihn doch schon hinunter.« »Ich kann es nicht«, rief ich, »du siehst doch, wie ich mich anstrenge, aber es ist hier irgendein Betrug und es geht nicht.« »Oh weh, oh weh«, klagte meine Frau, »was wird aus mir werden.« »Sei ruhig«, sagte ich, »ich bitte dich, durch Deine Aufregung machst du es nur ärger, ich habe jetzt einen neuen Plan, ich werde mit meinem Messer hier den Samt aufschneiden und dann das Ganze mit dem Kerl hinunter ausschütten.« Aber nun konnte ich mein Messer nicht finden. »Weißt du nicht, wo ich mein Messer habe?« fragte ich. »Sollte ich es im Mantel gelassen haben?« Fast wollte ich in die Garderobe laufen, da brachte mich meine Frau zur Besinnung. »Jetzt willst du mich allein lassen, Emil«, rief sie. »Aber wenn ich kein Messer habe«, rief ich zurück. »Nimm meines«, sagte sie und suchte mit zitternden Fingern in ihrem Täschchen, aber dann brachte sie natürlich nur ein winziges Perlmuttermesserchen hervor.

Wenn es richtig ist, daß Kafka »ins Dunkel« hinein schreibt »wie in einen Tunnel«[70], daß er ›mit der Feder denkt‹[71], dann ist der im ›THEATERBESUCH‹ auftauchende Rivale ein Abbild der Schreibfeder: »schmäler als meine Hand, peinlich rein wie eine Wachsfigur, mit schwarzem Spitzbart«. Dieser Rivale stellt die eheliche Bindung in Frage, womit das Thema angeschlagen ist, das W.H. Sokel auf 586 Seiten als Kafkas »Mythos« verfolgt: der Konflikt von »reinem Ich« und »sozialem Ich«[72], von zölibatärer Schriftstellerexistenz und Gemeinschaftsbedürfnis.

Aber man muß in der Betonung der Buchstäblichkeit und Materialität von Kafkas Schreiben nicht so weit gehen: schon das Wort »Brüstung« führt uns auf ein vom Signifikanten geleitetes Schreibprinzip. Die »Brüstung« erweist sich im Einbruch des Phantastischen in die erzählte Welt als der »Rücken« des bisher »bäuchlings« ausgestreckten Mannes, der nun seine Brust hervorkehrt, sich umdreht; und die ›Brust‹ der Frau scheint dieser zu begehren: ihre »Ellbogen« — wie es im Euphemismus einer Verschiebung heißt — machen ihn »glücklich«.

Die Brust könnte aber auch Zeichen der narzißtischen, oralen Mutter-Kind-Dyade sein, in welche der Dritte, der Rivale noch nicht eingebrochen ist, um die Separation (von Mutter und Kind) durchzusetzen. So ist es kein Zufall, daß das intime Drama in der Loge eröffnet wird durch das Hinausbeugen über jene Grenze der »Brüstung«. Das Ehepaar, symbolisch dieser Dyade zugeordnet, wagt sich sozusagen hervor aus dem Schoß der Familie in die Öffentlichkeit. Die duale Beziehung wird wie im ödipalen Geschehen durch den Dritten, die Instanz der Öffentlichkeit und Sprache, gesprengt. Jener Dritte erscheint an der Grenze der Zweierbeziehung, erscheint *als* Grenze derselben; er trägt die Eifersuchtshandlung der Bühne in die Loge.

Genau in dem Moment, als der Mann das »Lockenhaar« der Frau berührt, ›entsteht‹ der Rivale. Der verborgene Sinn dieser Fügung, ihre Implikation ist ambivalent: Wird der Rivale geboren mit dem Begehren oder wird nicht vielmehr das Begehren geboren mit dem Rivalen? (Auf der vordergründigen Ebene handelt es sich freilich um eine *Wieder*geburt von Rivalität und Begehren, da wir es mit einem Ehepaar zu tun haben; nur wenn wir unterstellen, es handle sich um ein Traumgeschehen, können wir von einer Regression in die Fernen der Vergangenheit ausgehen.)

Kafkas Bild entspricht der Freudschen und Lacanschen Erfahrung. Nach Lacan bilden im narzißtischen Spiegelstadium *(stade de miroir)* das Spiegelbild und der spiegelbildlich Ähnliche *(le semblable)* und dann der rivalisierende Dritte *(tiers objet)* oder andere *(l'autrui)* Vorformen des Anderen *(l'autre,* später schreibt Lacan mit Versalie: *l'Autre),* der die Dyade von Mutter und Kind durchschneidet.[73] Nach dem Bilde des Ähnlichen *(semblable)* formt sich das Ich, das sich gleichwohl noch diffus mit seinem Vorbild verwechselt: »chaque partenaire confond la partie de l'autre avec la sienne propre et s'identifie à lui«.[74] Wer den anderen schlägt, weint selbst; wer begehrt, unterstellt dem anderen das nämliche und umgekehrt. Den ›Doppelgänger‹, den »semblable« — den anderen, der Ich ist — gibt es nur, »weil das Ich ursprünglich ein anderer ist«[75]. Das Ich bliebe — wie im Mythos von Narziß — bis zu seinem Tode im Imaginären befangen, wenn nicht der Dritte und Andere (in Gestalt des Vaters) ihm mit der Einführung in die symbolische Ordnung der Sprache und Familie seinen Platz in der Struktur zuwiese, ihm die Differenz von Eltern und Kind, Mann und Frau eröffnete. Dem Drama einer ersten Eifersucht *(drame de la jalousie)* auf den andern *(l'autrui)* — den Bruder z.B. —, das noch ganz im Zeichen der Spiegelungen steht, schließt sich das ödipale Drama an, das im »Namen-des-Vaters« ins Realitätsprinzip, die Bildung von Über-Ich und Ich-Ideal, einführt und die Separation vollendet.[76]

Daß in Kafkas Text der Rivale »Emil« heißt wie der Ehemann, das bestätigt, daß es sich hier um die dem Spiegelstadium entsprungenen Doppelgänger handelt. Ähnliches gilt für Arthur und Jeremias im SCHLOSS, welche sich nicht im Namen, jedoch in der Erscheinung ähneln wie »Schlangen« (S 29). Bezeichnenderweise sind es die Vornamen »Emil«, die sich gleichen und nicht die Familiennamen, welche auf den Namen des Vaters wiesen. Die beiden »Emil« sind lebendig gewordene Projektionen, wobei noch zu erörtern bleibt, wer wessen Projektion darstellt.

Von der Position des Ehemannes aus jedenfalls ist der andere »Emil« nur die Personifikation der eigenen Befürchtung, des eigenen Begehrens: geträumte Imago, die der Text allegorisch personifiziert — oder wirklicher Rivale, auf den diese Imago projiziert, der narzißtisch idealisiert wird. Kafka läßt es also im Unbestimmten, ob es sich hier um eine surreale Erzählung handelt, in welcher ein realer Rivale der narzißtischen Imago ähnelt, oder um eine Traumerzählung, welche die innere Imago allegorisch verlebendigt hat. Wir sehen jetzt, daß dieser ›Zirkel von Innen und Außen‹ ein exaktes Korrelat der Erfahrung des Imaginären ist, welches begründet wird im narzißtischen Spiegelstadium (und das Subjekt auch lebenslang bestimmen wird). Inneres und Äußeres durchdringen einander, weil Ich und Anderer noch nicht (oder immer noch nicht) streng voneinander getrennt sind.

Aus der Leidenschaft eines Othello wird die hilflose Entrüstung des Ehemanns Emil, die nur ein »Perlmuttermesserchen« und keinen »Dolch« zutage fördert. Ähnlich wurde aus »Poseidon« ein Verwaltungsbeamter (ER 353 f.), aus seinem Meer ein »modernes Familienbad« (H 304), aus Alexanders Bucephalus ein Advokat (ER 139 f.). Im Gegensatz zum Bühnen-Drama wird das Logen-Drama nicht entschieden. Den Rivalen kann Emil nicht »wegwälzen«, »hinunterstoßen«; einmal mehr bestätigt sich, daß er in ihm selbst wohnt. So inszeniert das resultatlose Ereignis einen bleibenden Konflikt: eine Struktur, kein Geschehen. Das Imaginäre und die Rivalität oder Eifersucht bleiben miteinander verbunden.[77] — Es ist zweideutig, ob das Ich = der Rivale eine fremde Frau oder die eigene begehrt: Die Eifersucht geht sowohl aus eigenen »Antrieben zur Untreue« hervor[78] wie auch aus Bedingungen der Konkurrenz: Das ambivalente Interesse, »das das Subjekt der Imago des Rivalen entgegenbringt«, von Haß und narzißtisch-homoerotischer Zuneigung bestimmt, kann zum Grund der »Leidenschaft der Liebeseifersucht« werden.[79] Kafka deckt entsprechend auf, wie sehr die (eifersüchtige) Verliebtheit motiviert ist durch (verliebte) Eifersucht.

Es ist also höchst folgerichtig, daß Kafka das Spiegel-Ich, das Imaginäre mit dem Drama der Eifersucht in Verbindung bringt, das von der Bühne auf die Loge überspringt, von der Öffentlichkeit ins Private, von der Kunst in die Wirklichkeit. Die Assoziation an OTHELLO, wo es ebenfalls um ein Phantasma, einen imaginären Rivalen — Cassio — geht, liegt nahe. Ist es Emilia, die von Jago erstochen werden wird (in V/2), welche bei Kafka »auf den Ausgang hin« strebt? Ihrem Namen hätte sich dann auch der der Doppelgänger zu verdanken.

Das Verhalten *beider* Eheleute verrät eine Bereitschaft zum Abenteuer. Eine Fehlleistung veranlaßt den Gatten beinahe, seine Frau dem Rivalen zu überlassen: »Fast wollte ich in die Garderobe laufen, da brachte mich meine Frau zur Besinnung.« Die hysterischen, unemanzipiert-infantilen Reaktionen der Frau, vom Autor humoristisch karikiert, verraten auch deren ambivalente Einstellung: Sie wehrt sich nicht ernsthaft, sondern kokett: »Emil, ich bitte dich, schütze mich!« »Oh weh, oh weh«, klagt sie wehleidig, »was wird aus mir werden.« Ist sie eine reale Person oder nur eine imaginäre Projektion des Mannes?

Es geht dem Text weniger um Reales als um Imaginäres und Symbolisches, d.h. um eine strukturale Konstellation des Imaginären und die Strukturen des Symbolischen, in dessen Zentrum das Zeichen des Messers oder Dolches steht. Das Messer, das der Ehemann Emil »nicht finden« kann, wird zum Zeichen der Macht und Männlichkeit; seinen Besitz unterstellt Emil dem Rivalen wie Othello Cassio. Wir sehen hier deutlich, daß es sich um einen Signifikanten ohne Signifikat, wie Lacan immer wieder ausführt[80], den »Buchstaben des Buchstabens«[81] handelt. Was Lacan »Phallus« nennt, bezeichnet nichts Reales oder gar Organisches, sondern ein beliebig verschiebbares, ausschließlich in Verschiebungen faßbares Symbol.[82] Dieses Zeichen markiert den Übergang vom Imaginären zum Symbolischen, vom Bedürfnis zum Begehren, und zwar auf Grund der symbolischen Kastration, die nichts anderes ist als der Schnitt durch die Mutter-Kind-Dyade.[83] Weil es nichts Reales signifiziert, kann es sowohl dem Vater abgesprochen wie der Mutter zugesprochen werden.

Es ist folglich ganz konsequent, daß Kafka dem Ehemann Emil aberkennt, was dieser seinem Rivalen Emil zuerkennt, und auch, daß er es der Frau zuspricht, die ein »Perlmuttermesserchen« hervorzieht (»aber natürlich nur ein winziges«). Das Imaginäre bestimmt also noch den Umgang mit dem Symbolischen: Die symbolische Kastration ist eingebildete Kastration, Angst und Schwäche gewordene Kastration (auf seiten des Ehemanns Emil). Dem Rivalen Emil wird indessen wie Cassio durch Othello imaginär-idealisierend Macht und Überlegenheit zugesprochen. Für die Frau gilt, daß sie das Macht-Symbol (das Messer) zwar besitzt, aber es als unwirksames besitzt.

Das Signifikat des Signifikanten (Messer) ist selbst ein Signifikant (der »Phallus« als Zeichen einer imaginären Kraft). Nur in Euphemismen der Entstellung kann er zur Sprache kommen, d.h. nur in metonymischen Verschiebungen (qua Kontiguität) und in metaphorischen Verschiebungen (qua Similarität), in welchen ein *dissimile* das *simile* verdunkelt und entstellt[84]. Im Signifikanten »Perlmuttermesserchen« sind freilich noch weitere obskure, witzig-traumhafte Anspielungen verdichtet, welche auf das Bild der Venus-Muschel und das Verhältnis von Mutter und Kind (zurückweisend auf den Signifikanten »Brüstung«) deuten.[85] Der imaginäre Rivale hat also durchaus schon die Funktion des symbolischen Dritten und Anderen übernommen. Es geht demnach, wenn man den Text als *Traum*geschehen nimmt, um die Imago des *Vaters*, die hier die duale Beziehung von *Mutter* und *Kind* bedroht; geht man andererseits von einer allegorischen Darstellung *realer* Verhältnisse aus, dann zeigt sich, daß die Imago des väterlichen Rivalen dem Ehemann die am Bild der Mutter orientierte Übertragungsliebe überschattet. Einmal handelt es sich um einen ›Ödipus‹, der dem Vater den Besitz dessen unterstellt, was ihm selbst vermeintlich abgeht; zum andern ginge es darum, daß ›Ödipus‹ durch Strafe oder Strafandrohung schon verloren hat, was er zu besitzen wähnte.[86]

Genausogut aber kann die trianguläre Struktur als *Eltern*beziehung aufgefaßt werden, in welche der ›unverschämte‹ Sohn, dem die ›Scham‹ erst anerzogen werden muß, eindringt. Von der Position des anderen Emil aus gesehen, des Rivalen, handelt es sich also um die tabuierte Elternbeziehung, welche das Begehren reizt, bzw. eine tabuierte Gattenbeziehung, auf welche die Eltern-Imago projiziert wird. So stellt sich also nochmals die Frage, welcher Emil welchen Emils Projektion darstelle. Es gibt hier kein eindeutiges episches Subjekt mehr; dieses hat sich gespalten. Die zwie- und vielfache Aufspaltung des hinter dem Text stehenden Meta-Subjekts (oder Sub-Subjekts) wie auch seine Verdoppelung und Vervielfältigung kennzeichnen aber Kafkas Werk von der BESCHREIBUNG EINES KAMPFES oder dem URTEIL an bis zum SCHLOSS.[87] Im URTEIL ist der Freund das *alter ego* Georgs, im LANDARZT ist der Patient Spiegel des Arztes, im PROZESS sind Franz und Willem, Kaminer, Kullich und Rabensteiner sowie Block Doppelgänger Josef K.s, im SCHLOSS spiegelt Amalia K.s Schicksal. Es gibt keine Entsprechung von epischem Subjekt und Autor bei Kafka; an die Stelle der Perspektive (die formal natürlich — als einsinnig-personale — erhalten bleibt) tritt die Totale, d.h. die Darstellung der Gesamtstruktur, der Struktur als Struktur. Es ist dem Leser überlassen, sich mit der oder jener Imago zu identifizieren, sich in diese oder jene Position der symbolischen Struktur zu versetzen.

IV. ›Der Geistliche‹ (Das Symbolische: Ein Mal)

Eine junge zigeunerartige Frau macht vor dem Altar aus Federbetten und Decken ein weiches Lager zurecht. Sie ist bloßfüßig, hat einen weißgemusterten roten Rock, eine weiße, hemdartige, vorn nachlässig offene Bluse und wild verschlungene braune Haare. Auf dem Altar steht ein Waschbecken. (H 381)

*

Auf der Freitreppe der Kirche treiben sich die Kinder herum wie auf einem Spielplatz und rufen einander unanständige Redensarten zu, die sie natürlich nicht verstehen können und an denen sie nur saugen, wie Säuglinge am Lutscher. Der Geistliche kommt heraus, streicht hinten die Kutte glatt und setzt sich auf eine Stufe. Es liegt ihm daran, die Kinder zu beruhigen, denn ihr Geschrei ist auch in der Kirche zu hören. Es gelingt ihm aber nur hie und da, ein Kind an sich zu ziehn, die Menge entweicht ihm immer wieder und spielt weiter unbekümmert um ihn. Den Sinn dieses Spieles kann er nicht erkennen, auch nicht den entferntesten kindlichen Sinn sieht er. Wie Spielbälle, die man gegen den Boden schlägt, so hüpfen sie unermüdlich und scheinbar ohne Anstrengung auf allen Stufen und haben keine Verbindung miteinander als jene Zurufe, es ist einschläfernd. Wie aus beginnendem Schlaf greift der Geistliche nach dem nächsten Kind, einem kleinen Mädchen, knöpft ihr vorn oben das Kleidchen ein wenig auf — sie schlägt ihm dafür im Scherz leicht auf die Wange — erblickt dort irgendein Zeichen, das er nicht erwartet oder vielleicht sogar erwartet hat, ruft Ah!, stößt das Kind fort, ruft Pfui und spuckt aus und macht ein großes Kreuz in die Luft und will eilig in die Kirche zurück. Da trifft er in der Tür mit einer zigeunerartigen jungen Frau zusammen, sie ist bloßfüßig, hat einen weißgemusterten roten Rock, eine weiße, hemdartige, vorn nachlässig offene Bluse und wild verschlungene braune Haare. »Wer bist du?« ruft er, in der Stimme noch die Erregung wegen der Kinder. »Deine Frau Emilie«, sagt sie leise und legt sich langsam an seine Brust. Er schweigt und horcht auf ihren Herzschlag. (H 328)

Die beiden offenbar zusammengehörigen Texte[88] fassen die Korrelation von Begehren und Tabu (im »Namen-des-Vaters«) in Bilder sozialer Natur. Sie sind dem Konflikt zwischen asketischem Ideal und Bindungswunsch, zwischen »reinem Ich« und »sozialem Ich« (Sokel) zugeordnet, welcher Kafka veranlaßte, »Zölibat und Selbstmord« sowie »Ehe und Märtyrertod« zusammenzudenken (H 87).

Die Erzählung von der ›Versuchung des Geistlichen‹ bewegt sich wie die beiden phantastischen Kurzgeschichten vom ›Boot der Eltern‹ und den ›beiden Emil‹ auf eine Pointe und einen Umschlag ins Surreale zu. Die Erzählung erweist sich wieder als eine Art Traumtext, vor allem darin, daß die eigene Frau zur Unbekannten wird, so wie die Fremde im Boot umgekehrt zur Bekannten wurde. Wie »Emil« in die beiden Imagines des begehrenden Liebhabers und des gelangweilten Ehemanns zerfällt, so »Emilie« in die der begehrenswerten Dirne und der desexualisierten Ehefrau. An ihr scheint nur der »Herzschlag« und nicht die »offene Bluse« — auch sonst eine erotische Chiffre bei Kafka[89] — zu interessieren. Dagegen »knöpft« der Geistliche dem jungen Mädchen das »Kleidchen« auf, was ganz im Gegensatz zu seiner Profession steht, dem Asketischen, ›Zugeknöpften‹, dessen Zeichen die hochgeschlossene Kutte ist. Die Phantasie des Entwurfs geht offenbar wieder von der Buchstäblichkeit eines

Signifikanten aus, was der dem Zitierten vorangehende Text bestätigt, der die Begegnung eines Passanten mit einem Geistlichen erzählt: »Er aber erfaßt die Hand nicht, er ist ein Gegner der Missionäre, auch ärgern ihn die Kinder, die sich auf der Treppe wie auf einem Spielplatz herumtreiben und unanständige Redensarten einander zurufen, die sie natürlich nicht verstehen können und an denen sie nur saugen, da sie nichts Besseres haben — er knöpft seinen Rock hoch zu [!] und geht weiter.« (H 327 f.) Es scheint also nicht sehr gewinnbringend zu sein, dem »Schreibstrom« das zum Ganzen hypostasierte einzelne »Werk« zu entreißen[90], sondern scheint im Gegenteil notwendig, im Gesamt des Geschriebenen die rekurrenten Elemente und Figuren — wie »Motheme« eines »Mythos« — zu entdecken und hervorzuheben, die »idées obsédantes« und »représentations obsédantes« zu rekonstruieren, wie es Hornschuh-Fagard/Fagard oder auch Deleuze/Guattari versucht haben.[91]

Während am Mädchen das Tabu verlockt, scheint das Verlockende der eigenen Frau tabu zu sein — oder ›allzu erlaubt‹. Wir haben indessen den Text voreilig eingeengt durch die Annahme, die Frau spreche die Wahrheit und sei in der Tat die Ehefrau des Geistlichen. Die Frau könnte — wie die Fremde im Boot — auch eine Unbekannte sein, die von sich nur behauptet, die Frau des Geistlichen zu sein. Irreal-phantastisch wäre sowohl das Nichterkennen der eigenen Frau wie die Selbstverleugnung der Unbekannten. Emilie ist wie in den Verdichtungen des Traumes eine Fremde *und* eine Bekannte zugleich. Zumindest ihre Selbstdefinition — in Termini der symbolischen Ordnung der Familie — macht aus der Fremden die Vertraute; mit ihr reiht sie sich ein ins Spiel der imaginären Projektionen. Umgekehrt könnte man auch sagen, die vertraute Ehefrau werde für einen Moment zur Fremden, erscheine für einen Moment als die Fremde — die sie am Ursprung der Beziehung war. In jedem Fall aber ist die paradoxe Beziehung des ›zölibatär Liierten‹ durch den unsinnlichen, begierdelosen Charakter der Szene bestimmt. Wirkt sich das asketische Ideal, das der Geistliche im »Namen-des-Vaters« zu verkünden hat, auch auf die erlaubt-gebotene monogame Ehe aus? Hat sich also das sozial begründete Inzest-Tabu in der Form der Übertragung auch auf die ›exogame‹ Beziehung ausgeweitet, wie es schon der Sündenfall (Moses 1,3), das »Rippenwunder und die daraus hervorgehende Vertreibung« (Br 212), nahelegen könnte? Demnach müßte sich die Imago der ehemals Begehrten, der Mutter, und zugleich das »non-du-père« projektiv übertragen auf »Emilie« (als Ehefrau wie als Fremde). Dem widerspricht allerdings, daß der Geistliche sich durchaus gegen die Gebote seiner Religion verlocken läßt, und zwar von einer Minderjährigen, die seine Tochter sein könnte. Eher scheint es also so zu sein, daß das Erlaubte hinter dem Verbotenen zurücksteht, d.h. das nach dem »Realitätsprinzip« Gebotene das vom »Wunschprinzip« Geforderte nicht erfüllen kann, daß das Begehren (désir) stärker ist als das Verlangen (demande).

Die »unanständigen Redensarten«, an welchen die Kinder nur »saugen« wie die »Säuglinge« am »Lutscher«, d.h. der Mutterbrust, müssen dem mit der Sprache besser Vertrauten mehr und anderes mitteilen als den in ihr Unerfahrenen. So ist es weniger der Kinder »unermüdliches« Spiel, das jenen »einschläfert«, als vielmehr dessen Verdrängungsanstrengung, die sich im Symptom der

Müdigkeit artikuliert. Aber im »beginnenden Schlaf« lockert sich die Zensur auch gleich wieder, und der Pfarrer »greift« nach dem Mädchen. Wieder ist es nichts Reales, sondern etwas Symbolisches, was ihn bewegt: er entdeckt »irgendein Zeichen« auf der Brust des Mädchens. Der Euphemismus des Erzählers verbirgt und entbirgt zugleich, worum es sich handelt. Seinem Schrecken ist zu entnehmen, daß das »Zeichen« aus dem Mädchen die Frau macht, aus dem Neutrum das Femininum, wie es ähnlich im LANDARZT geschieht, wo aus dem Dienstmädchen die begehrte Frau wird[92]. Wie immer das Zeichen aussehen mag, ob es positiv oder negativ gefaßt ist, als ›Plus‹ oder ›Minus‹, es markiert eine Differenz: die der Geschlechter und die der Generationen. Es handelt sich um den »Signifikanten«[93], jenes verschiebbare Symbol, das selbst auf etwas Symbolisches und nicht auf ein Reales verweist. Daher ist es höchst treffend, daß der Erzähler von einem »Zeichen« und keiner Sache (oder abgezeichneten Sache) spricht und zudem mit dem Artikel »irgendein« die vielfältige Verschiebbarkeit dieses Zeichens zum Ausdruck bringt.

Das Kind ist nun nicht mehr »Säugling«, d.h. Besitz der Mutter, Teil der oralen, narzißtischen Mutter-Kind-Dyade, es erscheint als Subjekt des Begehrens, als eingeführt in die symbolische Ordnung, wo Wunsch und Gesetz (bzw. Tabu) sich einander verbinden. Nun erst reagiert der Geistliche — als Vertreter des Gesetzes — entsetzt, aber auch in ihm sind Wunsch und Gesetz miteinander verknüpft: seinem Abwehrverhalten steht gegenüber, daß er dieses Zeichen »vielleicht sogar erwartet hat«. Das »Ah!« und das »Pfui« verbinden sich zu einer paradoxen Kombination von Ja und Nein.

Im »Namen-des-Vaters« macht er nun ein »großes Kreuz«, um der Abwehr ihr volles Gewicht zu verleihen, wodurch sie zum universellen, sozialklerikalen Phänomen wird, das nicht als partikulares, abnormales, pathologisches mißverstanden werden darf. Die Abwehr geschieht im Namen jenes asketischen Ideals, dessen Grundlagen die Sublimation als ›Geistigkeit‹ und die Verdrängung als ›Geistlichkeit‹ sind, welche man durchaus — mit Nietzsche — als Formen der Triebverneinung begreifen kann[94]. Das Kreuz ist das Symbol des reuevollen Opfers des Sohnes, das Freud in TOTEM UND TABU auf den vorgeschichtlichen Vater-Mord und damit auf Ödipus bezogen hat.[95] Die Zeichen von Schuld, Opfer und Reue verbinden sich so mit denen der Scham und des Ekels. Sie alle gehören zum Phänomen der »Abwehr«[96]. In den Bildern der hochgeschlossenen schwarzen Kutte und des Kreuzes schließen sie sich zusammen und verbinden sich der Symbolik des Todes.

Das Zeichen des Begehrens — der »Phallus« als der »Buchstabe des Buchstabens« — verbindet sich so unmittelbar mit dem Zeichen des Tabus, der »symbolischen Kastration«[97]. Wunsch und Abwehr durchdringen sich gegenseitig im Geistlichen, denn »la loi et le désir refoulé sont une seule et même chose«[98].

Zwar ist das Mädchen nicht das Kind des Geistlichen, aber es nimmt in diesem Traumtext annähernd diese Stelle ein; zumindest kann man sagen, die Beziehung von geistlichem ›Vater‹ und Kind habe etwas Inzestuöses an sich. So eröffnet sich wieder eine trianguläre Struktur wie in der Boot-Geschichte, wir stehen vor der spiegelbildlich verkehrten Inszenierung des Inzest-Wunsches. Die »Entstellung« jenes Wunsches (durch die Verschiebung in die Fremde) ist beiden Geschichten gemeinsam. Obgleich der Geistliche (als symbolischer Vater) vom verbotenen Begehren (désir) zum erlaubten Verlangen (demande) findet, den Konflikt beendet, den die Bootsgeschichte offen läßt, bleibt die Erfüllung fragwürdig. Das Begehren, angestachelt durch das »Zeichen« des Mädchens, noch anwesend in der »Erregung« der Stimme, erhält sich nicht im Übergang ins Reale, in welchem sich nur Körper berühren, der Geistliche auf den »Herzschlag« der Frau hört. Oder es versiegt, weil — wie ausgeführt — ein noch stärkeres Tabu ihm begegnet.

Freud hat die »Verneinung« als Doppelheit von Anerkennung und Abwehr eines Unbewußten verstanden[99], und er hat in DIE ICHSPALTUNG IM ABWEHRVORGANG Verleugnung und Verdrängung als paradoxe, quasi schizophrene Verfahren gekennzeichnet, in welchen eine Anerkennung der Wirklichkeit mit einer Ableugnung derselben einhergeht[100]. Die Sprache wird so zu einem Doppelten, das dem Bewußten und dem Unbewußten zugleich zugehört. An dieser Idee orientiert sich Lacans Theorie der »Spaltung des Subjekts«: Ein Subjekt, in dem Bewußtes und Unbewußtes überhaupt sich unterscheiden lassen, bildet sich genau dadurch, daß es sprechen lernt.[101] Im »Pfui« des Geistlichen sind Abwehr und Wunsch, Verleugnung und Bejahung zugleich zugegen; in der Rede vom »Zeichen« ist etwas bewußt artikuliert und etwas unbewußt assoziiert, etwas gesagt und etwas verborgen. Die verschwiegene Sprache als der »discours de l'Autre«[102], der mit metaphorischen oder metonymischen Anspielungen und Auslassungen operiert, verfährt hier metonymisch durch eine Synekdoche *genus pro specie:* »irgendein Zeichen«. Jedes (Leser-)Subjekt kann auf diese Weise aber auch das so symbolisierte Symbol durch seine eigene Phantasie, seine subjektive Erfahrung konkretisieren.

Kafka hat in einem (intimen) Brief an Milena über das Zeichen, das Begehren und Verbot einander verbindet, noch Näheres ausgesagt. In diesem Brief (der eine »Emilie« nennt und eine Verheiratete adressiert wie der Eindringling »Emil«) ist die Rede vom »kleinen Zeichen« des »Abscheulichen und Schmutzigen« (M 182; s. S. 179 ff.). Es ist das Zeichen jener »ersten Nacht«, in der Begehren (»touha«) und Angst (»strach«) sich miteinander verschränkten (M 180). Die Verführerin hatte »in aller Unschuld eine winzige Abscheulichkeit gemacht (nicht der Rede wert), eine kleine Schmutzigkeit gesagt (nicht der Rede wert)«; aber dieses angeblich bedeutungslose »Abscheuliche und Schmutzige«, »dessen kleines Zeichen nur ihre kleine Handlung, ihr kleines Wort gewesen war«, habe Kafka mit »wahnsinniger Gewalt« angezogen (M 181 f.). »Und so wie es damals war, blieb es immer. Mein Körper, oft jahrelang still, wurde dann wieder geschüttelt bis zum Nicht-ertragen-können von dieser Sehnsucht nach einer kleinen, nach einer ganz bestimmten Abscheulichkeit, nach etwas leicht Widerlichem, Peinlichem, Schmutzigem; noch in dem Besten, was es hier für mich gab, war etwas davon, irgendein kleiner schlechter Geruch, etwas Schwefel, etwas Hölle.« (M 182) Das Verhältnis zu Milena entspreche dieser Erfahrung momentan jedoch nicht: »etwas von der Luft ist da, die man im Paradies vor dem Sündenfall geatmet hat. Nur etwas von dieser Luft, daher fehlt »touha« [Begehren], nicht jene ganze Luft, daher gibt es »Angst« [strach].« (M 183)

Diese Reflexion hat Kafka wieder zu seinem Haupt-Thema, dem des Sündenfalls, geführt, der für ihn ein ewig wiederholtes Geschehnis ist, in welchem die Erkenntnis der Geschlechts-Differenz so wichtig ist wie die Sünde gegen das Gottesgebot: »Die Vertreibung aus dem Paradies ist in ihrem Hauptteil ewig: Es ist also zwar die Vertreibung aus dem Paradies endgültig, das Leben in der Welt unausweichlich, die Ewigkeit des Vorganges [...] macht es trotzdem möglich, daß wir nicht nur dauernd im Paradiese bleiben könnten, sondern tatsächlich dort dauernd sind, gleichgültig ob wir es hier wissen oder nicht.« (H 94) Das Gewicht der Hölle scheint indessen das des Himmels (oder Paradieses) immer wieder zu übertreffen; daher ist in anderen Varianten des Mythos vom Im-Paradies-*Sein* nicht die Rede: »Wir wurden aus dem Paradies vertrieben, aber zerstört wurde es nicht.« (H 101) Mithin ist die Verlockung der Frau, sei sie auch eine Bürgschaft des Paradieses, eine Verlockung in die Hölle (mit Schwefel, Schmutz und schlechtem Geruch): »Das Verführungsmittel dieser Welt sowie das Zeichen der Bürgschaft dafür, daß diese Welt nur ein Übergang ist, ist das gleiche. Mit Recht, denn nur so kann uns diese Welt verführen und es entspricht der Wahrheit. Das Schlimmste ist aber, daß wir nach geglückter Verführung die Bürgschaft vergessen und so eigentlich das Gute uns ins Böse, der Blick der Frau in ihr Bett gelockt hat.« (H 118 f.)

Wenn es nicht der Blick ist, dann ist es das »kleine Zeichen«, das zur »Vertreibung aus dem Paradies« führt. Zweifellos ist es älter als die »erste Nacht«, es führt zu jenem Paradies zurück, das durch die Erkenntnis der Geschlechts-Differenz, durch die »symbolische Kastration« zerstört wurde, welche sich sogar den ›exogamen‹ Beziehungen einschreibt. Wie der Apfel der Eva ist es ein Zeichen der Hölle und des Himmels zugleich: »Die sinnliche Liebe täuscht über die himmlische hinweg; allein könnte sie es nicht, aber da sie das Element der himmlischen Liebe unbewußt in sich hat, kann sie es.« (H 98) Etwas vom Paradies, aus dem die sinnliche Liebe und ihr Zeichen führt, erhält sich offenbar. Es ist doch der Fetischismus, der sich in dem »Zeichen« überträgt, immer nur Relikt der ersten, paradiesischen Liebe, und ihn das »Böse« zu nennen, ist allein durch das Tabu begründet, welches die Abwehr — und alle ihre Momente der Angst, Scham, Schuld, des Ekels und des Masochismus — etabliert: Die »Angst« aber stellt Kafka ins Zentrum seines Briefes, denn sie ist in der Tat der Ursprung aller Abwehrformen und wird deshalb, wie M. Foucault schrieb, zum »Herz der Krankheit«[103]. Dies gilt für die universelle Struktur des Ödipus-Komplexes wie für deren pathologische Extreme. Mithin ist für Kafka durch das »allgemeine Rippenwunder« auch die »daraus hervorgehende Vertreibung« gegeben (Br 212). Die »Wiederkehr des Verdrängten«[104] aber konstituiert die Wiederholung der »Vertreibung«. Von ihr wird auch der geistliche Vertreter des ›Gesetzes‹, der Agent des »non/nom du pére«[105], heimgesucht. Obgleich die Kurzerzählung eine unhintergehbare Struktur thematisiert — es gibt kein Dasein außerhalb des »Gesetzes« —, hat sie durchaus ironisch-satirische Züge; mit ihnen wird das Selbstbetrügerische der asketischen Ideale kirchlicher Institutionen karikiert, in ihnen stellt sich aber auch der Autor selbstironisch bloß. Es ist dies eine Ironie ohne Alternativen.

Die eingangs zitierte Variante (H 381) des Textes vom ›Geistlichen‹ faßt den

Gegensatz von Begehren und Tabu kraß in die Bilder des Altars und des Bettes, welches letztere bei Kafka — in URTEIL, VERWANDLUNG, STRAFKOLONIE, LANDARZT, AMERIKA, PROZESS und SCHLOSS — als Ort der Offenbarung zur symbolischen Chiffre wird. Im VERSCHOLLENEN nimmt die ›Vertreibung aus dem Paradies der Heimat‹ ihren Ausgang im Bett der Johanna Brummer, die Karl Roßmann verführt (A 38). In der Szene vor dem »Altar« ist die »Vertreibung« schon »ewige« Wiederholung geworden; sie verbildlicht das paradoxe Dilemma des ›zölibatär Liierten‹.

V. Mythen des Unbewußten

Unsere Kommentierung der zitierten Texte durch die psychoanalytischen Modelle impliziert freilich nicht, daß Kafka von bewußten Symbolisierungen oder gar theoretisch-begrifflichen Konstruktionen ausginge; zur Intention des Textes sind gleichwohl die — sprachlich sich niederschlagenden — unbewußten Symbolisierungen und Implikationen zu rechnen[106]. Wie es Freud für das ästhetische Phänomen des »Witzes« beschrieb[107], befleißigt sich Kafka eines halbbewußten Verfahrens, das im momentanen Hinabtauchen ins Unbewußte dessen Konfigurationen hervorholt und sie als vorgefertigte Elemente seiner erzählerischen Absicht integriert.[108] Es geht ihm um die Darstellung seines »traumhaften innern Lebens« (T 420), die »völlige Selbstvergessenheit« und das durch sie ermöglichte »Hinabgehen zu den dunklen Mächten« (Br 384 ff.), die »vollständige Öffnung des Leibes und der Seele« (T 294; vgl. auch F 250), die Studien im eigenen »Irrenhaus« (M 163): »Der Traum enthüllt die Wirklichkeit, hinter der die Vorstellung zurückbleibt.« (J 55 f.) Daher sind ihm seine Geschichten »eine Art von Augenschließen« (J 54). So führt das Verfolgen einer hintergründigen »Wahrheit« (J 84, T 534) zu quasi mythischen Konfigurationen, hat die Tendenz zu einer »neuen Geheimlehre, einer Kabbala« (T 553). Angesichts dieser hermetischen Schreibweise läßt sich nicht immer entscheiden, welche Momente des »symptomatischen« und »implikatorischen« Sinnes[109] der bewußten Konstruktion und welche der unbewußten Intention entstammen. Will man indessen Kafkas ›mythische‹ Symbolik verstehen, ist man zu einer tiefenhermeneutischen Exegese genötigt, ob man nun die psychoanalytischen Erfahrungsmodelle und Erklärungsversuche zu Hilfe nimmt oder nicht. Die biographisch-genetische Perspektive dagegen kann einer verstehenden Formanalyse des Werks nur *Mittel* der Auslegung sein; sie gehört nicht zur Zielsetzung dieser Untersuchung.

Der Titel ›Mythen des Unbewußten‹, den wir Kafkas Texten zusprechen wollen, bezieht sich aufs Unbewußte sozialer Rechts- und Machtverhältnisse wie auch aufs Unbewußte im engeren, im psychoanalytischen Sinne, und dies in doppelter Hinsicht. Zum einen deutet er im *genitivus obiectivus* auf die bewußte Niederschrift und Gestaltung unbewußter Phänomene, zum anderen im *genitivus subiectivus* oder *explicativus* auf die mythenbildende Phantasie des

Unbewußten selbst, dies im wörtlichen wie im übertragenen Sinne. Traum und Mythos rücken in dieser Hinsicht eng zusammen, ihnen sind die hermetische Metaphorik und Metonymik gemeinsam, das Fehlen kausaler und teleologischer Prinzipien, die Auflösung des empirischen Raumes und der homogen-linearen Zeit, die Aufspaltung des identischen Ich. Mit ihrer Auflösung des Eigentlichkeitsgrundes der Zeichen konstituieren sie sich als symbolische Formen der Anschauung.

Nur aus Darstellungsgründen werden in ihnen atemporale Ordnungen verzeitlicht, logische Relationen in Sequenzen und Strukturen in Ereignisse umgesetzt. Somit kommt es darauf an, diese Ordnungen, ihre Elemente — die »Mytheme«, ihre Figuren und Bilder — zu rekonstruieren: das vergebliche Begehren, die mißlingende Ankunft, das ›unmögliche Mögliche‹, die Einschreibung des Gesetzes, den Aufschub des Urteils, das Sein zum Tode, ähnlich wie es z.B. Fagard/Fagard[110] versucht haben, die sich auf Charles Mauron, den Begründer der »Psychokritik« in Frankreich[111], berufen. Mauron hat ausdrücklich das Werk und nicht den empirischen Autor zum Gegenstand der Analyse erklärt; aus dem Netz der »métaphores obsédantes« rekonstruiert er den »mythe personnel« des Text-Subjekts[112]. Da der »mythe personnel« Kafkas der Erfahrung seiner Zeitgenossen weitgehend kongruent ist, scheint es nicht verwunderlich zu sein, daß seine Modelle denen der Psychoanalyse, die sich in ihrer Begriffs- und Modellbildung selbst der Mythen bedient[112a], *korrespondiert;* wir gehen nicht davon aus, daß sie psychoanalytisch *hintergehbar* sind.

C. Recht und Macht

»Ich habe niemals die Regel erfahren.«
(H 232)

I. Die Parteien und der Dritte

Am Poeten Kafka hat man den Juristen Kafka, obgleich fast jedes seiner Werke von juristischem Vokabular oder rechtstheoretischen bzw. sozialphilosophischen Sinnbildern geprägt ist, noch kaum ernst genommen.[113] Das liegt daran, daß das Rechtliche in den poetisch dargestellten Erfahrungskomplexen immer eine Verbindung eingeht mit der Welt der extrajuridischen Normen, des Privaten, des Intimen und auch des Intrapsychischen. Wir wollen anhand der Aphorismen und ›Fragmente‹ einführend das Kafkasche Rechtsdenken skizzieren. Einer der Aphorismen entwirft dessen Hauptgedanken:

> Wirklich urteilen kann nur die Partei, als Partei aber kann sie nicht urteilen. Demnach gibt es in der Welt keine Urteilsmöglichkeit, sondern nur deren Schimmer. (H 86)

Die Partei, wörtlich bzw. juristisch genommen, meint den einzelnen Klienten bzw. das Lager von Klient und gerichtlicher Vertretung, gehe es nun um die anklagende oder die angeklagte Partei. Sie ist definiert durch ihren Gegensatz zur anderen Partei, ist das Andere des Anderen. Sie kennt sich, ihre Belange, ihre Gründe, ihre Geschichte, ihre (z.B. die Kritik des Anderen mildernden) Umstände besser als die Gründe der Gegenseite und versteht sich selbst besser, als diese Gegenseite sie versteht. Aber *als* Partei urteilt sie wiederum parteilich, als *pars* eines Ganzen, nur ihrem partikularen Begehren gehorchend, d.h. ohne zureichende Berücksichtigung des Anderen. Kafkas Paradoxie ist also wieder einmal durchs Spiel einer Homonymie begründet, welche zum einen aufs *Ein-seitige* weist und zum anderen darauf, daß die *eine Seite* sich selbst besser kennt als die andere. Das hat erkenntnistheoretische wie machtpsychologische Implikationen; Erkennen und Begehren, Urteil und Macht gehen eine Beziehung ein, welche Vernunftmoral außer Kraft setzt bzw. dieser gar nicht erst erlaubt, sich zu konstituieren.

Der Dritte, der nach geltendem Recht (als Richter) entscheidet, fehlt. Das kann nur heißen, daß er selbst zur »Partei« gehört, d.h. einer dritten »Partei« zugehört oder parteilich sich einer der zwei bestehenden Parteien anschließt. Entsprechend treten in Kafkas Werken — z.B. im URTEIL oder im PROZESS — immer nur *zwei* Parteien auf, sind Richter und Ankläger eins. Auch ein regulativer Rechts-Kodex — wie ihn Josef K. im PROZESS sucht und nicht findet — scheint nur als Phantasma zu existieren, jedenfalls als etwas dem Kampf der Parteien, den Machtbeziehungen Sekundäres. Das Urteil erfolgt also dezisionistisch[114]; das Gesetz ist statt Voraussetzung Resultat des Rechtsprozesses: »Der Urteilsspruch, die Urteilsverkündung schafft das Gesetz, und zwar kraft einer immanenten Macht dessen, der das Urteil verkündet.«[115] So schreiben Deleuze und Guattari zu Kafkas Werk generell. Der waltende Dezisionismus erlaubt folglich nur den »Schimmer« einer »Urteilsmöglichkeit«, den Schimmer dialogisch bzw. dialektisch den Anderen berücksichtigenden und anerkennenden Handelns, wobei Kafkas Metapher das Ausmaß der herrschenden ›Dunkelheit‹ im Unbestimmten läßt und es weder an den Morgen einer Zukunft noch den Abend einer Vergangenheit bindet. Vielleicht gehört Kafkas Metapher vom »Tunnel« hierher, in welchem man »das Licht des Anfangs nicht mehr sieht, das Licht des Endes aber nur so winzig, daß der Blick es immerfort suchen muß und immerfort verliert, wobei Anfang und Ende nicht einmal sicher sind [...]« (H 73). Historisch betrachtet, scheint der »Schimmer« der »Urteilsmöglichkeit« in der Welt des Un-Rechts dem Schein theologischer, natur- und vernunftrechtlicher oder dialektisch-geschichtsphilosophischer Phantasmagorien zu entspringen, welche aus dem Vergangenen her leuchten. Kafkas Werk besteht nun zu wesentlichen Teilen darin, die Träger solch scheinhafter Ideale sich an der Macht des Faktischen abarbeiten zu lassen. Kafka schickt Karl Roßmann (dessen Namen sich wohl vom *Roß*täuscher und Gerechtigkeitssucher Michael Kohlhaas herleitet), Josef K. und K. wie Don-Quixote-Figuren in die Wirklichkeit seiner Romane. Aber er gibt nicht einem Dezisionismus oder — wie Nietzsche — einem unhintergehbaren Willen zur Macht das letzte Wort. Es bleibt der »Schimmer«, die »Hoffnung« — »nur nicht für uns« (Brod 71).

In seinem einjährigen Prozeß, der, symbolisch genommen, ein lebenslanger Urteils-Prozeß ist, gelangt Josef K. nicht zu einer letzten Instanz: »Wo war das hohe Gericht, bis zu dem er nie gekommen war?« (P 272) Mithin bleibt auf immer unbestimmt, ob es sich bei den ›Delegierten‹ dieser imaginären Instanz um Repräsentanten der Macht oder womöglich doch der Gerechtigkeit handelt.[116]

Das »Gesetz« ist unerfindlich, sichtbar ist nur das ›Gesetz‹ der *Parteien-Kämpfe*. Das entspricht einem Machtbegriff, wie ihn Michel Foucault entwickelt hat; Macht ist ihm das Feld »vielfältiger Kraftverhältnisse«, wie sie sich »in den Produktionsapparaten, in den Familien, in den einzelnen Gruppen und Institutionen ausbilden und auswirken, als Basis für weitreichende und den gesamten Gesellschaftskörper durchlaufende Spaltungen dienen«.[117] Das Juridische erscheint dann als bloßer Endkomplex, als ein zunehmend von der Welt der extrajuridischen Normen verdrängter Komplex.[118] Keineswegs hat nach Foucault das Gesetz die Hegelsche Form der im »Allgemeinen« aufgehobenen Dialektik gegenseitiger Anerkennung, seine Agenten formieren nicht den »allgemeinen Stand«[119], Polizei und Rechtsaufsicht bilden nicht die »sichernde Macht des Allgemeinen«[120]. Gesetze und Normen sind vielmehr Funktionen der Macht. »Rechtszustände« sind auch nach Kafkas Aphorismus wie in Nietzsches GENEALOGIE DER MORAL »immer nur *Ausnahmezustände*«, »teilweise Restriktionen des eigentlichen Lebenswillens, der auf Macht aus ist«[121], d.h. Ausgleichszustände der vom »parteilichen« Begehren bestimmten Kräfteverhältnisse.

Rechtstheorie, Ethik (bzw. Handlungstheorie) und Sozialphilosophie[122] bilden darin eine Einheit, daß sie die Frage nach dem Gesetz als der Grammatik der konfliktrelevanten Handlungsnormen einer Sozietät stellen. Bezüglich der faktischen Normen nun ist es entscheidend, inwieweit sie aufgrund von Konsens, Anerkennung, Vertrag als gerechtfertigte und inwieweit sie aufgrund von Gewalt und Herrschaft als ungerechtfertigte eingerichtet wurden.[123] Die universalistisch-egalitäre Tendenz allen Rechts wird freilich pervertiert und von Grund auf in Frage gestellt dann, wenn in dieses ungerechtfertigte Normen — der Besitzverteilung, der ökonomischen Entscheidungsbefugnis, der Bildung, des Privilegiertseins — eingehen. Einen solchen Status des »Gesetzes« setzt Kafkas Aphorismus voraus, denn die urteilenden Parteien haben Handeln erst zu begründen und sind nicht in der Lage, sich auf ein allgemeines Regulativ beziehen zu können. Im Streit zweier Parteien entscheidet nach positivem, geltendem Recht der Dritte; aber er entscheidet, auf der Basis des oben Vorausgesetzten, einen unentscheidbaren Streit um Gerechtigkeit. Damit reduziert sich nach Kafka dieser Dritte auf eine »Partei«, und es resultiert ein Dezisionismus allein nach Maßgabe der Machtverhältnisse der streitenden Lager. Das ist auch Implikation des PROZESSES, des VERSCHOLLENEN, des SCHLOSSES, der STRAFKOLONIE. Aber Kafka läßt die Frage stets offen, ob sich nicht Momente von Rechtmäßigkeit innerhalb der faktischen Normen finden lassen: Ist die eklatant ungerecht erscheinende Entlassung Karl Roßmanns aus dem Hotel Occidental nicht doch irgendwie berechtigt aufgrund der Notwendigkeit der kollektiven Normierung der extrem arbeitsteiligen Gesellschaft? Nach der »Dienstordnung« der Lifts, die Karl vergessen hatte, hätte er sich telephonisch abmelden müssen vor seinem Weggang mit Robinson. (A 196) ›Vergebung‹ oder ›Gnade‹ indessen scheinen theologische und nicht politische Kategorien zu sein. Auch im SCHLOSS bleibt es im Dunkeln, ob K. nicht weiterkommt, weil die Macht seine Berufung zum Landvermesser widerruft oder weil K. diese Berufung nur fingiert hatte[124].

Auch wo es so etwas wie ein »Gesetz« als Kodex gibt — in der STRAFKOLONIE und im VERSCHOLLENEN, nicht jedoch im PROZESS und im SCHLOSS — wird die »Parteilichkeit« desselben, seine Ungerechtfertigtheit und Machtbestimmtheit, deutlich; allerdings, wie gesagt, kann diese »Parteilichkeit« niemals gänzlich zweifelsfrei erwiesen werden.

Der in gewissem Sinn paradoxe Begriff der »legitimen Herrschaft« bei Max Weber vermag, legt man das Gewicht mehr auf Herrschaft als auf Legitimität, in etwa zu umreißen, worum es Kafka geht. Diese »legitime Herrschaft« basiert auf einem Maß an Konsens und Zustimmung, obgleich sie doch auch ein Maß an Obödienz bzw. Gewaltsamkeit voraussetzt[125]; ihr gehört die »traditionale Herrschaft« kraft Gewohnheit nach dem Muster patriarchalischer und ständischer Abhängigkeit zu, die »charismatische Herrschaft« kraft persönlicher Ausstrahlung und entsprechender Unterwerfungsbereitschaft, letztlich auch die neuzeitliche »legale Herrschaft« kraft Abstimmung und Satzung. Auch die »legale« Herrschaft ist Herrschaft, und zwar aufgrund von — dem Legalisierungsprozess vorgängigen — charismatischen und traditionalen Momenten sowie aufgrund der Prinzipien der Oktroyierung (durch Minderheiten) und der Majorisierung (durch Mehrheiten).[126] Herrschaft, von »Macht« als durch Willkür definierter Gewaltsamkeit geschieden, ist demnach »legitim«, aber nicht gerechtfertigt, nicht frei von Gewalt. Kafka erkennt ihr nur einen »Schimmer« von Legitimität oder Rechtmäßigkeit zu.

Die Sentenz von der »Partei« ist, wie bei Kafka fast jedes Wort, metaphorisch zu nehmen; sie weist auf die politischen Parteien, aber auch und ganz besonders auf die privaten und intimen Händel. Dadurch erhält sie eine parabolische Weite, welche sie dem Rechtsbegriff der jüdischen »Thora« — wörtlich: nómos, Gesetz — annähert.[127] Die »Thora« umfaßt Juridisches und Ethisches, Religiöses und Privates; ihre »Weisungen« sind *nicht kodifizierbar*, daher umfaßt ihr Kommentar auch die *erzählenden* Teile der Haggada, welche den Rechtssätzen der Halacha beigesellt sind; der Thora-Kommentar führt zu weiteren Kommentaren aufgrund der Unkodifizierbarkeit des Rechts, wodurch sich ein Auslegungs*prozeß* formiert, welcher prinzipiell *unabschließbar* ist.[128] Kafkas Begriff des »Gesetzes« geht aus dieser Tradition hervor, nur werden aus den »Weisungen« der Thora weisungslose Sentenzen, ratlose Parabeln.

Das Weisungslose des Aphorismus über die »Parteien« und seine übers Juridische weit hinausgehende Metaphorik bestätigt folgende ihm im Manuskript vorausgehende gleichnisartige Reflexion:

> Das menschliche Urteil über menschliche Handlungen ist wahr und nichtig, nämlich zuerst wahr und dann nichtig.
>   Durch die Tür rechts dringen die Mitmenschen in ein Zimmer, in dem Familienrat gehalten wird, hören das letzte Wort des letzten Redners, nehmen es, strömen mit ihm durch die Tür links in die Welt und rufen ihr Urteil aus. Wahr ist das Urteil über das Wort, nichtig das Urteil an sich. Hätten sie endgültig wahr urteilen wollen, hätten sie für immer im Zimmer bleiben müssen, wären ein Teil das Familienrates geworden und dadurch allerdings wieder unfähig geworden zu urteilen. (H 86)

Die Richter also hätten »wirklich urteilen« gelernt, hätten indessen als Teile *(partes)* des Familienrates nicht mehr unparteiisch zu urteilen vermocht. Mit dem Kennenlernen der Geschichte der Familienmitglieder wären sie selbst dieser Geschichte integriert worden, mit dem Kennenlernen der Begehrungen derselben wären sie selbst Begehrende geworden. Das aber sind sie schon, wenn die Familie die Gesellschaft ist, d.h. wenn man davon ausgeht, daß die Metaphorik der Reflexion über die »Parteien« hier in inverser Form wiedererscheint, also Privates auch als Soziales zu verstehen ist.

Kafkas Parabel spricht, erzählend wie die Haggada, von der Nichtkodifizierbarkeit des Rechts, vom unabschließbaren Prozeß des Rechtens; ihr Rat — »Thora« heißt auch Rat, Weisung — demonstriert Ratlosigkeit. Die Meta-Ebene (des Richtens) erweist sich als Objekt-Ebene (des parteilichen Begehrens), der Dritte als »Partei«. Kafkas Reflexions-Bild kennt nur den »Kasus« als Sonderfall, nicht das »Beispiel« als exemplarischen Einzelfall.[129] Zwar ist von der Raschheit allen Urteilens exemplarisch-beispielhaft die Rede, aber jeder Fall gerät, nimmt man seine Geschichtlichkeit ernst, zum individuellen Kasus, welcher Generalisierbarkeit ausschließt. Das Paradoxe ist nun, daß der Prozeß des Erkennens der individuellen Situation *als solcher* in den Prozeß des Verkennens führt: das zeitlos-reine logische bzw. ethische Urteil der Vernunft verstrickt sich ins Netz historisch-kontingenter Mächte und Begehrungen.

Diese Infragestellung der Autonomie des Subjekts im sozialen Feld kehrt bei

Kafka wieder auf dem Feld der Selbst*beurteilung;* auch die Autonomie des Ich ist — wie bei Freud — von unbewußten Mächten unterminiert. Wir erinnern uns:

> Der Beobachter der Seele kann in die Seele nicht eindringen, wohl aber gibt es einen Randstrich, an dem er sich mit ihr berührt. Die Erkenntnis dieser Berührung ist, daß auch die Seele von sich selbst nicht weiß. Sie muß also unbekannt bleiben. Das wäre nur dann traurig, wenn es etwas anderes außer der Seele gäbe, aber es gibt nichts anderes. (H 93)

Das Urteil des Ich, der Instanz des Cogito, wird »parteilich«, ist den Kräften des Es und den Mächten des Über-Ich ausgesetzt, wird pervertiert durch Wunsch und Angst, welche das Erkennen dem Verkennen verbinden in den Formen der »Verleugnung« (der äußeren Wirklichkeit) und der »Verdrängung« (der inneren Wirklichkeit).[130] Einer der Grundgedanken J. Lacans könnte als Paraphrase der Kafkaschen Sentenz genommen werden: »ich denke, wo ich nicht bin, also bin ich, wo ich nicht denke.«[131] »Nicht jeder kann die Wahrheit sehn, aber sein« (H 94), heißt es dementsprechend im Anschluß an den Aphorismus über die Selbstbeobachtung. »Wahrheit« wird den Mächten und Begehrungen zuerkannt, welche vom Urteil, von der Reflexion gar nicht eingeholt werden können. Auf dem externen, sozialen Feld des Urteilens hat diese Denkfigur Kafkas eine Parallele: »man muß nicht alles für wahr halten, man muß es nur für notwendig halten« (P 264), belehrt der Geistliche im Dom Josef K. Dieses »Notwendige« ist das »Sein« der »Wahrheit«, welches nicht jeder zu »sehen« vermag, das »Sein« der transrechtlichen Kräfteverhältnisse. Das vermeintlich autonome »Subjekt« erfährt nur den »Schimmer einer Urteilsmöglichkeit«, dem es wie einem Irrlicht (H 73) nachjagt; es selbst ist Schnittpunkt von Parteiungen: von Kräfteverhältnissen, Machtdispositiven, Diskursstrategien. Jenes Phantasma der »Gerechtigkeit« wird in Kafkas Werk in dem Maße hartnäckig aufrechterhalten, wie es hartnäckig destruiert wird. Wenn auch das Recht — wie bei Nietzsche — als »Zurechtgemachtes« erscheint, gar als bloßes *Mittel* der Macht fungiert[132], es bleibt doch ein Hoffnungs-»Schimmer« an es geknüpft. Damit formiert sich einmal mehr eine paradoxe Konfiguration: ein Prinzip Hoffnung ohne Hoffnung, ein Prinzip Recht ohne ein Recht auf Recht, ein Prinzip »Urteil« ohne »Urteilsmöglichkeit«.

II. Die autochthone Macht (›Das Militär‹, ›Die Polizei‹, ›Die Prüfung‹)

> »Doch leider hat man bisher nie vernommen, daß
> etwas Recht war und dann war's auch so [...].«[133]

a) Militärs und Zivilisten

In einer der Skizzen aus dem Band HOCHZEITSVORBEREITUNGEN stellt Kafka — parabolisch-uneigentlich wie immer — den »Zivilisten« dem

»Militär« gegenüber, das Recht der Macht:

> Es kamen zwei Soldaten und ergriffen mich. Ich wehrte mich, aber sie hielten fest. Sie führten
> mich vor ihren Herrn, einen Offizier. Wie bunt war seine Uniform! Ich sagte: »Was wollt ihr
> denn von mir, ich bin ein Zivilist.« Der Offizier lächelte und sagte: »Du bist ein Zivilist, doch
> hindert uns das nicht, dich zu fassen. Das Militär hat Gewalt über alles.« (H 237)

Die Konstellation wiederholt jene der »Verhaftung« im PROZESS, wo Josef
K. sich den beiden Wächtern und dem Aufseher gegenübergestellt sieht. (P
9 ff.) Im Vertrauen darauf, daß die Macht (bzw. die Gewaltinstanz als ihr In-
strument) der Garant des Rechts und der Ordnung sei, hofft der »Zivilist« auf
seine Freilassung und glaubt, sich jegliche Gegen-Gewalt ersparen zu können.
Aber das »Militär« offenbart sich selbst als reine, sich selbst setzende Macht.
Der Übergriff entlarvt die Rechts-Illusionen des »Zivilisten«, wie der Putsch
die latenten, verborgenen Gewalten hinter zivilen Ordnungssystemen indirekt aufzudecken vermag. Die überraschende Selbstdefinition des Offiziers
»Das Militär hat Gewalt über alles« gibt dem Text freilich wieder jene spezifisch Kafkasche Form des Phantastischen und Pointierten, wodurch ihm natürlich seine Eigentlichkeit genommen wird. Mithin geht es nicht allein um
politische Gewalten, wie sie sich hinter traditionalen, charismatischen und legalen Herrschaftsformen verbergen mögen, sondern um all jene Mächte, die
im sozialen, ökonomischen, privaten und intimen Bereich auf den sozusagen
infantil Arglosen hereinbrechen, der auf den Schutz der Eltern und Älteren
vertraut. Jeder noch so minimale Sprechakt kann demnach einer Strategie der
Macht, des »Militärs«, entsprechen; der *miles* wird dem *civis* entgegengesetzt,
die Kategorie des Kampfes der der Gesetzestreue und Ordnungsliebe. Nietzsche hat die gleiche Konzeption in der GENEALOGIE DER MORAL artikuliert, nur polemisch-affirmativ statt wie Kafka betroffen: »*An sich* von
Recht und Unrecht reden entbehrt alles Sinns; *an sich* kann natürlich ein Verletzen, Vergewaltigen, Vernichten nichts ›Unrechtes‹sein, insofern das Leben
essentiell, nämlich in seinen Grundfunktionen verletzend, vergewaltigend, aus-
beutend, vernichtend fungiert und gar nicht gedacht werden kann ohne diesen
Charakter. Man muß sich noch etwas Bedenklicheres eingestehen: daß, vom
höchsten biologischen Standpunkt aus, Rechtszustände immer nur *Ausnahme-*
zustände sein dürfen«, »Mittel, *größere* Macht-Einheiten zu schaffen«[134]. »Gerechtigkeit« ist für Nietzsche der »gute Wille unter ungefähr Gleichmächtigen, sich miteinander abzufinden, sich durch einen Ausgleich wieder zu ›verständigen‹ — und, in bezug auf weniger Mächtige, diese unter sich zu einem
Ausgleich zu *zwingen«.*[135] Das »schlechte Gewissen« als Grundlage der Moral
ist ihm nur die Umkehrung dieses Willens zur Macht: Ressentiment und masochistische Autoaggression.[136] Alles Begehren gilt ihm als *maßlos,* wie es auch
der psychoanalytischen Archäologie des Unbewußten als maßlos und über alles Bedürfnis hinausgehend gilt. So leitet z.B. auch J. Lacan alle soziale Rivalität aus dem »Eifersuchtsdrama« ab, dem Eindringen des »Dritten« in die Dyade, und verweist auf die Rivalität der beiden Säuglings-Brüder bei Augustin
(*Confessiones* I, 7), für deren Begehren (désir) die durchaus gewährleistete Befriedigung des Bedürfnisses (besoin) *keinen* Ausschlag gebe.[137] Das Begehren
und die Kraft der Rivalität sind an sich grenzenlos.

Entsprechend steckt in Kafkas metaphorischer Parabel vom »Militär« auch etwas von der Überraschung dessen, der sich geborgen fühlt im Schutzbereich einer großen — familialen oder sozialen — Mutter, aber herausgefordert wird durch den Rivalen, dem die Gesetze der Bescheidung oder Bescheidenheit nichts bedeuten. Das Militär ist der »Dritte«, der Andere schlechthin. Wie dem »Zivilisten« ergeht es auch Josef K. bei der Verhaftung in der Pension der mütterlichen Frau Grubach.

Obgleich von den »Soldaten« und dem »Offizier« Gewalt ausgehen mag aufgrund symbolischer Momente (»Uniform«) und aufgrund einschüchternder Sprechakte (»Das Militär hat Gewalt über alles«), entscheiden letztlich doch die physischen Gewaltmittel: Der »Zivilist« wird festgehalten. Was hinter dem Gesetz als *ultima ratio* und als seine fundamentale Begründung steht, die Gewalt, läßt Kafka nackt als solche hervortreten. M. Foucault schreibt in einer seiner machttheoretischen Analysen: »Das Gesetz kann nicht unbewaffnet sein und seine hervorragendste Waffe ist der Tod. Denen, die es übertreten, antwortet es in letzter Instanz mit dieser absoluten Drohung. Hinter dem Gesetz steht immer das Schwert.«[138] Foucault scheidet allerdings die Kultur der Normen (das moderne System der Disziplinierung, Kontrolle, Ökonomisierung, Produktivitätsmaximierung) von der Welt des Gesetzes, des Juridischen. Aber für Kafka steht auch hinter den modernen Sozialtechniken, die — wie zu zeigen sein wird — Foucault zufolge das simple Machtmodell der Repression ersetzen[139], noch immer das »Schwert«. Symbole der Gewalt prägen das gesamte Oeuvre Kafkas. Am Beginn des VERSCHOLLENEN steht bekanntlich wie eine Allegorie die »Freiheitsgöttin« mit dem »Schwert« (A 9), der Kapitän trägt einen »Säbel«, der Onkel Jakob ein »Bambusstöckchen« (A 20). Der Vater der VERWANDLUNG ist mit einem »Stock« bewaffnet (ER 78), der Hauptmann der STRAFKOLONIE trägt eine »Reitpeitsche« (ER 119). Und doch genügen, wie wir sehen werden, Symbole (ER 358), Gesten (ER 363), Blicke (H 326) durchaus, Macht und reziprok Ohnmacht in Erscheinung treten zu lassen.

b) Rechtsphantasma und Polizei

In einer anderen parabolischen Reflexion illustriert Kafka das Verhältnis von »Zivilist« und »Militär« in der Form einer Umkehrung; hier ruft der Bürger nach der Staatsgewalt, nicht sie nach ihm:

> Alles, selbst das Gewöhnlichste, etwa das Bedientwerden in einem Restaurant, muß er sich erst mit Hilfe der Polizei erzwingen. Das nimmt dem Leben alle Behaglichkeit. (H 419)

Die zivile, bürgerliche Ordnung erweist sich als Machtverhältnis, bevor noch eine Gewaltinstanz ins Spiel der Kräfte eingriffe. Der Tausch — als die Basis der modernen Rechtsverhältnisse — versagt. Der Tausch, an sich schon nur scheinbar »gerechte« Operation an der Oberfläche der Gesellschaft, ein mystifizierender Schleier über den Disproportionen der Eigentumsverhältnisse[140], wird außer Kraft gesetzt, weil der Gast nicht ›mächtig‹ genug ist, ihn zu erzwingen. Geht die Verweigerung der Dienstleistung auf psychologische Signale zurück, die den Mangel an ›Macht‹ als Mangel an Selbstbewußtsein — ein Erbe des Ödipus-Komplexes — verraten? Oder auf Symbole, die einen bestimmten sozialen Status markieren? Auf rassische Merkmale? Es gibt wohl kaum einen Text Kafkas, in welchem die Konnotation der Exterritorialität des rechtlosen Juden — im Prag der Jahrhundertwende — nicht mit anklingen würde[141]. In jedem Fall eröffnet sich ein extrajuridischer Bereich der Macht, ein Feld ungeschriebener Gesetze. In illusionärer Weise auf die Rechts-Staatlichkeit und ihren juridischen Apparat vertrauend, beruft sich der Gast auf die Staatsgewalt, die ihm der Garant von Recht und Ordnung zu sein scheint. Seine Arglosigkeit ist gewissermaßen noch nicht durch jene Erfahrung beschädigt worden, welche der Erzähler in der Parabel über das »Militär« und den »Zivilisten« zu machen genötigt war. Es ist die Frage, ob sich die Staatsgewalt nicht der »Partei« des Restaurant-Besitzers anschlösse. Jedenfalls ist das »muß« des ersten Satzes wohl nicht indikativisch und iterativ zu lesen, sondern konjunktivisch. Das Begehren des Gastes bleibt unerfüllt, und zwar weil die »Polizei« — anders als das »Militär im Paralleltext — *nicht* eingreift und auch darin sich »parteiisch« zeigt. Sollte das »muß« allerdings tatsächlich indikativisch gemeint sein, dann bewiese das Notwendigsein solch aufwendiger Operationen die gleiche Parteilichkeit: Gegenüber den ungeschriebenen Gesetzen sind das Juridische und die Staatsgewalt ohnmächtig bzw. ›absichtlich‹ ohnmächtig. Auch das »zivile« Leben erweist sich als von Machtbeziehungen und Kräfteverhältnissen bestimmt. Die witzige Übertreibung (»Polizei«) und die lakonische Untertreibung (»Das nimmt dem Leben alle Behaglichkeit«) freilich lassen wieder die metaphorische Qualität des Reflexions-Bildes hervortreten. Es geht ganz allgemein um eine ›Schwäche‹ des dargestellten Subjekts, ein Angewiesensein auf fremde Hilfe. Daher ergeht der Hilferuf nach einem Dritten, nach »Fürsprechern« (ER 369 f.), daher aktualisiert der ›Schwache‹ sein Gerechtigkeits-Phantasma. Die dargestellte Situation zielt auf die kleinsten Bestandteile im Geflecht von Machtverhältnissen, auf die »Mikrophysik der Macht«[142] — in Sprechakten, Gesten, Symbolen. Nicht mehr nur das »Militär« erweist sich als autochthone Macht, auch das »zivile« Leben erscheint als Feld reziproker Machtverhältnisse. Nicht zuletzt ist der Mangel, die Schwäche des dargestellten Subjekts auch psychologisch bestimmt. Die Genese dieses Mangels kennen wir aus dem BRIEF AN DEN VATER, der vom Eintausch des »Selbstvertrauens« gegen das »grenzenlose Schuldbewußtsein« spricht (H 196). Eine Macht hat sich reziprok als Ohnmacht auf die Landkarte der Psyche projiziert und wirft nun ihr Bild auf die externe Wirklichkeit zurück. Der Ruf nach der »Polizei« ist auch der Ruf nach einem Vater zum Schutze vor einem Vater.

Das extrajuridische und, noch enger gefaßt, das psychologische Dickicht erlaubt der Macht, sich unsichtbar zu machen; ihre Mikrophysik wird minutiös, undurchsichtig, unbewußt. Ihr »Durchsetzungserfolg« aber entspricht, wie M. Foucault schrieb, diesem ihrem »Vermögen, ihre Mechanismen zu verbergen«.[143]

Der VERSCHOLLENE, der von einer ›Unrechtmäßigkeit‹ zur andern, von einer ›Gerichtsverhandlung‹ zur nächsten führt, ist geeignet, das extrajuridische Terrain, von dem der Text über das »Bedientwerden« spricht, zu verdeutlichen. In der ersten ›Verhandlung‹, die den Konflikt zwischen dem Heizer und Schubal austrägt und das Schicksal Karl Roßmanns vorwegnehmend spiegelt, bestimmt die unsichere und konfuse Rede des Heizers das Urteil des Richters: »Er redete sich allerdings in Schweiß, die Papiere auf dem Fenster konnte er längst mit seinen zitternden Händen nicht mehr halten; aus allen Himmelsrichtungen strömten ihm Klagen über Schubal zu, von denen seiner Meinung nach jede einzelne genügt hätte, diesen Schubal vollständig zu begraben, aber was er dem Kapitän vorzeigen konnte, war nur ein trauriges Durcheinanderstrudeln aller insgesamt.« (A 25 f.) Die sozial und psychologisch bedingten Unsicherheiten und Schwächen entscheiden den Rechtsstreit, die mächtigere »Partei« fällt das Urteil dezisionistisch. Karl Roßmann aber, der zu Hilfe gerufene Dritte, schlägt sich auf die Seite des Rechtskartells, bestehend aus Kapitän, Unternehmer Jakob, Oberkassier und Beamten der Hafenbehörde. Aber er wird später selbst — ebenfalls auf der Basis ungeschriebener Gesetze — vom Speditionsunternehmer, seinem Onkel, ›verurteilt‹ und verstoßen werden.

c) Die Prüfung: extrajuridische Mächte

In einem weiteren Text der HOCHZEITSVORBEREITUNGEN genügt ein Blick, eine Frage, die Instanz der Macht zu konstituieren bzw. Unterwerfungsbereitschaft zu evozieren:

»Nun also?« sagte der Herr, sah mich lächelnd an und rückte an seiner Krawatte. Ich konnte den Blick aushalten, wandte mich dann aber aus freiem Willen ein wenig zur Seite und schaute in die Tischfläche mit immer angestrengteren Augen, als öffne und vertiefe sich dort eine Höhlung und ziehe den Blick hinab. Dabei sagte ich: »Sie wollen mich prüfen, haben aber noch keine Berechtigung hiezu nachgewiesen.« Nun lachte er laut: »Meine Berechtigung ist meine Existenz, meine Berechtigung ist mein Dasitzen, meine Berechtigung ist meine Frage, meine Berechtigung ist, daß Sie mich verstehn.« »Wohl«, sagte ich, »nehmen wir an, es sei so.« »Dann werde ich Sie also prüfen«, sagte er, »nur ersuche ich Sie, mit Ihrem Sessel ein wenig zurückzuziehn, Sie beengen mich hier. Auch bitte ich, nicht abwärts zu schauen, sondern mir in die Augen. Vielleicht ist es mir wichtiger, Sie zu sehn, als Ihre Antworten zu hören.« Als ich ihm entsprochen hatte, begann er: »Wer bin ich?« »Mein Prüfer«, sagte ich. »Gewiß«, sagte er. »Was bin ich noch?« »Mein Onkel«, sagte ich. »Ihr Onkel«, rief er, »was für eine tolle Antwort.« »Mein Onkel«, sagte ich bekräftigend. »Nichts Besseres.« (H 249 f.)

Daß sich die Augen des Erzählers an die Tischfläche fixieren, daß er in (unbewußter) Unterwerfungsbereitschaft auf das vorgeschlagene Spiel, den Prüfungs-Diskurs, eingeht, ihn womöglich erst durch seine Hypothese »Sie wollen mich prüfen« provoziert, das bestätigt, daß hier eine »Verleugnung« im psychoanalytischen Sinn am Werk ist, wenn der Ich-Erzähler behauptet, seinen »freien Willen« zu betätigen und den Blick des andern »auszuhalten«. Die Instanz der Macht scheint sich nur auf der Basis der Unsicherheit des Anderen etablieren zu können. Entscheidend aber ist auch, daß sie das Spiel beginnt und dies in der Form der Fragestellung. Die Kommunikationstheorie hat indessen gezeigt, daß die »Interpunktion« von Diskursen ein relevanter Machtfaktor auf dem Feld der Sprache sein kann[144], daß performative Sprechakte — wie die Frage einer ist — entscheidende Faktoren im Handeln mit Worten sind[145]. Vom Sprechakt »Frage« und der Initiation des Gesprächs geht — eben weil der andere »versteht« und nicht anders kann — ein Zwang aus. Eine »Mikrophysik« der Macht hätte in Diskursstrategien und Sprechakt-Formen einen ihrer wesentlichen Gegenstände. Der Ich-Erzähler freilich weiß dieser Macht (zunächst) nicht zu entgegnen; erst am Ende des Textes verweigert er sich der Prüfung mit einer absurden Wendung: »Mein Onkel«. Damit geschieht etwas, was den Helden Kafkas nur im Ausnahmefall gelingt und wofür der Widerstand Odradeks dagegen, beurteilt und definiert zu werden, ein exemplarisches Modell abgibt (ER 157 f.).[146]

Die Machtinstanz weiß offenbar über ihre Seinsweise genauestens Bescheid: auf Legitimitätsprobleme geht sie nicht ein. »Sie wollen mich prüfen, haben aber noch keine Berechtigung hiezu nachgewiesen«, hatte naiv, formalistisch und vom Phantasma der Rechtsstaatlichkeit bestimmt der Ich-Erzähler gefragt, ganz wie der legalistisch denkende, von Demokratie-Illusionen geleitete Josef K. im PROZESS: »Hier sind meine Legitimationspapiere, zeigen Sie mir jetzt die Ihrigen und vor allem den Verhaftbefehl.« (P 14) Beide Figuren sind indessen den Prüfungs-Instanzen von Anfang an ›verhaftet‹; weshalb ließ sich der Erzähler auf »Frage« und »Prüfung« ein? Wie im Reflexions-Bild vom »Militär« und dem »Zivilisten« zeigt sich die Macht als selbstgesetzte Macht, versteht »Berechtigung« als *fait accompli* und nicht als Gerechtfertigtheit, d.h. konsentierte Legitimität. Seine Berechtigung liege in seiner bloßen »Existenz«, so äußert der »Prüfer« tautologisch und selbstsicher. Diese Selbstsicherheit der Macht ist der Gegenpol zur Unsicherheit bzw. zum Rechtfertigungszwang so vieler Kafkascher ›Helden‹. Dadurch, daß sich hier 1. »Existenz« und nicht »militärische« Gewalt als Daseinsgrund der Macht behauptet, wird der *Andere schlechthin* zur Machtinstanz, was dann auch jener sozialisationstheoretische Text »Jeder Mensch ist eigentümlich [...]« (H 227 ff.), auf den wir noch eingehen, explizit ausspricht. Und dadurch, daß hier 2. der in seiner Existenz Sichere dem in seinem Sein Verunsicherten gegenübergestellt wird und nicht der »miles« dem »civis«, eröffnet sich auch die innere, psychologische Dimension der Macht. Es ist das »schlechte Gewissen«[147] im transmoralischen und weitesten Sinne des Wortes, welches der Macht Existenz verleiht. Freud hatte den sozialen Gehorsam, den Rechtfertigungszwang, das Schuldgefühl, das schlechte Gewissen als intrapsychische Zensurinstanzen aus dem ödipalen Drama abgeleitet.[148] Diese Disposition, äußere sie sich auch nur in einem Moment des Zögerns, veranlaßt den Ich-Erzähler, auf die »Prüfung« einzugehen. Dieses »schlechte Gewissen« ist ein Mittel der Macht und, soweit das ödipale Drama selbst durch makrosoziale Strukturen determiniert ist, ein Produkt der Macht.

Die *Prüfung* ist in M. Foucaults Analyse der Macht in ÜBERWACHEN UND STRAFEN ein zentrales Verfahren der Überwachung, Kontrolle, Nivellierung und Vernützlichung in der modernen Disziplinargesellschaft, welche die Norm gegen das Gesetz stellt, die Nutzbarmachung der Subjekte gegen Repression, Abstrafung und Vernichtung.[149] »Die Prüfung kombiniert die Techniken der überwachenden Hierarchie mit denjenigen der normierenden Sanktion. Sie ist ein normierender Blick, eine qualifizierende, klassifizierende und bestrafende Überwachung [...]. In ihr verknüpfen sich das Zeremoniell der Macht und die Formalität des Experiments, die Entfaltung der Stärke und die Ermittlung der Wahrheit«. Kafkas Prüfungsdarstellungen und »Verhörsituationen«[150], seien sie auch zumeist höchst symbolisch, metaphorisch konzipiert, weisen auf diese Erfahrung und implizieren durchaus jenen aufs Extrajuridische sich richtenden Machtbegriff, wie ihn Foucault entwickelt. Die Prüfung (A 50 ff.), der Karl Roßmann durch seinen Onkel unterworfen wird, welcher skeptisch sein müßiges Auf-dem-Balkon-Stehen überwacht, sein Spiel mit dem Schreibtischregulator, seine Klavierübungen, seinen Aufenthalt im Landhaus des Herrn Pollunder — bis er ihn schließlich verstößt, auch jenes Verhör im Hotel Occidental (A 209 ff.), wo Karl gegen die Liftordnung verstoßen hat, sie entsprechen aufs genaueste dem Begriff der Disziplinarmacht. Auch die metaphorisch zu lesenden Verhörsituationen in PROZESS und SCHLOSS weisen noch auf ihn, wenngleich hier deutlich die Frage auftaucht, ob sie nicht schon Allegorien paranoischer Überwachungsängste, also schon verinnerlichter Kontrollen darstellen.

Der Kafkasche Machtbegriff rechtfertigt einen Blick auf Foucaults »Mikrophysik der Macht«, seine »politische Anatomie« bzw. »Ökonomie« der Körper und Seelen in ÜBERWACHEN UND STRAFEN und SEXUALITÄT UND WAHRHEIT.[151] Foucault geht es darum, die Macht, verstanden als »Vielfältigkeit von Kraftverhältnissen«[152], zu denken »ohne den König«[153]. Der »simplen Maschinerie«, die repressive Macht und Begehren einander gegenüberstelle, statt sie ineinander aufzulösen[154], stellt er die vielfältigsten, polygenealogischen, transversalen Machtprozeduren gegenüber. Universale Kontrolle — ihr Zentrum ist das die Marter des vorbürgerlichen Strafrechts ablösende produktiv fungierende Gefängnis — konstituiert ein Feld der Macht, welches als extrajuridisches die Welt des Gesetzes auflöst.[155] Disziplinierung, Kontrolle, Qualifizierung, Ökonomisierung, Symbolisierung, Normalisierung, Sozialisierung usw. heißen die modernen Prozeduren, die in Familien, Schulen, Kliniken, psychiatrischen Anstalten, Fabriken, Kasernen und Gefängnissen entwickelt werden und die ihnen entsprechenden psychologischen, pädagogischen, medizinischen, ökonomischen Diskurse produzieren.

Die Macht, ehemals Instanz der Abschöpfung, der Entziehung von Produkten, Gütern, Diensten, Blut und Leben, habe sich tiefgreifend transformiert: »Die ›Abschöpfung‹ tendiert dazu, nicht mehr ihre Hauptform zu sein, sondern nur noch ein Element unter anderen Elementen, die an der Anreizung, Verstärkung, Kontrolle, Überwachung, Steigerung und Organisation der unterworfenen Kräfte arbeiten: diese Macht ist dazu bestimmt, Kräfte hervorzubringen [...]«.[156] Das Repressions-Modell ist außer Kraft gesetzt: »Die Machtbeziehungen verhalten sich zu anderen Typen von Verhältnissen (ökonomischen Prozessen, Erkenntnisrelationen, sexuellen Beziehungen) nicht als etwas Äußeres, sondern sind ihnen immanent.«[157] Die Überwachungs- und Disziplinierungsgesellschaft ist zwar hierarchisch strukturiert, aber eine definierbare Gewaltinstanz ist in ihr nicht auszumachen. Die Kontrolle »wirkt wie ein Beziehungsnetz von oben nach unten und bis zu einem gewissen Grad auch von unten nach oben und nach den Seiten. Dieses Netz ›hält‹ das Ganze und durchsetzt es mit Machtwirkungen, die sich gegenseitig stützen: pausenlos überwachte Überwacher. In der hierarchisierten Überwachung der Disziplinen ist die Macht keine Sache, die man innehat, kein Eigentum, das man überträgt, sondern eine Maschinerie, die funktioniert. Zwar gibt ihr der pyramidenförmige Aufbau einen ›Chef‹; aber es ist der gesamte Apparat, der ›Macht‹ produziert [...].«[158]

Kafka, unter »allen Dichtern« der »größte Experte der Macht«[159], stellt eben solche — übers Juridische, über direkte Herrschafts- und Knechtschaftsverhältnisse oder Repressionen hinausgehende — Machtprozeduren dar und reflektiert auch theoretisch über sie: Der »dicke Mann im Zylinderhut«, wie ihn George Grosz gemalt hatte, »sitzt den Armen im Nacken. Das ist richtig. Der dicke Mann ist aber der Kapitalismus, und das ist nicht mehr ganz richtig. Der dicke Mann beherrscht den armen Mann im Rahmen eines bestimmten Systems. Er ist aber nicht das System selbst. Er ist nicht einmal sein Beherrscher. Im Gegenteil: der dicke Mann trägt auch Fesseln, die in dem Bild nicht dargestellt sind [...]. Der Kapitalismus ist ein System von Abhängigkeiten, die von innen nach außen, von außen nach innen, von oben nach unten und von unten nach oben gehen. Alles ist abhängig, alles ist gefesselt. Kapitalismus ist ein Zustand der Welt und der Seele.« (J 205 f.) Die »Kuriere«, heißt es in einer Skizze der HOCHZEITSVORBEREITUNGEN, »jagen durch die Welt und rufen, da es keine Könige gibt, einander selbst die sinnlos gewordenen Meldungen zu«. (H 90) Ein Gesetz, das im Namen des Königs für alle gelten würde, gibt es nicht mehr.[160] Aber es bleibt bei Kafka trotz der Auflösung der Idee der direkten Repression die Drohung mit dem »Schwert« erhalten; seine Texte bewegen sich zwischen den beiden Polen »König« und »Kurier«, »Militär« und »Zivilist«. Jederzeit kann aus der »Prüfung« eine »Verhaftung« werden.

III. Die Macht und Ödipus (Das eingeschriebene Gesetz)

Eine andere Skizze aus den Notizbüchern Kafkas stellt die Anekdote vom »Zivilisten und dem Militär« auf den Kopf:

> Es saßen zwei Männer an einem roh gezimmerten Tisch. Eine flackernde Petroleumlampe hing über ihnen. Es war weit von meiner Heimat.
> »Ich bin in euerer Hand«, sagte ich.
> »Nein«, sagte der eine Mann, der sich sehr aufrecht hielt und die linke Hand in seinen Vollbart gekrampft hatte, »du bist frei und dadurch bist du verloren.«
> »Ich kann also gehn?« fragte ich.
> »Ja«, sagte der Mann und flüsterte seinem Nachbar etwas zu [...]. (H 253)

Wie im SCHLOSS als dem Kontrapost zum PROZESS geht hier die Aktivität vom Helden aus und nicht von der Gegenwelt. »Es ist der alte Scherz: Wir halten die Welt und klagen, daß sie uns hält.« (H 114) Nicht schlägt Freiheit um in Unfreiheit, sondern Unfreiheit in Freiheit (vgl. S 157). Indessen scheinen die beiden Männer auf etwas zu vertrauen, das man mit Nietzsche das

»schlechte Gewissen«[161], mit Freud das »Schuldgefühl«[162], mit N. Elias den »Selbstzwang«[163] nennen könnte. Offenbar bauen die beiden auf eine ›innere Verhaftung‹, wie wir sie auch im PROZESS finden, wo allerdings äußere Gewalten die inneren aktualisieren. Aber immerhin heißt es dort parallel zum oben Zitierten: »Sie sind verhaftet, gewiß, aber das soll Sie nicht hindern, Ihren Beruf zu erfüllen. Sie sollen auch in ihrer gewöhnlichen Lebensweise nicht gehindert sein.« (P 24 f.) Ähnliches äußert der Kaplan im Dom: »Das Gericht will nichts von dir. Es nimmt dich auf, wenn du kommst, und es entläßt dich, wenn du gehst.« (P 265) Die beiden Männer setzen also den Ich-Erzähler seinem eigenen Imaginären aus, seinen Projektionen. Dieses Imaginäre übernimmt offenbar — als das nachwirkende Relikt des Spiegelstadiums und des ödipalen Dramas, als das »Gewesende«, wie Lacan mit Heidegger sagt[164] — Verhaftung, Anschuldigung, Urteil und Hinrichtung. Der Freie ist gefesselter als der Gefangene (H 361), der »Sklave« ist »freier« als der »Freie« (H 113). Bezeichnenderweise kann der Erzähler das »Flüstern« der Männer nicht verstehen, d.h., die Sprache — das Symbolische — setzt aus für ihn, aber gerade die Tatsache, *daß* gesprochen wird, nötigt ihn zu Projektionen. Damit ist skizziert, in welchem Maße die Macht auf ›Ödipus‹ und die intrapsychischen Dispositionen rechnen kann.

In einer Parallele zur Parabel VOR DEM GESETZ ereignet sich etwas ganz Ähnliches:

> Ich überlief den ersten Wächter. Nachträglich erschrak ich, lief wieder zurück und sagte dem Wächter: »Ich bin hier durchgelaufen, während du abgewendet warst.« Der Wächter sah vor sich hin und schwieg. »Ich hätte es wohl nicht tun sollen«, sagte ich. Der Wächter schwieg noch immer. »Bedeutet dein Schweigen die Erlaubnis zu passieren?« ... (H 359)

Das Schweigen des Wächters bildet (wie das eines Psychoanalytikers) die leere Leinwand, die Projektionsfläche, auf welche sich das Imaginäre zu projizieren vermag. Am Durchgehen hindert den Erzähler nur sein eigenes Inneres. Der Wächter schweigt; nicht der reale Andere, sondern der internalisierte Andere spricht: »L'inconscient, c'est le discours de l'Autre«.[165] Die Parabel legt die Vermutung nahe, daß auch in VOR DEM GESETZ das Tabu des eigens für den Mann vom Lande eingerichteten und für ihn »offensteh[enden]« Eingangs (P 256) dessen Innerem entstammt. (Allerdings haben wir es dort mit einer Verdichtung von inneren und äußeren Gewalten, einem ›Zirkel von Drinnen und Draußen‹ zu tun.)

Auch eine zweite Variante zur Türhüter-Legende führt zu dieser Vermutung. Ein Landgeistlicher kommt zum Eingang eines Hauses, der von zwei Männern bewacht wird, welche den Geistlichen auf später vertrösten. Dieser wendet sich ab, »da bekommt er einen Einfall und kehrt wieder zurück«. »Ob die Herren denn eigentlich wüßten, zu wem er gehen wolle? Zu seiner Schwester Rebekka Zoufal, einer alten Dame, die mit ihrer Bedienerin im zweiten Stock wohnt.« (H 322 f.) Er erhält Einlaß, und die beiden Wächter gehen weg. »Sollten sie nur seinetwegen dagestanden haben?«, fragt sich der Geistliche. Das Ich begegnet also — wie im Text über die »Prüfung« — der Macht offensiv, besinnt sich auf seine eigene ›Macht‹ und gewinnt. Die Tatsache, daß die Wächter weggehen, legt andererseits auch die Konnotation nahe, sie selbst seien nur verlebendigte, allegorisierte Projektions-Figuren. Der innere Feind wird besiegt, und die Erzählung verkehrt sich in eine Komödie; ein ›Zufall‹ in Kafkas Werk.

Kafka notierte einmal: »Ich stand niemals unter dem Druck einer andern Verantwortung als jener, welche das Dasein, der Blick, das Urteil anderer Menschen mir auferlegten.« (H 303) Dieser Satz könnte genausogut in seiner Umkehrung dastehen: Niemals stand ich unter dem Druck einer andern Verantwortung als jener, welche mein eigenes Urteil mir auferlegte. Wir kennen Korrespondierendes: »Ich kann meiner Natur nach nur ein Mandat übernehmen, das niemand mir gegeben hat.« (H 302) »Wir halten die Welt und klagen, daß sie uns hält.« (H 114) »Das Gericht will nichts von dir.« (P 265) Die Gefängnisse sind offen. (B 292, H 345, H 362) Die Mauer aus »Rosinentrauben« ist nur »öde« aufgrund innerer Erwartungen. (H 331 f.)

Doch Kafka beschreibt auch die Gegenbewegung: Die Phantasie des sich selbst peitschenden Tieres ist erzeugt durch einen »neuen Knoten im Peitschenriemen des Herrn.« (H 42) Also ist wieder alles Tun vom »Urteil anderer Menschen« abhängig. Es handelt sich hier aber nur um zwei Perspektiven ein und derselben Sache; Kafka umschließt sie oft genug in der Figur des ›Zirkels von Innen und Außen‹. Der Andere stammt aus dem Ich. Das Ich aber ist ein Anderer. Die Grenze zwischen Ich und Anderem hebt Kafka immer wieder auf. Wo aber beginnt dergleichen gespaltenes ›Subjektsein‹?

Die Genese des Subjektseins hat Kafka biographisch, aber durchaus universalisierbar im BRIEF AN DEN VATER und im Text »Jeder Mensch ist eigentümlich [...]« (H 227 ff.) skizziert, wenngleich es sich hier wohl bereits um (die ›Urszene‹ variierende) Deckerinnerungen handelt. Im BRIEF erfährt die Ödipus-Situation ihre spezifische Ausprägung durch die »Gesetze« und »Urteile« des Vaters (H 170, 173). Alle »Gedanken« des Sohnes sind »von Anfang an belastet« mit dem »absprechenden Urteil« des Vaters. (H 170) »Ich verlernte das Reden«, heißt es einmal (H 175), und das könnte als Bild der ›symbolischen Kastration‹ genommen werden. »Deine Drohung: ›kein Wort der Widerrede!‹ und die dazu erhobene Hand begleiten mich schon seit jeher. Ich bekam vor Dir — Du bist, sobald es um Deine Dinge geht, ein ausgezeichneter Redner — eine stockende, stotternde Art des Sprechens [...]« (H 175). Was Kafka im folgenden einander entgegensetzt: Stärke und Schwäche, Stimmkraft und Schüchternheit, Gesundheit und Kränklichkeit, Selbstvertrauen und Schuldbewußtsein, Selbstzufriedenheit und Selbstentwertung, Weltüberlegenheit und Unterlegenheitsgefühl, Sicherheit und Schamgefühl bzw. Angst, Reinheit und Schmutz, Sexualbejahung und Ekel, sie gehören dem ödipalen Drama zu, welches die Aufgabe hat, das Subjekt über Repression (Bildung des Über-Ich) und Identifikation (Bildung des Ich-Ideals) ins Realitätsprinzip einzuführen, in die »symbolische Ordnung« der Familienstruktur und der sozialen Normen. Der folgende Satz Kafkas trifft daher den Kern der Sache: »Ich hatte vor Dir das Selbstvertrauen verloren, dafür ein grenzenloses Schuldbewußtsein eingetauscht.« (H 196) Gibt man diesem »Schuldbewußtsein« die Bandbreite von Moralismus bis Masochismus, dann trifft der Satz mehr als ein individuelles Schicksal, trifft etwas Symptomatisches, wenn nicht weitgehend

Universelles. Das gilt auch für das Mißlingen der Identifikation und Ich-Ideal-Bildung: Der Autor fühlt sich auch noch vom Ich-Ideal, das eigentlich die identifikatorische Bewältigung des Ödipus-Komplexes bewerkstelligen sollte, erdrückt. Das korrespondiert dem »sozialen Verfall der Vaterimago«, bedingt in extremen Effekten des »Sozialfortschritts« — »ökonomischer Konzentration, politischen Katastrophen« —, auf welche Lacan die »zeitgenössische Neurose« zurückführte.[166] Die Person des Vaters erscheine heute »irgendwie mangelnd, abwesend, erniedrigt, gespalten oder unecht«. »Dieser Mangel führt nach unserer Konzeption des Ödipus dazu, daß der Elan der Instinkte versiegt und die Dialektik der Sublimation stagniert.«[167] Die moderne Narzißmus-Debatte bestätigt diesen Befund von 1938.[168] Es kommt so auch zu einer Spaltung von symbolischem und realem Vater im Bewußtsein des Sohnes, welche indes die Effekte der ursprünglichen Vaterimago nicht mehr aufzuheben in der Lage ist. Das starke Über-Ich und das frühe Ich-Ideal bleiben bestehen; die weitere Identifikation mit den Vätern wird verweigert[169]. Auch Kafka verweigert sich dem »Gesetz«: Er gründet keine Familie wie der Vater (H 208 ff.), bleibt »Junggeselle« und als solcher »außerhalb des Gesetzes« (T 22), er übernimmt nicht das Geschäft des Vaters, verweigert sich den Zielen des emporstrebenden Kleinbürgertums.

Kafka entschuldigt aber den Vater (H 163, 164), er kennt die Geschichte des Vaters (H 183) und die soziale Abhängigkeit des sich emporarbeitenden jüdischen Kleinwarenhändlers[170]. Daher kann man in seinen Werken, wie Deleuze und Guattari schreiben, »hinter dem familiären Dreieck« noch »andere, sehr viel aktivere Dreiecke, aus denen die Familie selbst ihre Kraft schöpft, ihren Auftrag, Unterwerfung zu propagieren, [...]« entdecken.[171] Kafka scheint zu wissen, daß Ödipus ein »Endkomplex« ist[172], d.h., daß das »grenzenlose Schuldbewußtsein«, das über den Vater vermittelt wird, sozialen Ursprungs ist. Die symbolische »Kastration«, die »unendliche Schuld«, das »schlechte Gewissen«, so schreiben Deleuze und Guattari, werde Kafka zufolge vom Vater nur weitergereicht.[173]

Es ist demnach so, daß der »Herr«, der das »Tier« peitscht (H 42), selbst nur »Tier« ist. Zweimal führt der Weg von außen nach innen, dann aber führt er wieder nach außen, und zwar über die Projektionen, welche nun in der Regel — anders als in jenem Text, wo die Wächter von der Bildfläche verschwinden (H 322 f.) — auf ihnen Kongruentes treffen, also wieder auf ihre Ursprünge stoßen. Was das Ich für das Seine hält, ist ein Anderes und kehrt — im *Zirkel* — zu diesem zurück. Daher rührt wohl auch jene Ambivalenz von Anklage und zugleich Entschuldigung im BRIEF AN DEN VATER: Das Ich des Vaters ist selbst ein Anderer, wird aber zugleich zum Subjekt, das sich zu verantworten hat, erklärt.

Der ›Freudomarxismus‹ — bei Reich, Horkheimer, Fromm, Adorno, Marcuse, Dahmer, Lorenzer, Deleuze und Guattari, Mendel, Ziehe usw. — hat das skizzierte Problem zu einem seiner Hauptthemen gemacht.[174] Die Verschränkung von Recht, Macht und Begehren in der Konzeption dieser Arbeit, von Sozialem und Psychologischem, hat seine Begründung in Kafkas Ineinanderbildung dieser Sphären und der faktischen gegenseitigen Durchdringung derselben in der Erfahrungswirklichkeit. Th.W. Adornos soziopsychoanalytische Aufsätze skizzieren die hier zugrundeliegende Fragestellung: »Trotz der Disparatheit von Psychologie und Gesellschaft, die tendenziell sich stets mehr voneinander entfernen, erstreckt sich doch in alles Psychologische hinein die Gesellschaft als verdrängende, als Zensur und Überich.«

»Was einer abstrakten Ansicht vom Individuum als das Leichtere erscheint, dem Instinkt nachzugeben, ist konkret gesellschaftlich das Schwerere, weil es von der Gesellschaft geahndet wird und heute eben die Kraft voraussetzt, die gerade dem irrational Handelnden abgeht. Es und Überich gehen die Verbindung ein, die schon die Theorie visierte, und genau dort, wo die Massen instinkthaft handeln, sind sie durch Zensur präformiert und haben den Segen der Macht.«[175] Da der Weg aber auch umgekehrt vom »Ödipuskomplex« zum »autoritären Charakter« und seinen politischen Dimensionen führt[176], formiert sich ein ›Zirkel von Drinnen und Draußen‹, als dessen Begründung wir nun eine sozialpsychologische bzw. soziopsychoanalytische Bewegung anzugeben in der Lage sind.

In exemplarischer Weise verschränkt Kafka in der VERWANDLUNG Drinnen und Draußen, Ödipus und Gesellschaft, darin nämlich, daß Gregor Samsas Käfer-Werden eines vor dem Vater und zugleich vor dem »Prokuristen« seiner Firma ist (ER 69 ff.); ihr wie dem Vater gegenüber ist Gregor ›Schuldner‹. Der »Chef« der Firma hat nämlich »Forderungen« an den Vater bzw. die Eltern (ER 71), Gregor aber arbeitet deshalb, weil der die »Schuld der Eltern« an den Chef abzuzahlen genötigt bzw. gewillt ist (ER 65). So wird die »Schuld des Vaters gegenüber dem Chef« (ER 86) zu seiner ›Schuld‹. Diese Konfiguration Kafkas bringt es also mit sich, daß die ›Schuld‹ des Sohnes gegenüber dem Vater zur sozialen wird; was Gregor der Gesellschaft ›schuldet‹, ist eine ›Schuld‹ dem Vater gegenüber (der seinerseits der Gesellschaft gegenüber ›Schuldner‹ ist), und was Gregor dem Vater ›schuldet‹, wird zur sozialen ›Schuld‹ (welche ihrerseits schon beim Vater eingeklagt wurde und sich an den Sohn vererbt hat). Das Käfer-Werden erscheint mithin als — freilich prekäre — Flucht vor Ödipalisierung und Culpabilisierung. Der moralisch-psychologische Sinn von »Schuld«, der hier nur als verborgenes Konnotat anwesend ist, wird im Wort-Spiel an seine etymologische Herkunft, den ökonomisch-sozialen Sinn der »Schuld« gebunden.[177] Das Schuldgefühl hat alle Gewalt in sich aufgenommen, das »Schwert« ist überflüssig, es bedarf keines Übergriffs des »Militärs« auf den »Zivilisten«. Daher ist in der Parabel von den »Kurieren« (H 89 f.), dem Gegenstück zu der vom »Militär« (H 237), kein »König« vorhanden. »Gerne würden sie ihrem elenden Leben ein Ende machen«, heißt es dort von den Kurieren, »aber sie wagen es nicht wegen des Diensteides.«

Neben dem BRIEF AN DEN VATER gibt der Text »Jeder Mensch ist eigentümlich [...]« (H 227 ff.) Aufschluß über Kafkas Sozialisation; die geschilderte Urszene (bzw. das Deckbild einer Urszene) entwirft indessen wieder ein Modell zeitgenössischer Sozialisation überhaupt, beschreibt die Entstehung modernen »Selbstzwanges«. Kafka setzt hier Familie und Gesellschaft in eins; das »Gesetz« des Vaters (H 173) ist auch soziales Gesetz, das (absprechende)

»Urteil« des Vaters (H 170) ist soziales Urteil. Damit entwirft Kafka eine universelle Dialektik, eine — freilich stagnierende — Dialektik von Individuum und Sozietät, von »Eigentümlichkeit« und »Allgemeinheit«.

»Jeder Mensch ist eigentümlich und kraft seiner Eigentümlichkeit berufen zu wirken, er muß aber an seiner Eigentümlichkeit Geschmack finden. Soweit ich es erfahren habe, arbeitete man sowohl in der Schule als auch zu Hause darauf hin, die Eigentümlichkeit zu verwischen.« (H 227 f.) Als Beispiel gilt das Lesen in der Nacht: »Das war meine Eigentümlichkeit. Man unterdrückte sie [...]; zur Erklärung sagte man: Alle gehen schlafen, also mußt auch du schlafen gehn.« Aber es blieb ein »Stachel, den keine Berufung auf die Allgemeinheit auch nur abstumpfen konnte«. In dieser nivellierenden Erziehung sieht der Sohn ein »Aburteilen«, eine Negation seiner »Eigentümlichkeit«. (H 229) »Die Hauptsache aber war, daß ich die Verurteilung, die meine Eigentümlichkeit des langen Lesens erfahren hatte, nun mit eigenen Mitteln auf die verborgen gehaltene Eigentümlichkeit der Pflichtversäumnis weiterführte [ein schon vorhandenes Schuldgefühl wird also nun vertieft] und dadurch zu dem niederdrückendsten Ergebnis kam. Es war so, wie wenn jemand mit einer Rute, die keinen Schmerz verursachen soll, nur zur Warnung berührt wird, er aber nimmt das Flechtwerk auseinander, zieht die einzelnen Rutenspitzen in sich und beginnt nach eigenem Plan sein Inneres zu stechen und zu kratzen [...]«. (H 230) Der Prozeß der Verinnerlichung des »Gesetzes«, des »Urteils« vollzieht sich, wiederholt sich. Die Art der Metaphorik begegnet uns wieder im Bild des sich peitschenden »Tiers« (H 42) und in der Szene von der Annäherung an die Geliebte, welche verhindert wird durch den Kreis von »Lanzen«, die den Liebenden umgeben (H 252).

Die scheiternde Vermittlung von Eigentümlichkeit und Allgemeinheit, die sozusagen *a priori* pervertierte Vermittlung von Besonderem und Allgemeinem hinterläßt »Haß« (H 229), hinterläßt Aggressionen, welche sich nach außen wie nach innen wenden. Die »Folge des Vorzeigens einer Eigentümlichkeit« war nämlich die, »daß ich entweder den Unterdrücker haßte oder die Eigentümlichkeit als nicht vorhanden erkannte [...]. Hielt ich aber eine Eigentümlichkeit verborgen, dann war die Folge die, daß ich mich oder mein Schicksal haßte, mich für schlecht und verdammt ansah.« (H 230) Schließlich genügt die allerkleinste »verborgene Eigentümlichkeit«, bei »aller sonstigen Anpassung« das Gefühl der Entfremdung heraufzubeschwören. (H 231) Dieser Entwurf einer unversöhnlichen, quasi ontologischen Dialektik von Ich und Anderem läßt es dann erklärlich erscheinen, daß in so vielen Werken Kafkas das familiale »Urteil« mit dem sozialen sich verbindet, daß das zwischenmenschliche Urteilen, Beurteilen, Aburteilen mit dem juridischen Urteilen, daß Ödipus mit sozialer Herrschaft verknüpft wird und daß in den so konfigurierten Verdichtungen *der eine Aspekt zur Metapher des anderen* zu werden vermag.[178]

IV. Das offene Gefängnis

Zur Gerichts-Metaphorik Kafkas gehört auch das Bild des »Gefängnisses«, was angesichts der allenthalben implizierten Rechts- und Machtbegriffe nicht verwundert. Wie Kafka Anklage- und Urteils-Prozesse nicht trennt von Strafen, so scheidet er auch nicht das Innere des Gefängnisses vom Draußen des ›Freiseins‹; Urteils-Prozeß und prozessuale Strafe werden in eins gesetzt wie Gefangenschaft und soziales Sein. Mit diesen Verdichtungen reflektiert Kafka eine Kultur des Selbstzwanges und der Antizipation, identifiziert er Manifestes und Latentes, Oberflächen- und Tiefenstruktur. Das Bild des Gefängnisses nähert sich zuweilen sogar einer ontologischen Seinsmetapher; es gehört zu den zentralen Motiven Kafkas wie das der Anklage, des Urteils, der Strafe, des Kampfes, des stehenden Laufschrittes, der Dunkelheit.[179]

Die Befreiung aus dem Gefängnis, welche dem Affen Rotpeter im BERICHT FÜR EINE AKADEMIE gelingt, indem er Mensch wird, führt nur in ein neues ›Gefängnis‹, begründet durch Anpassung und Rollenzwang, Mimesis und Mimikry.[180] »Alles ist abhängig, alles ist gefesselt.« (J 205 f.) Es gibt sozusagen nur die Wahl zwischen einem engeren und einem weiteren Kerker. Wörtlich genommen, ist das »Gefängnis« der Verwahrort des Gesetzesbrechers, der Garant des Gesetzes. Im übertragenen Sinne weist es auf die innere ›Gefangenschaft‹, die den Gesetzesgehorsam begründet. Für Kafka ist beides nur Ausdruck der manifest bzw. institutionell gewordenen *Macht des Anderen,* dies allerdings in einer ambivalenten Weise insofern, als diese Macht sowohl ein Maß an konsentierter Herrschaft umfaßt wie auch gewaltsame Herrschaft über andere einschließt.

Gefangensein ist ein »Zustand der Welt und der Seele« (J 206). Daher ist auch die im BERICHT vorgeführte ›Gefangenschaft‹ wieder mitgeprägt durch den Ödipus-Komplex, was die ontogenetisch wie phylogenetisch zu verstehende Parabel von der Gefangennahme Rotpeters darin zum Ausdruck bringt, daß der Schuß, der den Affen um die (vermeintliche) Freiheit bringt, ihn »unterhalb der Hüfte« trifft (ER 167)[181]; der Erwerb der sozialen Rollen wird notwendig aufgrund dieses Schusses. Repression führt zu Identifikation; der Erwerb der Sprache, die Integration in die »symbolische Ordnung«, geht Hand in Hand mit Mannbarkeitsritualen, mit »Schnapstrinken« und »Pfeiferauchen« (ER 171). Der Affe fügt sich in die Menschenwelt; als Variété-Künstler mit der »Durchschnittsbildung eines Europäers« (ER 174) wird er in ihr geduldet. Vom »Affentum« — der Freiheit des Naturstandes — aber heißt es: »An der Ferse kitzelt es jeden, der hier auf Erden geht: den kleinen Schimpansen wie den großen Achilles.« (ER 167) Ob die ins Dasein ›Geworfenen‹ die Freiheit allerdings jemals kannten, ist ungewiß: die »Erinnerungen« haben sich dem Affen verschlossen (ER 166), die eigentliche »Erinnerung« beginnt erst nach der Gefangennahme, nach den Schüssen der ›Urszene‹ (ER 168).

Nach M. Foucaults Theoremen über Macht und Recht löst in der Geschichte des Strafrechts am Beginn der bürgerlichen Ära das Gefängnis — als Haftanstalt — die Marter ab, die an Produktivität orientierte Einheitsstrafe die individuell codierten Körperstrafen.[182] Das »Wesentliche der Strafe, welche die Richter auferlegen, besteht nicht in der Bestrafung, sondern in dem Versuch zu bessern, zu erziehen, zu ›heilen‹«.[183] Die Vernützlichung, Ausschöpfung, Bildung, Beschriftung, Normierung des Individuums, seine Sozialisierung, medizinische Überwachung und Psychiatrisierung stehen an erster Stelle. Dies bestimmt aber zunehmend alle Bereiche der Kontroll- und Disziplinargesellschaft; das *Gefängnis* ist Foucault zufolge ihr Zentrum, ihr Symptom, ihre Metapher. Mit dem Übergang von der Marter, der Guillotine zur ›Besserungsanstalt‹ wird das Gesetz ersetzt durch die Norm, das Extrajuridische: »Funktion und Rechtfertigung der Kriminaljustiz liegen heute nur mehr in diesem ständigen Bezug auf etwas anderes als sie selber, in ihrer ständig erneuerten Integration in nichtrechtliche Systeme.«[184]

Das Gefängnis unterscheidet sich also — im Prinzip — nicht von dem, was extern in Familie, Schule, Kaserne, Fabrik und psychiatrischer Anstalt geschieht. Genau deshalb kann es auch bei Kafka zur Metapher sozialer Verhältnisse werden. Das Gefängnis ist ›offen‹, offen fürs Draußen; aber das Gefängnis und das Draußen schließen sich zusammen zu *einem* Raum. Das konnotieren Kafkas Gefängnis-Parabeln:

> Es war keine Gefängniszelle, denn die vierte Wand war völlig frei. Die Vorstellung allerdings, daß auch diese Wand vermauert sein oder werden könnte, war entsetzlich, denn dann war ich bei dem Ausmaß des Raumes, der ein Meter tief war und nur wenig höher als ich, in einem aufrechten steinernen Sarg. Nur vorläufig war sie nicht vermauert, ich konnte die Hände frei hinausstrecken und, wenn ich mich an einer eisernen Klammer festhielt, die oben in der Decke stak, konnte ich auch den Kopf vorsichtig hinausbeugen, vorsichtig allerdings, denn ich wußte nicht, in welcher Höhe über dem Erdboden sich meine Zelle befand. Sie schien sehr hoch zu liegen, wenigstens sah ich in der Tiefe nichts als grauen Dunst, wie auch übrigens rechts und links und in der Ferne, nur nach der Höhe hin schien er sich ein wenig zu lichten. Es war eine Aussicht, wie man sie an einem trüben Tag auf einem Turm haben könnte [...]
>
> In der Zelle, die sonst ganz leer war und kahle Mauern hatte, waren hinten zwei Löcher im Boden. Das Loch in der einen Ecke schien für die Notdurft bestimmt, vor dem Loch in der andern Ecke lag ein Stück Brot und ein zugeschraubtes kleines Holzfäßchen mit Wasser, dort also wurde mir die Nahrung hereingesteckt. (H 345 f.)

Das Gefängnis ist offen, der Gefangene ist frei; frei, sich dem System anzupassen. Deshalb gibt es kein Draußen mehr; die Fluchtmöglichkeit ist Schein, wie wir im Kapitel über den ›Zirkel von Innen und Außen‹ bzw. von ›Subjektsein und Objektsein‹ schon sahen. Die Distanz der Zelle zum »Erdboden« bleibt daher unbestimmt. Im »aufrechten steinernen Sarg« herrscht jedenfalls bereits — wie im »Wächterhäuschen« als einem »aufrechten Sarg« (H 338) — der Tod: Restriktion, Einschränkung, Verdrängung. Das Bild von der Zelle ist — wie das von der Barriere der »Stirn« (H 153) — auch als Allegorie des inneren Selbstzwangs zu lesen: vielleicht berührt die Zelle den Erdboden. Doch dies änderte nichts, die Freiheit ist Schein, der Gefangene würde zurückkehren, wie in einer anderen Gefängnis-Parabel angedeutet wird (H 361); oder die Freilassung kam zu spät, der Selbstzwang hat sich zu sehr verfestigt: »Das Ich ist ja nichts anderes als ein Käfig der Vergangenheit« (J 87). Die Zweideutigkeit des Paradoxons: ›offene Zelle‹ wiederholt sich in der Unbestimmtheit der Distanz zum »Erdboden«. So bleibt dem Gefangenen nichts als der Leer-

lauf der nackten Selbsterhaltung, was festgehalten wird im Bild der aufs Not-
dürftigste eingeschränkten Existenz, deren Inventar hier ganz ans Universum
Samuel Becketts erinnert.[185]

In der anderen Gefängnis-Allegorie (H 360 ff.) spielen die »Kerkermeister«
Karten in der Zelle. »Ist das dann eigentlich noch eine Zelle, wenn sie selbst
den Kerkermeistern genügt?«, fragt sich der Gefangene (H 362). Das simple
Repressions-Modell ist aufgehoben, die Opposition zwischen Kerkermeistern
und Gefangenen weitgehend in Frage gestellt. »Alles« scheint »abhängig« zu
sein, alles »gefesselt« im System der Abhängigkeiten, die »von innen nach außen, von außen nach innen, von oben nach unten und von unten nach oben
gehen«. (J 205 f.) Die Allegorie ist der Reflex eines Systems »überwachter
Überwacher«[186]. Während der mitgefangene »gewesene Hauptmann«, überzeugt davon, gerettet zu werden, sich die Frage der Wünschbarkeit der Rettung unermüdlich vorlegt, negiert sie sein Zellengenosse: »›Nein, die Rettung
ist nicht zu wünschen.‹ Ich will keine allgemeinen Gesetze aufstellen, das ist
Sache der Kerkermeister. Ich rede nur von mir. Und was mich betrifft, so habe ich es in der Freiheit, der gleichen Freiheit, die jetzt unsere Rettung werden
soll, kaum ertragen können oder wirklich nicht ertragen, denn jetzt sitze ich
ja in der Zelle. Allerdings nach der Zelle habe ich nicht eigentlich gestrebt,
sondern nur fort im allgemeinen, vielleicht nach einem andern Stern, zunächst
nach einem andern Stern.« (H 361) Obgleich die Zelle Bild der Sozietät überhaupt ist, wird sie nun zum Gefängnis im engeren Sinne, als habe der ›Delin-
quent‹ die »Freiheit« nicht zu meistern gewußt; aber auch dies ist metaphorisch zu verstehen: *Selbsteinschränkung* scheint sinnvoller zu sein als »freie«
Selbstverwirklichung, die zu Kollisionen mit der Realität führt; das Begehren
und Aufbegehren in der »Freiheit« scheint aufreibender zu sein als Verdrängung, Ich-Einschränkung und vorwegnehmender Verzicht. »Meine Gefängniszelle — meine Festung« (H 421), heißt es, wie schon erwähnt, an anderer Stelle. Das Verhältnis von Gefängnis und Freiheit hat sich verkehrt, dies aber
doch nur deshalb, weil der Internierte die Zwänge des Externen antizipiert.
Die Bewegung, die im BERICHT FÜR EINE AKADEMIE beschrieben wird,
erscheint hier spiegelverkehrt wieder. Mit dem Aufschub des Lebens hält der
Tod Einzug in den »aufrechten Sarg«. Thanatos überwältigt Eros, wenn selbst-
mörderisch der Einzelne die Selbsteinschränkung freiwillig an sich vollzieht.
Der »kategorische Imperativ, den das Über-Ich durchsetzt, bleibt ein Imperativ der Selbstzerstörung, während er die soziale Existenz der Persönlichkeit
aufbaut. Die Verdrängungsarbeit betrifft sowohl den Todes- wie den Lebenstrieb. Normalerweise ist ihre Verbindung eine gesunde, aber die fortgesetzte
Strenge des Über-Ich bedroht dauernd dieses gesunde Gleichgewicht [...]. Zum
Äußersten getrieben, kann in der Melancholie ›eine Reinkultur des Todestriebes‹ im Über-Ich das Szepter schwingen [...]«[187]. Kafkas Melancholie ist, auch
wenn sie nur als individuelle Pathologie genommen wird, Ausdruck mißlungener Rechtsverhältnisse, Reflex einer scheiternden Dialektik. Das Getto, im
wörtlichen wie im übertragenen Sinn, ist ihr Symptom.

2. Teil: Überleitung
Zwei Mythen des Unbewußten

A. Der ewige Sündenfall und das verlorene Paradies

»Adam fastete 130 Jahre.«[188]

»Das erste Haustier Adams nach der Vertreibung aus dem Paradies war die Schlange.« (H 96) Dieser Aphorismus Kafkas — im Stil der Haggada und der rabbinischen Tradition — macht aus dem Mythos vom Sündenfall ein literarisches Spiel und bleibt zugleich dem Mythos sehr nahe, da er seine Symbolik keineswegs aufhellt und überschreitet und seine Inhalte wie historische Realitäten behandelt. Kafkas ›Neo-Mythen‹ sind zwar durch die Reflexion gegangen, sind psychologisiert worden, haben den Status des Eigentlich- und Geglaubtseins abgestreift, aber sie führen zurück in die hermetische Symbolik, ins ›absolute‹ Gleichnis des antiken Mythos. Nur »andeutende« (H 45) Hinweise auf das, was hier metaphorisiert und psychologisiert wurde, sind Kafkas Variationen des Sündenfall-Mythos[189] zu entnehmen: »Es bedurfte der Vermittlung der Schlange: Das Böse kann den Menschen verführen, aber nicht Mensch werden.« (H 91) Dieser exegetische[190] und zugleich im Sinnbildlichen verbleibende Satz deutet an, daß nur ein *geringes* Maß an Unzulänglichkeit oder Schuld im Zusammenhang mit der Verführung durch die Macht *äußerer Umstände* zum Verlust der paradiesischen Unschuld führte; genau dies inszenieren auch Kafkas Plots bzw. Fabeln vom geringfügigen Vergehen und der übermäßigen Strafe, zuvorderst die des VERSCHOLLENEN mit den ›Verführungen‹ durch Johanna Brummer (A 38), Pollunder und Klara (A 101 ff.) sowie Robinson (A 182 ff.).

Das Entscheidende am mythischen Aphorismus über »Adams Haustier« aber ist, daß er das Ereignishafte, Historische, Aitiologische des Mythos ins Strukturale zurückführt, welchem dieser entspringt[191], d.h. den Sündenfall erklärt als permanente Wiederholung, als Zuständlichkeit, ähnlich wie Lévi-Strauss den Mythos als ein Modell begreift, in welchem temporalisierte Analogien und Oppositionen die atemporale Matrix einer kulturellen Ordnung spiegeln.[192] Dies wird auch in anderen Variationen des »Sündenfalls« deutlich[193]:

> Die Vertreibung aus dem Paradies ist in ihrem Hauptteil ewig: Es ist also zwar die Vertreibung aus dem Paradies endgültig, das Leben in der Welt unausweichlich, die Ewigkeit des Vorganges aber (oder zeitlich ausgedrückt: die ewige Wiederholung des Vorgangs) macht es trotzdem möglich, daß wir nicht nur dauernd im Paradiese bleiben könnten, sondern tatsächlich dort dauernd sind, gleichgültig ob wir es hier wissen oder nicht. (H 94)

Der schon zur Erzählung modifizierte biblische Mythos (1. Mose 3) hatte in aitiologischer Form Naturstand und Kultur, paradiesische Freiheit und Arbeit, Gehorsam und autonomes Handeln, Unschuld und Sexualität, Unsterblichkeit und Sterblichkeit, Unwissenheit und Erkennen, Nacktheit und Bekleidetsein, Unbefangenheit und Schuld bzw. Scham einander entgegengesetzt. Ähnlich wie im Hesiodschen Prometheus-Pandora-Mythos hatte diese Konfiguration der realen Erfahrung der Mühsal der Arbeit, der Sterblichkeit, der Scham usw. durch oppositionelle Mytheme Ausdruck verschafft. Kafka lokalisiert diese Erfahrungen in sich immer aufs neue wiederholenden Momenten der Ontogenese. Welche Implikationen der vieldeutigen Mythe aber will er realisiert wissen?

Kafka scheint das *Urmodell* seiner *juridischen Sequenzen,* die von einer geringfügigen oder nicht vorhandenen Schuld zur Strafe führen, in dieser ambivalenten Mythe entdeckt zu haben, welche das ›Gestraft-‹ und ›Verurteiltsein‹ (das offenbar mit Herrschaft, Arbeit und Sexualität vermittelt ist) einer *Schuld* entstammen läßt, die von der Vernunft doch nur als durch Macht oder durch phylogenetische bzw. ontogenetische Notwendigkeiten *erzeugte* ›Schuld‹ begriffen werden kann. Daher gibt es im Grunde kein »Böses«, daher kann das »Böse« nicht »Mensch werden«, daher ist auch das Tabu des Baums der Erkenntnis »unbegründet«:

> Wüten Gottes gegen die Menschenfamilie.
> Die zwei Bäume,
> das unbegründete Verbot,
> die Bestrafung aller (Schlange, Frau und Mann)
> [...] (T 502)

Um Schuld im Kontext eines Verstoßes gegen ethische Prinzipien kann es bei Adam, der das Wissen — wie Prometheus das Feuer — in die kulturelle Welt trägt, nicht gehen; weder begründet Jahwe sein Tabu bzw. sein Gehorsamkeitsgebot, noch wäre die Verweigerung der Autonomie — Kultur, Wissen, Ehe — überhaupt begründbar. Daher schreibt Kafka auch: »Wir sind nicht nur deshalb sündig, weil wir vom Baum der Erkenntnis gegessen haben, sondern auch deshalb, weil wir vom Baum des Lebens noch nicht gegessen haben. Sündig ist der Stand, in dem wir uns befinden, unabhängig von Schuld.« (H 101) Nicht um *begründete Schuld,* sondern um ein Schuldgefühl geht es, das Kafka wie der biblische Mythos — paradox — an einem Schuldspruch, einem Urteil festmacht.[194] Die Paradoxie lautet im biographischen Kontext folgendermaßen: »Freilich komme ich auch hier zur ›Schuld‹, denn warum wollte ich aus der Welt hinaus? Weil ›er‹ mich in der Welt, in seiner Welt nicht leben ließ.« (T 564) Eine ödipal-familiale oder eine soziale Schuldzuschreibung begründen offenbar das (transmoralische) Schuldempfinden. Kultureller Autonomieanspruch, Erkenntnis und Begehren[195] aber sind unhintergehbar und irreversibel, ein Zurück in den »Gehorsam« des Naturstandes, ins Paradies, zum »Baum des Lebens« ist unmöglich; es geht um eine »Hoffnung«, die »nicht für uns« (Brod 71) gilt, eine elegische Erinnerung an unwiederbringlich Verlorenes, wie in der DIALEKTIK DER AUFKLÄRUNG um eine ans Vorgeschichtliche[196]. Der Übergang von Natur in Kultur, ontogenetisch wiederholt im Übergang zum Realitätsprinzip, das Begehren, Arbeit und Erkennen installiert und reguliert, ist vom Menschen nicht zu verantworten: »Die Vertreibung aus dem Paradies war [...] keine Tat, sondern ein Geschehen.« (H 106)

Neben dem Motiv der Unbegründetheit des Tabus und dem des schuldlos Schuldigwerdens assoziiert Kafka mit dem »Sündenfall« das Erkenntnis- und Sterblichkeitsproblem:

> Gott sagte, daß Adam am Tage, da er vom Baume der Erkenntnis essen werde, sterben müsse. Nach Gott sollte die augenblickliche Folge des Essens vom Baume der Erkenntnis der Tod sein, nach der Schlange (wenigstens konnte man sie dahin verstehn) die göttliche Gleichwerdung. Beides war in ähnlicher Weise unrichtig. Die Menschen starben nicht, sondern wurden sterblich, sie wurden nicht Gott gleich, aber erhielten eine unentbehrliche Fähigkeit, es zu werden. Beides war auch in ähnlicher Weise richtig. Nicht der Mensch starb, aber der paradiesische Mensch, sie wurden nicht Gott, aber das göttliche Erkennen. (H 101 f.)

Auch Gerhard von Rad weist in seinem Genesis-Kommentar aus theologischer Sicht darauf hin, daß Adam nicht »wie« Jahwe, sondern nur »göttergleich« wurde durch seine nun erworbene »Autonomie« (der »größten Bürde seines Lebens«), sein Erkennen von Gut und Böse, sein Wissen um »Heilsames« und »Schädliches«[197]; auch nach von Rad wurde die Todesdrohung (1. Mose 2,7) nicht wahr gemacht; selbst die Sterblichkeit sei für Adam nicht neu, nur deren Erkenntnis: »Der Mensch erfährt jetzt von diesem Ende, es wird in sein Bewußtsein gerückt und er muß von diesem Wissen sein ganzes Leben überschatten lassen.«[198] Die Sterblichkeit wird erst zur solchen durch ihr Wahrgenommen- und Gedachtwerden, welches verknüpft ist mit der Erkenntnisfähigkeit überhaupt.

Das gewonnene Erkenntnisvermögen ist nach Kafka ambivalent: »›Wenn ---, mußt du sterben‹, bedeutet: Die Erkenntnis ist beides. Stufe zum ewigen Leben und Hindernis vor ihm [...]«. (H 105) Erkenntnis ist dem Verkennen eng verbunden: »Seit dem Sündenfall sind wir in der Fähigkeit zur Erkenntnis des Guten und Bösen im Wesentlichen gleich [...]«, aber die »Kraft«, »ihr gemäß zu handeln«, ist uns nicht mitgegeben; daher fälschen wir die Erkenntnis durch die »Motivationen« und dadurch, daß wir »die Erkenntnis erst zum Ziel« machen. (H 102 f.) Rationalisierung und List verbinden sich der Aufklärung. Von »Wahrheit« — der »Wahrheit des Ruhenden«, dargestellt im »Baum des Lebens« (H 109) — ist diese Erkenntnis unterschieden. Dem stets unzulänglichen Erkennen steht die Wahrheit des Paradieses des Unbewußten gegenüber wie das »Reden« dem »Sein«, wie das »Reden«, das nur »dort möglich ist, wo man lügen will« (H 343), dem »Sein«, das »Glauben heißt« und heißt: »das Unzerstörbare in sich befreien« (H 89).[199] »Es gibt nur zweierlei: Wahrheit und Lüge. Wahrheit ist unteilbar, kann sich also selbst nicht erkennen; wer sie erkennen will, muß Lüge sein.« (H 99) S. Buhr kommt in ihrer Exegese der Sündenfall-Mythen (»Negativität der Erkenntnis im Werk Franz Kafkas«) daher zu folgendem Resultat: »Erkenntnis ist nur möglich im Zustand des vom Orte der Wahrheit Vertriebenseins.«[200] Wahrheit ist vom Wissen abgetrennt wie das Unbewußte von den Rationalisierungen des Bewußten.

Erkennen und Verkennen, Erkennen und Wissen um die Sterblichkeit, unbegründete Strafe und schuldloses Schuldigwerden haben für Kafka indessen auch etwas mit der Scham zu tun, von welcher der Mythos um Adam und Eva handelt. »Furcht und Scham sind fortan die unheilbaren Stigmata des Sündenfalls am Menschen«, konstatiert Gerhard von Rad[201]; aber er bezieht dies allein auf eine theologische Schuld vor Gott, obgleich er auch erwähnt, daß das hebräische Wort für »erkennen« — das im Zusammenhang mit der Erkenntnis der »Nacktheit« fällt — »vertrautwerden mit« bedeutet und sexuelle Konnotationen impliziert.[202] Wenn Kafka vom »allgemeinen Rippenwunder« und der »daraus hervorgehenden Vertreibung« spricht (Br 212), dann stellt er dasjenige, was im Mythos vielleicht nur eine Nebenbedeutung ausmachte, den Verlust der Unschuld, den Ursprung des Begehrens, in sein Zentrum. Die Verführung wäre dann nicht nur eine zur Erkenntnis, sondern auch eine zur Erkenntnis der Geschlechts-Differenz, damit eine zur Scham, dem Signal eines Tabus, welches der »Vertreibung« identisch wäre.

Dazu passen zwei — bereits zitierte — Reflexionen: »Das Verführungsmittel dieser Welt sowie das Zeichen der Bürgschaft dafür, daß diese Welt nur ein Übergang ist, ist das gleiche. Mit Recht, denn nur so kann uns diese Welt verführen und es entspricht der Wahrheit. Das Schlimmste ist aber, daß wir nach geglückter Verführung die Bürgschaft vergessen und so eigentlich das Gute uns ins Böse, der Blick der Frau in ihr Bett gelockt hat.« (H 118f.) »Die sinnliche Liebe täuscht über die himmlische hinweg; allein könnte sie es nicht, aber da sie das Element der himmlischen Liebe unbewußt in sich hat, kann sie es.« (H 98) Die »Schlange« ist zum »Haustier« Adams geworden; Eva verführt durch die Erinnerung ans Paradies, sie führt vom »Reinen« ins »Unreine« (M 183). Die Frage ist indessen, ob dieses Unreine nicht nur unrein ist aufgrund eines Tabus, eines Verbotes, welches die Scham überhaupt erst errichtet! Unschuld und Scham-losigkeit konnten ja allein aufgrund einer Strafandrohung und Diskriminierung durch einen Mächtigen, einen ersten Gesetzgeber oder Urvater in Schuld und Scham verkehrt werden; seither sind sie allerdings als im »Namen des Vaters« verhängt unhintergehbar.[203]

Kafka hat dem Mythos also die Motive der Erkenntnis der Geschlechtsdifferenz, der Scham, der Erkenntnis überhaupt, der Sterblichkeit, der schuldlosen Schuld und der Unbegründetheit des Verbotes zuerkannt; besonders das letzte Moment bringt aber die Verfahren der »Umdeutung« und »Ironie« ins Spiel, die nach B. Allemann alle Mythosbearbeitungen Kafkas auszeichnen[204] — DAS SCHWEIGEN DER SIRENEN, PROMETHEUS, POSEIDON, ›FAMILIENBAD‹ (H 304), DIE WAHRHEIT ÜBER SANCHO PANSA u.ä. Den Mythos »real und wörtlich« nehmend, kombiniere Kafka das »Literarisch-Fiktive mit dem Mythischen und dem Historisch-Faktischen«[205]. Gegenüber dem SCHWEIGEN DER SIRENEN aber sind Kafkas Sündenfall-Variationen nur in Maßen spielerisch und ironisch.

Verdeutlichen wir uns nochmals, was an der mythischen Erzählung des Jahwisten von Kafka auf seine und die moderne Erfahrung appliziert wird. Das erste Buch Mose (2,4—25) berichtet von der Schöpfung des Menschen und des Paradieses mit dem »Baum des Lebens« und dem »Baum der Erkenntnis«.[206] Das Tabu des letzteren ist verbunden mit der Drohung: »des Tages, da du davon issest, mußt du des Todes sterben«. Aus den Rippen des Mannes wird die Frau bzw. ›Männin‹ geschaffen: »Das ist nun endlich Bein von meinem Bein und Fleisch von meinem Fleisch. Diese wird man (iššā) Weib nennen, weil sie vom (iš) Mann genommen ist.‹ Darum wird ein Mann seinen Vater und seine

Mutter verlassen und seinem Weibe anhangen, und sie werden zu einem Fleisch.« Der »Sündenfall« (3,1—24) läßt die Schlange die Gottgleichheit des Menschen prophezeien und die Todesdrohung Gottes in Zweifel ziehen. »Und das Weib sah, daß von dem Baume gut zu essen wäre und daß er lieblich anzusehen sei, und begehrenswert, um klug zu werden; da nahm sie von seiner Frucht und aß und gab auch ihrem Manne neben ihr, und er aß.« Erst die lateinische Tradition macht aus der »Frucht« den »Apfel« *(malum)*. Die gewonnene Erkenntnisfähigkeit wird nun unmittelbar auf die Geschlechtdifferenz bezogen: »Da gingen den beiden die Augen auf, und sie erkannten, daß sie nackt waren. Da flochten sie Eichenlaub zusammen und machten sich Schürzen.« Adam und Eva verbergen ihre Scham und verstecken sich vor Jahwe; Schuldgefühl und Scham verraten Gott, daß eine Verletzung des Tabus, des Gesetzes des ›Vaters‹ bzw. des ›Herrn‹ des Gartens stattgefunden hat: »Wer hat dir gesagt, daß du nackt bist? Hast du von dem Baum gegessen, von dem zu essen ich dir verboten habe?« Gottes Strafe macht das Weib, dessen Name Chawwa (Leben) ist, zur Ehefrau und Mutter: »Ich will dir viel Beschwerden machen in deiner Schwangerschaft, unter Schmerzen sollst du Kinder gebären. Nach deinem Manne soll dein Verlangen sein, aber er soll dich beherrschen!« Die Strafe des Mannes ist die Arbeit: »verflucht sei der Erdboden um deinetwillen, mühsam sollst du dich von ihm nähren, solange du lebst.« Aus dem angedrohten Tode wird die durch die Mühsal der Arbeit permanent nahegelegte Mahnung an die Sterblichkeit: »Im Schweiße deines Angesichts sollst du dein Brot essen, bis du zum Erdboden zurückkehrst, von dem du genommen bist; denn Staub bist du und zum Staub sollst du zurückkehren.«

Der Mythos verdichtet ein Herrschafts-Knechtschaftsverhältnis mit einem Vater-Kind-Verhältnis; die »Unbegründetheit« ihrer Gesetze stellte Kafka durch eine quasi ideologiekritische Umdeutung des intendierten Sinnes heraus. ›Schuld‹ und ›Strafe‹ haben — wie im PROMETHEUS (ER 351f.) — nichts mit einem rationalen Erkennen *ethisch-begründeter* Gesetze zu tun. Darin ähnelt in der Tat auch der biblische Mythos den griechischen Mythen von der Auflehnung gegen die Väter; man denke an Kronos, der seinen Vater Uranos mit einer Sichel entmannt, an Prometheus, der den Göttern das Feuer, an Tantalos, der ihnen Nektar und Ambrosia stiehlt, an den Frevler Sisyphos und den Vatermörder Ödipus. Der von Lévi-Strauss inspirierte Altphilologe J.P. Vernant schreibt dazu: »Ces ressemblances entre la théogonie grecque et le mythe babylonien de la Création ne sont pas fortuites.«[207] Die Mykenische Königs- und Palastkultur sei nämlich nach dem Muster der altorientalischen Reiche gebildet. In ihnen werde das *patriarchalische* System auf den *Staat* übertragen und erscheine in strengen Herrschaftsformen wieder, was sich in den »mythes de souveraineté« spiegele.[208] Diese reale Überlagerung bzw. ihre mythische Umschreibung mußte Kafka als ein Modell, das Familie und Gesellschaft zusammenzudenken erlaubt, gelegen kommen.

Der Griff nach dem Privileg des Wissens, dem Eigentum des Besitzers und Herrn von Eden, verrät einen Erfahrungshintergrund sozialer Natur; daß dieses Wissen aber mit dem Verlust kindlicher Unschuld einhergeht und mit der Erkenntnis der elementarsten aller Oppositionen, der der Geschlechter, konnte Kafka zurecht auf den familialen Kontext beziehen. Die Scham, die sich doch eigentlich auf den ›exogamen‹ Partner bezieht, die künftige Ehefrau und Gebärerin, legt gleichwohl die Assoziation ans Tabu des Schwester- und Mutter-Inzests nahe. Eva wäre somit — nach der Logik einer mythischen Verdichtung — die verbotene und zugleich die gebotene Frau. Im Übergang der tierisch-naiven Begierde ins kulturell bestimmte Begehren überträgt sich das Inzest-Tabu, die Scham, sogar auf den ›exogamen‹ Partner. Das Nein des Vaters, Jahwes, bedeutet die Einführung in die symbolische Ordnung: Das durch dieses Nein vermittelte Realitätsprinzip weist den Weg der Erkenntnis von »Gut und Böse«, den Weg in Ehe und Arbeit, den Weg fort aus Familie und Geborgenheit. Nur aufgrund dieses Verbotes kann es zu einem nicht-naiven Begehren, dem Erkennen und der Scham kommen; das Verbotene selbst ist das zu Erkennende und fortan Begehrte. »La loi et le désir refoulé sont une seule et même chose.«[209] Bei Kafka heißt es daher: »Im Paradies, wie immer: Das, was die Sünde verursacht und das, was sie erkennt, ist eines. Das gute Gewissen ist das Böse, das so siegreich ist, daß es nicht einmal mehr jenen Sprung von links nach rechts für nötig hält.« (H 97) Das Wissen um das Verbotene und Scham und Schuld Hervorbringende wird als Ursache des »sündigen« *Begehrens* wie des *Erkennens* genommen; der Sündenfall versinnbildlicht also aitiologisch das, was ihm schon präexistent ist. Daß Adam sich schämt vor Jahwe, das setzt nicht allein den Verstoß gegen ein Verbot voraus, sondern auch schon die Verinnerlichung einer Strafgewalt: Die Strafe, die »Vertreibung«, ist schon vorausgesetzt. Der Mythos inszeniert nach Kafka als einmaliges Ereignis, was eigentlich Wiederholung ist, Zuständlichkeit, Struktur. Der »Sündenfall« selbst kann noch nicht Sünde sein, er ist eine Notwendigkeit; erst die gewaltsame Einschreibung der Scham in den Körper und die Seele begründet das Sünden- und Schuldgefühl, das ›Erkennen‹, das Verlangen nach dem Tabuierten. Nur das ›schlechte Gewissen‹ erkennt Gut und Böse, das »gute Gewissen« liegt »siegreich« jenseits der Moral: als paradiesische Naivität oder als nachparadiesisches »Böses«.

Das, was dem Infans widerfährt, versinnbildlicht der biblische Mythos am Punkte des Mann- bzw. Frauwerdens; zugleich prägt der Charakter der »Wiederholung« die Szene: Adam ist Kind und Erwachsener zugleich. Dieses Modell finden wir in Kafkas Erzählungen immer wieder vor: Die Verführung durch Johanna Brummer (A 38) bringt Karl Roßmanns Vertreibung aus dem ›Paradies‹ des Elternhauses mit sich; sie bildet aber nur das ödipale Drama in verschobener Form nach, den kastrierenden Schnitt durch die Mutter-Kind-Dyade, welche das Begehren, als die »Sehnsucht nach dem Ganzen«, das »Heimweh nach einem [...] verlorenen Paradies«[210] erst generiert. Auch im URTEIL ist es das Begehren der Frau (Frieda Brandenfeld), welches die ödipale Vater-Imago in vernichtender Größe wiederaufersteh en läßt; das URTEIL inszeniert die Wiederholung der Urszene und, allegorisch, diese selbst.

Die Scham, die der biblische Mythos nicht genetisch aus der Kindheit herleitete und herleiten konnte, prägt im Anschluß an die Urszene unwiderruflich das Begehren des Menschen; die ›Scham‹ deckt die ›Scham‹, verdrängt sie, weist sie ins Unbewußte. Aber auch das Verlangen selbst scheint zur Strafe zu gehören, zumindest seine patriarchalisch bestimmten Formen: »Nach dem Manne soll dein Verlangen sein, aber er soll dich beherrschen!« Mit begründet wird dies Verlangen dadurch, daß Mann und Frau »ein Fleisch« sind, ›Zertrennte‹ sind, wie in Platos SYMPOSION[211]; diese Metapher scheint mit geprägt zu sein vom Reflex der Trennung von Mutter und Kind. Der Schnitt durch die Dyade hinterläßt eine narzißtische Narbe[212], in der die Sehnsucht wohnt und die Mahnung an den Tod, auch die ›tödliche‹ Verdrängung. Verlangen, Sterblichkeit und Scham wären mithin einander korreliert. Das Paradies wird zum Paradies erst durch die Vertreibung aus ihm. »[Die] wahren Paradiese sind Paradiese, die man verloren hat«, schrieb M. Proust einmal.[212a] Mit der Erkenntnis, dem Bewußtsein, ist auch zugleich das Unbewußte konstituiert worden: »ich denke, wo ich nicht bin, also bin ich, wo ich nicht denke«.[213] Auf diesen Komplex, die Separation von Frau und Mann, Mutter und Kind, Bewußtem und Unbewußtem weisen vage Kafkas Meta-Mythen: »Wir wurden aus dem Paradies vertrieben, aber zerstört wurde es nicht.« (H 101) Die Vertreibung aus dem Paradies war »endgültig«, aber wir sind noch in ihm, »ob wir es hier wissen oder nicht«. (H 94) Kafka hat einen Mythos, der aus dem Unbewußten kommt, in einen Mythos über das Unbewußte verwandelt.

B. Der versteinerte Prometheus

»L'histoire de l'homme, c'est l'histoire des aigles, Messieurs«.[214]

a) Kulturelle und individuelle Verdrängung

Nach Hesiods THEOGONIE entwendete der Frevler Prometheus den Göttern das Feuer, um es den Menschen zu bringen, weshalb Zeus ihn an einen Felsen des Kaukasus schmieden ließ, wo ein Adler an seiner immer wieder nachwachsenden Leber fraß. In Hesiods ERGA sendet Zeus dem Bruder des Prometheus, Epimetheus, zudem eine Frau, die dieser zur Gattin nimmt: Pandora. Der Büchse, die diese als Mitgift in die Ehe bringt, entspringen alle Übel, die die Menschen fortan plagen: Mühsal, Krankheit, Tod. Die Analogien zum Mythos von Adam und Eva legen den Gedanken nahe, daß es kein Zufall sein kann, wenn sich Kafkas PROMETHEUS inmitten der Reflexionen zum Sündenfall findet (H 100; 3. Oktavheft bzw. Heft G).

Das Schicksal des Prometheus ist in drei Variationen überliefert. Nach der ersten befreite Herakles den Heros nach dreißigtausend Jahren, nach der zweiten ist er immer noch an seinen Felsen gefesselt, nach der dritten ist er ins Sternbild des Engasin eingegangen.[215] Die letzte könnte Kafka zu seiner Nachdichtung und Umdeutung inspiriert haben:

> *Prometheus*
> Von Prometheus berichten vier Sagen: Nach der ersten wurde er, weil er die Götter an die Menschen verraten hatte, am Kaukasus festgeschmiedet, und die Götter schickten Adler, die von seiner immer wachsenden Leber fraßen.
> Nach der zweiten drückte sich Prometheus im Schmerz vor den zuhackenden Schnäbeln immer tiefer in den Felsen, bis er mit ihm eins wurde.
> Nach der dritten wurde in den Jahrtausenden sein Verrat vergessen, die Götter vergaßen, die Adler, er selbst.
> Nach der vierten wurde man des grundlos Gewordenen müde. Die Götter wurden müde, die Adler wurden müde, die Wunde schloß sich müde.
> Blieb das unerklärliche Felsgebirge. — Die Sage versucht das Unerklärliche zu erklären. Da sie aus einem Wahrheitsgrund kommt, muß sie wieder im Unerklärlichen enden.

Kafkas Mythe hat einen temporalen und einen atemporalen Aspekt. Vier Stufen — Fesselung, Einswerden mit dem Felsen, Vergessen und Ermüdung — führen zum »unerklärlichen Felsgebirge«. Die Schluß-Pointe aber hebt die Kausalität, das Teleologische, das Temporale der Geschichte, hebt die Geschichte als Geschichte auf: »Das, was sich am Ende zeigen soll, ist gerade nicht Resultat der Geschichte, etwas, das durch sie ans Licht gebracht wird, sondern umgekehrt etwas, das durch die Geschichte verdeckt wird [...]«.[216] Damit kehrt Kafka den strukturalen Sinn des Mythos hervor, führt das Ereignis, das der Struktur entnommen ist, in die Struktur zurück. Das paradoxe Unternehmen der »Erklärung« des »Unerklärlichen« führt dazu, begründende Zeitlichkeit und erklärende Kausalität wieder durchzustreichen; zum Raum wird wieder die Zeit. Wie im PROZESS »Wahrheit« und »Notwendigkeit« einander entgegengesetzt werden (P 264), so hier Erklärung und Unerklärliches, Kausalität und Faktizität. Die Diachronie des Mythos wird — wie vom Strukturalismus — auf eine synchrone Ordnung, eine Zuständlichkeit zurückgeführt. Kafkas Meta-Mythos legt selbstreflexiv sein eigenes Baugesetz offen.

Dieses Verfahren hat aber auch inhaltliche Implikationen, genau wie jenes, das den Sündenfall zur »ewigen Wiederholung« umdeutet. Die Zuständlichkeit, auf die Kafka hinführt, deutet sich schon im antiken Mythos an in der ewigen *Wiederholung* der Strafe des Prometheus, dem Nachwachsen der Leber, dem Zustoßen des Adlers und natürlich in den währenden Plagen der Menschheit, welche der Mythos von Pandora durch oppositionelle Mytheme und aitiologische Sequenzen sinnfällig gemacht hatte. Die Geschichte von der »Versteinerung« des Prometheus wäre demnach eine Erklärung der unerklärlichen »Versteinertheit« sozialer oder individueller Befindlichkeit. Nach dem Muster der DIALEKTIK DER AUFKLÄRUNG[217] hat sich Kultur in Natur zurückverwandelt, haben innere Zwänge äußere ersetzt, hat die »Strafe« des Prometheus den Vorteil, den seine Tat gebracht hatte, zunichte gemacht. Die Geschichte, die Prometheus, der Vorausdenkende, inaugurierte, wird zurückgeführt in Natur. Und in der Tat ist ja bei Kafka Prometheus kein Halbgott, der noch Menschen unter sich hätte, welche nicht litten und das Feuer bewahrten; *er* ist der Mensch. Auch geht es Kafka nicht um das Feuer, sondern den »Verrat«, also einen allgemeineren Autonomie-Anspruch — wie im Sündenfall.[218]

Die Offenheit der Kafkaschen Metaphorik macht es möglich, die Vorstellung des Todes, der alles Geschichtliche in Frage stellt, mit dem alles Erklärbare und Geschichtliche endet, als mögliche Implikation der Mythe zu behaupten: »Das Anorganische allein überdauert die Geschichte.« Diese Feststellung trifft H. Blumenberg, der auch darauf hinweist, daß Kafkas Text mit dem wort »enden« endigt; auch eine Analogie zu Freuds Konzeption des Todestriebes stellt Blumenberg her.[219]

Im wesentlichen aber scheint der PROMETHEUS, wie auch H. Binder behauptet[220], von Kafka biographisch gemeint gewesen zu sein; als ›subjektive Allegorie‹ bildet er einen Baustein der ›kryptischen Biographie‹, die sich nur aus »Andeutungen« (vgl. H 45) erschließen läßt. Die Motive des Versteinerns und Ermüdens durchziehen das gesamte Werk Kafkas: für »tot zu Lebzeiten« (T 545) hält sich der Autor, der sich im lebendig Toten des JÄGERS GRACCHUS ein Denkmal schuf. »Ich bin ja wie aus Stein, wie mein eigenes Grabdenkmal bin ich«, heißt es im Tagebuch (T 27), und: »Ich bin hart nach außen, kalt im Innern« (T 246). Diese »Gefühllosigkeit« (T 194) ist das Merkmal einer Depersonalisierung, eines Realitätsverlustes, einer gestörten Objektbeziehung.[221] Man muß sie als Symptom begreifen: Verdrängung und Affektarmut, Icheinschränkung und Realitätsverlust, Ermüdung und psychosomatische Selbstlähmung sind Indizien dafür, daß die ›Strafe‹ in die »Selbstbestrafungsneurose«[222] übergegangen ist, daß das Vergangene weiterwährt in der Gegenwart, daß die ›Strafe‹ sich ein Denkmal gesetzt hat im tyrannischen Über-Ich. Für John S. White sind daher »rebellion against and submission to a father figure«, »rebellion« und »castration« die Erfahrungsgrundlage des PROMETHEUS.[223] Es handelt sich also um eine Radikalisierung der »Wiederkehr« des Verdrängten und der Verdrängung, wie man sie schon im antiken Mythos symbolisiert sehen kann im *Nachwachsen der Leber,* die den Alten als Sitz des *Begehrens* galt[224], und im wiederholten Zuhacken des Adlers. Aus der »Wiederholung«, von der Kafka im Hinblick auf den Sündenfall-Mythos spricht, ist die absolute Verdrängung, die »Versteinerung« geworden. Wie im Aphorismus vom »Käfig«, der einen »Vogel« sucht (H 41), ist das Begehren gänzlich gelähmt; das Es ist vom Über-Ich aufgesogen worden wie »Blut« von einem »Geier« (ER 366).

Die Erklärung des Unerklärlichen muß für Kafka im Unerklärlichen enden, weil ihn die Genese nicht über die Geltung tröstet, weil die genetische und aitiologische Erklärung ihm etwas Scheinhaftes ist: »Psychologie ist die Beschreibung der Spiegelung der irdischen Welt in der himmlischen Fläche oder richtiger: die Beschreibung einer Spiegelung, wie wir, Vollgesogene der Erde, sie uns denken, denn eine Spiegelung erfolgt gar nicht, nur wir sehen Erde, wohin wir uns auch wenden.« (H 72) Die genetische Erklärung ist eine scheinhafte »Spiegelschrift« (H 122), was bleibt, ist das »unerklärliche Felsgebirge«. Die »angeblichen Krankheiten«, welche die »Psychoanalyse aufgedeckt zu haben glaubt«, sind für Kafka nur »Glaubenstatsachen«, »Verankerungen des in Not befindlichen Menschen in irgendwelchem mütterlichen Boden«: »So findet ja auch die Psychoanalyse als Urgrund der Religionen auch nichts anderes als was die ›Krankheiten‹ des einzelnen begründet«. (H 335) Die genetische Erklärung ist ein Mythos, der richtiger als nicht-erklärender Mythos, als mythischer Mythos zu entwerfen wäre. Das durch die Geschichte zugedeckte Nicht-Geschichtliche ist Kafkas Telos, daher formuliert der PROMETHEUS auch Kafkas Poetik wie wohl kein anderer seiner Texte.

b) Die Poetik des PROMETHEUS

Kafkas PROMETHEUS ist, wie Stierle schreibt, »eine Parabel über den Mythos am Beispiel des Prometheus-Mythos«[225], ähnlich wie der Text VON DEN GLEICHNISSEN (ER 411) ein Gleichnis über das Gleichnis am Beispiel eines Gleichnisses ist. Der PROMETHEUS kann in zweifacher Hinsicht als Meta-Mythos verstanden werden: erstens thematisiert er das Mythische (die »Sage«) explizit, und zweitens legt er in seiner Konfiguration implizit das Baugesetz des Mythos — insbesondere den strukturalen Sinn seiner aitiologischen, temporalen Form — offen. Damit erfüllt er, was H. Blumenberg als das Prinzip der fortgesetzten »Arbeit am Mythos« bestimmte: »den Mythos zu Ende [zu] bringen«, d.h. sein Wirkungspotential »nicht nur zu erneuern, nicht nur zu akkumulieren und zu steigern, sondern rein darzustellen«[226]. Kafka bewerkstelligt dies durch Potenzierung des Mythischen, worin er sich den seit der Aufklärung geübten entmythologisierenden Neuformulierungen des Mythos entgegenstellt. So sieht auch Stierle das Zuendebringen des Mythos bei Kafka durch »Radikalisierung der mythischen Ambiguität« und nicht durch »radikale Vereindeutigung« geleistet.[227] Die dunklen Metonymien und die Verdichtungen oder Überdeterminierungen des Mythos kehren bei Kafka wieder in der Tendenz zur Unbezüglichkeit, zur »absoluten Metapher«[228].

Der Kontext der Kafkaschen Mythen — im weitesten Sinne des Wortes genommen — impliziert freilich, daß das neuzeitliche Denken (der Kausalität, des empirischen Raums, der linearen Zeit) nicht aus ihnen eliminiert werden konnte. E. Cassirer hatte die mythische Anschauungsform diesem Denken aber radikal entgegengesetzt; auf sie ist das Diktum gemünzt: »Das ›Bild‹ stellt die ›Sache‹ nicht dar — es ist die Sache«[229]. Die Metapher, so verstanden, wird als Zentrum des mythischen Denkens behauptet.[230] Der Mythos trennt nach Cassirer nicht Schein und Wahrheit, Wunsch und Wirklichkeit, Außen und Innen[231], nicht Subjekt und Objekt[232]; Orte und Zeiten werden in ihm allein durch sinnliche Daten anschaulich[233], sie erscheinen in reiner, atemporaler Präsenz[234]. Es ist mithin nicht verwunderlich, daß Cassirer das »Traumerlebnis« — dessen Logik Freud ganz ähnlich beschrieben hat[235] — für die Grundlage der mythischen Denkform hält[236].

Wie vereint nun Kafka die Gegensätze des Mythischen und Rationalen? Kafka wendet sich aus der nunmehr *unhintergehbaren* Reflexivität des modernen Denkens zurück auf den Mythos, strebt danach, seinen ›Eigentlichkeitsgrund‹ zu restituieren, kann indessen nicht verhindern, daß der Mythos sich zu sich selbst ins »Verhältnis einer Metapher«[237] setzt. Kafka fingiert das Mythische, so sehr er es als solches wiederherzustellen sucht. Und doch nähert er sich ihm stark an, allerdings auf nicht-naive, implizit reflektierte Weise. Das gilt nicht allein für seine Mythen-Bearbeitungen, sondern für sein gesamtes Werk. Das »Traumerlebnis« nun, dessen manifeste Erscheinungsbilder für uns seit Freud sich rational auf einen latenten Hintergrund beziehen lassen, war für Kafka jene *Mitte*, die ihm erlaubte, *Mythos und Metapher*, Mythos und rationale, tendenziell entzifferbare Symbolik miteinander zu *vereinen*.

Angesichts der metonymischen Verschiebungen und metaphorischen Verdichtungen des Traumes bzw. des Unbewußten äußerte J. Lacan einmal: »Le mot n'est pas signe, mais nœud de signification«[238]. Das könnte auch für den Mythos gelten; in der Tat heißt es auch bei J.P. Vernant in Bezug auf den Prometheus-Pandora-Mythos: »Hésiode illustre [...] ce systeme de multicorrespondance et de surdétermination symbolique qui caractérise l'activité mentale dans le mythe.«[239] Die Signifikanten des Mythos sind auch nach Lévi-Strauss Bedeutungs-Knoten einer Meta-Sprache[240], sie lassen sich nicht auf fixe Signifikate beziehen; nicht das Reale, sondern das Symbolische — der kulturellen Ordnung — ist ihr Substrat. Die Mytheme, »Bündel differentieller Elemente«[241], spielen wie die »Verdichtungen« des Traumes im Imaginären, sie weisen nicht aufs Reale, sondern aufs Symbolische, das jenes erst strukturiert.[242] Kafkas *Traum-Mythen* entstammen diesem Imaginären.

Daß auch bei Hesiod die Signifikanten des Mythos als Bedeutungs-»Knoten« fungieren, demonstriert J.P. Vernants strukturale Analyse der ERGA; Vernant zeigt, wie eng dort der Prometheus-Pandora-Mythos mit dem Mythos der Weltalter verknüpft ist: »Les deux mythes sont liés. Ils évoquent l'un et l'autre un ancien temps où les hommes vivaient à l'abri des souffrances, des maladies et de la mort«.[243] Der Entwurf des Goldenen Zeitalters enthält — als Wunsch-Traum — komplementär jene Mytheme, deren Opposition das Eiserne Zeitalter und die Büchse der Pandora vorführen:

Golden haben zuerst das Geschlecht hinfälliger Menschen
Todfreie Götter geschaffen, die himmlische Häuser bewohnen [...]
Und die lebten wie Götter und hatten nicht Kummer im Herzen,
Fern von Mühen und frei von Not, nicht drückte das schlimme
Alter auf sie, sondern allzeit behend an Beinen und Armen
Lebten sie freudig in Festen, weitab von allen den Übeln;
Starben als käme ein Schlaf über sie. Und alle die Güter
Waren ihr Teil; Frucht brachte der nahrungsspendende Boden [...][244]

In vielfachen Analogien, Oppositionen und Überkreuzungen beziehen sich nun die verschiedenen Weltalter und die beiden Mythen (von »Pandora« und den »Weltaltern«) aufeinander.[245] Es eröffnet sich die Möglichkeit, den Text diachron oder auch synchron zu interpretieren, wie Vernant feststellt, »selon une perspective diachronique ou selon une perspective synchronique«.[246]

Wir haben gesehen, daß Kafka diese Ambivalenz radikalisiert und zu Ende gedacht hat. Sein Meta-Mythos reformuliert und überschreitet — wie es Roland Barthes allgemein vom »künstlichen Mythos« forderte[247] — den Mythos auf einer tertiären Bedeutungsebene. Daß die diachrone Perspektive durch die synchrone verdoppelt wird bei Kafka, das hängt — wie schon im antiken Mythos — mit der Vervielfältigung der metaphorischen Korrespondenzen zusammen. Wie K. Stierle in seinen Überlegungen zum PROMETHEUS zeigte, handelt es sich um eine Steigerung dessen, was Lévi-Strauss »bricolage« genannt hat.[248] Nachdem Lévi-Strauss in DIE STRUKTUR DER MYTHEN von meta-sprachlichen »Mythemen«, von aus der Text-Synchronie zu erschließenden »Beziehungsbündeln« gesprochen hatte, entwarf er im WILDEN DENKEN das Konzept der *bricolage* (Bastelei), das Konzept eines offenen, unabgeschlossenen Spiels, in welchem »Signifikate zu Signifikanten werden und umgekehrt«.[249]

Dieses Spiel hat nach Stierle Kafkas PROMETHEUS auf die Spitze getrieben. Vor allem aber verstärkt Kafka — sei es durchs Spiel der Verweise, sei es durch andere Mittel — das Nicht-Geschichtliche hinter der Geschichte, die er erzählt. Was von der »Geschichte verdeckt wird«, die »Grenze der Geschichte« thematisiert der PROMETHEUS[250]. Er versucht, wie H. Blumenberg ausführte, »die Geschichte in das Nicht-Geschichtliche einzubetten«[251]. In der Aufhebung der erklärenden Diachronie unternimmt Kafka etwas, das H.R. Jauß zufolge die Moderne überhaupt kennzeichnet: die Destruktion des »*Mythos der Geschichte*«[252]. Kafkas ›Sage‹ gibt nurmehr ›Gesagtes‹ wieder, es gibt sozusagen keinen ›Autor‹ mehr; der Verfasser fungiert nicht mehr als Subjekt einer allgemein anerkannten, objektiven Realität.

Kafkas Werk spart alle Erklärung, Begründung und Wertung aus; das Sein, nicht das Sollen ist sein Gegenstand. Was auf dem »Gipfel der Metaphysik ›Wahrheit‹ hieß«, das wird auf eine »abgründige Notwendigkeit zurückgeführt«.[253] Kafka zeigt nach Robbe-Grillet Elemente »unmotivierter Präsenz«, »grundloser Notwendigkeit«: »Es ist, das ist alles.«[254] Diese Poetik formuliert indirekt auch der Affe des BERICHTES FÜR EINE AKADEMIE: »Im übrigen will ich keines Menschen Urteil, ich will nur Kenntnisse verbreiten, ich berichte nur [...]«. (ER 174) Im Scheitern von Erklärungsversuchen, im Zusammenstoß einander widersprechender Deutungen bildet sich das heraus, was

»ist«, das »Unerklärliche«. Wovon »berichtet« wird, das ist allerdings nicht das Reale, sondern das auf symbolische Ordnungen weisende Imaginäre, welches Träume, Wünsche und unbewußte Phänomene mit umfaßt. Kafkas »Berichte« sind ja ›realistisch‹ fast ausschließlich durch seinsauslegende Metaphorik. Der Traum, das Unbewußte sind der Hauptgegenstand der ›Sagen‹, welche ›realistisch‹ und sinnbildlich zugleich, mythisch und metaphorisch in einem sind.

Kafkas Denkbilder von *Prometheus* und dem *Sündenfall* transformieren Mythen, die das Unbewußte tangieren, in Mythen vom Unbewußten. Die Metaphern-Knoten Kafkas deuten aufs Unbewußte im engeren, psychoanalytischen Sinn, aber auch im weiteren Sinne auf das sozial Unbewußte (wie nach Lévi-Strauss der Mythos auf die unbewußte symbolische Ordnung der Kultur weist).[255] Als ›Mythen des Unbewußten‹ werfen die beiden — familiale und zugleich soziale ›Strafakte‹ imaginierenden — Modelle ein Licht auf Kafkas Erzählungen und Romane. Die ewige Wiederholung der »Vertreibung aus dem Paradies« (H 94) wird im VERSCHOLLENEN als wiederholter Verlust familialer Geborgenheit dargestellt. Karl Roßmann wird aus dem Elternhaus, aus dem Hause seines Onkels Jacob, aus dem Hotel Occidental (wo in der Oberköchin und dem Oberkellner die Elternimagines wiedererscheinen), zuletzt aus dem Asyl (wo Brunelda und Delamarche ein Zerrbild der Familie abgeben) »vertrieben«. Die soziale Welt ist hier ganz von den familialen Bildern, welche aus dem Imaginären, dem Unbewußten kommen, durchsetzt.

Der PROZESS klammert *von Anfang an* das ursächliche Vergehen aus, wie der PROMETHEUS *am Ende* die Aitiologie, die Genese wieder auslöscht. Aufbegehren und Strafe wiederholen sich in diesem Roman permanent wie die Qualen des antiken Prometheus, des Sisyphos, des Tantalos. Die temporale Sequenz des Romans lotet nur eine strukturale Zuständlichkeit, ein im Grunde präsentisches Sein aus. Dieses Sein ist weitgehend ein Unbewußt-Sein. Auch im SCHLOSS ist die Urszene (S 44 f., 14 f.) verdrängt, vergessen; die Handlungsform ist vergleichbar einem »stehenden Sturmlauf« (T 169), der in »Müdigkeit« (S 382) endet. Der PROZESS und das SCHLOSS tilgen mit der Vorgeschichte die Geschichte überhaupt, genau wie der PROMETHEUS; was bleibt, ist das »unerklärliche Felsgebirge«.

In den Mythen um Prometheus und den Sündenfall treten familiale und soziale Machtinstanzen zusammen, welche Macht als Recht, Urteils- und Strafakte als gerecht ausgeben und die Zeichen des Gesetzes in den Körper bzw. die Seele der Subjekte einschreiben. Selbst durch das Begehren bewegt, installieren diese Instanzen ein unstillbares, mit dem Stigma des Scham- und Schuldgefühls versehenes Verlangen. Wie sich dies Modell der Mythen mit den Formen der prozessierenden Paradoxie und der fortgesetzten, gleitenden Metapher verknüpft, soll nun anhand der größeren Erzählungen und des PROZESSES dargelegt werden.

3. Teil: Interpretationen — Die Erzählungen

A. Das Urteil — Macht und Begehren in der Familie

»Urteile! Töte!« (H 301)

I. Recht und Macht

Das »Gespenst einer Nacht« (J 28 f.; T 293 f.) — das URTEIL, geschrieben in der Nacht vom 22. auf den 23.9.1912 — kehrt am 12. Juli 1914 im »Askanischen Hof« (F 769; T 407) und zu Weihnachten 1917 (H 97; F 771) wieder, an den Tagen der ersten und zweiten Entlobung von Felice Bauer. Daß Kafka ihr die Geschichte einer scheiternden Verlobung widmet[1] — »für Fräulein Felice B.« (ER 26), »für F.« (E 53) —, in der die Initialen ihres Namens — »*Frieda Brandenfeld*« — erscheinen (T 297), mag eher einen offenen Affront darstellen als ein Geheimnis.

Gleichwohl treten im URTEIL Begehren, Macht und Recht — aufgrund der Aussparung von Begründungen und emotionalen Werturteilen — in einer Weise zusammen, die dem Leser Rätsel aufgeben, ihn zur Enträtselung der konnotativen, sinnbildlichen Elemente zwingen, will er überhaupt etwas über die Kausalität des Geschehens ausmachen.

Die Rätsel (Weshalb wird Georg »verurteilt«? Korrespondiert der Vater mit dem »Freund« oder gibt es diesen gar nicht? Usw.) — man hat sie meist im hermeneutischen Rekurs auf das biographische Ich zu lösen versucht[2] — führen hier an den Punkt, wo die Subjekte einander wechselseitig und *sich selbst* zum Geheimnis werden: unbewußte Motive scheinen — im wesentlichen — Georg Bendemanns Handeln wie das seines ›Richters‹ zu bestimmen; andererseits scheint der ›richtende‹ Vater von den geheimgehaltenen Gedanken wie auch von den unbewußten Motiven des Sohnes mehr zu wissen als dieser selbst. Aber auch des Vaters Beweggründe bleiben unausgesprochen, d.h., auch er handelt unbewußt; aber weniger im Sinne einer selbständigen Person als vielmehr im Sinne einer Projektion Georgs, einer lebendig gewordenen Imago Georgs (bzw. des epischen Ichs). Ein möglicher Sinn der geheimnisvoll-unbegreiflichen Erzählung eröffnet sich aufgrund konnotativer Andeutungen von seiten des Erzählers; während also der ›Held‹ einem ergebnislosen Auslegungszwang überantwortet wird (da die Konnotationen nicht für ihn, sondern den Leser angebracht sind), vermag der Leser dem — sich zwischen Verbergen und Entbergen bewegenden Text — tendenziell einen Sinn abzugewinnen.

Äußerlich betrachtet, sind das URTEIL und auch die STRAFKOLONIE, DER SCHLAG ANS HOFTOR, DER PROZESS ›Kriminalerzählungen‹, in welchen es zu Urteil und Strafe kommt, ohne daß eine Aufklärung über Tatbestand und Motive erzielt worden wäre und ohne daß deutlich würde, welche der zwei Parteien überhaupt Rechtmäßigkeit begründet beanspruchen dürfe, die verurteilende oder die verurteilte. Recht und Unrecht sind wie in Kleists MICHAEL KOHLHAAS *beide* auf *beide* Seiten verteilt, dies aber in der Weise, daß sich zwei miteinander *inkommensurable* Perspektiven *paradox* zu einer *verdichten:* die Perspektive autoritärer Gewalt gegenüber dem selbstverständlichen Begehren des ›Angeklagten‹ einerseits und die der anscheinend gerechten Verurteilung unbewußter Aggressionen und Heimlichkeiten andererseits. Die Klärung der ›Tatbestände‹ und ›Motive‹ — die stets eher der Sphäre des Extrajuridischen, Alltäglichen, Privaten und Unbewußten entstammen als der Sphäre des Juridischen selbst — sowie die Bestimmung der ›Rechtsgründe‹ bleiben dem Helden und noch mehr dem Leser überlassen; dabei geht es niemals um *Indizien* raumzeitlicher, kausaler, sachlicher Zusammenhänge — wie z.B. in Kleists ZWEIKAMPF, Hoffmans FRÄULEIN VON SCUDERI oder Poes THE MURDERS IN THE RUE MORGUE —, sondern allein um *Zeichen* der — den Subjekten selbst ein Geheimnis bleibenden — *inneren Haltung:* um konnotative, speziell metaphorische Zeichen möglicher moralischer Vergehen auf Seiten des Helden und möglicher Gründe auf Seiten der fragwürdig urteilenden und strafenden Instanzen.

Ein Vergleich mit Dostojewskijs Roman SCHULD UND SÜHNE, auf den der PROZESS mehrfach anspielt[3], liegt hier nahe, wo es — gewissermaßen unabhängig vom Vergehen — um die Offenlegung der *moralischen* Substanz Raskolnikovs, aber auch des Justizapparates geht, wobei für den Leser wie den Untersuchungsrichter Porfirij die äußeren Umstände von Anfang an klar und das *Juristische* und *Detektivische* nicht von primärem Belang sind. Kafka übernimmt diese Struktur, löscht jedoch das eigentliche Delikt vollends und läßt zudem den Helden scheitern in seinem Bemühen um Erkenntnis und Selbsterkenntnis. Eine dreifache Umkehrung der Detektivgeschichte scheint bei Kafka stattzufinden: *Delikt* und *Indizien* spielen keine eigentliche Rolle; der *Erkenntnisprozeß scheitert* grundsätzlich; anstelle einer Unbekannten gibt es deren zwei, denn weder die verdächtigte, noch die anklagende und richtende Partei ist moralisch und juristisch zweifelsfrei *gerechtfertigt.*

Wenn man ans URTEIL, den PROZESS, den VERSCHOLLENEN oder den SCHLAG ANS HOFTOR denkt, könnte man idealtypisch von einer Jurisdiktion sprechen, in welcher es 1) kein definiertes, begründetes *Gesetz* gibt, 2) kein *Delikt* bzw. ein ungeklärtes und/oder bedeutungsloses ›Delikt‹, 3) keinen *legitimierten* Ankläger, d.h. nur eine parteiische Gegenwelt, 4) keinen Richter, keinen ab-wägenden *Dritten* und folglich 5) keinen *Erkenntnisfortschritt* (keinen ›Prozeß‹).[4]

Dem Leser eröffnen sich — anders als dem Helden — vereinzelt die geheimen Motive der Parteien. Gleichwohl bleiben auch für ihn Recht und Unrecht — weit verworrener als im MICHAEL KOHLHAAS — ineinander verflochten und auf beide Parteien verteilt, so daß auch ihm die »Urteilsmöglichkeit« (H 86) genommen wird, besser: genommen werden soll. Ohne dritte, übergeordnete, richtende Instanz prallen die zwei Parteien, deren eine sich das Recht zu richten dezisionistisch anmaßt, aufeinander.

Wir haben es also mit einer paradoxen, vierstelligen Struktur zu tun, in welcher *Schuld* und *Unschuld* bzw. *Recht* und *Unrecht* sich zugleich auf beide Parteien verteilen und wo die binären Oppositionen in einem ›Kompositum‹ erlöschen, welches die »Urteilsmöglichkeit« zu paralysieren droht:

Vater/Gericht: gerecht — ungerecht

Sohn/Angeklagter: unschuldig — schuldig
                    (bewußt)   (unbewußt)

Die Ebene der dezionistisch das Recht setzenden und sich als rechtmäßig behauptenden Macht wird überlagert von einer Ebene, auf der es um die gerechtfertigte Anklage moralischer Fehltritte und unbewußter Unsauberkeiten geht. Aber es stellt sich die Frage, ob es nicht auch dort, wo man minimale Fehler oder Momente unbewußter ›Schuld‹ (und ›gerechter‹ Verurteilung) indirekt angedeutet finden kann, um von der *Macht* produzierte und von der *Macht* ausgenützte irrationale Schuldgefühle und Selbstentwertungen geht. Eine »Schuld« wird »hervorgezogen«, »wo ursprünglich gar nichts gewesen ist« (P 179); sie wird ›pro-duziert‹ in Ritualen der Anklage, des Verhörs, der Verurteilung.[5]

Es ist richtig, daß im URTEIL wie auch im PROZESS Indizien einer unbewußten ›Schuld‹ die primäre Sinnebene in Frage stellen wie die Versprecher die rationale Rede, wie die Fehlleistung die Leistung, wie der *unbewußte Diskurs den bewußten* — nach dem Muster der »fami*lion*ären« Aufnahme Hirsch-Hyacinths durch Rothschild[6]; aber das zugrundeliegende unbewußte Schuldgefühl — als Produkt der unabdingbaren Ontogenese mit ihrer ödipalen Urszene — liegt eigentlich jenseits von Gut und Böse; die Gleichsetzung von ›Schuldgefühl‹ und ›Schuld‹ — wie z.B. bei W.H. Sokel[7] — identifiziert fälschlich Unbewußtes und Bewußtes sowie Figur und Autor und verfälscht moralistisch-masochistisch das Satirische an Kafkas Werk, in dem »das meiste« — Adorno zufolge — »Reaktion auf grenzenlose Macht« ist.[8] Diese »Reaktion« ist aber unterschiedlich zu beurteilen, je nachdem, ob man von den schicksalsergebenen Helden oder der anklagenden Darstellungsweise ihres Autors ausgeht.

II. Schuldgefühl und Schuld

Fast alle Interpreten des URTEILS gingen von einer — moralischen, geistigen, sozialen — »Schuld« Georg Bendemanns aus.[9] Zu den wenigen Ausnahmen gehört Walter Benjamin, der, sich u.a. auf das URTEIL beziehend, deutlich die ›Schuld‹ bzw. das Parasitäre und die Korrumpierbarkeit der Väter, Machthaber und Beamten bei Kafka aufgewiesen hatte.[10] Auch H. Richter ging, Jahrzehnte nach Benjamin, davon aus, daß allein die bürgerliche »Berufsarbeit« Georg Bendemann der Wahrnehmung »menschlicher Aufgaben« entfremde; die Kafkasche Kritik am System sei sich nur der »kapitalistischen Gesellschaftsordnung« als der Voraussetzung der Entfremdung und des Egoismus nicht bewußt.[11] Die Unterstellung einer »Schuld« Bendemanns lehnt auch P.U. Beicken ab, der davon ausgeht, daß Kafka ganz bewußt das Verhängnisvolle einer bourgeoisen Karriere wie jener Bendemanns aufzeige, indessen nicht in der Lage sei, eine Alternative zu entwerfen.[12]

Von einer klaren »Schuld« des Helden, dessen Perspektive allerdings der Autor nicht unbedingt teile — gehen all jene Interpretationen aus, die (gemäß der These von der geheimen Biographie in Kafkas Schriften) die soziale Existenz — in Ehe und bürgerlichem Beruf — als Verrat an der zölibatären Schriftstellerexistenz begreifen; nämlich Kate Flores[13], E.L. Marson[14], H. Politzer[15], W.H. Sokel (für den dieser Konflikt den Kafkaschen »Mythos« überhaupt konstituiert)[16], Ingo Seidler[17], Lawrence Ryan[18], Heinz Hillmann (der die Erzählung als »Problemlösungsspiel« betrachtet)[19], P.U. Beicken[20] und Jürgen Demmer in seiner ausführlichen Interpretation des URTEILS[21]. Der (ferne, einsame, kranke) Freund ist in diesen Deutungen das *alter ego* Georgs, bzw. eine der beiden miteinander konfligierenden Imagines des sich spaltenden epischen Ichs, epischen Subjekts — hinter dem Text liegenden ›Sub-Subjekts‹ (oder Autors).

Dagegen wäre einzuwenden, daß von »Schuld« nicht die Rede sein kann, wenn für Kafka, dem BRIEF AN DEN VATER zufolge, »eine Familie« das »Höchste«, die »Heirat« das »Größte« ist, ihm indessen »verschlossen«, weil des Vaters »eigenstes Gebiet«. (H 216 f.) Die Alternative — »besinnungslose Einsamkeit« (T 306) — ist, so betrachtet, nur Flucht. Das URTEIL inszeniert daher eher einen *ausweglosen Konflikt*, einen *double bind*: Flieht der Sohn, so bleibt er dem Vater unterworfen, bleibt er, so wird er ihm unterworfen. Er hat nur die »Wahl zwischen Selbstentmannung oder Entmannung des Vaters«[22]. Der Vater ist demnach nicht richtende Urteils-, sondern befehlende Machtinstanz.

Nun haben aber die meisten der Interpreten sogar von einer Schuld Bendemanns gesprochen in dem Sinne, daß der Autor sich mit seinem Helden identifiziere, sich nicht von ihm — seinen bürgerlichen Ambitionen, seiner selbstmörderischen Unterwerfung — distanziere. Politzer spricht von der »Egozentrik« Georgs[23]; E. Edel von einer Schuld gegenüber den Geboten der »geistigen Existenz«[24]; E.R. Steinberg vom Versöhnungssterben im Angesicht einer Gott-Vater-Figur[25]; Ingo Seidler ähnlich von der »Jehovafigur«, die den materialistischen, ungläubigen Juden des 20. Jahrhunderts richte[26]; Bert Nagel zufolge steht im URTEIL das Dasein »*a priori* und *toto genere*« im »Zeichen der Schuld«, wenngleich der Richterspruch des fragwürdigen Vaters nichts mit dieser tieferen Schuld zu tun habe[27]; W.H. Sokel verfährt am ausführlichsten bei der Begründung der Schuld Georg Bendemanns: diesem gehe es um die Frau als »Einsatzstück im Macht- und Existenzkampf«, als »Symbol der Macht«[28]; der biographische Kontext bestätige dies, da sich Kafka der Unfähigkeit zur Ehe bezichtigt (T 315) und sich die Schuld an der gescheiterten Verlobung (T 314 f.) zugeschrieben habe[29]; Herablassung, Rivalität und Feigheit zeichneten Georgs Schuld gegenüber dem Freund aus[30]; die Hauptschuld liege im Versuch der »Entmachtung« des Vaters[31]; dabei ginge es um das Erbe und die Vernachlässigung des Vaters wie auch um eine unbewußte Auflehnung gegen den Vater nach dem Modell von TOTEM UND TABU[32]. Die unbewußte ›Schuld‹ wird undifferenziert auf die Seite des Bewußtseins und mithin der

Schuldfähigkeit gebucht.

Setzt man die »Schuld« Georgs voraus, dann muß das Urteil freilich »gerecht«, seine Selbstvollstreckung ein »Schuldbekenntnis« sein. Selbst wenn sie dies und nicht das Zeichen der Schwäche, des gebrochenen Rückgrats wäre, hätte man sodann nach dem Verhältnis von Figur und Autor zu fragen. Der Zwang, Fragen um jeden Preis zu beantworten, Einheit herzustellen, veranlaßt Sokel, den Vater nicht für »senil und wahnsinnig« zu halten[33], sondern für eine die behauptete Schuld richtende Instanz (die eigentlich in Georg selbst zu finden sei)[34], und den ›Selbstmord‹ nicht für infantil und verrückt, sondern für einen Akt der »Versöhnung« und des »Wiederheimkommens«[35] (nicht ohne im Widerspruch dazu auf den masochistischen »Wunsch nach Leiden, Strafe und Vernichtung« hinzuweisen)[36].

Demgegenüber versucht J. Demmer, der zwar auch von Schuldmomenten ausgeht, die *Paradoxie* und die *Unentschiedenheit* festzuhalten, in welchen sich »Selbstanklagen« und »Selbstrechtfertigungen« (des Autors) miteinander verbinden.[37] Das Problematische des Textes ist in der Tat die Paradoxie. Dem Verhältnis von Machthaber und Opfer steht das von Richter und Schuldigem — allerdings in höchst prekärer Form — gegenüber. Nach Maßgabe der semantischen Verschiebungen und gleitenden Metaphern differenziert sich die paradoxe Struktur: 1) Minimale Momente moralischen Vergehens (eine Form von ›Taktlosigkeit‹) bestimmen Georgs Verhalten. Man kann sie indessen nicht zur sinntragenden Schicht deklarieren, wenngleich Kafkas selbstkritischer Moralismus, bekannt aus den Gesprächen mit Brod und Janouch, den acht blauen Oktavheften, den Briefen und Tagebüchern, auch hier am Werk ist. 2) Die ›Verurteilung‹ hat Züge einer Wunschphantasie: der wirkliche Vater Herrmann Kafka verdammte nicht die bürgerliche, sondern die ›unnütze‹ *Künstler*-Existenz (T 132).[38] 3) Es geht drittens um »Freud natürlich« (T 294)[39], d.h. um ein ödipales Szenarium, um eine unbewußte Auflehnung und ein unbewußtes Schuldgefühl, wobei die implizierte »Erbsünde« (B 295 f.; J 101 f.) im Grunde jenseits moralischer Kategorien liegt. Das Strukturbild wäre folgendermaßen zu differenzieren[40]:

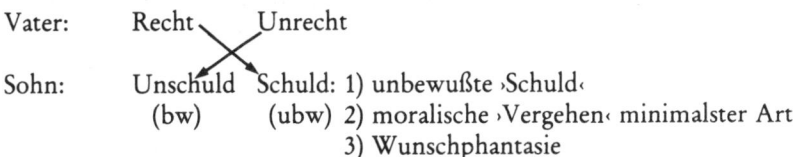

Vater: Recht   Unrecht

Sohn: Unschuld Schuld: 1) unbewußte ›Schuld‹
         (bw)   (ubw) 2) moralische ›Vergehen‹ minimalster Art
                        3) Wunschphantasie

Vereinfacht man die Struktur, so kann man behaupten, die Überlagerung und Überkreuzung von bewußter und unbewußter Handlungslinie konstituiere die Paradoxie und mithin die polyvalente, gleitende Semiose; dies geschieht — anders als in der VERWANDLUNG oder dem PROZESS, wo von Anbeginn die phantastische Welt und ihre allegorisch-uneigentlichen Allusionen das Geschehen beherrschen — im wesentlichen von dem Moment an, in welchem der scheinbar realistisch gezeichnete senile Vater zum tyrannischen Riesen wird, dessen Urteile uns nun — nach dem *Bruch* mit dem ursprünglichen Code — veranlassen, nach den *uneigentlichen* Bedeutungen zu suchen, die im »Zudecken« des Vaters (ER 33 f.), der Geschäftsübernahme, der Verlobung, dem Briefverkehr mit dem Freund liegen könnten.

Die unbewußte ›Schuld‹ liegt jenseits der moralischen Kategorien, da sie *per definitionem* dem bewußten Subjekt entzogen ist; sie ist darüber hinaus ambivalent: Erstens stellt sich dem unschuldig begehrenden Kind eine verbietende *Macht* jenseits aller Begründung entgegen. Andererseits handelt es sich um die ontogenetische *Notwendigkeit,* dem infantilen Lustprinzip das Realitätsprinzip, das »Gesetz« (des Inzesttabus und der Integration in symbolisches und praktisches Handeln), entgegenzusetzen: dem symbolischen Vatermord entspricht hier eine ›Schuld‹, die der unberechtigten, infantil-mißverstehenden Aggression gegen den Vater, der hier nur Repräsentant einer symbolischen, kulturellen Ordnung ist, entspringt: »Die Erbsünde, das alte Unrecht, das der Mensch begangen hat, besteht in dem Vorwurf, den der Mensch macht und von dem er nicht abläßt, daß ihm ein Unrecht geschehen, daß an ihm die Erbsünde begangen wurde.« (B 295 f.) Das Moment der unbewußten ›Schuld‹ — des Schuldgefühls — bleibt also in sich nochmals ambivalent und paradox.

III. Der symbolische Vater und das Imaginäre

> »[...] denn warum wollte ich aus der Welt hinaus? Weil ›er‹ mich in der Welt, in seiner Welt nicht leben ließ.« (T 564)

Der Freund: Junggeselle, ohne geschäftlichen Erfolg, getrennt von der Familie, entfremdet den Mitbürgern (der »Kolonie seiner Landsleute« [ER 27]), ein »altes Kind«, dessen »fremdartiger Vollbart« nur schlecht das »seit Kinderjahren wohlbekannte Gesicht« deckt (ER 27)[41], krank — wie Gregor Samsa in der VERWANDLUNG und der Junge im LANDARZT —, ist das genaue Gegenbild zu Georg Bendemann und als solches nur Komplement eines epischen Ich, das in der Erzählung gar nicht erscheint, d.h., das nur in Abspaltungen nach der Logik des Traumes faßbar wird. Dieses *alter ego* ist der Drehpunkt der Geschichte. (T 296 f.)

Ihm will Georg das ›Kündigungsschreiben‹, das Zeichen der Emanzipation, als deren Symbole Geschäftserfolg und Verlobung fungieren, zukommen lassen. Auf dieses Zeichen hin aber erhebt sich der Vater wie ein »Riese« (ER 30) bis zum »Plafond« (ER 34), wiederholt sich die »Urszene«, deren Imago deutlich von dem Erscheinungsbild des »realen« Vaters unterschieden ist. Nun geht es um den »Symbolischen Vater«[42], der jenseits von Kraft und Schwäche, Recht und Unrecht nur eine kulturelle Funktion ausübt: die der Setzung des Tabus, der Überführung des narzißtischen Lustprinzips ins Realitätsprinzip. Paradoxerweise aber hat sich das Tabu über den familialen Bereich hinaus ausgebreitet: die Imago der Mutter ist auf die Braut übergegangen; insofern »schändet« Georg noch in ihr der »Mutter Andenken« (ER 34).

Ebenso paradox ist es, daß die Repression auch das eigentlich zu initiierende

120

Realitätsprinzip erfaßt: der Geschäftserfolg gilt als Vergehen (ER 35). Der Funktion des Ödipuskomplexes wird durch diese seine schizophrenen Formen widersprochen. Die fatale Gleichung »Wunsch = Kastration«[43] bestimmt die spätbürgerliche Erscheinungsform dieses Komplexes.

Der »symbolische Vatermord« in der Form einer Aggressionsphantasie erscheint doppelt: explizit im Gedanken »Wenn er fiele und zerschmetterte!« (ER 35) wie auch in konnotativer Form, dem »Zudecken« des Vaters (ER 34 f.); das Altern bzw. der nahende biologische Tod des Vaters erhält im Unbewußten das Signum der Wunscherfüllung. Der Anspruch auf die Frau und die Macht bedeutet den »Verrat« des Freundes (ER 34), des »Kindes« (ER 27). Der »Verrat« besteht, genauer betrachtet, in der Furcht davor, den »Neid« des Freundes (ER 29) zu erwecken, also in der unbewußten Scham, sich zum Erfolg zu bekennen, im verborgenen Schuldgefühl, das im Nu die Macht in Ohnmacht, das Vermögen in Unvermögen zu verkehren vermag. Der Freund ist Anderer, aber auch Spiegel Georgs selbst; er ist durch Projektionen entstellter Anderer und allegorisch verlebendigte innere Imago Georgs.

Der Vater bzw. die Imago des Über-Ichs »verurteilt« nun den Sohn zur Selbst-Vernichtung, die der Freund, der »Kind« gebliebene Sohn, freiwillig an sich vollzieht. Das von der bewußten Ebene aus betrachtet irreal und grotesk erscheinende »Ich verurteile dich jetzt zum Tode des Ertrinkens!« (ER 36) entspricht auf der unbewußten Ebene durchaus der Logik der ödipalen Szene. Das gleiche gilt für das zunächst pathologisch erscheinende Sich-Fügen des Sohnes. Schuldgefühl, Scham (vgl. P 272), Selbstentwertung, Strafbedürfnis, Schwäche — alles Abkömmlinge der »Urszene«[44] — sind indessen nicht Ausdruck einer »Schuld«, sie implizieren im Gegenteil eine *Anklage*. Was Günther Anders von Kafka sagte: »Was *ist,* ist ihm (wenn auch nicht ›vernünftig‹, so doch) berechtigt: Macht ist ihm Recht. Und der Entrechtete schuldig«[45], gilt nur für Kafkas *Figuren* und auch nur für die *unbewußte* Erlebnisschicht derselben. Diese Figuren sind allermeist charakterisiert durch eine Ich-Spaltung[46], eine Spaltung von bewußtem und unbewußtem Handeln. Die Spaltung des epischen Subjekts in den »kindlichen« Freund und den sich zu emanzipieren versuchenden Georg ist eine ihrer Erscheinungsformen. Die Spaltung prägt aber auch die Figuren direkt, unabhängig von allegorisierenden Aufspaltungen: so z.B. Josef K.

Der selbstmörderische Gehorsam, den das Ende der Erzählung ins Bild setzt, entlarvt die Emanzipation, die ›Kündigung‹ des Kindseins Georg Bendemanns als Schein. Indiz dessen war schon, daß Georg den entscheidenden Brief nur »ein wenig aus der Tasche« (ER 31) zog und vor seiner Absendung sich erst der Zustimmung der väterlichen Autorität versichern mußte (ER 31). Der zentrale Signifikant ist das Zeichen eines Vermögens und eines Mangels zugleich. Da es nicht um ein reales Vermögen — Verlobung, Geschäftserfolg — geht, sondern um ein dahinterstehendes symbolisches, kann dieses jederzeit zunichte werden. Der Brief ist verschlossen, weil das (schon durch Gesten der Unsicherheit) Angedeutete der Worte gar nicht bedarf, weil die Worte selbst nur Symbole eines Symbols sind, Metaphern und Metonymien eines »Signifikanten« ohne Signifikat[47]. Das Zeichen eines Zeichens scheint sich zu verdoppeln in einem physischen Mal, dessen konnotative Bedeutung den Vater als den gewesenen Sohn kennzeichnet: der »Narbe« auf dem »Oberschenkel« (ER 34), die sich zeigt, als der Vater die angeblichen Verführungskünste der Braut hysterisch imitiert. Dieses Mal — der ödipalen »Schuld«, der »symbolischen Kastration«[48] — »vererbt« (B 295 f., J 101 f.) sich an die Söhne, die der Vater »durchschaut« (ER 34), durchschaut, weil er *sich* kennt. Der »Signifikant« zeigt sich im Zögern Georgs; in der Narbe Rotpeters im BERICHT FÜR EINE AKADEMIE (ER 167), in der Wunde des Sohnes im LANDARZT (ER 143) und der Verletzung Gregor Samsas in der VERWANDLUNG (ER 96) erscheint er wieder. — Der Umschwung vom Realistischen ins Phantastische, vom Bewußten ins Unbewußte (ER 33 ff.) hebt indessen die ursprünglich nahegelegte Lesart nicht auf; der *unbewußte* Diskurs dringt in den *bewußten* ein, ohne ihn jedoch aufzulösen. Die *Konnotation* überlagert die *Denotation*, die keineswegs aufgehoben wird: an der Oberfläche handelt es sich um die tyrannische und ›verrückte‹ Reaktion des Vaters auf Georgs Verhalten sowohl ihm als auch der Braut und dem Freund gegenüber, d.h. um ein Verhältnis von Macht und Ohnmacht, Unrecht und Unschuld. Dadurch konstituiert sich die paradoxe Struktur der Erzählung. Sie wird noch verkompliziert durch die moralischen ›Vergehen‹ Georgs: Verdinglichend spricht Georg von der Verdoppelung des »Personals« im Betrieb (ER 28), unaufrichtig teilt er dem Freund »bedeutungslose Vorfälle« (ER 28 f.) mit, bietet ihm die »Freundschaft« der Braut an, über sie verfügend wie über ein Objekt (ER 30), überdenkt narzißtisch-egozentrisch, »wie sie [er und die Braut] die Zukunft des Vaters einrichten wollten« (ER 33). Georgs Reden und Gedanken sind vom Erzähler ironisch gezeichnet; aber diese (moralisierende) Ironie wird eben nicht zur einzig sinntragenden Schicht erhoben, sondern ist Bestandteil der semantischen Verschiebungen und gleitenden Konnotationen; sie ist nicht kommensurabel mit der Schicht der unbewußten ›Schuld‹ und vor allem nicht mit der des bewußten, normal-alltäglichen, schuldfreien Verhaltens des Sohnes. Die leichte Ironie kennzeichnet Georgs Verhalten als narzißtisches, d.h. als ein (von der imaginären Spiegelrelation bzw. der Spiegelrelation des »Imaginären« bestimmtes) Denken, das den Anderen nicht als Anderen wahrnimmt, in das der »große Andere«, der »Dritte«, noch nicht Eingang gefunden hat bzw. in mißlungener Form Eingang fand.[49] Insofern spricht die paranoische Rede des Vaters auch Wahres, allerdings in indirekter, konnotativer Weise: »Jetzt weißt du also, was es noch außer dir gab, bisher wußtest du nur von dir!« (ER 36) Der »Dritte« ist der Repräsentant der »symbolischen Ordnung«, daher ist es auch ein Brief, sind es Schriftzeichen, die den Projektionen, die zwischen Georg und dem Freund spielen, ein Ende machen sollen, d.h. das Kindsein Georgs überhaupt aufkündigen sollen. Dies hat durch den Eintritt in die »symbolische Ordnung«, d.h. in die zu gründende Familie und in den Kreislauf sozialen Austausches, zu geschehen, den zu vollziehen sich der Freund, das »alte Kind« (ER 27), offenbar weigert. Der Eintritt scheitert. Die Erzählung inszeniert dieses Scheitern bzw. die Wiederholung dieses Scheiterns, wodurch sich der Raum des Imaginären und seiner Projektionen jäh wieder öffnet. Georg kann ›Vater‹ werden, aber weil er sein ›Sohnsein‹ noch nicht ›vergessen‹ hat, kann er doch nicht Vater werden; er kann »schwimmen« und »doch nicht schwimmen« (H 332). Das Subjekt ist gespalten und damit als solches »durchgestrichen«[50].

So kommt es, daß Georg schließlich »nichts mehr hat als den Blick auf den Vater« (T 296 f.) und sich ihm unterwirft; seine Urteilskraft wird paralysiert durch ein Gefühl, in dem die Gewißheit der *Schuldlosigkeit,* die Ahnung einer gewissen *Egozentrik* und das *unbewußte Schuldgefühl* sich kreuzen. Das unbewußte Schuldgefühl aber liegt jenseits von Schuld und Unschuld im moralischen Sinn; über das Abwesende, Unbewußte kann man nicht rechten. Die Auflehnung des Infans gegen die das Realitätsprinzip durchsetzende Instanz ist sowohl ›berechtigt‹, da diese sich durch nichts als durch Gewalt begründet, wie auch ›unberechtigt‹, da sie nur dem Gesetz der kulturellen Ordnung gehorcht.[51] Paralyse und unbewußtes Schuldgefühl veranlassen Georg, sich in den Fluß zu stürzen, wohin »es« ihn treibt (ER 37); klagend, mithin anklagend[52], ruft er: »Liebe Eltern, ich habe euch doch immer geliebt« (ER 37). Also auch der toten Mutter und nicht allein dem Vater wird geklagt; es geht nicht um den Vater als Person, sondern um ihn als eine in Relation zur Frau stehende Instanz, um eine auf das Begehren bezogene Machtinstanz.

B. Zwei Verwandlungen — Andenken im Fleische

In den zwei humoristischsten Erzählungen Kafkas, dem BERICHT FÜR EINE AKADEMIE (von 1917) und der VERWANDLUNG (von 1912), wird sowohl der Eintritt in die symbolische Ordnung wie — spiegelverkehrt — der Austritt aus ihr zur Aporie erklärt. Gregor Samsa scheidet aus der Sphäre der Arbeit und Verständigung, der Welt der praktischen Fertigkeiten und der Sprache aus: »Haben Sie auch nur ein Wort verstanden?« (ER 73) fragt der Prokurist die Eltern Samsa, während der in ein »ungeheures Ungeziefer« (ER 64) verwandelte Gregor nur mehr ein »schmerzliches Piepsen« (ER 66) von sich geben kann. Sein Verwandeltsein will er indessen nicht wahrhaben; er glaubt, den »Achtuhrzug« noch erreichen zu können, und er hält sein tierisches Piepsen für verstehbares Sprechen: »Halten Sie sich nur nicht auf, Herr Prokurist; ich bin gleich selbst im Geschäft [...]«. (ER 72) Gregor ist das ›asoziale‹ Gegenbild zum sozial erfolgreichen Georg Bendemann im URTEIL; er übernimmt in radikalisierter Form die Rolle des im russischen Exil lebenden Freundes von Georg. Dies offenbar ungewollt, da sein Zustand sich sozusagen einer ›Naturtatsache‹ verdankt. Gregor ist aufgrund seiner ›Metamorphose‹ — wie der exilierte Freund — von jeder Kommunikation und jedem Berufserfolg abgeschnitten; zu einer Verlobung bzw. Familienbildung kommt es nicht: Ein »Stubenmädchen aus einem Hotel in der Provinz, eine liebe, flüchtige Erinnerung, eine Kassiererin aus einem Hutgeschäft, um die er sich ernsthaft, aber zu langsam beworben hatte« (ER 99) — sie vertreten in negativ-spiegelverkehrter Form die Stelle *Frieda Brandenfelds* (ER 29) (F.B.s) aus dem URTEIL. Ein Fetisch ziert stattdessen Gregors Zimmer. In einem »hübschen, vergoldeten Rahmen« hängt ein aus einer »illustrierten Zeitschrift« ausgeschnittenes Bild: »Es stellte eine Dame dar, die mit einem Pelzhut und einer Pelzboa versehen, aufrecht dasaß und einen schweren Pelzmuff, in dem ihr ganzer Unterarm verschwunden war, dem Beschauer entgegenhob.« (ER 64) Der familialen wie der sozialen Ordnung wird Gregor Samsa durch sein Tierwerden entrückt, während der Affe Rotpeter im BERICHT in sie einrückt. Dieser beginnt, was jener aufhört: zu kommunizieren. »Das erste, was ich lernte, war: den Handschlag geben« (ER 167); Rotpeter lernt zu sprechen (ER 173) und dadurch sich vom tierischen, »eigentümlichen« Wesen ins menschliche zu verwandeln, d.h., sich der symbolischen Ordnung der Kultur zu subsumieren.[53] Mimetisch erworbenes Geschick[54] und sprachlich erworbene Bildung — die »Durchschnittsbildung eines Europäers« (ER 174) — entrücken ihn der Sphäre, in die Samsa zurückfällt. Zuhause erwartet Rotpeter des Abends eine »kleine halbdressierte Schimpansin« (ER 174); die Begierde hat sich *nolens volens* dem Gesetz der familialen Ordnung unterstellt. Auch den kulturellen, nichtnatürlichen Essens- und Konsumtionsritualen unterwirft sich der Menschen-Affe, indem er Rauchen und Schnapstrinken lernt (ER 171), während Gregor Samsa sich diesen Ordnungen vollständig entzieht (ER 80, 82).

W.H. Sokel hat die »Verwandlung« als quasi psychosomatische »Weigerung«, »sich für die Familie weiter zu plagen«, gelesen und als eine durchs Fatum der ›Naturtatsache‹ maskierte und entschuldigte »Aggression« verstanden.[55] In der Tat versammelt die Darstellung des ›Verwandelten‹ im Sinne einer ›gleitenden Metapher‹ sukzessive zahlreiche Konnotationen, die auf eine Regression in infantile präödipale Zustände (der oralen und analen Phase) weisen. Damit wird die »Verwandlung« zur Verweigerung, zur bewußten Regression ins Unbewußte, zur »intentionellen Flucht aus der Gegenwart«, wie M. Foucault die psychopathologische Aktivität überhaupt bestimmte[56].

Aber Gregor erscheint nicht »*wie* ein ungeheures Ungeziefer, sondern er *ist* dieses Ungeziefer«[57]; die VERWANDLUNG ist »Metamorphose« und nicht »Metapher«, wie es bei Deleuze und Guattari heißt[58]. Daran ist festzuhalten, obgleich man davon ausgehen kann, daß die phantastischen und doch wie Realitäten präsentierten Phänomene sukzessive einen metaphorischen Sinn durchscheinen lassen. Eine Art Allegorese etabliert sich so aufgrund verborgener Konnotationen, eine »image onirique«[59] verbirgt sich hinter dem phantastischen Figurenspiel. So betrachtet, spaltet sich die Erzählung in eine bewußte und eine unbewußte Schicht; wie dem Menschen-Affen Rotpeter trotz seines Spracherwerbs die ›äffische‹, ›tierische‹ Natur nicht gänzlich verlorengeht, so kann umgekehrt der zum Tier gewordene Samsa nicht aufhören, mit sich zu sprechen und sich seinen Zustand zu verleugnen. Diese — das Humoristische der Darstellung begründende — Spaltung in ein bewußtes und ein unbewußtes Subjekt nimmt die Ich-Spaltung Josef K.s im PROZESS vorweg (dort ersetzt dann eine realistisch-psychologische Gestaltung die phantastisch-allegorische Tier-Mensch-Spaltung).

Die Regression Samsas hat den Charakter einer Anorexie — wie jene des HUNGERKÜNSTLERS, der »nicht die Speise finden konnte, die [ihm] schmeckt« (ER 193). Auch Samsa nimmt schließlich »fast gar nichts mehr« zu sich (ER 101) und spricht, als die Mutter eine »Schüssel Fleisch« serviert, zu sich: »Ich habe ja Appetit [...], aber nicht auf diese Dinge.« (ER 103) Als »es«, das »Ungeziefer«, »krepiert« (ER 109), »es«, das »Zeug«, mit dem »Besen« weggekehrt wird (ER 112, 110) und die Familie wieder auflebt und erstarkt, kommt bezeichnenderweise ein »Fleischergeselle mit der Trage auf dem Kopf« (ER 111) ins Haus. In einer ähnlichen Kontrast-Figur ersetzt im HUNGERKÜNSTLER ein »junger Panther«, dem die »Nahrung« »schmeckt« (ER 193), den im Käfig verendeten Artisten, und vertreibt in den FORSCHUNGEN EINES HUNDES ein »Jagdhund« den hungernden Artgenossen (ER 403 f.). Das »Fleisch« ist das Emblem des Vaters, wie der BRIEF mit seiner Opposition von Appetit und Appetitlosigkeit nahelegt (H 164); außerdem war der Vater des Vaters von Franz Kafka »Fleischhauer« von Beruf[60]. Das kann nur darauf hinweisen, daß die Anorexie Gregors mit der »symbolischen Kastration« zusammenhängt. Gregors Rückzug bedeutet, daß er im sozialen wie im privaten Bereich seinen ›Mann‹ nicht stehen kann und will; in der Tat treibt ihn die Übernahme der »Schuld« des Vaters gegenüber der Firma (ER 86, 65) in den Beruf — und somit in die »Verwandlung«; zum anderen sind es des Vaters ›Strafen‹ (ER 79, 96), die ihn physisch — oder psychisch? — vollends in die

Isolation treiben.

Im Gang der Erzählung führt der Verlauf der Regression von vorödipalen zu ödipalen Szenen (ER 95 f.); insbesondere die letzteren scheinen die »intentionelle Flucht« — die Alternative zu Georg Bendemanns Flucht nach vorn — zum Scheitern zu verurteilen. Es kommt zur Wiederholung der Urszene. Mit ihr wird die Zeit-Dimension der Erzählung in Frage gestellt: Regression und Anorexie — die »Verwandlung« überhaupt — scheinen eigentlich ein *Produkt* der (zeitlich nachgestellten) symbolischen Kastration zu sein. Die Motivation »von vorn« erweist sich als scheinhaft, sie wird überlagert von einer konnotativ verfahrenden Sinngebung ›von oben‹.[61] Der erste Schlag trifft Gregor wegen seiner oral-analen ›Vergehen‹: er verschüttet den Kaffee der Mutter. (ER 77 ff.) Das zweite (ödipale) ›Vergehen‹ steht im Zusammenhang mit der ›Venus im Pelz‹, obgleich diese Relation als rein zufällig und nebensächlich dargestellt wird. Die Sinngebung ›von oben‹ konstituiert sich allein mittels metonymischer und metaphorischer Verweise. Das Ungeziefer Gregor Samsa klettert nämlich geängstigt auf das Bild der Dame im Pelz. (ER 93) Die Mutter erscheint, erschrickt und fällt in Ohnmacht; scheinbar nur das ›Verwandeltsein‹ Gregors schockiert sie. Und scheinbar nur aufgrund ihrer Atemnot erscheint sie dann fast »entkleidet«, »die aufgebundenen Röcke einen nach dem anderen« verlierend, im Wohnraum, in welchem der Vater mittlerweile das »Ungeziefer« verfolgt und mit Äpfeln »bombardiert«. In »gänzlicher Vereinigung« mit dem Vater — nun versagt aber Gregors »Sehkraft« schon — bittet sie diesen um »Schonung von Gregors Leben«. (ER 96) Ein Apfel aber ist in Gregors »Rücken« eingedrungen und bleibt dort als »sichtbares Andenken im Fleische sitzen«. Die Attacke auf die mütterliche Dame in Pelzkleidung bzw. die damenhaften Kleider der Mutter, im Verein mit der Wahrnehmung der ›Urszene‹, die der Aphanisis, Verdrängung, Amnesie anheimfällt, führt zur symbolischen Kastration, deren physisch-psychische Zeichen unauslöschlich sind und schließlich den Tod Gregors bedingen bzw. beschleunigen. Es sind diese Zeichen die Signifikanten einer notwendigen kulturellen Ordnung, welche sich scheinhaft personalisiert im scheinbar überlegenen, scheinbar transgressiven Vater. Bezeichnenderweise ist dann die ›Kastrationswunde‹ Rotpeters — die Einschuß-Narbe »unterhalb der Hüfte« (ER 167) — nicht mehr direkt-familial, sondern sozial bedingt. Es geht um die gewaltsame Einführung ins Realitätsprinzip, das Gregor, anders als Rotpeter, flieht und nicht überlebt. Gregors anarchisch-infantile Verweigerung gegenüber der sozialen Welt der Arbeit wiederholt sich sozusagen in der Weigerung, die oralen, analen und ödipalen Fixierungen zu überwinden; zugleich erscheint die letztere auch als Grund der ersteren, d.h. als primärer Grund der »Verwandlung«. Der Zirkel schließt sich. Jene Schimpf-Metapher, aus welcher Kafka seine Erzählung entwickelt[62], vereinte bereits den sozialen mit dem privaten Aspekt: »Ungeziefer« nannte Herrmann Kafka die Freunde seines Sohnes, so z.B. den jiddischen Schauspieler Löwy (H 171). Das gleiche gilt für jenes Schimpf-Wort, das Kafka schon als Kind zum ›Anarchisten‹ stempelte: »Du bist ein Ravachol!« (J 126) Franz Kafka erkrankte, als er hörte, daß hier angeblich etwas wie ein »Verbrecher«, »Mörder« gemeint sei; aber auch nach der Genesung blieb das Schimpfwort noch wie ein Andenken »im Fleische« (ER 96) sitzen: »Der Name Ravachol wurde bei uns nie mehr ausgesprochen, aber er blieb in mir wie ein Stachel, oder besser gesagt, wie eine abgebrochene Nadelspitze, die durch den Körper wandert. Die Halsentzündung schwand, doch ich blieb ein innerlich angeschlagener Kranker, ein Ravachol [...]. Nichts haftet so fest in der Seele wie ein unbegründetes Schuldgefühl, denn man kann es — da es eben keinen realen Grund hat — durch keine Reue und keine Wiedergutmachung beseitigen.« (J 127 f.) Unfaßbar also ist dieser sich in unentwegten Verschiebungen entziehende Signifikant der ›Schuld‹, der Strafe, des Begehrens.

Die Zeichen der ›Schuld‹ sind Gregor Samsa freilich lange vor seiner Metamorphose eingegraben worden. Bezeichnenderweise arbeitet er weniger aus Gründen der Selbsterhaltung als aus Verpflichtungsgefühlen den Eltern bzw. dem Vater gegenüber, nämlich um die »Schuld des Vaters gegenüber dem Chef« abtragen zu helfen (ER 86, 65). Wieder erweist sich eine nur konnotierte, scheinbar überhaupt nicht intendierte Sinnschicht als die wesentliche. Die ›Schuld‹ des Sohnes gegenüber dem Vater wird zur ›Schuld‹ vor den sozialen Instanzen; die ›Schuld‹ des Vaters gegenüber den gesellschaftlichen Mächten bedingt umgekehrt erst die familiale, ödipale Schuldzuschreibung. Die sozialen Instanzen sind Substitute des Vaters und der Vater ist zugleich »Kondensat all jener Mächte, denen er sich unterworfen hat und denen sich zu unterwerfen er auch dem Sohn empfiehlt«.[63] Hinter dem »familiären Dreieck« stehen noch »sehr viel aktivere Dreiecke« der Repression.[64] Während im URTEIL das Geschehen familial begrenzt erscheint, trägt Kafka in der VERWANDLUNG das familiale Geschehen schon deutlich in die soziale Dimension ein. Das geschieht hauptsächlich durch die Figur des mahnenden Prokuristen, des Mittlers zwischen beiden Sphären: »Ich spreche hier im Namen Ihrer Eltern und Ihres Chefs [...]« (ER 71), äußert dieser; und es ist der »Stock des Prokuristen« (ER 78), mit welchem der Vater auf seinen Sohn bzw. das »Ungeziefer« einschlägt.

Die anarchisch-infantile Regression Gregors führt — wie umgekehrt der Usurpationsversuch des im Geschäft und in der Liebe tüchtigen Georg — in den Tod. Demgegenüber scheint der »Ausweg« (ER 169) des Affen Rotpeter im BERICHT — der »Menschenausweg« (ER 174) — erfolgversprechender zu sein. Die Existenz des »Varieté-Künstlers«, der sich abends mit der — tagsüber verbannten — »halbdressierten Schimpansin« (ER 174) trifft, stellt etwas wie einen Kompromiß zwischen anarchischer Verweigerung und reinem Opportunismus, zwischen Selbst- bzw. »Eigentümlichkeits«-Bewahrung und Aufgehen in Allgemeinen dar (H 227 ff.). Etwas ›Tierisches‹ bleibt dem menschgewordenen Affen erhalten, »kitzelt« ihn an der »Ferse« (ER 167), auch wenn es eine »Erinnerung« an die Freiheit des Naturstandes nicht gibt (ER 166 u. 168); ein Unbewußtes währt unterhalb des Bewußtseins — abwesend und doch wirklich — fort.

Aber ist nicht auch der »Ausweg« Schein, bedeutet hier Menschsein nicht eine ironisch-satirisch karikierte Existenz der Anpassung und Enge? Führt nicht der »Käfig« des Zirkus Hagenbeck nur in einen anderen ›Käfig‹? Das durch Sprache und Nachahmung sich vermeintlich befreiende Wesen gerät nach

Maßgabe der DIALEKTIK DER AUFKLÄRUNG im Übergang von der Natur zur Kultur nur in neue Abhängigkeiten. Die Zwänge gehen vom Vergesellschaftungsprinzip generell wie von angedeuteten Herrschaftsstrukturen speziell aus; der quasi-allegorische Text läßt beides unbestimmt ineinandergreifen. Wer im »Zirkus Hagenbeck« ist verantwortlich für die Schüsse, die zur Gefangennahme führen und somit die Anpassungs- und Lernbegierde, die Sozialisationsbereitschaft des »Affen« erzwingen?

Kafkas BERICHT FÜR EINE AKADEMIE verdichtet ein phylogenetisches mit einem ontogenetischen, ein sozialhistorisches mit einem psychologischen Modell.[65] Die Narbe Rotpeters korrespondiert zweifellos mit jenem »sichtbaren Andenken im Fleische«, dem Mal in Gregor Samsas Rücken. Zwei Schüsse treffen den »Affen«; der eine hinterläßt sichtbar eine »rote Narbe« in der Wange und trägt ihm den Namen »Rotpeter« ein, der andere »frevelhafte« Schuß trifft ihn »unterhalb der Hüfte«, so daß man künftig dort »nichts« finden kann — als einen »wohlgepflegten Pelz« und eine »Narbe«. (ER 167 f.) Die reale Kastration[66] wird hier zum Bild der symbolischen; die Schamröte und die Röte der Scham sind die Signifikanten eines unaussprechbaren Signifikates, eines durch den Schnitt der symbolischen Kastration Abgetrennten und Exkommunizierten. Der Akt verleiht dem »Tier« einen Namen, welcher es in die symbolische Ordnung bzw. die Welt der Sprache integriert, bevor es noch durch Mannbarkeitsrituale und Sprechversuche vom Stadium der Repression in das der Identifikation zu gelangen sucht. Mit der Namensgebung wird der Affe Mensch, ist fortan gespalten in ein tierisches und ein sprechendes Wesen, ein unbewußtes und ein bewußtes Subjekt. Kein personal faßbarer Vater indessen führt hier von der Repression zur Identifikation, das Drama ist deutlich als soziales imaginiert: die symbolischen Väter, die kulturelle Ordnung überhaupt erklärt Kafka hier zur Ursache der Subjektwerdung.

Die Identifikation mit dem Anderen wird aber niemals das Gefühl des Beschädigtseins, Gefangenseins aufheben können. Zwar verzichtet der sich ins Realitätsprinzip Fügende auf die als illusionär erkannte »Freiheit nach allen Seiten« (ER 169), aber die Erinnerung an das nicht Erinnerbare »kitzelt« (ER 167) ihn gleichwohl, die »Sehnsucht nach dem Ganzen«[67] wird ihn nicht verlassen.

C. In der Strafkolonie — Die Einschreibung der Graphen des Gesetzes

> »Aus der alten Geschichte unseres Volkes werden schreckliche Strafen berichtet. Damit ist allerdings nichts zur Verteidigung des gegenwärtigen Strafsystems gesagt.« (H 325)

»Zur Erklärung dieser letzten Erzählung füge ich nur kurz hinzu, daß nicht nur sie peinlich ist, daß vielmehr unsere allgemeine und meine besondere Zeit gleichfalls sehr peinlich war und ist [...]« (Br 150). Dieser Satz Kafkas an Kurt Wolff umreißt das Interpretationsproblem, das sich in dieser — wenn man vom VERSCHOLLENEN von 1912 absieht — ersten sozialphilosophischen Geschichte des Autors stellt: Geht es um eine historische Parabel oder eine »subjektive Allegorie«, um einen symbolischen ›Gesellschaftsroman‹ oder eine apokryphe Privatgeschichte (die selbst vielleicht als gesellschaftliches Symptom oder gar als *pars pro toto* zu lesen wäre)? Oder ist der Gegensatz viel weitreichender und stellt die allgemeine, historische Zeit — seit des Moses' Rückkehr vom Sinai — der unseren, gegenwärtigen entgegen?

In einer polysemischen und teilweise paradoxen Metaphorik scheint sich dies alles verdichtet zu haben, scheint in einen ›privaten‹ Traum eingegangen zu sein. Erinnerungen an die Ursprünge der patriarchalisch-juridisch organisierten Gesellschaft tauchen darin wieder auf, wie auch »rezente«[1] Bilder zeitgenössischer Erfahrung um 1914.

So eröffnet die Erzählung im wesentlichen vier Bezugswelten: eine despotische und absolutistische (bzw. totalitäre), die aus den Bildern mittelalterlichen Strafrechts (und denen prophetisch antizipierten totalitären Standrechts) lebt; eine — besonders durch das Bild der elektrisch betriebenen Maschine nahegelegte — neuzeitliche; drittens eine private, familiale, psychologische und viertens eine theologische.

Die ›Streuung‹ der Verweise ist freilich weitreichender, als daß sie sich in diesen vier Direktionen erschöpfte. Die ›gleitende Metapher‹ überantwortet dem Leser, wie es Umberto Eco für das »offene Kunstwerk«[1a] behauptet, die produktive Aufgabe, die Leerstellen zu füllen und die Einzelheiten in ein Beziehungsgefüge zu stellen.

a) Die Bezugswelt der Despotie

Besonders darin, daß die Teilung der Gewalten in eine gesetzgebende, anklagende, verteidigende, richtende und vollziehende in der Erzählung aufgehoben ist, stellt sich ein Bezug zu den frühen Despotien, den magisch-klerikalen Fürstentümern des Mittelalters und zum Absolutismus her. In der Strafmaschine sah daher auch Ingo Seidler modellhaft das »vollkommene Bild des Absolutismus« entworfen.[2]

Bekanntlich ist der »alte Kommandant« der erste Urheber des Rechtssystems der Kolonie und des »Apparates«, der dem Verurteilten das »Gebot, das er übertreten hat«, als Urteil und zugleich als Strafe »auf den Leib« schreibt; er war »Soldat, Richter, Konstrukteur, Chemiker, Zeichner« in einer Person. (ER 117; E 205) Das Vergehen, das bei Ankunft des Reisenden gesühnt werden soll, besteht darin, daß der »Diener« des »Hauptmanns« das stündliche »Salutieren« vor der Tür des letzteren — als Ehrbezeugung und Zeichen der Bereitschaft zur »Bedienung« und »Bewachung« — verschlafen hat. (ER 118 f.) Dazu gehört auch noch seine Drohung gegen den ihn peitschenden Hauptmann: »Wirf die Peitsche weg, oder ich fresse dich.« (ER 119) Das Urteil, das er »mit seinen Wunden« zu entziffern hat (ER 122), ein Todesurteil wie alle Urteile, lautet »Ehre deinen Vorgesetzten!« (ER 117); der Verurteilte kennt sein Urteil nicht, er weiß auch nicht, daß er verurteilt wurde und hingerichtet wird; es gibt kein Gerichtsverfahren und keine Verteidigung, denn die »Schuld ist immer zweifellos« (ER 118); es gibt kein »vielköpfiges« Gericht, der »Offizier« und »Richter« führt Jurisdiktion und Exekution — nach Maßgabe des inzwischen verstorbenen »alten Kommandanten« — im Alleingang aus (ER 118 f.).

Vieles deutet hier auf das »Fest der Martern«, wie es Michel Foucault in ÜBERWACHEN UND STRAFEN beschrieben hat[3], d.h. die vom Souverän (als ›Stellvertreter Gottes‹) angeordnete Demonstration des Rechtes als der Macht, die Verkündigung und Vollstreckung des Gesetzes in Termini physischer Qual ohne Verteidigung und Beweisverfahren, die Brandmarkung oder Zerstörung der mit dem Vergehen in Zusammenhang stehenden Körperteile, die unproduktive Vernichtung des Täters oder seiner Kräfte. Diesem vergeltenden Strafrecht steht dann das moderne räsonierende und abwägende Gerichtsverfahren gegenüber und die auf Produktivität angelegte »bessernde« und »nützliche« Haftstrafe, die »politische Ökonomie« der Prävention und Resozialisation.

Züge dieses absolutistischen Strafrechts kehren wieder in der Diktatur und dem Totalitarismus, in welche die modernen Demokratien immer wieder umgeschlagen sind; auf sie wurde die STRAFKOLONIE stets bezogen. Schon Benjamin und Adorno sprachen von den prophetisch antizipierenden Zeichen Kafkas.[4] Nach W.H. Sokel nimmt die STRAFKOLONIE faschistischen, rassistischen und stalinistischen Terror vorweg, d.h. sozialen Sadismus und auch Masochismus.[5] W. Biemel denkt an totalitäre Erscheinungen in den beiden Weltkriegen[6]; B. Nagel bezieht sich etwas allgemeiner auf den »Terror totalitärer Systeme und Praktiken«[7]; H. Richter spricht personalisierend von »Perversität« und »Sadismus«[8]; K. Wagenbach bleibt in Kafkas Zeit und verweist auf Strafkolonien, von denen Kafka wußte, auf Neukaledonien, wo die Pariser Kommunarden interniert waren, auf die Teufelsinsel, wo Dreyfus, auf Sibirien, wo Dostojewskij interniert war[9].

Nimmt man also die STRAFKOLONIE zunächst als historische Parabel, die das Ende des Absolutismus inszeniert, so erweisen die vielen Neben-Bedeutungen diese Annahme als einseitig; schon die Prophezeiung der Wiederkehr des »alten Kommandanten« (ER 138) und der Hinweis auf das Beharrungsvermögen des alten Systems, darauf, daß sich »während vieler Jahre nichts von dem Alten wird ändern können« (ER 115), entziehen der Erzählung den Boden der Eigentlichkeit. Die Anspielungen auf den modernen ›Absolutismus‹ transformieren die Parabel vollends in die Metapher. Besonders das Bild der Straf-*Maschine* führt uns weg vom Mittelalter in die technisierte Welt.

b) Die neuzeitliche Gesellschaft als Bezugswelt

Die wenigsten Interpretationen verstehen es, die Welt der Strafkolonie als Bild einer ganz anderen Rechts- und Sozialstruktur zu nehmen, nämlich als ›Röntgenbild‹ der modernen, demokratischen, ›humanen‹ Gesellschaft, deren Sozialisationsverfahren, deren allseitige Kontrollen und Normierungen, deren Methoden restloser Ausschöpfung der Arbeitskraft usw. sich zu einer ›Strafmaschinerie‹ zusammenschließen, welche ihre Opfer lebenslang ab-tötet. Aber zweifellos sind auch die ›Einschreibeverfahren‹ der durchökonomisierten Disziplinargesellschaft[10] Gegenstand der Erzählung.

c) Die psychologische Bezugswelt

»Die Sinnschicht die höchste: Theologie. Die Erlebnisschicht die tiefste: Traum«, so hatte W. Benjamin zum PROZESS notiert[11]. Dazwischen liegt die ethische bzw. soziale Sinnschicht; von ihr waren wir ausgegangen. Natürlich taucht auch sie *innerhalb* des ›Traumes‹ auf, den die STRAFKOLONIE darstellt. Aber die »Traumschicht« führt tiefer: bis ins Unbewußte und die in ihm niedergeschriebenen und durch die Zeit weiterwirkenden Zeichen und Erlebnisse der Kindheit. Es gibt innerhalb der polysemischen und heterogenen Metapher der »Kolonie« Momente, die im Hinblick auf die soziale Dimension kontingent und sinnlos erscheinen und dann rückwirkend das Ganze als Traum oder Tagtraum erscheinen lassen, mithin es noch tiefer ins Licht des Symbolischen und Metaphorischen tauchen. Es sind dies das »Bett«, auf dem der »nackte« Verurteilte liegt (ER 116), der »Filzstumpf« (ER 116), an dem »mehr als hundert Männer im Sterben gesaugt und gebissen haben« (ER 125), der »warme Reisbrei«, der gereicht wird (ER 122), die »Zuckersachen«, welche die Damen des »neuen Kommandanten« dem Verurteilten zukommen lassen (ER 125), die Imagination von deren amourösem Spiel mit den »Fingern« des Reisenden (ER 131), die auf orale Aggressivität weisende Drohung des Verurteilten: »Wirf die Peitsche weg, oder ich fresse dich.« (ER 119) Früh hat H. Kaiser sie schon einer detaillierten (zuweilen sophistischen) Interpretation unterzogen.[12] Es geht, in unseren Termini gesprochen, um die Einschreibung der symbolischen Ordnung, des Gesetzes in den Körper und die Seele des Kindes, den symbolischen Vatermord und das Schuldgefühl, das Ende der Mutter-Kind-Dyade bzw. der oralen Phase. Daß diese Bezugswelt der sozialen wieder integriert werden kann, wird zu zeigen sein.

d) Die theologische Bezugswelt

Die theologische Interpretation ging im wesentlichen von der Idee eines Gottesgerichtes aus, der in der Erbsünde weitergegebenen Daseinsschuld, der Anspielung auf Gott und seinen ersten Gesetzgeber Moses in der Charakterisierung des »alten Kommandanten«, der magisch-klerikalen Idee des Fürsten »von Gottes Gnaden« oder der des Souveräns als des »Stellvertreters Gottes«.[13] Ihre Vermittlung mit der sarkastisch-satirischen Perspektive der Erzählung blieb weitgehend ungeklärt.

Der »offene« Verweiskomplex »Strafkolonie« erhält den Charakter einer ›gleitenden Metapher‹ dadurch, daß es zu Überlagerungen und Verdichtungen kommt, aber auch zu Sperrigkeiten, Heteronomien, wo die Kongruenzen nicht aufgehen. So gibt es bezüglich der absolutistischen Bezugswelt blinde Stellen — den »Filzstumpf«, das »Bett« und seinen Assoziationskontext, den »Brei«, die Assoziation an die »Apparate in Heilanstalten« (ER 116 f.) —, wo die Sinngebung stockt und so das ›Gleiten‹ der Metapher erzwungen wird. Auch ergibt das Bild der Maschinerie — ähnlich wie das der Bürokratie im SCHLOSS — keinen Sinn in bezug auf einen mittelalterlichen Rechtskodex, so daß dieser Kontext insgesamt metaphorischen Charakter erhält; indem aber der Erzählung der Boden der *Eigentlichkeit* entzogen wird, verliert der angedeutete historische Umschwung, der einsetzt mit dem »neuen Kommandanten« und seinen »Damen«, seinen eindeutigen Sinn. Man muß nun dem zeitlichen Verlauf und dem Umschwung eine andere, uneigentliche Bedeutung abgewinnen. Das Verfahren erinnert an die Verdichtungen und Mischgebilde des Traumes, die keiner linear-zeitlichen, empirischen, kausalen und rational-logischen Grammatik gehorchen, deren ›mythische‹ Ordnung aber sehr wohl Analogien, metonymische Zusammenhänge und logische Relationen (und, entweder — oder, wenn — dann, weil, obgleich usw.) — nur mit anderen Sprachmitteln — zum Ausdruck zu bringen vermag.[14] Wo nun eine Analogiekette und ihr logischer Sinnzusammenhang zerbricht, dort eröffnet sich eine Sinnlücke, aus der die Metapher hinübergleitet in ein anderes Bezugsfeld (in welchem sie auch eine neue *logische* Ausdeutung erheischt). Wir versuchen im folgenden die verschiedenen Bezugswelten der Metapher, welche sich im Syntagma der Erzählung *ineinander* verflechten, voneinander zu isolieren, also paradigmatisch — und nicht syntagmatisch-linear (wie später bei der Analyse des PROZESSES) — zu verfahren.

I. Die Bezugswelt der Despotie (Körper, Mal, Schrift)

Das Gesetz gilt, anders als der Vertrag, auch für Dritte.[15] Es ist schon in Kraft, wenn K. ans Schloß gelangt, wenn Josef K. es zu erkunden beginnt und Karl Roßmann Bekanntschaft mit ihm macht. »Es ist wirksam, ohne erkannt zu sein. Es definiert einen Bereich der Irre, in dem man schon schuldig ist und die

Grenzen schon überschritten hat, bevor man es überhaupt kannte: wie Ödipus. Und nicht einmal durch Schuld und Strafe erfahren wir, was dies Gesetz sei, sondern sie lassen es in der gleichen Unbestimmtheit, die gerade als solche der äußersten Genauigkeit der Strafe entspricht. Kafka hat diese Welt zu beschreiben gewußt.«[16] So paraphrasiert G. Deleuze die Kafkasche Erfahrung der Ratlosigkeit.[17]

»Unsere Gesetze sind nicht allgemein bekannt, sie sind Geheimnis der kleinen Adelsgruppe, welche uns beherrscht«, heißt es dementsprechend in ZUR FRAGE DER GESETZE. (ER 360; B 91) Mit »Gesetz« scheint hier die Logik gemeint zu sein, die *hinter* dem juridischen Gesetz steht; das ›Gesetz‹ seiner Anwendung und Veränderung — das zu beurteilen »noch Jahrhunderte« (ER 361) der Beobachtung voraussetzt —; die Bedingungen seiner je verschiedenen Interpretation; die von »Erhebungen hier und dort« abhängige Konstruktion des »Tatbestandes«, wie es in den FÜRSPRECHERN heißt (ER 370); die nichtjuridischen Normen faktischer oder ideologischer Art; all die extrajuridischen Kräfteverhältnisse und Machtdispositive[18], einschließlich der Imponderabilien und Zufälle sowie der Schicksale des Individuums (z.B. psychischer oder physischer Natur), d.h. einschließlich der kontingenten Momente in ihrer Relation zu den sozialen Normen.

Karl Roßmann im VERSCHOLLENEN eckt an diesem »Gesetz« immer wieder an, Josef K. im PROZESS lernt es niemals kennen, K. im SCHLOSS nimmt den Kampf mit ihm, dem unbekannten, auf.

Lernt es aber nicht der »Verurteilte« der STRAFKOLONIE kennen, »entziffert« er nicht das Urteil »mit seinen Wunden« (ER 122)? So scheint sich auch Deleuze zu widersprechen, wenn er — mit Guattari — behauptet, in der STRAFKOLONIE schreibe die »Strafe« das »Urteil und die Vorschrift«[19]; in »Kafka — Pour une littérature mineure« heißt es: »[La] loi ne peut donc s'énoncer que dans une sentence, et la sentence ne se peut s'apprendre que dans un châtiment«.[20] An anderer Stelle steht folgendes: »Die berühmten Texte im PROZESS (dazu die Erzählungen IN DER STRAFKOLONIE, BEIM BAU DER CHINESISCHEN MAUER usw.) präsentieren das Gesetz als reine Leerform, ohne jeden Inhalt und ohne erkennbaren Gegenstand: Es erscheint nur als Urteilsspruch, und dieser wird nur in einer Strafe erkennbar.«[21] Ist dies Gesetz als Leerform *unerkennbar* oder ist es an der Strafe und dem Urteilsspruch *erkennbar*? Der Widerspruch läßt sich auflösen, wenn man von zwei Formen des »Erkennens« ausgeht: einem Wissen *ante* und einem *post festum*, einem normativen und einem nur individuell erlangbaren Wissen. Ein normatives Vorherwissen gibt es bei Kafka so wenig wie in seiner Lieblingsnovelle MICHAEL KOHLHAAS; nur die lebenslangen Kollisionen mit den Mächten der Realität bzw. den Realitäten der Macht machen das »Gesetz« fühlbar und individuell erfahrbar, »erkennbar«. Dieser Prozeß beginnt mit den Konflikten im Verlauf der Sozialisation, so im VERSCHOLLENEN, und er führt im Grunde bis zum Tod, so in den beiden anderen Romanen.[22] In der STRAF-KOLONIE scheint daher auch die 12-stündige »Einschreibung« des Urteils als Strafe, der Strafe als Urteil in metaphorischer Weise auf die lebenslangen, täglich wiederholten Kollisionen mit dem Realitätsprinzip hinzuweisen. Auf jeden Fall gibt es für den »Verurteilten« nur ein *nachträgliches* »Erkennen«, nachträglich erkennt er die Grenzen der Belastbarkeit seiner Natur, seiner natürlichen Existenz, denn sein ganzes Vergehen besteht darin, das »Salutieren« »verschlafen« zu haben (ER 118). Dies ist ein Vergehen, ein Unrecht, wie es ein Vergehen gegen die Liftordnung ist, wenn Karl Roßmann seinen Aufzug im Hotel Occidental »ohne Erlaubnis« für einen Moment verläßt (A 195 f.); aber es ist ein Unrecht *innerhalb* bestimmter Rechtsverhältnisse, solcher, die sich nur durch ihre Faktizität rechtfertigen: *auctoritas, non veritas facit legem*.[23] Die Macht ist nicht Mittel des Rechts, das Recht ist Mittel der Macht. »Rechtszustände« seien immer nur »Ausnahmezustände«, schreibt Nietzsche in der GENEALOGIE DER MORAL[24]. *»An sich* von Recht und Unrecht reden entbehrt alles Sinnes«, denn »Gerechtigkeit [...] ist der gute Wille unter ungefähr Gleichmächtigen, sich miteinander abzufinden [...] und, in bezug auf weniger Mächtige, diese unter sich zu einem Ausgleich zu zwingen.«[25] Das ist einer Theorie der willentlichen Übereinkunft, einer *volonté générale* und des sie begründenden Staatsvertrages, einer Dialektik gegenseitiger Anerkennung (von Rousseau über Hegel zu Habermas führend) diametral entgegengesetzt.[26] Von dieser Tradition rückt auch M. Foucault ab, wenn er die Macht als eine Ordnung »vielfältiger Kraftverhältnisse«, als ein »Spiel ungleicher und beweglicher Beziehungen« begreift[27]; das »Gesetz« habe in ihm den Charakter einer »Endform«, die mannigfaltige Machtrelationen nur über- und verdecke[28]. Nur dadurch also, daß man diesen Kräfteverhältnissen und Machtströmen ausgesetzt wird, werden diese ›fühlbar‹, wird ihr ›Gesetz‹ ›erkennbar‹. Den Gedanken Foucaults entspricht durchaus dasjenige, das Kafka unter dem Namen »Gesetz« zu erfassen versucht hatte. Diese Vokabel »Gesetz« — sie ist keineswegs wörtlich zu nehmen, sondern muß uneigentlich verstanden werden — zielt auf den extrajuridischen Untergrund des Juridischen.

Das Urteil »Ehre deinen Vorgesetzten!« (ER 117), das dem Verurteilten ›einzuprägen‹ und ›einzuschärfen‹ ist, erscheint daher wie eine ironische Umschreibung des Hobbes'schen Satzes, demzufolge die Autorität und nicht die Wahrheit das Gesetz diktiert. Nur in der Strafe, d.h. in der Erfahrung der Machtverhältnisse, tritt es in Erscheinung. In diesem Sinne ist auch die Rede des Gefängniskaplans im PROZESS zu deuten: »Man muß nicht alles für wahr halten, man muß es nur für notwendig halten« (P 264). Demnach scheint der »Prozeß« auch Josef K. zu einem »Erkennen«, d.h. einem ›Anerkennen‹, in welchem der Wille bricht, zu führen: »Soll ich nun zeigen, daß nicht einmal der einjährige Prozeß mich belehren konnte?« (P 269)

Das Gesagte gilt fürs Mittelalter so gut wie für die Neuzeit, in welcher das Juridische durch die extrajuridischen Normen, Disziplinen und Kontrollen überlagert wird.[29] Aber besonders das Bild des Alleinherrschers (des absoluten Souveräns), das Fehlen eines Beweisverfahrens und einer Verteidigungsmöglichkeit, die »Zweifellosigkeit« der »Schuld« (ER 118), die ganz auf den Körper sich richtende Strafe und die aufs Vergehen physisch genau abgestimmte Vergeltung erinnern an das öffentliche »Fest der Martern«, das im Mittelalter und im Absolutismus zur Feier und Demonstration der Macht des Souveräns aufgeführt wurde.[30] Die Folter hatte das Schuldbekenntnis zu »erzeugen«.[31] Eine

»politische Anatomie des Körpers« befahl die genau codierte Brandmarkung, Abstrafung, Hinrichtung.[32] (Die »Peitsche« des »Hauptmanns« (ER 119) ist wohl als ein Moment dieses Codes, dieser »Einschreibung« zu verstehen.) Die *Qualität* der Strafe (nach der Logik des Gebrauchswerts) und nicht ein egalitäres, in Zeit und produktiver Arbeit gemessenes Straf*quantum* (nach der Logik des Tauschwertes) bestimmte das Strafrecht.

In der STRAFKOLONIE weist die Metapher der Schrift — des »Zeichners« der Maschine (ER 115), der vom »alten Kommandanten« entworfenen Kalligraphien (ER 121) — deutlich aufs Verhältnis von Marter und Sprache, Körper und Gesetz. Nietzsche hatte über die Vorgeschichte des Menschen und seine »Mnemotechnik« — deren Herausbildung »niemals ohne Blut, Martern, Opfer« (»Erstlingsopfer«, »Kastrationen«, »grausamste Ritualformen«) abgegangen sei — geschrieben: »Man brennt etwas ein, damit es im Gedächtnis bleibt: nur was nicht aufhört, *wehzutun*, bleibt im Gedächtnis«.[33] Der Ethnologe P. Clastres scheint ihm da zu folgen: Bei den sogenannten primitiven Völkern habe das Eintätowieren, Einbrennen und Einschneiden bestimmter Male bestimmte soziale Funktionen: »Die Narben auf dem Körper sind der eingeschriebene Text des primitiven Gesetzes, und in diesem Sinne sind sie eine *Schrift auf dem Körper*«.[34] So werde der »Körper« zum »Gedächtnis«: »Die Schrift ist für das Gesetz, das Gesetz wohnt in der Schrift.«[35] Es muß auch das, was Frazer das »Urgesetz« der Menschheit nannte, das Inzesttabu, durch schmerzhafte Initiationsriten und Einschreibungen festgeschrieben worden sein.[36] Was Lévi-Strauss bezüglich seines Referenzmythos der MYTHOLOGICA (der Geschichte des »Vogelnestaushebers« Geriguiguiatugo, welcher sich eines Inzestes schuldig macht und hart gestraft wird) von den Initiationsriten der Bororos schreibt, bestätigt unsere Vermutung.[37]

Clastres scheint daran zu denken, daß diese vorgeschichtlichen Einschreibungen *fortwirken* bzw. in anderer Form *wiederholt* werden, denn er zitiert Kafkas STRAFKOLONIE in seinen Ausführungen.[38] Nach Clastres geht es bei den Primitiven aber zunächst um eine Einschreibung von »Graphemen«, nicht um eine Niederschrift von Gesprochenem, nicht um eine Lautschrift — die existiert ja nicht. Daher seien diese »Gesellschaften in der Tat Gesellschaften ohne Schrift, aber nur insofern die Schrift zunächst das losgelöste, ferne, despotische Gesetz anzeigt, das Gesetz des Staates.«[39] Es ginge den »Gesellschaften gegen den Staat« — der deutsche Titel »Staatsfeinde« ist eine irreführende Übersetzung des Titels »La société contre l'État« — nämlich um die Verhinderung einer hierarchischen Gesellschaftsstruktur, einer Abschöpfungsgesellschaft, einer auf Mehrarbeit und Herrschaft gegründeten Gesellschaft, um die Verhinderung des »die Ungleichheit begründenden und garantierenden Gesetzes«.[40] Die Male auf den Körpern besagten daher auch: »du bist nicht weniger wert als ein anderer, du bist nicht mehr wert als ein anderer« und »du sollst nicht den Wunsch nach Macht haben, du sollst nicht den Wunsch nach Unterwerfung haben«.[41]

Dies kehrt sich natürlich in den Despotien um, die mit den Azteken, Mayas und Inkas heraufzogen oder auch in Ur, Memphis oder Knossos erstanden.[42] Nun wird das Gesetz über Steine, Tafeln, Münzen und Papier verkündet und

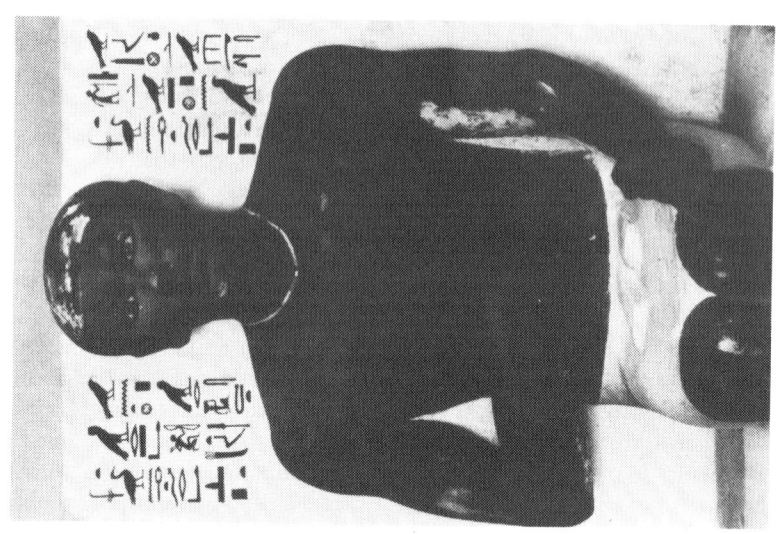

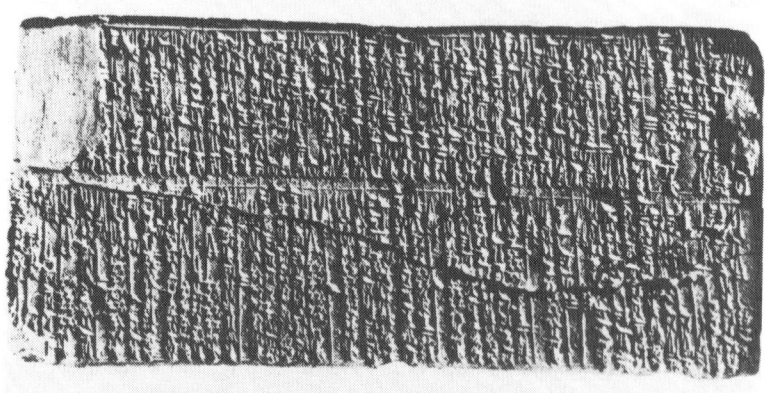

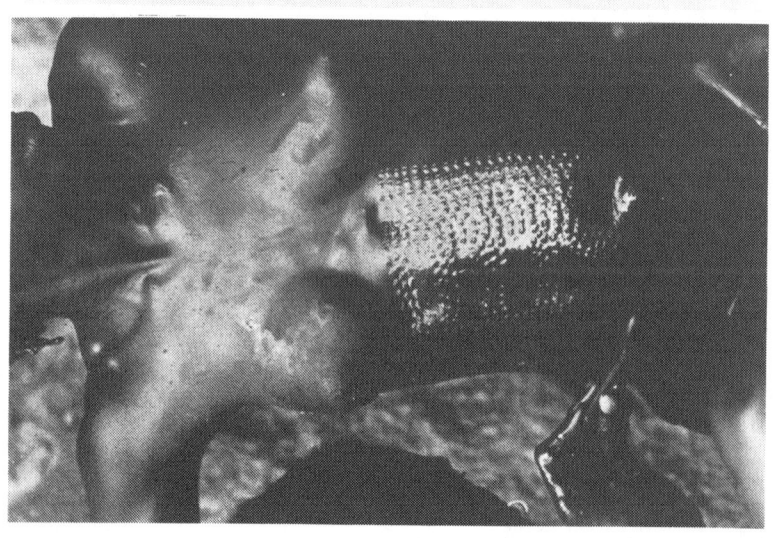

Abbildung 2

verbreitet bis an die Peripherien der Machtpyramide.[43] *Auf dieses Gesetz und seine — mosaischen — Tafeln* scheint die »Schrift« des »alten Kommandanten« der STRAFKOLONIE zu verweisen. (Das Gesetz *hinter* dem Gesetz ist darum aber noch keineswegs »bekannt«).

Die Strafe hat nun dieses Gesetz zu bekräftigen, ihr fällt die »mnemotechnische« Aufgabe zu; sie begleicht Rechnungen, denn der »*Schmerz des Schädigers*« gilt als »Äquivalent« der Schuld bzw. des angerichteten Schadens.[44] Die »harten Maßnahmen und qualvollen Verfahren [hatten] nur den einen Sinn, den Menschen zu *dressieren,* ihn tief ins Fleisch zu kennzeichnen [...], ihn in der Beziehung Gläubiger — Schuldner auszubilden [...]«.[45] Aber im hierarchischen Staat geht es nun um unlösbare Abhängigkeiten und endlose Abgaben, so daß sich die Schuld gegenüber der Sozietät zur Schuld gegenüber dem Despoten oder Souverän verkehrt; sie wird einem »ungeheuren Räderwerk« eingefügt, das sie »zur unendlichen umwandelt«.[46] »Ehre deinen Vorgesetzten!« (ER 117) ist daher das oberste Gebot der Despotien; der Satz: »Die Schuld ist immer zweifellos« (ER 118) reflektiert in diesem Kontext, daß die »Schuld« in den ›unendlichen Schulden‹ besteht, also letztlich auch unerkennbar, »unbekannt« (ER 360) ist.

Was dem Verurteilten der STRAFKOLONIE eingeschrieben wird, scheint demnach weniger eine bestimmte Strafe für eine bestimmte Schuld zu sein als vielmehr das »Gesetz« generell (das ja durch die Strafandrohung wirkt, durch die innerliche Antizipation der Strafe); das Dasein überhaupt ist eine ›Schuld‹ geworden. Deshalb ist das Vergehen des »Verurteilten« der ›Straf-Kolonie‹ eine *quantité négligeable.* Auch im SCHLAG ANS HOFTOR führt eine winzige Geste zur lebenslangen Gefangenschaft des ›Schuldners‹. (ER 344 f.)

Die Gleichung, nach der die Strafe ein Äquivalent der Schädigung ist, scheint der Oberfläche des Äquivalententausches nachgebildet zu sein. Aber der oberflächlichen Gleichheit ist ja eine fundamentale Ungleichheit vorgeordnet. Der Begriff der Schuld scheint dem des Tausches eher vor- als nachgeordnet zu sein.[47] Das Paradoxe und Mystifizierende des Schuld-Begriffs (Tausch- und Gewaltprinzip, Gleichheit und Ungleichheit werden in ihm nicht auseinandergehalten) bildet die Grundlage des irrationalen Begriffs der Existenz-Schuld, der sich herausbildet im Anschluß an die monotheistische Gottesvorstellung und die Idee des Königtums »von Gottes Gnaden«.[47a] In der STRAFKOLONIE ist dies alles mitgedacht. Die »Schuld«, die »immer zweifellos« ist, bezeichnet 1) schlichtweg die Abhängigkeit des »Verurteilten« vom »Hauptmann«, den es zu »bedienen« gilt, 2) die Abhängigkeit vom ›ersten Urheber‹ des Systems und der Maschine (dem »alten Kommandanten«) und 3) die von dessen ›Stellvertretern‹ (dem »Offizier« und in gewissem Sinn auch dem »neuen Kommandanten«). Entsprechend heißt es einmal bei Kafka (die Stelle schließt sich — im Manuskript — an den Text ZUR FRAGE DER GESETZE an): »Ein Mann bezweifelte die göttliche Abstammung des Kaisers, er behauptete, der Kaiser sei mit Recht unser oberster Herr, bezweifelte nicht die göttliche Sendung des Kaisers, die war ihm sichtbar, nur die göttliche Abstammung bezweifelte er. Viel Aufsehen machte das natürlich nicht; wenn die Brandung einen Wassertropfen ans Land wirft, stört das nicht den ewigen Wellengang des Meeres, es ist vielmehr von ihm bedingt.« (H 325) Das Gesetz ist ›sakrosankt‹ und unumstößlich, so daß es nun transzendentalen Charakter zugesprochen bekommt. Realer Gewalten bedarf es jetzt gar nicht mehr; eine symbolische Funktion tritt an ihre Stelle, wie die CHINESISCHE MAUER zeigt: »Der Kaiser als solcher« ist »groß durch alle Stockwerke der Welt«; der lebendige aber, »ein Mensch wie wir, liegt ähnlich wie wir auf einem Ruhebett [...]«; alles Denken gilt dem Kaiser, »aber nicht dem gegenwärtigen«. (ER 339 f., B 77) »Längst verstorbene Kaiser werden in unseren Dörfern auf den Thron gesetzt [...]«. (ER 341; B 79) Der Kaiser bleibt in »unüberbrückbarer Distanz«.[48]

Die reale und andererseits auch symbolische Einschreibung führt daher in der STRAFKOLONIE zu einer doppelsinnigen, einer weltlichen und religiösen »Erkenntnis«: »Wie still wird dann aber der Mann um die sechste Stunde! Verstand geht dem Blödesten auf. Um die Augen beginnt es.« (ER 122)[49] Sechs Stunden dauert der Prozeß der »Erkenntnis«, »Verklärung« und »Erlösung«. (ER 126, 137) Die »Erkenntnis« besteht in der gebrochenen Willens vollzogenen Anerkenntnis der bis ins Transzendente hinein verlängerten Über-Macht. In den von Foucault berichteten Protokollen über die Vierteilung Damiens, der — vielleicht — sich des Vatermordes schuldig gemacht hat, wird erzählt, wie der Gemarterte das Kruzifix der Beichtväter küßt und immer wieder »Verzeihung, Herr!« ausruft.[50]

Die bürgerliche Epoche führt zu einer weiteren Verinnerlichung und Vergeistigung der »unendlichen Schuld«, die sich dann auch verquickt mit dem ödipal bedingten Schuldgefühl, dessen Nährboden die moderne, scheinbar dem gesellschaftlichen Konnex entzogene Kleinfamilie darstellt.[51] Die psychologische Traum-Schicht der STRAFKOLONIE bildet auch diese Beziehung ab, die Imago des (imaginären) Despoten verbindet sich mit der des Vaters. Kafka überlagert die Weltalter, er deutet auf die in der Geschichte anwesende Vorgeschichte; in »Weltaltern« denke Kafka, so hatte W. Benjamin geschrieben[52].

Eine Art Archäologie legt das Vorgeschichtliche an der Geschichte, das Fundament des Gegenwärtigen, den unbewußten Grund des »gegenwärtigen Strafsystems« (H 325) frei: Das System des »alten Kommandanten« begründet durchaus das des liberaleren »neuen Kommandanten«, genau wie im SCHLOSS das feudale das bürokratische begründet. Das Vergangene währt im Gegenwärtigen fort. D.h., traditionale und charismatische Herrschaftsformen bleiben hinter der Fassade des Legalen bestehen.[54] Zwar hält der »Reisende« nicht die Schuld des Verurteilten, sondern die »Ungerechtigkeit des Verfahrens und die Unmenschlichkeit der Exekution« für »zweifellos« (ER 124), aber sein müder Protest und seine Flucht beglaubigen die Richtigkeit der »Prophezeiung«, »daß der Kommandant nach einer bestimmten Anzahl von Jahren auferstehen [...]« (ER 138) werde. Der Grabstein mit dieser Prophezeihung befinde sich im »Teehaus« am »Hafen«, heißt es in einer Allusion auf die Entstehung der bürgerlichen Öffentlichkeit und des bürgerlichen Handels und Verkehrs.[55] Auch die amourösen »Damen« des »neuen Kommandanten« (ER 125, 132) gehören in diesen Kontext; ironisch wird auf den bürgerlichen Humanitätsgedanken angespielt, auf die künftige Bedeutung der Familie und der Rolle der Mütter. Aber sowohl ein Weiterwirken der alten Mächte deutet sich an wie auch eine plötzliche, putschistische »Auferstehung« derselben, wie es die totalitären Systeme und Praktiken des 20. Jahrhunderts in der Tat bedeuteten und bedeuten.

II. Die neuzeitliche Gesellschaft
   (Seelen, Zeichen, Maschinen)

> »RÜHMT euch, ihr Richtenden, nicht der entbehrlichen Folter
> und daß das Eisen nicht länger an Hälsen sperrt.
> Keins ist gesteigert, kein Herz —, weil ein gewollter
> Krampf der Milde euch zarter verzerrt.«[56]

»La letra con sangre entra« heißt ein Sprichwort, über das F. Ferrer in DIE MODERNE SCHULE, Berlin 1923, berichtet.[56a] Im 18. Jahrhundert werden, M. Foucault zufolge, in den Zentren der modernen Disziplinargesellschaft, in Schule und Kaserne, Disziplinarstrafen eingeführt: »Der erwartete Besserungseffekt resultiert weniger aus Sühne und Reue als vielmehr direkt aus der Mechanik einer Dressur. Richten ist Abrichten.«[57] Aus der individuellen Beurteilung des einzelnen, seiner Examinierung, der Dokumentierung seiner Geschichte konstituiert sich eine ungeheure »Schriftmacht«[58]. Das Körpermal und die Marter werden abgelöst durch »Hemmzeichen« und regulierende Signale und Symbole.[59] Die Körper bzw. die so konstituierten Seelen werden ›beschrieben‹, wie andererseits Zeugnisse, Dokumente, Protokolle, Karteikarten usw. die Individuen registrieren und bürokratisch verwalten.

Auch darauf scheint, nun deutlich im metaphorischen Sinne, das ›Einschreibeverfahren‹ der STRAFKOLONIE gemünzt zu sein.

Die Sozialisation bekommt sozusagen den Charakter einer universalisierten Prävention. Foucault geht davon aus, daß die gesamte Gesellschaftsmaschinerie sich nach dem Modell des neuen Strafrechts formiert. An die Stelle der Marter ist die »politische Ökonomie« oder »politische Anatomie« einer Nützlichmachung der Körper durch Disziplin, Dressur, Gedächtnisbildung, Verschriftlichung, Zeitplanung und Kontrolle getreten, die ökonomisch kalkulierte Einwirkung auf die Körper und Seelen der Individuen, auf das, was »sie sind, sein werden, sein können«.[60] Das gilt für das Gefängnis mit seiner egalitären, produktiven, in Zeit gemessenen Einheitsstrafe der Haft[61], aber genauso für Familie, Schule, Kaserne, Fabrik und Klinik.[62] Die »zwölf Stunden« der Einschreibung (ER 121) in der STRAFKOLONIE — wir lesen sie wieder als »offenes Kunstwerk« — reflektieren auch die Erfahrung dieser allseitigen Kontrolle und Verschriftlichung. Mit dem »Panoptismus« der Überwachung »formiert sich ein Wissen, das Techniken und ›wissenschaftliche‹ Diskurse einschließt und sich mit der Praxis der Strafgewalt verflicht.«[63] Die Macht ist nun keine »Sache« mehr, sondern eine »Maschinerie«: »Zwar gibt ihr der pyrami-

Abbildung 3

denförmige Aufbau einen ›Chef‹; aber es ist der gesamte Apparat, der ›Macht‹ produziert [...]«[64]. Der mikrophysisch funktionierenden Machtmaschinerie steht nun kein »Souverän« mehr vor; aber dieser war doch Voraussetzung der Entwicklung; er lebt als *imaginäres Zentrum* des Ganzen fort, seine Macht hat sich gewissermaßen sedimentiert in den neuen transversalen Machtbeziehungen und Kraftverhältnissen, und sie taucht — das könnte man mit Deleuze und Guattari den Foucaultschen Befunden entgegenhalten — doch im hierarchischen und patriarchalischen Aufbau der ubiquitären Machtdispositive wieder auf.[65] Freilich ist der »alte Kommandant« tot in der STRAFKOLONIE, aber er hat seinen Machtapparat hinterlassen. So haben auch die »Kuriere« keinen »König« über sich, aber fühlen sich gebunden an den »Diensteid«. (H 90) Deshalb gilt immer noch: »Das einzige, sichtbare, zweifellose Gesetz, das uns auferlegt ist, ist der Adel [...]« (ER 362).

Innerhalb der Gesellschaftsmaschinerie spielt die Maschine selbst eine zentrale Rolle. Kafka hat als »Reisender« im Auftrage der Arbeiter-Unfall-Versicherungsanstalt Inspektionen von Unternehmen durchgeführt, um Unfallverhütungsmaßnahmen zu kontrollieren; er hat Beschreibungen von Planhobelmaschinen, Vierkantwellen und Fräsköpfen verfaßt[66]. Der Arbeitsunfall an der Maschine mag ihm zum Sinnbild für das Leben unter der Maschine überhaupt geworden sein. Damit wäre der Folter-Apparat der STRAFKOLONIE auch ein Bild der Maschine im wörtlichen Sinne: die Maschine wird zur Allegorie der Maschine.

Das Leben unter der Maschine beruht nur scheinbar auf einem gerechten Äquivalententausch ›Leistung gegen Lohn‹. Der Arbeitsvertrag, nach welchem der Arbeiter seine Arbeitskraft frei verkauft, basiert auf einem vorausgesetzten Machtgefälle, dem Besitz an Produktionsmitteln einerseits und der Besitzlosigkeit andererseits; es ist dies das historische Erbe einer primären Akkumulation, einer vorangegangenen und nachwirkenden »Kommandantur«. In diesem Erbe sind »Rechtszustände« immer noch »Mittel, *größere* Macht-Einheiten zu schaffen«[67], ist »Gerechtigkeit« immer noch der Wille, »in bezug auf weniger Mächtige, diese unter sich zu einem Ausgleich zu *zwingen*.«[68] Der gerechte Tausch ist — nach Marx — nur der »oberflächliche Prozeß, unter dem aber in der Tiefe ganz andre Prozesse vorgehn, in denen diese scheinbare Gleichheit und Freiheit der Individuen verschwindet.«[69] »Nach geschlossenem Handel wird entdeckt, daß er [der Arbeiter] ›kein freier Agent‹ war, da die Zeit, wofür es ihm freisteht, seine Arbeitskraft zu verkaufen, die Zeit ist, wofür er gezwungen ist, sie zu verkaufen [...]«[70]. Das Erbe der Herrschaft geht in die versachlichte Herrschaft der Logik der Mehrwertproduktion ein. Ein ›Todesurteil‹ schreibt dem Produzenten die ihm entfremdete Maschine lebenslang auf den Leib. In Parenthese sei daran erinnert, daß ein englischer Fabrikakt 1833 die Arbeitszeit der 13- bis 18-Jährigen auf zwölf Stunden begrenzte.[71] Die zwölf Stunden der Marter (ER 122 f.) scheinen jedenfalls auf den *ad infinitum* wiederholten Arbeitstag zu verweisen.[72]

Auf das Leben unter der Maschine läßt sich daher auch beziehen, was in der STRAFKOLONIE über Schuld und Recht, Gerichtsverfahren und Strafe ausgesagt ist: In der Welt der Antinomie von Arbeit und Kapital ist die »Schuld«

des Verurteilten »immer zweifellos« (ER 118), ein Rechtsverfahren über die *Voraussetzungen* dieses »Urteils« ist ausgeschlossen; im Banne eines Mythos (einer ›zweiten Natur‹) handeln hier die Subjekte, die nicht mehr *als* Subjekte Recht und Gesetz beherrschen: »Strafe«, »Urteil« und »Schuld« lernen die »Verurteilten« ja ausschließlich erst im Prozeß der »Einschreibung« kennen, erkennen, ›anerkennen‹. Es geht auch hier um die »Schuld« in dem Sinn, den Nietzsche ihr gegeben hat: um die von der Macht gesetzten »Schulden«.[73] Auf diesen Sinn beziehen sich Deleuze und Guattari, wenn sie im ANTI-ÖDIPUS schreiben: »Bevor das Gesetz eine Scheingarantie gegen den Despotismus wird, ist es Erfindung des Despoten selbst: *es bildet die juristische Form, die die unendliche Schuld annimmt*«[74]; die späteren Folgen: »Diener der gierigen Maschine, Reproduktionsvieh des Kapitals, Verinnerlichung der unendlichen Schuld«[75]. Wie aber erfährt der »Schuldige« vom Gesetz, unter dem er lebt? »Wie in der Maschine der STRAFKOLONIE ist es die Strafe, die das Urteil und die Vorschrift schreibt.«[76] Dieser Satz kann nun umgekehrt und auf die STRAFKOLONIE zurückbezogen werden.

Noch immer gilt, daß der »Hauptmann« zu »bedienen« und zu »beschützen« ist, und weiterhin gilt ein — nun sozial-psychologisch differenzierterer — Ehren- und Respekt-Kodex: das »Salutieren«. (ER 118 f.)

Was nun die Rechtsprechung selbst betrifft, so gibt es durchaus einen Sinn, einen metaphorischen Sinn allerdings, daß in der Strafkolonie keine gerichtlichen Verhandlungen stattfinden; die Schuld ist »zweifellos«: dieses Axiom bedeutet, daß die sozialen Normen und ihr juristischer Codex keine Gegenstände des Zweifels darstellen und als solche einem Rechtfertigungsverfahren unterzogen werden dürften. Damit ist *a priori* das Urteil gegen Delinquenten, die durch ihre Taten das Normensystem in Frage stellen, gesprochen. Ein Gerichtsverfahren, das bis zum Begründungsprinzip der Gesellschaft vorstoßen würde, existiert nicht. »Zweifellos« ist damit nicht allein die Aburteilung des Gesetzesbrechers, sondern sogar die Notwendigkeit von Vergehen, von *sozial bedingten Delikten* — insbesondere von Eigentumsdelikten. Das Rechtssystem als ein System von Macht-Gefällen legt fest, was als »zweifellose« Schuld zu gelten hat. Das Gerichtsverfahren wird damit zur Farce, die zu verschleiern hat, daß das Resultat des Prozesses im Prinzip schon feststeht. Aber Gesetzesübertretung und Loyalität, Extrem und Normalität, äußerer Zwang und innerer Zwang liegen eng beisammen.[77] Im Selbstzwang des Loyalen wird ja Strafe antizipiert. Geht es nun in der STRAFKOLONIE um Delinquenz und Strafe, um das Extrem? Oder geht es um die Norm, d.h. das ›Gestraftsein‹ all derer, die sich dem System längst unterworfen haben? Die Metapher der STRAFKOLONIE umgreift beides, Straf-Recht und Sozial-Recht, Extrem und universelle Norm.

Auch in dieser — auf die moderne, bürgerliche Welt bezogenen — Lesart führt die ›gleitende Metapher‹ zu blinden Stellen, zu kontingenten Momenten, die die Metapher erst zur ›gleitenden‹ machen, d.h., sie zum heterogenen, unstimmigen, offenen Verweiskomplex erheben. Sowohl die tiefenpsychologischen Anspielungen — Bett, Nacktheit, Brei usw. — wie auch der historische Umschwung durch den »neuen Kommandanten« und seine ›Bonbons‹ verteilenden »Damen« ergeben hier keinen Sinn. Der Widerspruch läßt sich nur dadurch lösen, daß man im Sinne einer polysemischen, gleitenden Metapher das System des »alten Kommandanten« sowohl auf die vorbürgerliche Epoche bezieht (wodurch der Umschwung einen konkreten Sinn erhält) wie andererseits auch auf die bürgerliche Epoche bzw. Gegenwart (wodurch der Umschwung jedoch seinen zeitlich-historischen Sinn verliert und eher als phantastisch-traumhafte Wunscherfüllung zu lesen ist). Die ganze Konstruktion legt den Gedanken nahe, daß Humanisierung und Feminisierung, die ja in der Tat am Ende des 18. Jahrhunderts in Europa einsetzen[78], von Kafka als *Oberflächenerscheinungen* verstanden wurden, hinter deren familialen Trugbildern die symbolischen und realen Gewalten *weiterwirken*. In diesem Sinne sprachen Deleuze und Guattari von einer Funktionalisierung des Ödipuskomplexes für die gesellschaftliche Produktion wie umgekehrt von einer Überdeterminierung des Komplexes durch die sozialen Mächte; die Enklave der Familie samt ihrem Kult der Mutterliebe wird zur Stätte der Erzeugung der »unendlichen, verinnerlichten Schuld«, des »schlechten Gewissens«, in welchem soziale ›Schuld‹ und aus der Inzestproblematik resultierendes Schuldgefühl sich überlagern.[79]

Damit ist auch der soziale Ursprung der Psychisierung des Individuums angedeutet, d.h. die Primärsozialisation und ihre Einschreibeverfahren, die Einprägung von Imagines, welche dann in alle Welt projiziert werden. Die psychoanalytische Sinnschicht der STRAFKOLONIE indiziert mithin selbst ihren historischen Ursprungsort: die »Damen« und ihre »Zuckersachen«, aber auch das »Saugen« am »Filz« und das Verzehren des »Breis« reflektieren die moderne, ambivalente Form der Mutterliebe. Die starke Bindung an die Mutter verstärkt oder erzeugt erst die Probleme mit den Vätern oder dem Realitätsprinzip; sie verhindert, daß sich das Kind, so schreibt Kafka bezüglich seiner eigenen Kindheit, durch »Erzeugung von Trotz, Abneigung oder gar Haß auf eigene Füße« stellen kann.[80] Demnach setzt die moderne Primärsozialisation, so Foucault, »das Kind, um ihm Konflikte zu ersparen, einem besonders schweren Konflikt aus, dem Widerspruch nämlich zwischen seiner Kindheit und seinem wirklichen Leben«.[81]

»Die Mutter hatte unbewußt die Rolle eines Treibers in der Jagd«, heißt es daher auch im BRIEF AN DEN VATER. (H 182) Ihre Imago geht auf fast alle Frauen bei Kafka über: Johanna Brummer verursacht die ›Vertreibung aus dem Paradies‹ im VERSCHOLLENEN, der Besuch der Mutter in Gregor Samsas Zimmer bedingt die Strafe durch den Vater, durch Fräulein Bürstner scheint der PROZESS ins Leben gerufen und durch Leni verschlimmert zu werden. In der STRAFKOLONIE führen die »Zuckersachen« der »Damen« nur zum »Erbrechen« (ER 124); tiefenhermeneutisch gesehen, stehen das Saugen am Filz und das Verzehren des Breis als Zeichen der Mutter-Kind-Dyade im Zusammenhang mit dem das Tabu verhängenden Verbot der Väter, das die orale Phase rückwirkend mit Ekel überzieht und zugleich beendet. Die Traumschicht der Erzählung, auf die wir nun noch näher eingehen, wird also durch eine hermetische Anspielung oder ›mythische‹ Logik in einen historischen Kontext gestellt, wobei die Vorgeschichte (das überkommene System mit »Bett«, »Filz«, »Brei«) paradoxerweise ihren historischen Index verliert und mit der Gegenwartsgeschichte zusammenfällt.

III. Die Traumschicht und die Psyche
(Der Name des Vaters, die Gabe der Mutter)

Wir haben gesehen, daß im Zentrum der neuen Schriftmacht die aus der Sozietät scheinbar herausgehobene Familie und ihre neue Aufgabe der Primärsozialisation stehen. Die ›sanfte Dressur‹ und die ›zarte Einschreibung‹ sind insofern sozial bedeutsam und virulent, als über die Familien- und Mutterbindung das ödipale Paradoxon, in dem ›endogame‹ und ›exogame‹ Kräfte sich streiten, verstärkt wird[82] und eine Vertiefung des »Schuldgefühls« und »schlechten Gewissens« — welche in die Gesellschaft hineinwirken und durch sie kultiviert werden — statthat, so daß es zum Komplex der »verinnerlichten, unendlichen Schuld« und der Gleichung »Wunsch = Kastration« kommt.[83] Aber die frühkindlichen Ereignisse und erst recht ihr sozialer Kontext sind dann ja dem Bewußtsein weitgehend entzogen; sie sammeln sich im Unbewußten. Somit ist dem Subjekt Wesentliches nurmehr in der Erlebnisschicht des Traumes greifbar.

1931 hat H. Kaiser eine detaillierte psychoanalytische Interpretation der STRAFKOLONIE unternommen, die sehr ergebnisreich ist, aber auch allzu ›anatomistisch‹ in ihrer Beschreibungssprache — Termini des »Realen« verdrängen in ihr die Termini des »Symbolischen«.[84] Nach Kaiser handelt es sich in der STRAFKOLONIE wie auch in dem BERICHT FÜR EINE AKADEMIE und der VERWANDLUNG um eine »Strafphantasie« Kafkas, d.h. um eine Art »Hingabe an die Bestrafung der Ödipustat«.[85] Daß Kafka für STRAFKOLONIE, VERWANDLUNG und URTEIL den Obertitel »Strafen« vorgesehen hatte (Br 134), kann das bestätigen. Die Metapher des »Gestraften«, »Verurteilten« oder »Gefangenen« bezieht Kafka ja auf sein Innen- bzw. Privatleben.[85a] Oft genug hat er sich selbst ›exekutioniert‹: »Ich beschäftige mich mit nichts anderem als mit Gefoltert-werden und Foltern.« (M 244, vgl. T 353)

Daß die masochistischen Strafexerzitien einen frühkindlichen und familialen Ursprung haben, zeigt vor allem der BRIEF AN DEN VATER mit dem zentralen Satz: »Ich hatte vor Dir das Selbstvertrauen verloren, dafür ein grenzenloses Schuldbewußtsein eingetauscht«. (H 196) Dieses Schuldgefühl aber *ist* die Strafe, denn es ist die der strafenden Kritik des Über-Ichs »entsprechende Wahrnehmung im Ich«[86]; in ihm sprechen und wirken demnach Verbot und Drohung des Anderen, des »großen Anderen«. Das »Tier« nimmt dem »Herrn« die »Peitsche« aus der Hand (H 42), es »zieht die einzelnen Rutenspitzen in sich und beginnt nach eigenem Plan sein Inneres zu stechen und zu kratzen [...]« (H 230).

Nach Kaiser nimmt nun die »Kastration« (bzw. ihre masochistische Wiederholung) in der STRAFKOLONIE einen großen Raum ein, anders als im BE-

RICHT, wo sie auf den »frevelhaften Schuß«, und der VERWANDLUNG, wo sie auf die »Bombardierung« durch die »Äpfel« begrenzt sei.[87] Des Verurteilten Drohung »Wirf die Peitsche weg, oder ich fresse dich« bedeutet nach Kaiser den Versuch, »den Vater zu überwältigen«, sie deute auf eine »Kastrationsabsicht«: »die Androhung des Auffressens verrät den Wunsch, sich den Vater einzuverleiben (um dadurch zum Vater zu werden)«.[88] Das geht natürlich auf Freuds TOTEM UND TABU zurück, wo die »Totemmahlzeit« als Ritual gedeutet wird, in welches die Reue über den Vatermord eingeht wie auch die symbolische Wiederholung der Tötung und der Identifikation (durch Einverleibung).[89]

Der Mord am Urvater hinterläßt nach Freud das »Schuldbewußtsein« (als die Form des »nachträglichen Gehorsams«) und die beiden Tabus — des Inzests und des Vatermordes —; mit diesen Tabus beginne »die Sittlichkeit der Menschen« und das soziale Zusammenleben (der »Brüder«).[90] Die phylogenetische Sicht — man kann sie in einen symbolischen Mythos übersetzen[91] — ist kongruent der ontogenetischen Sicht, nach welcher der symbolische Vatermord die symbolische Kastration und die ihr zugehörige *Schuldempfindung* begründet, welche nach Freud das »Gewissen«, die »individuelle Sittlichkeit«, den »kategorischen Imperativ« und die »sozialen Gefühle« konstituiert.[92]

Die Anspielung auf einen symbolischen Vatermord (zu beziehen auf einen mosaischen Urvater bzw. seinen Stellvertreter im »Hauptmann«) und das Resultat der »zweifellosen Schuld« veranlaßte J. Street, in der STRAFKOLONIE ein literarisches Äquivalent zu Freuds TOTEM UND TABU zu sehen.[93] Was Nietzsche das »asketische Ideal« nannte, das Ressentiment des Ohnmächtigen, ist dieser »Schuld«, die Freud allerdings als *das* fruchtbare Moment der Kultur begriff, nicht ganz unähnlich. M. Pasley hat die STRAFKOLONIE darauf bezogen: »What the machine applies to the convicts' bodies may be compared to what Nietzsche calls ›die ganze lange, schwer zu entziffernde Hieroglyphenschrift der menschlichen Moral-Vergangenheit‹«.[94]

Nach H. Kaiser entspricht nun der gesamte Vorgang der Folterung, während der der »nackte« Verurteilte auf dem »Bett« des Apparates liegt, der Strafe des Vaters, der Hingabe an die in selbstquälerischer Lust immer wieder neu phantasierte Strafe, d.h. der »anal-masochistisch-homosexuellen« Strafphantasie.[95] Der »Brei« ist für Kaiser Indiz der oralen, dem Kind später verbotenen Lust, wie der »Filz« das Symbol der Mutterbrust. Diese Mutterbrust werde in der Konkurrenz mit dem Vater — den »hundert Männern« (ER 125) — zum tabuierten, mit Ekel abgewehrten Objekt.[96] (Die stets sich wiederholende symbolische Kastration würde demnach also immer wieder zurückführen auf das orale Begehren und den Ekel als die Wirkungsweise des Tabus. Es handelt sich also um die »Wiederkehr des Verdrängten«, von der die Reflexion über die »ewige« Wiederholung der »Vertreibung« nach dem Sündenfall [H 46] spricht. Kaisers Auslegung wird dadurch bestätigt, daß Kafka die Mutter zur »Treiberin in der Jagd« erklärt [H 182], d.h. die verhängnisvolle Ambivalenz der »Mutterliebe« [Br 346 f.] durchschaut hat. Die Funktion der modernen Mutterliebe besteht nicht zuletzt darin, den paradoxen *double bind* von Anziehung und Abweisung, von ›endogamer‹ und ›exogamer‹ Tendenz zu verschärfen. Daher werden ihre Embleme so wichtig in der Darstellung der im übrigen patriarchalisch strukturierten »Strafkolonie«.)

Der Vater erscheint nach Kaiser sowohl in der Figur des alten wie der des neuen Kommandanten, d.h. in der Imago des dem Infans tyrannisch und allmächtig erscheinenden Vaters und der jüngeren Imago des liberalen, schon realitätsgerechter wahrgenommenen Vaters;[97] es handle sich nun bei dem Kampf der beiden Parteien der Kolonie um den Konflikt zweier psychischer Ordnungen, zweier Selbstverständnis-Modelle, mit dem Sieg des einen und der Gefahr der Wiederkehr des anderen.[98] Gegenüber dem URTEIL und der VERWANDLUNG werde der Vater jedoch bereits zur »unpersönlichen Macht«, zur »Amtsperson«, wie denn auch im SCHLOSS der Vater »aufgelöst in die fast ganz weltliche Macht einer Verwaltungsbehörde« erscheine.[99] Die »zweifellose Schuld« des Verurteilten, die so notwendig und indiskutabel wie die Erbsünde zu sein scheint, bedeutet nach Kaiser das »unbewußte Schuldgefühl«; die »Verklärung« die masochistische Lust; die »Erlösung« die »Befriedigung des Strafbedürfnisses« und die »Ablösung des Schuldgefühls«.[100] Das »Erkennen«, das man in diesem Kontext auf die masochistische ›Anerkennung‹ der Gewalt des Über-Ichs beziehen könnte, bringt Kaiser in Verbindung mit dem Mythos vom Sündenfall, dessen Konsequenz ja die Sterblichkeit (nicht der unmittelbare Tod) bzw. das Erkennen der Sterblichkeit (und nicht nur der Nacktheit) und dessen Inhalt der verbotene Griff nach dem Baum der »Erkenntnis« ist: »Diese Erbsünde besteht im Ungehorsam gegen Gott. ›Ehre deinen Vorgesetzten‹ lautet ja das Urteil. Die Strafe besteht in dem durch die Folter erzwungenen qual- und lustvollen Erkennen des Urteils. Wir möchten annehmen, daß hier eine Verdichtung stattgefunden hat, kraft derer die Strafe das Verbrechen und seinen Lustgewinn in sich schließt; wir behaupten: die Sünde besteht gerade im Erkennen — genau wie die Strafe.«[101] »Das, was die Sünde verursacht und das, was sie erkennt, ist eines« (H 97), hatte Kafka geschrieben. Die ›Sünde‹ des »Verurteilten« bestände im Erkenntnis- und Autonomieanspruch, so minimal er auch sei; im Einschreibeprozeß fielen »Erkennen« als Erfahren der Realitäts- und Machtverhältnisse und »Erkennen« als Straf-Prozeß zusammen. Demnach wäre auch die schmerzhafte Erkenntnis der Sterblichkeit kongruent den zu dieser Erkenntnis führenden Schmerzen der Sterblichen, die endlich zur Erde, aus der sie gekommen, zurückkehren (1. Moses 3,19). Sarkastisch ist dies im Bild der »Egge«, die den Körper beschreibt und schließlich in die »Grube« (ER 127) — das Grab, die Kloake — wirft, festgehalten. Indem hier die Kierkegaardsche »Paradoxie« auf die Spitze getrieben wird im Bild einer »Transzendenz als Terror«[102], erweist sich Kafka als Kritiker seines Vorbildes, ohne dessen paradoxe Figur deshalb aufzulösen.

Was H. Kaiser weitgehend als Pathologie begreift, läßt sich aber auch als (allerdings am Extrem dargestellte) notwendige und universelle Struktur verstehen. »Ich nenne es nicht Krankheit und sehe in dem therapeutischen Teil der Psychoanalyse einen hilflosen Irrtum« (H 335), hatte Kafka selbst gesagt. Und was H. Kaiser für Symbolisierungen des Unbewußten hält, läßt sich zum Teil als bewußt bzw. halbbewußt eingesetzte Metaphorik verstehen, d.h. als Folge von Bildern, die in einer Art kontrollierter »Traumarbeit«[103] aus der Traumschicht hervorgeholt und mit Kalkül eingesetzt werden.

Die »Einschreibung« der »Schuld« kann also durchaus verstanden werden als Bild für die Aufrichtung des Über-Ichs überhaupt; die Wiederholung der »Einschreibung« — wieder überlagern sich Genese und Geltung — kann als lebenslange Nachwirkung der Über-Ich-Bildung und der Einführung in die symbolische Ordnung verstanden werden. Das »Über-Ich« behält ja nach Freud die Eigenschaften der »introjizierten Personen« bei, »ihre Macht, Strenge, Neigung zur Beaufsichtigung und Bestrafung«[104]; es gründet sozusagen in jenem fundamentalen »Schuldgefühl«, das nur die diesen Mächten »entsprechende Wahrnehmung im Ich«[105] darstellt. Die Übergänge zu Masochismus, Zwang und anderen neurotischen Erscheinungen sind allerdings fließend.[106] Die »Selbstbestrafungsneurose« besteht ja, so Lacan, in nichts anderem als in der »Bürde eines übermäßigen Überich«.[107]

Die ›symbolische Kastration‹ wiederholt sich also lebenslang, ausdrücklich natürlich in dem, was Freud die »Wiederkehr des Verdrängten«[108] nannte. Mithin kehren Begehren und Aufbegehren wie auch Verbot und Strafe (oder Strafangst) immer wieder: die »Foltern« (M 244), die »Strafen« (T 353), die »Vertreibung« aus dem »Paradies« (H 94). Das Bild der »Einschreibung« in der STRAFKOLONIE begreift demnach in der Form einer Verdichtung sowohl die primäre ›Prägung‹ des Schuldgefühls wie auch das Andauern, die Vertiefung, die »Wiederkehr« dieser ›Prägung‹ in sich.

Die Imago des ›tyrannischen‹ Vaters ließe sich folglich beziehen auf eine unpersönliche, kulturell notwendige, von Generation zu Generation weitergereichte Funktion des Vaters, die dem repressiven Moment des Inzesttabus das katalytische Moment des Realitätsprinzips verbindet. Im Grunde geht es daher auch gar nicht um eine Vater-Imago und das Imaginäre, denn diese Funktion ist eine rein symbolische; der »alte Kommandant« ist demgemäß auch unsichtbar, er existiert nur durch seine »Schrift« (ER 121 f.), d.h. die Gesetze und Urteile, die er als »Zeichnungen« (ER 121) hinterlassen hat; als Person ist er »tot« (ER 114). Jacques Lacan hat den »symbolischen« Vater vom »realen« (und schwachen) Vater unterschieden; er hat die Formel vom »Namen-des-Vaters« *(nom-du-père)* geprägt, die zum Ausdruck bringt, daß es nur um die Position in einer kulturellen Struktur, das Gesetz einer patrilinearen und patrinomischen Verwandtschaftsstruktur — es ist »dieses Grundgesetz mit einer sprachlichen Ordnung identisch« —, nur um einen »Namen«, einen »Signifikanten« einer symbolischen Ordnung geht.[109] Nicht das Reale biologischer Vaterschaft ist gemeint, sondern ausschließlich die symbolische Vaterfunktion, so daß ein Zeichen — der Name des Vaters *(genitivus subiectivus)* — diese Funktion erfüllen kann.[110] Vermutlich trägt der »alte Kommandant« der STRAFKOLONIE deshalb auch keinen Eigennamen, weil er eben diese Funktion verkörpert. — Mit dem Namen-des-Vaters ist die »unbewußte Teilhabe an der Bewegung komplexer Verwandtschaftsstrukturen«, sind die »symbolischen Auswirkungen jener tangential auf den Inzest bezogenen Strebungen« markiert.[111] Wie nach Lévi-Strauss die Grammatik des Austausches und der Verwandtschaft unbewußt ist[112], so auch für Lacan, allerdings einschließlich deren symbolischer Wirkungen, welche das, was wir Psyche nennen, konstituieren.

Die Gewalt der frühen Rituale und der Terror der Despoten ist auf den Vater übergegangen bzw. auf einen puren Signifikanten.[113] Deleuze und Guattari finden es daher nicht verwunderlich, »daß Freud bei Sophokles die zentrale Imago von Ödipus als Despoten, den zur Tragödie gewordenen Mythos gesucht hat, um sie in zwei konträre Richtungen hin zu entfalten: in die rituelle, ursprüngliche von *Totem und Tabu,* in die andere, die private des modernen Menschen, der träumt [...]«[114]. Lacan hat — wie Kafka — diese beiden Seiten wieder zusammengefaltet. Im kulturbegründenden Inzesttabu, dem Angelpunkt der symbolischen Ordnung, herrscht eine *anonyme* Macht. Sie spricht aus der »Wirkung eines puren Signifikanten, einer Anerkennung nicht des realen Vaters, sondern dessen, was die Religion uns als Namen-des-Vaters anzurufen lehrt«.[115] TOTEM UND TABU und TRAUMDEUTUNG kommen zur Deckung, denn der imaginäre Vatermord ist wie der mythische Mord des Urvaters (des Despoten oder Gottes) ein symbolischer. »Was der Name-des-Vaters nach Lacan bezeichnet, ist nichts anderes als der tote Vater, der erst als toter symbolisch wirksam wird.«[116] Lacan zufolge hat es nämlich Freud unternommen, die »Erscheinung des Signifikanten des Vaters als Autor des Gesetzes mit dem Tod, ja sogar mit dem Vatermord zu verbinden — damit zeigend, daß, ist dieser Mord das fruchtbare Moment der Schuld, durch die das Subjekt sich auf Lebenszeit mit dem Gesetz verbindet, der Symbolische Vater, sofern er dieses Gesetz bedeutet, wohl der Tote Vater ist.«[117]

Dieser Idee ist die Konstruktion der STRAFKOLONIE kongenial. Der Signifikant des »Toten Vaters« ist der Grabstein im Teehaus (ER 138), das ubiquitäre und säkulare Denk- und Mahnmal; aber auch die »Schrift«, welche die Strafe einschreibt oder als schon Eingeschriebenes andauert. Der alte Kommandant, Autor des Gesetzes und der Schuld, vereint in sich die Funktion des Despoten und des Vaters, des Moses und des Familienoberhauptes. Sie ist unbewußt; der Reisende kann die »Schrift« des Kommandanten »nicht entziffern« (ER 121), nur als Schmerz (oder »Schuld«) macht sie sich erkennbar. Was hier spricht ist ein Anderes, ein Anderer — der »große Andere« *(le grand Autre),* sagt Lacan.[118] (Die unentzifferbaren »labyrinthartigen, einander vielfach kreuzenden Linien« (ER 121) deuten wie die »ineinander verfitzten Zwirnstücke« Odradeks (ER 157) auch auf Kafkas Schreiben selbst: seine dunkle, kabbalistische Undurchdringlichkeit und Verworrenheit — und das ›Gericht‹, das ihn peinigt.) Der Offizier des »toten« Kommandanten scheint der Repräsentant dieses abwesenden Anderen zu sein: das Über-Ich. Kafkas Mythos, seine »Glaubenstatsache«, die er den »Glaubenstatsachen« der »Religionen«, der psychischen »Krankheiten‹« und auch der psychoanalytischen Modelle entgegenhält (H 335), lautet entsprechend: »In meinem Fall kann man sich drei Kreise denken, einen innersten A, dann B, dann C. Der Kern A erklärt dem B, warum dieser Mensch sich quälen [...] muß [...]. C, dem handelnden Menschen, wird nicht mehr erklärt, ihm befiehlt bloß schrecklich B [...]«. (H 336) »Längst verstorbene Kaiser werden in unseren Dörfern auf den Thron gesetzt [...]« (ER 341), heißt es in der CHINESISCHEN MAUER.

Aber die Funktion des Vaters ist nur in ihrer Korrelation zu der der Mutter zu sehen; in der STRAFKOLONIE ist die letztere fast elidiert, nur apokryph angedeutet, während sie in der VERWANDLUNG, dem LANDARZT und dem VERSCHOLLENEN deutlicher hervortritt. Die Inauguration des Gesetzes, der symbolischen Ordnung — d.h. die Vermittlung des Realitätsprinzips, der im Inzesttabu verankerten Heiratsregel — geschieht ja durch das Nein des Vaters *(non/nom du père)*, das die Mutter-Kind-Dyade — die orale Phase und das narzißtische Spiegelstadium — durchschneidet.[119] Hier bekommen die Gaben der Mutter, die dem Tabu verfallenden Zeichen des oralen Begehrens — der »Brei«, der »Filz« — ihren Sinn. Aber das Tabu ist auch als Movens der Transformation des »Lustprinzips« in selbständiges und realitätsgerechtes Handeln, als Movens des »Aufschubs« der unmittelbaren Begierde, des unaufgespaltenen Bedürfnisses *(besoin)* zu verstehen[120]. Deshalb besteht das Vergehen des Verurteilten zunächst auch darin, seiner *Natur*haftigkeit nachgegeben zu haben, »verschlafen« zu haben, das »Salutieren« vor der Tür eines Repräsentanten des Gesetzes, des Realitätsprinzips »verschlafen« zu haben (ER 118 f.). Der »Hauptmann« ist hier der Stellvertreter des »Kommandanten«. Das »Gesetz« des ›Vor-gesetzten‹ und ›Befehlshabers‹ als symbolisches bzw. sprachliches setzt den nichtsymbolischen Gaben der Mutter (und den narzißtischen Spiegelungen) ein Ende. Dieses Gesetz erlaubt keine »Verteidigung« vor Gericht (ER 118); es gibt sich nur durch seine Gewalten zu »erkennen«. Wie im Mythos vom Sündenfall geht es um eine Erkenntnis der Sterblichkeit, der Verletzlichkeit, welche sich erst aufgrund der Fühlbarkeit derselben realisiert; d.h. es geht um die Erkenntnis und die Leiden unter dem »Realitätsprinzip«, das der symbolische Vater an die Stelle der ›paradiesischen‹ Totalität des »Lustprinzips« setzt.

Die »Erbsünde« scheint unvermeidbar zu sein, der Sündenfall »ewig«. Die paradiesische »Sehnsucht nach dem Ganzen«[121] — der Totalität von Mutterliebe und Bedürfnisbefriedigung — und der symbolische Vatermord liegen aber jenseits des vom Subjekt zu Verantwortenden; sie liegen im Unbewußten. Der Schuldlosigkeit auf der rationalen Ebene entspricht eine ›Schuld‹ auf der unbewußten; sie ist Korrelat der Auflehnung des Sohnes, welche eine zu verantwortende Schuld des Vaters unterstellt und so den Schuld-Begriff erst ins Spiel bringt.[122] Das unbewußte Schuldgefühl ist aber angesichts der ontogenetisch wiederkehrenden, struktural notwendigen Abfolge von Verbot, Auflehnung und Strafe grund- und sinnlos. »Die Erbsünde, das alte Unrecht, das der Mensch begangen hat, besteht in dem Vorwurf, den der Mensch macht und von dem er nicht abläßt, daß ihm ein Unrecht geschehen ist, daß an ihm die Erbsünde begangen wurde.« (B 295 f.) »Wer aber wird dieser Erbsünde — der Sünde einen Erben gemacht zu haben — bezichtigt wenn nicht der Vater durch den Sohn?«, so folgerte W. Benjamin, zugleich konstatierend, daß nirgends bei Kafka stehe, daß die Bezichtigung zu Unrecht erfolge.[123]

IV. Die theologische Sinnschicht (Transzendenz als Terror)

Assoziationen an ein Gottesgericht und eine — von der STRAFKOLONIE durchaus nahegelegte — Gleichsetzung von erstem Gesetzgeber (Moses) und »altem Kommandanten« verleiteten Tauber, Emrich, I. Henel und Sokel zu einer in ihrer Einseitigkeit unhaltbaren religiösen Interpretation; ihr zufolge straft, prüft und erlöst ein transzendentes Gericht — nach dem Hiob-Modell — den schuldigen Menschen.[124]

Von der »Erkenntnis« der »Daseinsschuld« und der Erlangung der »inneren Freiheit und Erlösung« handelt nach Emrich[125] die STRAFKOLONIE, und Sokel schreibt: »Das Gesetz, worum es hier geht, ist ein Heilen der blinden Existenz, die Richtigstellung eines fehlgegangenen Lebens«[126]; Sokel verfällt den Widersprüchen der Erzählung, wenn er zugleich ausgeht vom sadomasochistischen Unterwerfungswillen, vom »modernen Irrationalismus« und seinen faschistischen und stalinistischen Formen[127].

Wie meist ergibt sich der moralistische Aspekt — und damit die Hauptschwierigkeit der Kafka-Interpretation — aus dem hermeneutischen Rekurs auf die quasi-religiösen und moralischen Sentenzen Kafkas in den Briefen, Notizen und insbesondere den Gesprächen mit G. Janouch. So beruft sich Emrich auf den Satz über die Erlangung der »inneren Freiheit« durch das »Sich-Unterordnen unter das Gesetz« in den GESPRÄCHEN, wo es auch heißt, dem Unkundigen werde das Gesetz »durch Schläge bekanntgegeben«: »Wer es nicht erkennt, der wird zur Erkenntnis geschleift und geprügelt.«[128] Diese Idee wiederholt Kafka in der Tat vielfach: »Wir werden zur Wahrheit wie die Verbrecher zur Richtstätte getrieben« (J 105); das sei auf die »Erbsünde« zurückzuführen, die darin bestehe, daß wir als egoistische »Einzelwesen« und nicht als »Gattungswesen« zu leben und zu sterben genötigt seien (J 105). Die Erbsünde leugnen, bedeute aber »Gott und den Menschen leugnen« (J 106). Immer wieder taucht die Metapher vom »Verurteilten«, »Gerichteten« und »Gestraften« auf.[129] Krankheit, Schmerz und Leid sind Kafka »Mahnung«, »Hilfe des Lebens« und mithin die »wichtigsten Quellen der Religiosität« (J 140, 152); daher gilt auch als die »eigentliche, unwidersprechliche [...] Wahrheit nur der körperliche Schmerz« (T 569); einmal heißt es, ein »erstes Zeichen beginnender Erkenntnis« sei der »Wunsch zu sterben« (H 81). An einer anderen Stelle spricht Kafka von einer Art Kollektiv-Schuld, die es nicht erlaube, eine schuldige von einer unschuldigen Partei zu scheiden: »Denn was ist das Wort Ungerechtigkeit? Das ist eine Zusammenziehung der Bezeichnung *unsere Gerechtigkeit.*« (J 144) — Der Anhaltspunkte für eine theologische bzw. moralistische Interpretation sind ihrer genug; gleichwohl kennzeichnet nicht allein die Werke, sondern auch die Gespräche und Notizen ein quasi schizophrener Widerspruch. Der moralische Rigorismus wird immer wieder durchkreuzt von polemischen Invektiven: gegen den »Kapitalismus« (J 205); gegen das Verhältnis des »Luxus der Reichen« zum »Elend der Armen«, dessen Logik de Sade zum »Patron« der Zeit mache (J 180); gegen die Fabriken als die »Organe zur Gewinnvermehrung des Geldes« (J 144); die »Kampffähigkeit der Finanzen«, welche das »Kriegspotential der Industrie« abgelöst habe (J 178); die »Gesetzgeber«, die den Bürger als »Verbrecher« begriffen (J 242); die »Kommandanten«-Naturen vom Schlage Mussolinis (J 177); den Antisemitismus (J 158); die Deutschen, die nur »besitzen und regieren« wollen (J 158), deren Gott »Eisen wachsen« lasse und deren »Tempel« der »preußische Generalstab« sei (J 154); den Bolschewismus, der neue »Religionskriege« nach sich ziehen werde (J 164, 81); die Arbeiterdemonstrationen, hinter welchen schon die »Sekretäre, Beamten, Berufspolitiker« und der »Napoleon Bonaparte« lauerten (J 165); die zeitgenössische und kommende Bürokratie und ihre »Fesseln« aus »Kanzleipapier« (J 165, 39, 90). Kafka ist ein »Rebell« — aber ein Rebell gegen sich »selbst« (J 212): er will »alles hinnehmen« (J 119); er ist ein Revolutionär und zugleich ein »Mystiker des Masochismus«[130]. »Revolutionäre Energie und Schwäche sind bei Kafka zwei Seiten ein und desselben Zustands«, hatte Benjamin geschrieben.[130a] Dieser *Widerspruch* ist es, der die STRAFKOLONIE, aber auch den PROZESS und andere Werke prägt.

Durch die aufgezeichnete »Schrift« des »alten Kommandanten« (ER 121 f.) spricht Gott (der tote Gott? durch den toten Moses?); aber Gott spricht durch den *Tyrannen,* in dem sich die Sünde aller »Einzelwesen« (J 205) wiederfindet, und zwar in konzentrierter oder personifizierter Weise. Von einer derartigen Paradoxie geht B. Nagels Interpretation aus. Nagel hat gegen Emrich und I. Henel zu Recht die »ideologische Fixierung« des Hinrichtungs-Offiziers geltend gemacht[131], er bezieht das Strafverfahren und Strafmaß auf den »Terror totalitärer Systeme und Praktiken«[132] und spricht mit Kafka von der »maschinenmäßigen Widerlegung« des Glaubens des Offiziers[133], mit Politzer von der Wiederkehr bzw. Fortdauer des alten Systems[134]; er erkennt die »ironische Skepsis«, mit der die »neue Humanität« und sogar der die Flucht ergreifende Reisende gezeichnet sind.[135] Nagel spricht sodann vom »Neben- und Gegeneinander« von religiöser und sarkastisch-satirischer Bedeutung; es handle sich um eine »paradoxale Verbindung« wie im URTEIL, wo der moralisch fragwürdige Vater als Rechtsinstanz zur Schulderkenntnis führe.[136] Allerdings läßt Nagel die Frage offen, ob es sich hier um eine — sozusagen schizophrene — Verdichtung *unvereinbarer* Antithesen handelt (wobei allerdings daran zu erinnern wäre, daß »allein der reale Konflikt der Existenzbedingungen« als »Strukturmodell für die Paradoxe der schizophrenen Welt dienen« kann[137]) — oder um eine *beabsichtigte* Widersprüchlichkeit, welche sich womöglich an Kierkegaards »Paradoxie«, dem Widerspruch von *ethischem* und *theologischem* Telos, orientiert.[138] Die »Vertreibung« aus dem »Paradies« (H 46) stünde dann theologisch in Zusammenhang mit einem »Sündenfall«, aber sie würde doch vollzogen und »ewig« wiederholt von ethisch verdammenswerten Herrschaftsinstanzen; »von der Schuld her stellt sich die Zukunft als Strafe dar«, so hatte W. Benjamin diese Denkfigur umschrieben[139]. — Sünde und Strafe, Schuld und Sühne können, so betrachtet, auch zusammenfallen: »Die zivilisierte Welt beruht größtenteils auf einer Folge gelungener Dressurakte. Das ist der Sinn der Kultur. Im Licht des Darwinismus erscheint die Menschwerdung als ein Sündenfall der Affen.« (J 87) Diese Sentenz rückt den Zirkus Hagenbeck des BERICHTES in die Nähe der Kommandantur der STRAFKOLO-

NIE. Ständig wiederholt die gewalttätige Menschheit den Sündenfall, dies ist zugleich ihre Strafe. Dividiert in Generationsfolgen heißt das: die Väter machen sich schuldig, strafen jedoch die Söhne. Letztlich aber strafen sie sich selbst in ihren Söhnen, denn aus Söhnen werden Väter: »Das Alter ist die Zukunft der Jugend, die sie früher oder später erreichen muß« (J 102). Nur »*als* Väter« (vgl. H 164) sündigen und strafen die Individuen, als Söhne sind sie Objekt der Strafe. Die Scheidung in Gerechte und Ungerechte entspringt den Projektionen der »Selbstgerechtigkeit« (J 144). Das gilt in gewissem Sinn auch fürs Verhältnis von Untertan und Tyrann: in jedem »ehrsamen Beamten« steckt ein »Henker« (J 39), und jeder Tyrann trägt »Fesseln« (J 205).[140]

Eine weitere paradoxe Doppelung stellt sich in der STRAFKOLONIE her durch die Anspielung auf die Kreuzigung als Form der Hinrichtung, d.h. auf die Kreuzigung Jesu: »Wie still wird dann aber der Mann um die sechste Stunde!« (ER 122; s. Lukas 23, 44). »Transzendenz« offenbart sich als »Terror«, wie im Opfer Abrahams und den Leiden Hiobs, welche ja bei Kafkas Vorbild Kierkegaard Fundamente der dem Paradoxon verschriebenen Theologie sind.[141] Die »Paradoxie«, die Idee der »teleologischen Suspension des Ethischen«, die Vorstellung einer grausamen Gewalt des »Oberen«, spitzt Kafka in dermaßen grotesker Weise zu, daß Kierkegaards Konstruktion paralysiert wird, formal jedoch erhalten bleibt.[142] Das »Erkennen« um die »sechste Stunde« gehört der gleichen grotesken Konfiguration zu. »Erkenntnis« und »Verklärung« gemäß einer »geheimen *Heilsmaschinerie*« des »Leidens«[143] erweisen sich durchs groteske Mißverhältnis von ›Erbsünde‹ und ›Strafe‹ als vernichtend sarkastisch gemeinte Phänomene. Aber die blasphemische und sarkastische Satire ist nur die eine Seite der Paradoxie Kafkas; weder die nihilistische noch die theologische Perspektive wird verabsolutiert. »Der Widersinn ist das Aufbau-Prinzip, gemäß dem die Erzählung gestaltet ist«, bescheinigte W. Biemel der STRAFKOLONIE[144]; dieses Prinzip zeigt sich aber nicht allein in der »*totalen Perversion der Idee der Gerechtigkeit*«[145], sondern auch im paradoxen Nebeneinander von theologischer Symbolik und Weltsatire.

D. Ein Landarzt — Die rosa Wunde als Schriftzeichen

»Mein Leben ist das Zögern vor der Geburt.«
(T 561)

I. Die Paradoxie »Rosa«

Das »Andenken im Fleische« (ER 96), von welchem die VERWANDLUNG spricht, erscheint in der Erzählung EIN LANDARZT (Erstfassung 1917: ER 140 ff.; Buchfassung 1919: E 146 ff.) wieder, aber nun ist es nicht mehr »sichtbar«, d.h., es ist unsichtbar und sichtbar zugleich, der Arzt erkennt es nicht (ER 142) und — »bereit«, eine Krankheit »zuzugeben« — erkennt er es doch (ER 143). Die »rosa Wunde« des Patienten, die im Zentrum der Erzählung steht, ist gänzlich isoliert von jedem Kontext, abgetrennt von jeglicher Genese. Dieses Mal scheint keinen Autor mehr zu haben, es erscheint als »unerklärliche« (PROMETHEUS, ER 351 f.), existentielle Schrift. Wovon kündet diese in den Körper eingeschriebene Hieroglyphe, dieses ins Fleisch eingegrabene Kryptogramm?

Die Erzählung handelt, wenn von »handeln« hier überhaupt noch gesprochen werden kann, von dem Besuch eines Arztes bei einem offenbar unheilbar Erkrankten; dieser Besuch führt — nach der traumhaften Logik dieser Geschichte — zum Verlust des »Dienstmädchens« des Arztes, das ihm von einem »Knecht« geraubt wird in einer Art Vergewaltigungsszene: Der Knecht, der unvermittelt aus einem vergessenen »Schweinestall« hervortritt und dem Arzt ein Pferdegespann für seine Reise durch die winterliche Schneelandschaft zur Verfügung stellt, erklärt apodiktisch: »ich bleibe bei Rosa!« (ER 141) Und während der Wagen mit dem Arzt auf sein Geheiß fortgerissen wird, verfolgt der Knecht das Dienstmädchen Rosa; der Arzt hört nur noch, »wie die Tür [seines] Hauses unter dem Ansturm des Knechtes birst und splittert«, dann sind ihm »Augen und Ohren von einem zu allen Sinnen gleichmäßig dringenden Sausen erfüllt« (ER 141), das Bewußtsein erlischt, die Szene wird verdrängt, ausgeblendet. (In ähnlicher Weise versagte Gregor Samsas »Sehkraft«, als er die Eltern in »gänzlicher Vereinigung« (ER 96) erblickte.) Von Rosa getrennt, in einem »Augenblick« angekommen beim Patienten, dessen »rosa Wunde« er auf einen zweiten Blick hin entdeckt, wird dem Arzt das Dienstmädchen kostbar: »Wie rette ich sie, wie ziehe ich sie unter diesem Pferdeknecht hervor?« (ER 142). Aus dem Neutrum, dem »Dienstmädchen«, das »jahrelang« »kaum beachtet« (ER 143) in seinem Hause lebte, wird die beachtete Frau, die Begehrte, was sich schon grammatikalisch durch die Verkehrung von »es« in »sie« anzeigt. Scheinbar sind Arzt und Patient zwei verschiedene Personen, scheinbar geht es um eine Zeiten-Folge, doch die Konnotation verdrängt allmählich die Denotation, das Uneigentliche das Eigentliche, das Unbewußte das Bewußte. Nach dem Muster der Fehlleistung — der Versprecher »famil*lion*är« sei als Beispiel in Erinnerung gerufen[1] — verrät der verborgene Signifikant das Thema der Geschichte. Was der Arzt zunächst ausblendet, das erscheint ihm in der »rosa *Wunde*« — als »Wunde *Rosa*« — wieder; dem Sem

153

»*lion*« dort entspricht hier das verräterische »*rosa*«. Damit wird aber der Arzt dem Patienten gleichgesetzt.

Die Erzählung inszeniert einen Umschlag: den vom Neutrum ins Femininum, vom Unbeteiligtsein ins Begehren, vom Unversehrtsein ins Verletztsein. Aus dem »Herrn über die Angst der anderen« wird am Schluß ein »Geängstigter«[2], aus dem Herrn über den Tod ein vom Tod Gezeichneter, aus dem Bekleideten ein Nackter: Der Arzt wird »entkleidet« und mit der Forderung zu »heilen« in einer Art Schamanen-Ritual zum entblößten Patienten ins Bett gelegt (ER 144). Er entflieht schließlich nackt auf dem Wagen seines Gespanns in die Schneewüste, »langsam« geht es voran, aus dem Aktiven ist ein Passiver geworden. Die Erzählung, so deutet sich hier schon an, wird also durch eine Reihe von Analogien bzw. Oppositionen konstituiert, und es wird noch zu zeigen sein, daß sie darin wie der Mythos sich in ein atemporales, synchron zu lesendes Text-Gewebe verändert, welches seine temporale Einkleidung mehr oder weniger hinter sich läßt.

Roland Barthes hat in »S/Z« die Balzacsche Novelle SARRASINE, die von dem Begehren nach einem für eine Frau gehaltenen Kastraten namens »Zambinella« erzählt, auf eine zentrale »symbolische« Opposition hin ausgelegt: die von männlich und weiblich, aktiv und passiv, »kastrierend« und »kastriert«.[3] Offenbar von Lacan bestimmt, definiert er das »symbolische Feld« der Antithesen nicht als das der »biologischen Geschlechter«, sondern als »das der Kastration: des kastrierend/kastriert und des aktiv/passiv«.[4] Im Namen »Sarrasine« (der hier anstelle des zu erwartenden »Sarrazin« steht) sieht Barthes diese Opposition symbolisiert durch einen Signifikanten, jenes das maskuline »z« ersetzende feminine »s«.[5] Indem Sarrasine in Zambinella den Mann entdeckt, den kastrierten Mann, kommt er zur Erkenntnis der »Kastration«, die sich nun als »ansteckend« erweist.[6] — Im Verhältnis von Arzt, Rosa und »rosa Wunde« vollzieht sich etwas Vergleichbares: Unmittelbar wie »es« zu »sie« wird, verkehrt sich »*Rosa*« in die »*rosa* Wunde«. Die Opposition es/sie korreliert der Opposition R/r. Nur erscheint durch eine orthographische List: »Rosa, in vielen Schattierungen [...]« (ER 143) das Farbadjektiv am Anfang des Satzes, d.h. in Versalien, damit nicht allein an das Mädchen Rosa erinnernd (das unbewußte Signifikat), sondern es gänzlich ihm gleichsetzend, wodurch die Opposition von R/r erlischt und zur Identifikation R/R wird. Dies hat seinen Sinn darin, daß hier nicht zwei Personen, zwei Zeitmomente, zwei Zustände, sondern zwei Seiten *einer* Medaille, zwei Aspekte *einer* (atemporalen) Relation dargestellt werden, wie noch zu zeigen sein wird.

Eine Vorform der ›Vergewaltigung‹ kann man in jener Szene erkennen, in welcher der Knecht das Dienstmädchen »umfaßt« und »sein Gesicht an ihres« »schlägt«: »rot eingedrückt sind zwei Zahnreihen in des Mädchens Wange« (ER 141). Das deutet sowohl auf die kommende Gewaltsamkeit des Knechtes wie zugleich auch auf die rote bzw. »rosa« Wunde, oder umgekehrt: diese Szenen weisen zurück auf Analoges. Man könnte hier von einer Verschiebung, einer »Verschiebung nach oben«, wie Hellmuth Kaiser sie dem BERICHT FÜR EINE AKADEMIE zudachte[7], sprechen. Auch die Wunde des Affen Rotpeter »unterhalb der Hüfte« hat ein Pendant: in der »ausrasierten roten Narbe« auf der Wange. (ER 167) Der Ort der ›Scham‹ ist verschiebbar, ein definitives Zentrum, ein letztes Signifikat ist, ganz wie bei Lacan, nicht angebbar. In harmloser, entstellter, verschobener Form hätten wir mithin im Bild der »Zahnreihen« die »rosa Wunde« als Relikt der ›Vergewaltigung‹ vor uns.

Der Knecht, der die Wünsche des Arztes kennt, muß sozusagen dem Innern des Arztes entsprungen sein, er ist dessen Spiegel-Bild; das gilt auch für den Kranken. Die Aufspaltungen des epischen Ichs im Verein mit den reversiblen metaphorischen Verweisen und symbolischen Analogien, konstituieren, so deutet sich an, ein Text-Gestrüpp, ein »Rhizom«, dessen Verzweigungen schwer zu überblicken sind.

Beschränken wir uns zunächst auf die Erörterung der Merkmale der Wunde, die der Arzt am Anderen bzw. an sich selbst bemerkt, nachdem er zunächst, offenbar im Hinblick aufs rein Physisch-Biologische, nichts Außergewöhnliches hatte wahrnehmen können: »In seiner rechten Seite, in seiner Hüftengegend hat sich eine handtellergroße Wunde aufgetan. Rosa, in vielen Schattierungen, dunkel in der Tiefe, hellwerdend zu den Rändern, zartkörnig, mit ungleichmäßig sich aufsammelndem Blut, offen wie ein Bergwerk obertags [...]. In der Nähe zeigt sich noch eine Erschwerung [...]. Würmer, an Stärke und Länge meinem kleinen Finger gleich, rosig aus eigenem und außerdem blutbespritzt, winden sich, im Innern der Wunde festgehalten, mit weißen Köpfchen, mit vielen Beinchen ans Licht. Armer Junge, dir ist nicht zu helfen. Ich habe deine große Wunde aufgefunden; an dieser Blume in deiner Seite gehst du zugrunde.« (ER 143) Nachdem der entkleidete Arzt zum entblößten Jungen gelegt worden ist, erklärt dieser: »Mit einer schönen Wunde kam ich auf die Welt; das war meine ganze Ausstattung.« (ER 144) Sarkastisch, ja zynisch entgegnet ihm der Arzt: »[...] deine Wunde ist so übel nicht. Im spitzen Winkel mit zwei Hieben der Hacke geschaffen.« Der Arzt — handelt es sich um die Karikatur des Psychoanalytikers, wie Marson und Leopold[8] meinen? — verharrt in seiner distanzierten, reservierten Haltung; er ›entblößt‹ sich nicht, bleibt verschlossen auch noch im Zustand des ›Entkleidetseins‹; er verdrängt, verwirft, was er am Anderen bzw. an sich selbst wahrnimmt, und dies sozusagen offenen Auges. Der Autor bzw. der Meta-Erzähler ironisiert hier seine Figur, den Ich-Erzähler.

Neben dem indirekten Verweis auf Rosa verrät die — an die Narbe Rotpeters erinnernde — Situierung der Wunde etwas von ihrem Sinn. Die Metonymie macht sie zum Zentrum des Begehrens, aber auch zum Zentrum der Verletzungen: zur Kastrationswunde. Hier sind, in Termini der Lacan-Schule, »Phallus« und »Kastration« in paradoxer Weise zusammengedacht: es geht um ein Sein *und* ein Nichtsein, ein Haben *und* ein Nicht-Haben. Die Wunde ist Hohlraum und zugleich lebendige, empfindliche Stelle: »geblendet durch das Leben in seiner Wunde« (ER 144) ist der Junge. Wunsch und Versagung, Begehren und Tabu, Lust und Schmerz sind hier zu einer paradoxen Einheit, einer *coincidentia oppositorum* zusammengeschlossen. Erneut erweist sich die Opposition R/r als unauflösliche Korrelation, als Identifikation (R/R); »Rosa« ist sozusagen anwesend und zugleich abwesend (›abgeschnitten‹, verdrängt). Wenn wir uns daran erinnern, daß für Lacan die »Kastration«

nur die Vollendung des Schnittes darstellt, der Mutter und Kind trennt wie das in Platons SYMPOSION dargestellte zusammengewachsene, männlich-weibliche Zwitter-Wesen, dann wird noch deutlicher, weshalb Kafka jene Situierung zwischen Nabel und Geschlecht wählte. Das Bild vom »spitzen Winkel« und der »Hacke« läßt uns das Mal auch als vom symbolischen Vater ›eingehacktes‹ Zeichen begreifen.

Die beiden Phänomene, die Freud zum Zentrum aller Verdrängung macht, der »Ödipuskomplex« und der »Kastrationskomplex«, vereinen einen realen Liebesverlust und einen phantasmatischen Mangel (die Kastrationsbefürchtung bzw. beim Mädchen: die Imagination der schon vollzogenen Kastration).[9] Das Bild der Wunde bzw. Narbe gebrauchte Freud selbst wiederholt: »Der Liebesverlust und das Mißlingen hinterließen eine dauernde Beeinträchtigung des Selbstgefühls als narzißtische Narbe«[10]; der melancholische Komplex verhalte sich »wie eine offene Wunde«[11]. Damit legen wir indessen nahe, daß die imaginativ anwesende und zugleich abwesende »Rosa« die Imago der Mutter darstellt, daß die »rosa Wunde« jenes Relikt der Urszene darstellt, deren Schnitt das unstillbare, schmerzliche Begehren, die »Sehnsucht nach dem Ganzen«[12], induziert.

Wen aber stellt dann das »Dienstmädchen« vor? Mechthild Hornschuh-Fagard und Georges Fagard haben in der Szene der Vergewaltigung eben die *Urszene* der Vereinigung des Elternpaares erkennen zu müssen gemeint.[13] Damit wäre in der Tat der Sinn der Koppelung von »Rosa« und »rosa Wunde« hergestellt. Indessen kann man durchaus davon ausgehen, daß Kafka hier mit Polysemien, Verdichtungen arbeitet. Folglich wäre die Szene mit Rosa — wie die Anfangsszenen in AMERIKA und im PROZESS auch — als Urszene und zugleich als Szene einer Wiederholung zu lesen. Die Geliebte evoziert die Imago oder den Namen der Mutter und induziert eine inzestuöse Übertragungsliebe, in der die paradoxe Doppelheit von Begehren und Tabu wieder auflebt, die Wunde erneut entzündet wird. Das bestätigt eine Tagebuchnotiz Kafkas: »Ist die Lungenwunde nur ein Sinnbild, wie du behauptest, Sinnbild der Wunde, deren Entzündung F. [Felice Bauer] und deren Tiefe Rechtfertigung heißt, ist dies so, dann sind auch die ärztlichen Ratschläge (Licht, Luft, Sonne, Ruhe) Sinnbild.« (T 529) Die Wunde ist Symptom einer Krankheit, aber die Krankheit ist die Existenz, das Sein im Zeichen eines notwendigen Gesetzes. Sie währt dauernd fort und kann doch durch Imagines und Symbole erneut entzündet werden.

Muß man nun sagen, daß die Vereinigungs- bzw. Vergewaltigungsszene eine Ausblendung, Verdrängung der Wunde bedeutet, die sich dann wieder unauslöschlich aufdrängt, oder kann man sagen, daß in der Wahrnehmung der Wunde die Vereinigungsszene verdrängt und ausgelöscht wird? Beides wohl, denn der Text führt in reversibler Weise von einem Signifikanten zum anderen, einer verhüllenden Enthüllung zur anderen. In der Vereinigungsszene ist das Begehren auf den Knecht (den Rivalen, den Vater) verschoben; was hier eigentlich geschieht und welche Wunde es hinterläßt, wird ausgeblendet; »sie«, die Begehrte, verbirgt sich hinter dem Neutrum »es«. — Auf der anderen Seite ist im bloßen optischen Eindruck der Wunde jeder Kontext abgespalten, auch die Wunde erscheint neutral, asexuell; das Begehren ist eingeklammert: es/ (sie). Der euphemistische Signifikant (S) verdunkelt sein Signifikat (s): S/(s).

Aber nun verrät das Symptom als Schriftzeichen indirekt seine Herkunft; wie in der Fehlleistung (»famil*lion*är«) weist die »rosa Wunde« auf das Mädchen »Rosa« und umgekehrt deutet die Szene um Rosa (»die rot eingedrückten Zahnreihen«, die ›Vergewaltigung‹) auf die Wunde. Beidemal also findet ein indirektes Entbergen und ein Verbergen und Einklammern statt: Rosa/ Wunde (Mädchen) und: Rosa/ Mädchen (Wunde). Die Opposition bekleidet/nackt macht gewissermaßen explizit deutlich, daß es hier um das Verhältnis von Reinheit und ›Schmutz‹, Neutralität und Begehrlichkeit, Verdrängendem und Verdrängtem, Über-Ich und Es geht.

Erneut zeigt sich, daß die Fahrt von Rosa weg nur zu Rosa hinführt, daß hinter der temporalen Sequenz eine atemporale Korrelation steht. Die Wunde ist denn auch für den Arzt vorhanden und nicht-vorhanden (verdrängt, ausgeblendet) zugleich. W.H. Sokel hat gemeint, das Weggerissenwerden des Arztes in seinem Gespann verdanke sich nicht der Aktivität des Knechts, sondern einer »Fehlleistung« des Arztes.[14] Man müßte indessen präzisieren, daß hier der *Text* die Fehlleistung übernimmt; nicht der Arzt, sondern das hinter dem Text stehende epische Subjekt begeht die Fehlleistung. Sie entspringt dem Wunsche, von Rosa fortgerissen zu werden, die Gefahr der inzestuösen Übertragungsliebe, die Erinnerung an die Urszene auszublenden, was dann aber doch unaufhaltsam zur Wiederkehr des Verdrängten führt. In einer Anspielung auf den Platonschen Wagenlenker weist der Text indirekt darauf hin, daß hier der Arzt als Verkörperung des rationalen Ich Gefühl und Verstand einander zu vermitteln bzw. das Es unter Kontrolle zu halten versucht. Aber ganz der Freudschen Subversion des Subjekts entsprechend, wird der Wagenlenker vom *Es* fortgerissen. »Man könnte das Verhältnis des Ichs zum Es mit dem des Reiters zu seinem Pferd vergleichen«, so hatte Freud selbst einmal geschrieben.[15] Das Verhältnis von Herr und Knecht verkehrt sich hier. Die Fahrt hat, wie die anderen Bilder der Erzählung, eine doppelte, paradoxe Funktion: Gerade die Entfernung von der Frau macht diese zur Begehrten, gerade die Entfernung von ihr führt zu ihr hin. Auf die Interrelation von Verdrängendem und Verdrängtem, von abstoßender und anziehender Kraft weisen auch die Briefe an Milena: »Schmutzig bin ich Milena, endlos schmutzig, darum mache ich ein solches Geschrei mit der Reinheit« (M 208), heißt es einmal, und im Brief über das »kleine Zeichen« des »Schmutzigen« (M 179 ff.) wird über das Verhältnis von »touha« (Begehren) und »strach« (Angst), Wunsch und Tabu, Attraktion und Abwehr reflektiert. Die rosa Wunde deutet auf die Abhängigkeit des »jammernden Körpers« (M 181) von diesem Zeichen, das auch in ihm selbst eingeschrieben steht. Das Mal der Wunde und die »Reise« hin zu ihm sind Resultat der Szene zwischen Knecht und Rosa, aber umgekehrt bedingt dieses Mal auch diese Szene, in der Begehren (verschoben auf den Knecht) und Abwehr (durch den Arzt) miteinander streiten. Das »Viehische« und das »Asketische«, so hatte W.H. Sokel geschrieben[16], haben ein und denselben Ursprung. Das erinnert an den gemeinsamen Ursprung der Erinnyen und Aphrodites. Die rächenden Erinnyen entsprangen den Blutstropfen Uranos', welcher von seinem Sohn Chronos mit einer Sichel kastriert worden war. Aphrodite aber entstieg dem Meerschaum, der sich um sein im Meer treibendes Geschlecht bildete. Begehren und Schuldangst bzw. Abwehr rühren von ein und demselben Signifikanten her.

Die temporale Linearität, die gerichtete Kausalität des Textes wird also im LANDARZT durch ein metaphorisches und symbolisches Aufeinanderverweisen aufgelöst. Die »irreversible Ordnung« des »klassischen« Textes, mit Roland Barthes zu sprechen, verändert sich in die »reversible« Ordnung des »modernen« Textes.[17] Das an den Mythos erinnernde strukturale Kombinieren hebt das kausale Erzählen aus den Angeln.

II. Das Symptom als Zeichen des Gesetzes

Die Psychoanalyse erklärt den Körper zum Feld der Rhetorik des Unbewußten; Körpersymptome sind inkorporierte Metaphern oder Metonymien, deren Bedeutung sich verdunkelt hat[18]: »Le nevrosé refoule le signifié de son symptome«[19]. Im LANDARZT ist die Wunde Metapher einer solche Metapher; sie weist auf ihr verdrängtes *signifié*, und zwar in metaphorischer Weise (spitzer Winkel, Hacke, Rosa) wie in metonymischer (Hüftengegend). Sie deutet auf ein Signifikat, das wieder nur ein Signifikant ist. Dem entspricht der Lacansche Begriff der »symbolischen Kastration«, die sich nicht auf ein Organ, sondern auf ein Zeichen bezieht, und zwar eines, dessen Ort ubiquitär, beliebig verschiebbar ist. Das Symptom ist dann sozusagen die Sache selbst, ist nicht rückführbar auf eine ›Basis‹. So sah auch Kafka das Symptom (das »Sinnbild« der »Lungenwunde«) als ›absolutes Gleichnis‹, als nicht auf eine eigentliche Bedeutung, eine Basis rückführbares, durch besseres Verständnis heilbares Sinnbild.

Kafka glaubt, im LANDARZT die »Lungenwunde« prophezeit zu haben: »Auch habe ich es selbst vorausgesagt. Erinnerst Du Dich an die Blutwunde im ›Landarzt‹?« (Br 160) Zwar ist die Lungenwunde »Sinnbild« dessen, was im »Gehirn« sich abspielt (Br 161), aber das Phantasma, der Individualmythos im »Gehirn« ist nicht hintergehbar, er ist existentiell, Zeichen eines notwendigen Gesetzes, insofern wieder physisch-irdisch, nicht ›eingebildet‹. (Deshalb ist die Wunde im LANDARZT unsichtbar und zugleich sichtbar, deutlich in den Leib eingeschrieben.) »Es gibt nur eine Krankheit, nicht mehr« (Br 320), heißt es einmal, ein andermal wird die »Krankheit« als bloße »Verstärkung des allgemeinen Todeskeims« (Br 177) bezeichnet. An Milena schrieb Kafka: »Ich nenne es nicht Krankheit und sehe in dem therapeutischen Teil der Psychoanalyse einen hilflosen Irrtum. Alle diese angeblichen Krankheiten, so traurig sie auch aussehn, sind Glaubenstatsachen, Verankerungen des in Not befindlichen Menschen in irgendwelchem mütterlichem Boden [...]«. (M 246 f. und H 335) Religion, Mythos und Individualneurose sind für Kafka nur verschiebbare, nicht auflösbare »Sinnbilder«, sind sozusagen »absolute Metaphern«.

So betrachtet, erhält auch das Bild von der Entkleidung des Arztes und die Szene des Therapie-Rituals einen höchst ironischen Sinn. Während die Familie das »Unmögliche« (ER 144) vom Arzt verlangt, weiß dieser um den »hilflosen Irrtum« (H 335) ihres Glaubens: Der »Pfarrer sitzt zu Hause und zerzupft die Meßgewänder [...]; aber der Arzt soll alles leisten mit seiner zarten chirurgischen Hand«. (ER 144) Der Therapeut könnte nur die verlorene »Glaubenstatsache« durch eine neue ersetzen, aber er kann nicht »heilen«. Das entspricht der Ansicht des Autors, Kafkas, und dennoch schiebt sich eine Distanz zwischen ihn und den Ich-Erzähler, dessen Zynismus hier ironisch karikiert wird, und zwar durch einen Meta-Erzähler, der nicht gleichgesetzt werden darf mit dem Autor.

Hier ist der Ort, auf das Verhältnis von »Todeskeim« und Leben, Thanatos und Eros, wie es sich im Sinnbild der »rosa Wunde« darstellt, einzugehen. In diesem Mal verdichten sich ja — bis zur paradoxen Identifikation (Rosa = Rosa, R/R bzw. R = R) — die Anspielungen auf Leben und Tod, rosa Fleisch und rosa Todeskeim: »an dieser Blume in deiner Seite gehst du zugrunde« (ER 143), heißt es, und: »geblendet durch das Leben in seiner Wunde« (ER 144). Lebendige Würmer bewegen sich in sterbendem Fleisch, Leben verzehrt Leben, ›Phalloi‹ graben sich ein Grab; »lebend stirbt man, sterbend lebt man« (H 302), lautet eine Notiz Kafkas. Wie Begehren und Tabu sich gegenseitig bedingen — »la loi et le désir refoulé sont une seule et même chose«[20] —, so Eros und Thanatos. Kafka hat hier in einer doppelten Identifikation Begehren und Leben mit Tabu und Tod gleichgesetzt. Was ist der Sinn dieser doppelten *coincidentia oppositorum?* Derrida hatte geschrieben, daß der »Aufschub« »schon der Tod im Dienst eines Lebens« sei, das »sich vor dem Tod nur durch die *Ökonomie des Todes*« schützen könne.[21] Psychoanalytisch heißt dies: »Der Todestrieb ist jene spezifische Energie, welche die Gegenbesetzung ermöglicht, die zur Urverdrängung, dem Schöpfer des Unbewußten, notwendig ist.«[22] In der Verdrängung, der Abwehr, der Gegenbesetzung also wirkt Thanatos, und zwar im Dienste von Eros, wie umgekehrt Eros im Dienste von Thanatos wirkt durch die Befriedung von »Vitaldifferenzen«. Damit gibt Kafkas Wort- und Zeichenspiel einen höchst reflexiven Sinn preis. Dieser verdichtet sich noch, wenn wir uns daran erinnern, daß Lacan den Todeswunsch als Regressionswunsch, als Wunsch, die »Mutterimago wiederzufinden«, bestimmt hatte.[23] Die »Sehnsucht nach dem Ganzen«, dem Ursprung »Rosa«, spaltet sich also in Eros und Thanatos auf, in Übertragungs- und in Regressionsliebe; beider Ort ist das Abwesende, das Paradies als verlorenes Paradies.

Die Wunde des Jungen hat ihn dem ›Schoß‹ der Familie zurückgegeben bzw. ihn dort festgehalten: »Mein Leben ist das Zögern vor der Geburt.« (T 561) Der Grund liegt im Gesetz des symbolischen Vaters: »[Warum] wollte ich aus der Welt hinaus? Weil ›er‹ mich in der Welt, in seiner Welt nicht leben ließ.« (T 564) Dieses »Draußen« ist also identisch mit dem »Innern« des ›Schoßes‹ der Familie bzw. Mutter; was im Imaginären als Paradies vor der Vertreibung erscheint, das ist realiter ein Ort der Verbannung. Das Festhalten am Ursprung — Regression bzw. »Zögern vor der Geburt« — ist eins mit dem Vertriebenwerden aus ihm. Daher ist im LANDARZT die Familienatmosphäre als unerträglich geschildert: Das Krankenzimmer ist voll Rauch, die »Luft kaum atembar« (ER 142), im »engen Denkkreis des Alten« wird dem Arzt »übel«. Diese Charakterisierung erinnert an Kafkas Überlegungen zur Sozialisation in der Familie (H 227—232; Br 342—347). Im »Familientier« zerstört die »Übermacht des Elternpaares« das »Persönlichkeitsrecht« des Kindes (Br 344); das »Aburteilen« (H 229) durch den Vater führt zu Selbstzwang, dazu, daß das Kind »selbst die einzelnen Rutenspitzen in sich« zieht (H 230). Fataler noch ist die »tierische, sinnlose, sich mit dem Kinde immerfort verwechselnde Liebe« besonders der Mutter, jene »zarte« »Tyrannei« (Br 346) »geistiger Blutschande« (Br 344); gefährlich ist, daß in diese Mutter-Kind-Dyade kein Dritter eindringt, »die Welt, das Arbeitsleben« (Br 347) ausgespart bleiben, so daß jene »dumpfe, giftreiche, kinderauszehrende Luft des schön eingerichteten Familienzimmers« (Br 347) entsteht. — Hinter dem Vater aber steht das ›Man‹, die kulturelle Norm, und hinter der Mutter eine historisch spezifische Erziehungspraktik, jene, die zur Verstärkung der Mutterbindung, der ›endogamen‹ Tendenz führt; durch sie wird die Überwindung des Ödipuskomplexes gefährdet, sie führt in die Zwickmühle eines *double bind* (von der Form: Geh', aber bleib'; bleib', aber geh'!).

Auf jenen *double bind* von Endogamie- und Exogamiegebot bzw. die Verstärkung der endogamen Tendenz, die zur spätbürgerlichen Gleichung »Wunsch = Kastration«[24] führt, weist auch jene Assoziation, welche den LANDARZT mit dem ›Heiland‹ Parsifal und der offenen Wunde des Anfortas verknüpft. Des Patienten Wunde schließt sich nicht, wie jene bei Chrétien (Perceval), Wolfram (Parzival) und Wagner (Parsifal); sie ist ähnlich situiert wie bei Chrétien (»zwischen den Beinen«)[25]. Im mittelalterlichen Epos gehört sie noch ganz in den Kontext des Exogamiegebotes. Von Herzeloyde bzw. dem Endogamieverbot führt der exogame Weg der Aventiure zum Erwerb der Gattin (Condwiramurs) und der Heilung des Anfortas. Bei Wagner wird jenes Exogamiegebot und mit ihm Condwiramurs gelöscht und die endogame Tendenz ausweglos verabsolutiert. »Herzeleid« heißt die Wunde nun; sie bricht auf, wenn Parsifal sich an die Mutter erinnert, dabei zugleich an das Leiden des Anfortas denkend; sie tritt ihm ins Bewußtsein, als Kundry, sich der Imago der Mutter anähnelnd, ihm bietet: »als Muttersegens letzten Gruß, der Liebe ersten Kuß«.[26] Parsifal tritt niemals gänzlich aus dem Spiegelstadium, aus der Mutter-Kind-Dyade heraus, und es hat den Anschein, als ob für ihn »jedes Liebesobjekt die Inzestgefahr heraufbeschwören würde«[27]. Des LANDARZTES paradoxe Gleichung »Wunsch = Kastration«, wie sie schon im Doppelsinn von »Rosa« liegt, wird durch diesen Kontext bestätigt. Das Phantasma von der einen, singulären Familie verdunkelt den Tausch zwischen den vielen Familien; damit wird bei Kafka adäquat nachgezeichnet, daß das familiale Mal *als* familiales ein gesellschaftliches ist. Denn die Abspaltung und Verabsolutierung der Familie ist selbst Produkt einer sozialen ›Faltung‹. So sehen es auch Deleuze und Guattari im ANTI-ÖDIPUS: Die Einschreibung des Gesetzes geht in der spätbürgerlichen Gesellschaft gänzlich auf, aber das ist zugleich nur Schein, von der Familie aus, dem Trugbild, welchem sich alle sozialen Wünsche und Tabus unterschieben.[28] Die Scheinautonomie der Familie bedingt,

daß Ödipus zum »Repräsentanten des Wunsches« *überhaupt* wird.[29] Der Signifikant, den die Wilden als Gesetzes-Mal, welches Exogamie und Verwandt-
schaftsregel durchsetzen muß, in den Körper einschreiben, und der im Feuda-
lismus auf den Gesetzestafeln des Despoten erscheint, geht nun auf den »Vater« über.[30] So erst kommt es zur paradoxen Gleichung »Wunsch = Kastration«[31], in welcher die sozialen Wünsche und sozialen Verbote wirksam und
zugleich ausgeklammert sind. — Von daher betrachtet, ist das Mal im LAND-
ARZT ein soziales Mal, ein Zeichen des Gesetzes, ein Index der Epoche.

Wir haben gesehen, daß im LANDARZT in Vor- und Rückverweisen von
einer Metapher zur anderen übergegangen wird, so daß ein Gleiten, eine Verschiebung bewerkstelligt wird, die an kein Ende gelangt. Der Darstellung aber
entspricht ganz und gar das Dargestellte: Dieses spricht von einem unendlichen Aufschub in metonymischen und metaphorischen Verweisen, von dem,
was durch den Schnitt der Urszene abgespalten wurde und niemals mehr als
solches, sondern immer nur als durch euphemistische Signifikanten Um-
schriebenes zum Ausdruck kommt. Dieser Aufschub ist paradoxer Natur: In
ihm sind das Verdrängende und das Verdrängte, sind Eros und Thanatos am
Werk. Die Funktion der »gleitenden Metapher« und der »fortgesetzten Paradoxie« wird hier auf ihren Begriff gebracht: es geht um das Verdrängen und
Erhalten des Begehrens im Aufschub. Jene »différance«, im Dargestellten wie
in der Darstellung, erscheint dann im PROZESS explizit wieder als »Verschleppung« (P 192 ff.).

E. Der Turm und die Blöcke der Chinesischen Mauer —
Symbolische, imaginäre und reale Vergesellschaftung

I. Gesellschaftliche Synthesis und Macht

Bevor wir uns dem PROZESS zuwenden, soll das Thema »Recht und Macht« nochmals anhand einiger Texte diskutiert werden, in welchen sozialphilosophische Reflexionen relativ explizit zur Darstellung kommen, wenngleich auch in ihnen die metaphorische Dimension, insbesondere die allegorisch-psychologische, niemals aufgehoben wird; sie zählen zum sogenannten »China-Komplex«. Es sind die 1917 entstandenen Texte: BEIM BAU DER CHINESISCHEN MAUER (ER 332 ff.) mit einem Fragment (B 328 f.), EIN ALTES BLATT (ER 146 ff.), DER SCHLAG ANS HOFTOR (ER 344 f.) — alle diese Texte gehören zum dritten der blauen Oktavhefte (bzw. Heft G), zu Seite 142 der HOCHZEITSVORBEREITUNGEN (H 142); hinzufügen will ich die ›KURIERE‹ (H 89 f.). Eine weitere, 1920 entstandene Gruppe zählt zu diesem Komplex: DAS STADTWAPPEN (ER 355; zu H 324), ZUR FRAGE DER GESETZE (ER 360; ebenso zu H 324), DIE TRUPPENAUSHEBUNG (ER 362; ebenso zu H 324), ›DER OBERST‹ (H 326); zu ihnen sollen DER STEUERMANN (ER 366, zu H 341) und die FÜRSPRECHER (ER 369) von 1922 hinzugezogen werden.

Diese Texte unternehmen eine Archäologie dessen, was unbewußt ist am Kulturations- und Vergesellschaftungsprozeß; es geht in ihnen um gesellschaftliche Synthesis, dies aber nicht im Sinne des Hegelschen Systems der Bedürfnisse[32] oder der Marxschen Arbeitsteilung mit ihrem Telos der Produktivitätsmaximierung. D.h., es geht nicht um die Synthesis qua Warentausch, welche nach Marx sich un-bewußt hinter dem Rücken der Subjekte vollzieht und sich im Geld und Kapital verdinglicht, fetischisiert und mystifiziert[33]; es geht — besonders in der CHINESISCHEN MAUER mit ihrem System des »Teilbaues« (ER 334) — um Synthesis als *Kommunikation*. Die von Kafka dargestellte Vermittlung beruht jedoch weitgehend auf einer *imaginären* Kommunikation, d.h. auf einem Phantasma von Gemeinsamkeit, Einheit und Totalität. Dieses zwar allen Individuen gemeinsame, aber doch ideologisch-scheinhafte Phantasma der Einheit und Totalität ist ein Produkt der Macht, der Herrschaftsinstanzen, d.h. des »Kaisers« oder der »Führerschaft« (ER 338). Damit erweist sich nach Kafka gesellschaftliche Synthesis überhaupt als illusionär, gesellschaftliches Sein als imaginär. Ganz folgerichtig taucht daher in der CHINESISCHEN MAUER und dem STADTWAPPEN das Bild des Turmbaus zu Babel auf, welches einheitstiftende und totalisierende Kommunikation — bzw. ihr Gegenteil, die »Sprachverwirrung« — zum Gegenstand hat.[34] Im Bild des Turms bei Kafka, dem das der horizontal verstreuten »Blöcke« und »Teilbauten« entgegengesetzt wird, ist aber mitgedacht, daß die soziale Einheit — als scheinbare — Produkt einer vertikalen, pyramidenförmig hierarchisierten, zentralistisch organisierten Vermittlung, also Produkt von Herrschaft ist. Als scheinhafte Synthesis entspricht sie der biblischen »Sprachverwirrung«; sie geht, das ist entscheidend, nicht aus einem horizontalen, d.h. kollektiven Einigungshandeln hervor. — Die im folgenden erörterten ›Mythen des sozialen Unbewußten‹ handeln von dem skizzierten Verhältnis von Synthesis und Macht.

Wie man innerhalb der Bilderwelt der CHINESISCHEN MAUER den zentralen, Einheit begründenden Turm den zerstreuten Blöcken des »Teilbaus« (ER 334) entgegensetzen kann, so innerhalb der Gesamtheit der hier zusammengestellten Erzähltexte den Pol einer zentralen, totalitär-allumfassenden Gewalt dem Pol der isolierten Monaden, dezentralisierten Moleküle; die kontingent zusammengewürfelten Monaden, löst man sie aus dem Bezug zu ihrem mutmaßlichen Sinnzentrum, scheinen miteinander in keinem Zusammenhang zu stehen, zumindest in keinem symbolisch vermittelten und Ganzheiten stiftenden Zusammenhang. Die Entgegensetzung von Fesselungsbedürfnis und Freiheitsbedürfnis in der CHINESISCHEN MAUER spielt selbst auf diesen Widerspruch von zentripetalen und zentrifugalen Kräften an: »Das menschliche Wesen, leichtfertig in seinem Grund, von der Natur des auffliegenden Staubes, verträgt keine Fesselung; fesselt es sich selbst, wird es bald wahnsinnig an den Fesseln zu rütteln anfangen und Mauer, Kette und sich selbst in alle Himmelsrichtungen zerreißen« (ER 336), so schreibt der ›Ethnologe‹ der CHINESISCHEN MAUER, dessen Borniertheit jedoch — wie die der Ich-Erzähler der späten Erzählungen DER BAU und JOSEFINE, DIE SÄNGERIN ODER DAS VOLK DER MÄUSE — in karikierender und ironisierender Weise hervorgehoben wird; dieser sich mit »vergleichender Völkergeschichte« (ER 338) beschäftigende Geschichtsschreiber realisiert nicht, daß er nur den einen Pol sieht; er ignoriert, daß das Maß an Fesselung und Fesselungsbedürfnis — die Macht des »Kaisers« oder der »Führerschaft« — in seinem Lande gewaltig genug ist. Den angedeuteten Widerspruch in der Bedürfnisstruktur der Gesellschaftsmitglieder scheint die »oberste Führerschaft« beim Mauerbau selbst zu berücksichtigen (ER 336) und im Hinblick auf ihn höchst listenreich das »System des Teilbaues« (ER 334) — der Fertigstellung verstreuter, unverbundener Blöcke — einzuführen. Zum »Schutz der Nordvölker« (ER 333) — der ideologisch befangene Ich-Erzähler widerspricht sich da mehrfach, ähnlich wie der des BAUES oder der JOSEFINE — kann die Mauer demzufolge nicht dienen; außerdem bedarf es gar keines Schutzwalls: »zu groß ist das Land« (ER 338), kein fremdes Volk kann ihm gefährlich werden (ER 337). Also nur ein illusionäres Ziel, ein scheinbares Sichern des sozialen Lebens, hält die Gesellschaft zusammen. Der imaginären Einheit korrespondiert das Phantasma vom zentralen, einheitgebenden Souverän des Landes; den »nebelhaften Plänen« des Turms (ER 336) entspricht, daß der »Kaiser« unerreichbar, nicht auffindbar oder gar tot ist (ER 341 f.). Mithin erweist sich das Gesellschaft-Sein dieser ›Gemeinschaft‹ als ideologische Selbsttäuschung; es gibt keine ›Gemeinsamkeit‹, es gibt nur Grüppchen, Einzelne, »Teilbauten«. Was real an Kommunität existiert, ist nicht das Resultat der sozialen Kommunikation *aller,* sondern das Produkt *partikularer* Herrschaftsinstanzen: »Vielmehr bestand die Führerschaft wohl seit jeher und der Beschluß des Mauerbaues gleichfalls.« (ER 338) Ohne ein Mindestmaß an Konsens — ein Maß an Zustimmung »legitimiert« nach Max Weber jede Form von Herrschaft[35] — und ohne Momente wenigstens scheinhafter Vergemeinschaftung hätte sich allerdings die Gemeinschaftsideologie nicht zu halten vermocht. Dieser Widerspruch konstituiert das im Mauerbau scheinbar zusammengefaßte Land. Er wird sichtbar z.B. darin, daß der Ich-Erzähler durchweg ironisch karikiert wird; obgleich er das Trügerische des Teilbaues ahnt, preist er delirierend die Einheit des Volkes: »Einheit! Einheit! Brust an Brust, ein Reigen des Volkes, Blut, nicht mehr eingesperrt im kärglichen Kreislauf des Körpers, sondern süß rollend und doch wiederkehrend durch das unendliche China.« (ER 335) Höchst widersprüchlich heißt es daher auch im Text ZUR FRAGE DER GESETZE: »Das einzige, sichtbare, zweifellose Gesetz, das uns auferlegt ist, ist der Adel und um dieses einzige Gesetz sollten wir uns selbst bringen wollen?« (ER 362) Jenes unfaßbare, das Volk einende »Gesetz«, das doch ein Resultat kollektiven Einigungshandelns sein müßte, entstammt den Plänen einer Machtelite.

Aber die indizierte Form von Herrschaft ist nicht faßbar. Nachweisbar tritt überhaupt nur die laterale, horizontale Vermittlung der Gesellschaftsmitglieder in Erscheinung, d.h. jene scheinhafte Gemeinschaftlichkeit und Arbeitsteilung um die »Teilbauten« herum, welche nichts mit physischer Selbsterhaltung und der Entwicklung der Produktivkräfte zu tun haben. Diese Synthesis qua Arbeitsteilung ist freilich nur eine partielle, eine auf kontingent zusammengewürfelte Gruppen — auf »Teilbauten« — beschränkte. Die totale und auf ein Zentrum bezogene Synthesis aller ist zwar ein Faktum, aber ein höchst scheinhaftes, durch ein imaginäres Telos konstituiertes Faktum. Sie vor allem ist das Produkt der Macht, der ungreifbaren Macht: Der »Kaiser« und sogar die immer wieder behauptete »Führerschaft« sind ja nicht dingfest zu machen: »wo sie war und wer dort saß, weiß und wußte niemand«. (ER 336) Sie erhält einen transzendenten und durch den Geschichtsverlauf hindurchreichenden, transzendentalen Aspekt: »Durch das Fenster aber fiel der Abglanz der göttlichen Welten auf die Pläne zeichnenden Hände der Führerschaft.« (ER 336) In dieser theologischen Anspielung paaren sich wieder Ironie und Ernst; der Satire auf die ideologische Befangenheit der ›gläubigen‹ Untertanen steht eine Metapher im Sinne negativer Theologie gegenüber: die personal nicht greifbaren Herrschaftsinstanzen, das der Verfügungsgewalt der Subjekte der Geschichte entzogene Geschick — das Naturgeschichtliche am Geschichtsprozeß — wird quasi metaphorisch als Jenseitig-Transzendentes gefaßt. Die »Botschaft« des »Kaisers« (ER 340 f.) kann folglich niemals ans Ohr dessen gelangen, der sie sich erträumt. W. Emrich sprach daher in der Erörterung des hier Angesprochenen von der »unaufhebbaren Transzendenz Gottes«[36] und wies zu Recht auf Nietzsches Diktum »Gott ist tot«[37], welchem Kafkas Bildlichkeit durchaus adäquat ist.

Von der »göttlichen Abstammung des Kaisers« spricht daher auch jener Text, der sich im Manuskript an die FRAGE DER GESETZE und die TRUPPENAUSHEBUNG anschließt (H 325): »Ein Mann bezweifelte die göttliche

Abstammung des Kaisers [...]; wenn die Brandung einen Wassertropfen ans Land wirft, stört das nicht den ewigen Wellengang des Meeres, es ist vielmehr von ihm bedingt.« Auch das läßt sowohl auf ideologische Befangenheit im Mythischen schließen wie auf die Idee eines dem Erklär- und Machbaren, dem geschichtlichen Zugriff Entzogenen, dem Subjekt ›Transzendenten‹.

Der Leser der CHINESISCHEN MAUER wird zunächst versuchen, den vielgerühmten »Kaiser« als die oberste Instanz einer Herrschaftspyramide zu begreifen; bald stellt sich ihm jedoch die Frage, ob dieser Kaiser sich nicht als *reale* Person aufgelöst habe und zum reinen *Symbol* geworden sei. Das »kaiserliche Schloß« ist ja nur ein »Pünktchen«; der »lebendige Kaiser«, »ein Mensch wie wir«, »liegt ähnlich wie wir auf einem Ruhebett, das zwar reichlich bemessen, aber doch möglicherweise nur schmal und kurz ist.« (ER 339 f.) Der Kaiser »als solcher« jedoch ist »wiederum groß durch alle Stockwerke der Welt«. Die Herrschaft geht offenbar von Symbolen aus, ihre Gewalten scheinen keine realen zu sein. Das »Volk«, befangen in einer ungeheuren Paradoxie: »hoffnungslos und hoffnungsvoll« (ER 341) nach oben blickend, »weiß nicht, welcher Kaiser regiert, und selbst über den Namen der Dynastie bestehen Zweifel.« (ER 341) »Längst verstorbene Kaiser werden in unseren Dörfern auf den Thron gesetzt«, die »gegenwärtigen Herrscher« aber »unter die Toten« gemischt. (ER 341) Das Denken gilt nicht dem »gegenwärtigen« Kaiser (ER 339); das Leben steht unter keinem »gegenwärtigen Gesetze«, es gehorcht der Weisung und Warnung, die »aus alten Zeiten zu uns herüberreicht«. (ER 343) Das zielt auf die von Max Weber »traditional« genannte Form von Herrschaft: »Traditional soll eine Herrschaft heißen, wenn ihre Legitimität sich stützt und geglaubt wird aufgrund der Heiligkeit altüberkommener (›von jeher bestehender‹) Ordnungen und Herrengewalten.«[38] In gewissem Sinn ist diese Herrschaftsform also durch die mythische Befangenheit und den Unterwerfungswillen der Untertanen selbst begründet. »Gerade über das Kaisertum aber sollte man [...] das Volk befragen, da doch das Kaisertum seine letzten Stützen dort hat« (ER 339), so räsoniert der mit »vergleichender Völkergeschichte« befaßte Ich-Erzähler. Der »soziale Mythos«[39], der hier die Gesellschaft beherrscht, hat aber noch den anderen, von Weber »charismatisch« genannten Aspekt: »›Charisma‹ soll eine als außeralltäglich [...] geltende Qualität einer Persönlichkeit heißen, um derentwillen sie als mit übernatürlichen oder übermenschlichen oder mindestens spezifisch außeralltäglichen, nicht jedem andern zugänglichen Kräften oder Eigenschaften [begabt] oder als gottgesandt oder als vorbildlich und deshalb als ›Führer‹ gewertet wird.«[40] Über das »Erbcharisma« — beispielsweise im sogenannten »Gottesgnadentum« — löst sich diese Herrschaftsform ab von »persönlichen Qualitäten«.[41] Wir könnten dann von einer ›symbolischen‹ Herrschaftsform sprechen im Sinne einer Verschiebung des Charisma auf einen ›Fetisch‹. Das gilt auch für die »rituelle Versachlichung des Charisma«, den Glauben, »daß es eine durch eine bestimmte Art von Hierurgie: Salbung, Händeauflegung oder andere sakramentale Akte, übertragbare oder erzeugbare magische Qualität« gebe.[42] Psychoanalytisch ließe sich solch ›symbolcharismatische‹ Herrschaft durchaus mit dem ödipalen Schuldgefühl und der masochistischen Selbsterniedrigung verknüpfen, welche nach Freuds

TOTEM UND TABU und DER MANN MOSES sozialen Gehorsam begründen. Eine derartige Verknüpfung liegt ja auch Jacques Lacans Rede vom »Symbolischen Vater« und »Toten Vater«[43] zugrunde. Kafkas Gesellschaftsmetaphorik — von der CHINESISCHEN MAUER oder der STRAFKOLONIE bis hin zum SCHLOSS — verdichtet dieser Idee entsprechend die Figur des *familialen* »Symbolischen Vaters« mit der des (qua Symbol herrschenden) *sozialen* Machthabers.

Von daher erhält die These des chinesischen »Gelehrten«, es handle sich beim Mauerbau um die Errichtung der Fundamente eines »neuen Babelturmes« (ER 336), ihren wahren Sinn. Es geht um kein reales, sondern um ein symbolisch vermitteltes Ziel. Der »Gelehrte« nimmt aber das unerreichbarideale, illusionäre Projekt für real; damit erliegt er dem Phantasma, das dem Mauerbau — unbewußt — zugrunde liegt. Es existieren in Wirklichkeit ja nur »nebelhafte Pläne« dieses »Turmes« (ER 336). D.h., nur ein rein *imaginäres* Telos und eine rein *symbolisch* wirksame Herrschaftsinstanz, eine rein *phantasmatische* Vertikale konstituieren den Mauer- i.e. Gesellschaftsbau. *Real* dagegen sind die nie sich zu einem sinn-bestimmten Gebilde zusammenschließenden Blöcke der Teilbauten, die horizontal verstreut liegen und nur partiellkontingent eine Vermittlung der Einzelnen bewerkstelligen. Daher scheint im STADTWAPPEN (ER 352 f.) die Idee des Turmbaues von der »Arbeiterstadt« zugunsten rein ›irdischen‹ und partikularen Daseins aufgegeben zu werden; in »blutige Kämpfe« (ER 352) arten aber dann die Streitigkeiten der durch keine Idee geeinten Arbeiter aus. Die reale »Sprachverwirrung« (1. Moses 11) steht nicht am Ende, sondern am Anfang des Turmbaues: »Wir graben den Schacht von Babel« (H 387). Es wäre aber falsch, anzunehmen, in der CHINESISCHEN MAUER käme es aufgrund des einheitbildenden Kollektiv-Phantasmas zu *keiner* »Sprachverwirrung« (s. ER 342); zwar kommt es nicht zu »blutigen Kämpfen«, aber eine wirkliche Kommunikation aller kommt keineswegs zustande, welches Faktum durch das Symbol der Einheit, den Turm, gerade verschleiert wird.[44] Die Kommunikation aller Einzelnen miteinander realisiert sich ja nur über das Phantasma der geschlossenen oder sich schließenden Mauer bzw. des sich erhebenden Turms; *realiter* zerfällt sie: sie reduziert sich auf die bloß zweckrationale Verständigung in den Teil-Gruppen oder gar auf die bloße Hoffnung der Einzelnen auf die »Botschaft« des Kaisers (ER 341).

Deleuze und Guattari haben, besonders im Hinblick auf die drei Romanfragmente, zwei elementare Strukturmodelle Kafkas herausgearbeitet: den »Turm« und die »Gänge«, die »Transzendenz« und das Feld der »Immanenz«: »Vertikale Staffelung der himmlischen Hierarchie *und gleichzeitig* horizontale Kontiguität der fast schon unterirdischen Büros.«[45] Der symbolischen Herrschaft steht die reale Vermittlung der Einzelnen in faktischen Interaktionen gegenüber. Das »paranoische Gesetz« (ein symbolisch-imaginärer Komplex, eine transzendental-kategorische Leerformel) steht dem »schizoiden Begehren« gegenüber (den realen Verknüpfungen der Einzelnen untereinander im Feld der Immanenz). Während also — wie im PROZESS das »hohe Gericht« (P 272) — Kaiser und Turm unzugänglich sind, kommt es *realiter* in den

Teilbau-Projekten — bzw. den Kanzleien — zur Begegnung der Einzelnen; während also ›das Gesetz‹ verschlossen bleibt, erscheinen die ›vielen Gesetze‹ in manifester Form: als die realen Interaktionen und Begehrensverkettungen. Diese Konzeption hat im SCHLOSS ihren gelungensten Bildausdruck gefunden, darin nämlich, daß dem sich vertikal erhebenden Schloß das horizontal sich ausbreitende Dorf entgegengesetzt wird.

»Wann immer die Macht als transzendente Autorität, als paranoisches Gesetz des Despoten auftritt, erzwingt sie eine diskontinuierliche, mit Unterbrechungen versetzte Abfolge von Perioden, eine diskontinuierliche Verteilung von einzelnen Blöcken mit leeren Stellen dazwischen.«[46] »Distanz und Nähe«[47] werden der allgegenwärtigen und doch unnahbaren transzendenten Herrschaftsinstanz zugeordnet, »Ferne und Kontiguität«[48] dagegen dem Feld der Immanenz. In bezug auf die unnahbare Herrschaftsinstanz seien die Einzelnen diskontinuierlich verteilt, voneinander getrennt; auf dem Feld der Immenenz, wie es in den Gängen und Büros im PROZESS verbildlicht sei, verbänden sich die einander Benachbarten kontinuierlich bis in unendliche Fernen.

Deleuze und Guattari gehen hier offenbar vom Gegensatz von Realem und Symbolischem aus, d.h. den Grundbegriffen des Strukturalismus: dem »Symbolischen«, »Realen« und »Imaginären«. »Die Ablehnung, das Symbolische mit dem Imaginären sowie mit dem Realen zu vermengen, bildet die erste Dimension des Strukturalismus.«[49] Kulturelle Zeichen- bzw. Symbolgebung strukturiert das Naturhaft-Reale, wird umspielt vom Phantasmatisch-Imaginären. Auf dem Gegensatz von Realem und Symbolischem basiert auch der von Deleuze und Guattari im ANTI-ÖDIPUS beschriebene Gegensatz von im Feld der Immanenz sich verkettenden »Wunschmaschinen« (Macht- und Begehrensmotiven) und »tyrannischem« — ödipalem — »Signifikanten«.[50] Und in der Tat ist ja die Projektion von Vater- und Mutter-Imagines, sind die Übertragungsphänomene, die metaphorischen Subsitutionen und metonymischen Anspielungen sozusagen einem ›semiotischen‹ System der Psyche geschuldet. Der Herrschaft des paranoisch alles zu erfassen suchenden *Symbols* — Turm und Kaiser — stehen also die *realen* Begehrungen, Machtströme, Sprechakte und Diskursstrategien — Blöcke oder Büros — gegenüber.

II. ›Die Kuriere‹: Die Macht ohne König

Von den Erzählungen aus dem Umkreis der CHINESISCHEN MAUER verkörpert der SCHLAG ANS HOFTOR am deutlichsten den hierarchisch-vertikalen Pol despotischer Herrschaft; diese nimmt hier sogar den Anschein direkter Gewaltherrschaft an (darin an die STRAFKOLONIE erinnernd); eine vermutlich irrelevante Geste der Schwester wird am Bruder mit lebenslänglicher Haft bestraft. (ER 344 f.) Ein allwissender Despot, nah und doch unfaßbar, scheint alles und jedes — Inkarnation des »paranoischen Gesetzes« — zu ahnden. Immer wieder drückt sich bei Kafka die Vorstellung aus, daß hinter der symbolischen und vom Untertan selbst gestützten Herrschaft letzten Endes doch reale Gewalten stehen. — Aber umgekehrt wird ebenso emphatisch Herrschaft immer wieder auf bloße Symbolfunktionen und innere Dispositionen reduziert. So kommt es zu Ambivalenzen und Schwankungen. Der andere Pol, die lateral-horizontale Perspektive betreffend, die Absenz eines Herrschaftszentrums, verwirklicht sich im STADTWAPPEN und paradigmatisch in den ›KURIEREN‹: »Es wurde ihnen die Wahl gestellt, Könige oder der Könige Kuriere zu werden. Nach Art der Kinder wollten alle Kuriere sein. Deshalb gibt es lauter Kuriere, sie jagen durch die Welt und rufen, da es keine Könige gibt, einander selbst die sinnlos gewordenen Meldungen zu. Gerne würden sie ihrem elenden Leben ein Ende machen, aber sie wagen es nicht wegen des Diensteides.« (H 89 f.) Die Bindung an den »Symbolischen Vater«, den »Toten Vater« — in psychischer wie in sozialer Hinsicht — scheint hier aber, trotz der völligen Freiheit der »Kuriere« auf der lateral-horizontalen Ebene, über alles Reale hinweg wirksam zu sein. Persönliche, politische oder ökonomische Gewalten unmittelbarer Art bilden hier jedenfalls *nicht* den Grund der Herrschaft. Das Denkbild hat die paradoxe Gestalt jener Parabel von der »Gefängniszelle« ohne »die vierte Wand« (H 345; vgl. H 361 f.) bzw. vom »Käfig«, dessen »Gitterstangen [...] meterweit« auseinanderstehen (B 292). Es läßt sich wieder auf die Machttheorie M. Foucaults beziehen, die ohne das Modell der Repression zu operieren, die »Macht ohne den König zu denken« versucht[51]: als »Vielfältigkeit von Kraftverhältnissen« in »unaufhörlichen Kämpfen und Auseinandersetzungen«[52], als Summe von Dispositiven extra-juridischer Praktiken und Wissensformationen. Sozialisationspraktiken, psychiatrische Methoden, humanwissenschaftliche Diskurse, Arbeitstechniken, Kontrollverfahren usw. bevölkern dieses Feld der Macht.[53] Indem Foucault in ÜBERWACHEN UND STRAFEN die ›repressionsfreie‹ Machtstrategie der modernen Gesellschaft den mittelalterlichen Despotien entgegensetzt, zeigt er allerdings selbst, ohne es zu intendieren, daß die Gewalt hier Geburtshilfe geleistet hat und in sublimierter, sedimentierter Form überlebt hat. Gleichwohl gilt für das System der »überwachten Überwacher«, daß in der »hierarchisierten Überwachung der Disziplinen« die »Macht keine Sache, die man innehat, kein Eigentum, das man überträgt«, darstellt; zwar »gibt ihr der pyramidenförmige Aufbau einen ›Chef‹; aber es ist der gesamte Apparat, der ›Macht‹ produziert.«[54] In diesem Sinne sind die »Kuriere« frei; aber diese ›freien‹ Subjekte sind — zumindest für Kafka — an ihre Vergangenheit gebunden, an einen imaginären Despoten, einen symbolischen Vater, dem sie sich durch den »Diensteid« verpflichtet und ›verschuldet‹ wissen. Traditionale und symbolcharismatische Herrschaftsfaktoren stehen der potentiellen Freiheit entgegen. So beschreiben ja auch Deleuze und Guattari im ANTI-ÖDIPUS, auf den Foucault sich beruft[55], Re-Ödipalisierung und Re-Territorialisierung als tyrannische Gegenkräfte zur ubiquitären Entfesselung der Wunsch- und Machtpotentiale. Die Herrschaft des Symbols behauptet sich inmitten des Realen.

Und doch, durchaus widersprüchlich ist das zu denken, hat dieses Reale kein Zentrum und keinen Gipfel mehr; ein verworrenes Geflecht kontingenter Momente, eine Fülle von Vereinigungen und Kollisionen bestimmen es: die »Teilbauten« ohne »Kaiser«, die »Gänge« ohne »hohes Gericht«, das »Dorf« ohne »Schloßgraf« sind ihr Zeichen. Die »Kuriere« jagen blind durch die Welt, oder, wie es in DER NEUE ADVOKAT heißt: »viele halten Schwerter, aber nur, um mit ihnen zu fuchteln« (ER 140); damals, als Dr. Bucephalus noch Streitroß Alexanders war, waren zwar »Indiens Tore unerreichbar, aber ihre Richtung war durch das Königsschwert bezeichnet«. (ER 140)

Im STADTWAPPEN erscheint daher die »Arbeiterstadt« (ER 352) völlig losgelöst von der Idee des Turmbaues und von hierarchischer und zentralistischer Herrschaft, als Reales abgelöst von Symbolischem wie Imaginärem. Und in dem Text GEMEINSCHAFT (ER 354 f.) bilden die reine Kontingenz und der absolute Zufall den Grund der Vergemeinschaftung. Die fünf, die die »Gemeinschaft« bilden, sind »einmal hintereinander aus einem Haus gekommen«, das ist alles; auch einen »Sinn« hat ihr »Beisammensein« nicht; gleichwohl wird ein sechster ausgeschlossen. Wie der SCHLAG ANS HOFTOR den PROZESS *in nuce* faßt, so die GEMEINSCHAFT das SCHLOSS.

Kafka kennt kein System; er variiert sein Thema, indem er nacheinander verschiedene Perspektiven fixiert und ausprobiert, wie weit sie jeweils reichen. Jeder Text beleuchtet mit seinem Lichtkegel einen anderen Aspekt. Deshalb kann es in JOSEFINE, DIE SÄNGERIN ODER DAS VOLK DER MÄUSE sogar zu einem versöhnlichen Gesellschaftsentwurf ohne soziale und familiale Hierarchien kommen. Dieses Volk der Mäuse hält der Überlebenskampf zusammen und es vereinigt sich in einer Form von Kommunikation, die weder etwas mit Musik, noch etwas mit Sprache zu tun hat[56]: im Hören auf die *Stimme*, das »Pfeifen« eines seiner Mitglieder (ER 193 ff.). Das Reale hat das Symbolische und das Imaginäre gänzlich verdrängt.

III. Ein altes Blatt: Das Symbolische und das Reale

Obgleich in der CHINESISCHEN MAUER die Nordvölker nur eine scheinbare Bedrohung darstellen (ER 338), sind im ALTEN BLATT die »Nomaden aus dem Norden« tatsächlich ins Land eingedrungen (ER 146 ff.), und obgleich sie keine »Gewalt« anwenden, fordern sie »Fleisch« und verzehren einen Ochsen bei lebendigem Leib; selbst ihre Pferde leben von »Fleisch«. Der Übergang ins Phantastische evoziert metaphorische Interpretationsversuche; so hat man von der Gefährdung der Gesellschaft durch anarchische Gewalten gesprochen.[57] Damit ist die Bedrohung keine äußere, von »Norden« kommende, sondern eine innere, womöglich nur latente, allegorisch ins Externe extrapolierte. Darin, daß in ihr die »Nomaden« keine bürgerliche Seßhaftigkeit kennen und sich wie die »Dohlen« verständigen, »jede Zeichensprache ablehnend«, bezieht sich diese Geschichte wieder auf das Bild vom Turmbau zu Babel und die Idee der sprachlich-kommunikativen Synthese. Es ist der »Schrei«, die asignifikante Stimme, welche — ganz im Gegensatz zur JOSEFINE, wo die Stimme das Volk der Mäuse eint[58] — die zeichensymbolisch kommunikative Bürger-Gesellschaft bedroht.[59] Es geht um das *Naturhafte,* das sich dem *Symbolischen* widersetzt, dem paranoisch-totalitären Gesetz, um das Wesen von der »Natur des auffliegenden Staubes«, das keine »Fesselung« verträgt (ER 336); es entspricht den *Lücken* der chinesischen Mauer, deren Teilbauten Momente eines imaginären Turmes, einer imaginären *Totalität* darstellen. Das Gesetz aber ist im ALTEN BLATT ganz den ordnungsliebenden Bürgern überantwortet; diejenigen, von denen es herrührt, verbergen sich hinter »vergitterten Fenstern«, der »Kaiser« und seine »Wachen«: »Uns Handwerkern und Geschäftsleuten ist die Rettung des Vaterlandes anvertraut.« (ER 148)

Nun hat man hier auch wieder eine »subjektive Allegorese« entdecken zu können geglaubt[60]. S. Wolkenfeld spricht von der Unfähigkeit des Ich (Bürger), die Spannung zwischen Es (Nomaden) und Über-Ich (Kaiser) — der kaiserliche Palast lockt ja die Nomaden an (ER 148) — zu harmonisieren. Fleischlichkeit ist in der Tat bei Kafka Chiffre des oralen, sexuellen, aggressiven Begehrens und ist der Hungerkunst (O 106) — wie der Panther dem Hungerkünstler (ER 193), der Schmutz der Reinheit (M 182 f.) — entgegengesetzt. Zudem ergibt sich ein biographischer und damit wieder kunsttheoretischer Bezug durch die Gleichung Dohle = kavka (Tschechisch).[61] Politzer und Fingerhut konstruierten deshalb einen Gegensatz von anarchischer Kunst und bürgerlicher Lebenswelt.[62] Und Kafkas Tendenz zum »Asignifikanten«, die nach Deleuze und Guattari dessen »rhizomatisches« Werk beherrscht[63], ist ja — wie der »Schrei der Dohlen« der »Zeichensprache der Bürger« — der Zeichenkonvention entgegengesetzt; diese anarchische »Asignifikanz« flieht die Despotie des Symbolischen, den symbolischen Despoten — und kann ihnen doch niemals entkommen. Der imaginäre Turm bleibt bestehen, wenngleich die Mauer nur aus Fragmenten, sinnlosen Bruchstücken, kontingent-naturhaften, realen Einzelteilen besteht.[64]

IV. Zur Frage der Gesetze: Symbolische und reale Macht

Wenden wir uns den das Thema »China« nochmals aufnehmenden Texten von 1920 zu. In ZUR FRAGE DER GESETZE übernimmt der »Adel« die Funktion des »Kaisers« bzw. der »Führerschaft«. W. Emrich erkennt in ihm eine sittliche Instanz, wie er auch in der STRAFKOLONIE ein höheres Gericht walten sah: »Was ist also der Adel? Er ist jene Instanz im Menschen, die in ›freier Selbstbesinnung‹ (H 109) die Verantwortung für alle übernimmt und das ›tut‹, was zugleich als Gesetz für alle gelten könnte.«[65] Die satirische Perspektive, die den Adel als Machtelite »außerhalb des Gesetzes« ansiedelt (ER 361), wird ausgeblendet. Auch in DIE ABWEISUNG, wo rituell eine Bitte um Steuererleichterung grausam abgewiesen wird, geht es nach Emrich um das »Opfer alles Besitzes« und die »Hingabe des Selbst«[66]. Dann kommt es aber zu einer radikalen Umkehrung, denn im »jungen Adligen« der TRUPPEN-

AUSHEBUNG, der den Fahnenflüchtigen peitscht und das Opfer des sich an-
bietenden Mädchens ablehnt, meint Emrich das »Gesetz der Hölle«, das »erkrankte« Gesetz, das Gesetz »unserer Zeit« erkennen zu müssen.[67] Aber im
Grunde sind sich alle drei Texte gleich, sowohl im Hinblick auf das ›Satani-
sche‹ wie die »Hingabe«. Ein Widerspruch bzw. eine Paradoxie kennzeichnet
alle drei Entwürfe. Gewaltsam ist nicht nur der »junge Adlige« der TRUP-
PENAUSHEBUNG, sondern auch der Oberst bzw. Obersteuereinnehmer
der ABWEISUNG und wohl auch die »kleine Adelsgruppe« der FRAGE
DER GESETZE. Andererseits sind alle diese Oberen *zugleich* »erkrankt«,
schwach, ohnmächtig: Ihre Macht ist nur auf Symbole gegründet. Den Adel
»wagt« niemand zu »verwerfen« (ER 362), er wird also vom Volk selbst gehalten, der Obersteuereinnehmer der ABWEISUNG ist nur mächtig, solange er
»zwei lange Bambusstangen« vor sich hält, »so stützt er das Gesetz und so
stützt es ihn« (ER 358); ist das Ritual der Abweisung beendet, läßt er »erschöpft« die Stangen los, sinkt in den »Lehnstuhl« und schiebt eine »Tabak-
pfeife in den Mund« (ER 359). Auch der Kaiser der CHINESISCHEN MAU-
ER liegt ja, »ein Mensch wie wir«, auf einem »Ruhebett« (ER 339 f.). Das Behauptete trifft ebenso für den ›satanischen‹ »jungen Adligen« der TRUPPEN-
AUSHEBUNG zu, der »halb aus Erschöpfung, halb in Widerwillen die Peitsche fallen« läßt (ER 363), die ihm zurückgereicht (!) wird. Der »schwache«,
»erschöpfte« Machthaber mit den »müden Augen«, den »Unruhe« überläuft
wie einen »Kranken«, ist ja allein mächtig aufgrund eines »Zeichens«, das er
mit der »Peitsche« gibt, eines »Zeichens«, das »nur von den Augen abzulesen«
ist. (ER 362 f.) Ähnlich heißt es in einem Text (›DER OBERST‹), der im Manuskript den drei zitierten folgt, der »kaiserliche Oberst«, der das »Bergstädt-
chen beherrscht«, sei »völlig auf unsern Gehorsam angewiesen«; man ertrage
seine »verhaßte Regierung« nur »seines Blickes wegen« (H 326). Die über Symbole vermittelte Herrschaft kann sogar, wir wissen es aus den ›KURIEREN‹
und der CHINESISCHEN MAUER, auf die Existenz einer realen Herrschaftsinstanz gänzlich verzichten. Das Kafkasche Spiel mit der Differenz von
symbolischem und realem Vater bzw. Machthaber, wie es sich im URTEIL
herausbildet, durchläuft also im »China-Komplex« die verschiedensten Varianten.

Es geht mithin in ZUR FRAGE DER GESETZE nicht um einen ›inneren
Adel‹, sondern um die Paradoxie von »satanischer« und zugleich »erkrankter«
Macht. Eine »Partei«, so heißt es, »die neben dem Glauben an die Gesetze auch
den Adel verwerfen würde«, hätte sofort »das ganze Volk hinter sich«; doch
niemand wagt den Adel zu »verwerfen« (ER 362), Hingabe und Respekt zollt
man ihm. Am Werk sind also wieder »charismatische« und »traditionale«
Herrschaftsformen; Max Weber nannte sie, paradox ihr Paradoxes benen-
nend, wegen des Anteils an Hingabe und Gehorsam »legitim«.[68] Die Sozialpsy-
chologie, d.h. die Soziopsychoanalyse und der Freudomarxismus, haben diese
Formen ritual- bzw. symbolcharismatischer und traditional-konservativer
Doppelbindung zu differenzieren gewußt.[69]

Was Emrich als »Gesetz der Hölle« vom »Gesetz« der »Hingabe« und »Verantwortung« scheidet, fällt im Grunde in einer Paradoxie zusammen: der der

Herrschaft ohne Herrscher, der der gewaltlosen Gewalt. Selbst in der TRUP-PENAUSHEBUNG wird ja dem »jungen Adligen« die »Peitsche«, die ihm entfällt, vom Opfer zurückgereicht! (ER 363) Deutlich heißt es in der AB-WEISUNG, der »Oberst« bzw. »Obersteuereinnehmer« sei »kein Tyrann«, alles habe »sich seit alten Zeiten so entwickelt« (ER 357). Gleichwohl »beherrscht« der Oberst die Stadt; er hat indessen »noch niemandem ein Dokument vorgezeigt, das ihn dazu berechtigt. Er hat wohl auch kein solches Dokument« (ER 357). Das ritualisierte Verhalten der Einwohner ›legitimiert‹ den sich selbst dezisionistisch als Machthaber Behauptenden. Diese Gesellschaft lebt, wie Karin Keller mit Begriffen Max Webers zeigt, in »mythischem Bann«.[70] Weder schiere Willkür noch dokumentierbare Legalität kennzeichnen ihre »traditionale« und »charismatische« Form der Herrschaft, deren ›legitimes‹ Gewaltverhältnis symbolisch vermittelt ist und auf der Anerkennungsbereitschaft der Untertanen beruht. So ist es im Grunde *gleichgültig*, ob es ein »Dokument« gibt oder nicht. Auch die »legale Herrschaft«, die Herrschaft »kraft Satzung«[71], kann traditional und charismatisch motiviert sein, und sie bleibt Herrschaft, soweit Majorisierung und Oktroyierung zu ihren Prinzipien gehören.[72] Deshalb wohl bleibt es offen: »Vielleicht ist er wirklich Obersteuereinnehmer«. (ER 357) Dieses »wirklich« destruiert ein ganzes Ideologiegebäude — auf den Begriffen »Recht« und »Demokratie« errichtet —, es offenbart die Ironie, mit welcher der Ich-Erzähler hier wieder karikiert wird. Diese Ironie, von der auch J. Schillemeit spricht[73], umschließt aber die Machthaber wie die unterwerfungswilligen, über ihre Psyche mythisch gebundenen Untertanen in grotesker Form: Die Bewohner der »ärmsten«, »gänzlich niedergebrannten« »Stadtviertel« erwarten die »Steuererleichterung«, um die sie bitten, überhaupt nicht! Sie vollziehen nur ein Ritual der Ohnmachtsbestätigung. (ER 357 u. 359) Irgendwo aber verbirgt sich eine nicht faßbare Macht, sei es im Raum des Latenten, sei es in den historischen Ursprüngen, der Vorgeschichte: In der ABWEISUNG bevölkern »Soldaten« die Szene, aber sie gebrauchen keine Gewalt; nur die Kinder erschrecken vor ihnen. Doch: der »Schrecken aus der Kinderzeit verliert sich wahrscheinlich auch bei den Erwachsenen nicht«. (ER 358)

Die beschriebene Paradoxie ›gewaltloser Gewalt‹ reflektiert sich auch im Verhalten der Untertanen: im Widerspruch von Anerkennung und Ablehnung der Machthaber. In der ABWEISUNG ist das Moment der Kritik ganz ins Verborgene, Implizite verlegt; die Werturteile sind wieder gänzlich ausgespart — bis auf die Erwähnung einer »gewissen Altersklasse, die nicht zufrieden ist«, die »jungen Leute zwischen siebzehn und zwanzig« (ER 360). Allerdings bleibt es selbst hier bei einer Ambivalenz, da nicht deutlich wird, ob es sich bei diesen »jungen Leuten« um anarchistische, nur kurzatmig entrüstete Subjektivisten, oder um ernsthafte, jedoch rasch mundtot gemachte Revolutionäre handelt. Der Ich-Erzähler wird auch hier, wie in den meisten der späten Texte Kafkas, als beschränkt und ideologisch befangen karikiert.

In der FRAGE DER GESETZE aber wird das schizophrene Nebeneinander von Anerkennung und Ablehnung der Macht ganz deutlich: »Man kann es eigentlich nur in einer Art Widerspruch ausdrücken: Eine Partei, die neben dem

Kafkas eigene Epoche zu spiegeln. Die im SCHLAG ANS HOFTOR dargestellte Verkehrung des Rechts war Kafka aufgrund eigener Erfahrungen so
selbstverständlich, daß er grundsätzlich davon ausging, nur der »Rechtsbruch«
könne heutzutage das Mittel des »Guten und Gerechten« sein (J 100). So un-
terstützte er z.B. — gegen die eigene Dienstbehörde, die Arbeiter-Unfall-
Versicherungsanstalt, klagende — unfallgeschädigte Arbeiter, deren Klage-
Motive nach dem Buchstaben des Gesetzes nicht akzeptiert wurden, denen das
Gesetzeswerk (des Versicherungsrechts) *undurchsichtig* blieb, die Gründe hatten, die *Legitimität* dieses Rechts in Zweifel zu ziehen. (J 98 f.) »Statt die Anstalt zu stürmen und alles kurz und klein zu schlagen, kommen sie bitten«
(Brod 76), soll Kafka einmal zu Max Brod gesagt haben.

Aber der SCHLAG ANS HOFTOR erschöpft sich nicht in Bildern sozialen Unrechts. Einen ersten Hinweis auf eine mögliche familiale, psychologische Bedeutung mag die folgende Parallelstelle erbringen: »[Ich], der Sklave,
lebte unter Gesetzen, die nur für mich erfunden waren und denen ich überdies, ich wußte nicht warum, niemals völlig entsprechen konnte [...]« (H 173),
heißt es im BRIEF AN DEN VATER. »Deine Drohung ›kein Wort der Widerrede!‹ und die dazu erhobene Hand begleiten mich schon seit jeher.« (H
175) Ein auf die Kindheit zurückgehender Alptraum verbirgt sich also in der
Parabel.

Unter dem Aspekt eines ›symbolischen Vatermords‹ betrachtet, d.h. einer
(nach der Logik des Traums verfahrenden) Verschiebung der Drohgebärde auf
die Schwester, stellt sich schließlich doch die Frage nach der ›Schuld‹. Aber
wieder geht es nur um die moralisch nicht zu verantwortende unbewußte
Schuldangst. Mittels semantischer Verschiebungen verkehrt sich die Hyperbel
der Gewalt in eine Allegorie intrapsychischer Szenen. Wer hier verurteilt, ist
das Ich selbst; allerdings das Ich, aus welchem der Andere spricht, derjenige,
dessen Gewalt die Schuldangst erzeugt hat. Wie im PROZESS das Gericht
»von der Schuld angezogen« wird (P 15), so hier die Ankläger vom ›Schuldbewußtsein‹ des Bruders. Dieser bietet sich ja dem Gericht förmlich an und
schickt die Schwester weg, damit sie in einem »besseren Kleid vor die Herren«
trete. Das plötzliche, kausal nicht begründete Erscheinen der »Lanzen« und
»Reiter« und das Bild des »Operationstisches« bestätigen, daß es hier um ins
Externe verlegte Imagines des Innern geht, was jedoch den Aspekt einer
sinnbildlich-parabolischen Hyperbel sozialer Gewalt und die Idee einer dialektischen Beziehung von innerer und äußerer Sphäre nicht ausschließt. Die Darstellung gehorcht der Logik der gleitenden oder äquivok-zweideutigen Metapher. Es handelt sich also auch hier nicht um eine eindeutige Parabel sozialer
Gewalt, was ja auch ganz im Gegensatz zu den ›KURIEREN‹, der CHINESI-
SCHEN MAUER, der ABWEISUNG usw. stünde, wo sich Herrschaft nur
symbolisch und vermittelt über die mythisch gebannte Innerlichkeit der Unterwerfungswilligen realisiert. Über die Assoziationskette Stube — Opera-
tionstisch — Schwester — Kindheit — Familie verkehrt sich die Hyperbel der
Gewalt in die Allegorie innerseelischer Ereignisse.

Die Struktur ähnelt der des STEUERMANNS (ER 366 f; zu H 341), wo dezisionistisch sich der Stärkere als das ›Gesetz‹ — als der Lenker des Staats-

Schiffes — behauptet. »Bin ich nicht Steuermann?«, fragt unsicher und sich auf ›Legitimität‹ berufend der bisherige Kapitän, der wortlos von einem »hochgewachsenen Mann«, welcher sich mit der »Hand über die Augen« streicht, »als verscheuche er einen Traum«, verdrängt und niedergetreten wird (ER 366). Mit seiner Frage hat er schon verloren; sie ist ein Sprechakt, der Zweifel einräumt, also Schwäche verrät. Die Mannschaft, das »Volk«, das »sinnlos über die Erde« schlurft (ER 367), repräsentiert, wie J. Schillemeit sagt, die »Mitläufer aller Zeiten«[76]. Dem Stärkeren, der den sich hilflos auf die Legitimität seines Auserwähltseins zum »Steuermann« berufenden Schwachen besiegt, gehört der Beifall der Menge. Nun hat aber A.M. Reh evident gemacht, daß der Text auch als allegorischer verstanden werden kann; Reh zufolge übernimmt hier das weitgehend dem Unbewußten zugehörende Über-Ich, indem es das bewußte, rationale Ich überwältigt, die Herrschaft über die nun ihm hörigen Triebe, das Es.[77] Die gedankliche Implikation der sich ergebenden bekannten Zirkel-Figur ist wieder die dialektische Ineinanderbildung von Innenwelt und Außenwelt, deren Sphären das im Imaginären befangene Subjekt nicht auseinanderzudividieren vermag. Genau dies gilt aber auch für den SCHLAG ANS HOFTOR, der also nur scheinbar das Extrem einer Versinnbildlichung direkter Gewaltverhältnisse darstellt.

VI. Fürsprecher: Das leere Gesetz und die Rechtspraxis

Der Text FÜRSPRECHER von 1922 nimmt, obgleich er mit seinen »Gängen« und dem »Dröhnen« aus der »Ferne« (ER 369) bereits an den BAU und das »Zischen« (ER 429) des großen Feindes erinnert, die Thematik des PROZESS-Romans noch einmal auf. Obwohl die Existenz des »Gesetzes« in den meisten Texten vom PROZESS bis ZUR FRAGE DER GESETZE immer wieder nur behauptet wird und eben dieses »Gesetz« immer nur als Leerstelle fungiert, wird es in den FÜRSPRECHERN ganz explizit benannt und vom »Gericht«, das der »Majestät des Gesetzes freien Raum gibt«, geschieden (ER 370); »im Gesetz selbst aber ist alles Anklage, Fürspruch und Urteil, das selbständige Sicheinmischen eines Menschen hier wäre Frevel«. Das »Gesetz« existiert also tatsächlich: als juristischer Kodex oder — weshalb sollte hier Kafkas durchweg metaphorische Gestaltungsweise zugunsten rein eigentlicher Rede aufgegeben worden sein? — als extrajuridisches Normengefüge, als sozialer und auch privater »Konventionen«-Apparat. Hier kann mit Max Weber daran erinnert werden, daß die »Konvention« ja oft strenger und grausamer verfährt als das Gesetz: »Ein Verstoß gegen die Konvention (›Standessitte‹) wird oft durch die höchst wirksame und empfindliche Folge des sozialen Boykotts der Standesgenossen stärker geahndet, als irgendein Rechtszwang dies vermöchte.«[78] Dem entspricht denn auch die Amalia-Episode im SCHLOSS (S 294 ff.) ganz und gar.
Aber dem Rechtskodex (im eigentlichen und uneigentlichen Sinn) wird nun

in radikaler Weise die Rechtspraxis entgegengesetzt wie das Fließende dem Starren, das Manipulierbare dem Unumstößlichen: »Anders aber verhält es sich mit dem Tatbestand eines Urteils, dieser gründet sich auf Erhebungen hier und dort, bei Verwandten und Fremden, bei Freunden und Feinden, in der Familie und in der Öffentlichkeit, in Stadt und Dorf, kurz überall.« (ER 370) Eben deshalb »sammelt« der Ich-Erzähler, wie es heißt, »Fürsprecher«, und dies als Vorbeugemaßnahme. Damit wird das »Gesetz« zur Hohlform: In der Auslegung des »Gesetzes«, in der Konstruktion, dem Zurechtmachen des »Tatbestandes«, in der geschickten Anlage des parteilichen Plädoyers, in allen Momenten der Recht*spraxis* — und hier zielt Kafka wohl nicht allein auf das Faktum der Straffälligkeit, sondern sicherlich auf das Miteinander-Rechten im Vergesellschaftungsprozeß überhaupt — entscheidet letztlich wieder der Wille zur Macht, entscheiden die Kräfteverhältnisse im Felde der Immanenz, die Definitions- und Diskursstrategien der miteinander kollidierenden Individuen oder Gruppen. In diesem Sinne gibt es die Gesetze, die Pluralität der Gesetze — die mithin keine Gesetze mehr sind — überall dort, wo das Subjekt sich gerade befindet: im *Hic et Nunc*. Das will Josef K., der nach *dem* Gesetz sucht, dem Berechenbaren, nicht wahrhaben.

Das Gesetz, als singulares, tritt uns also einmal entgegen als bloß *formal* definierter, nichtssagender Rechtskodex oder Normenkatechismus, zum anderen als absolute Leerstelle. Für den »toten Punkt« des Kafkaschen Werkes hielt W. Benjamin das »Drängen auf das Gesetz, von welchem nie etwas verlautbart«.[79] Aber auch Benjamin erwägt eine Scheidung von »dem Gesetz« und »den Gesetzen«[80], dergestalt die Weltgesetze und ihre faktischen Kräfteverhältnisse vom ewig unbestimmbaren *einen* Gesetz trennend. Ähnlich präsentiert sich für Deleuze und Guattari bei Kafka zum einen »das Gesetz als reine Leerform, ohne jeden Inhalt und ohne erkennbaren Gegenstand: Es erscheint nur als Urteilsspruch, und dieser wird nur in einer Strafe erkennbar.«[81] Andererseits stehe diesem imaginären, transzendenten Gesetz das Feld der Immanenz gegenüber, das Feld der realen Verkettungen von Macht und Begehren. Kafka gehe es nun weniger um die »Abbildung des transzendenten und unerkennbaren Gesetzes«, das gänzlich formal, wie bei Kant, bestimmt sei, sondern um die Bloßstellung der sozialen »Maschine«, »die ein solches Bild von Gesetzen nur braucht, um ihr Räderwerk zu justieren [...]«.[82] Und in der Tat ist bei Kafka ja »*das* Gesetz« nicht nur paranoische Projektion des Helden, hartnäckig festgehaltene Erwartung eines Don Quixoteschen Idealisten, sondern durchaus strategisches Mittel der Machthaber. Es ist so imaginär wie der »Kaiser« und der »Turm« der CHINESISCHEN MAUER, so unerreichbar wie das »Gericht« im PROZESS, so undefinierbar wie die Normen in ZUR FRAGE DER GESETZE; es ist aber auch so real wie der Adel, der das Gesetz »ist«, so real wie die »Abweisung« der Bittsteller, wie die Hinrichtung Josef K.s.

Daher sammelt der Erzähler der FÜRSPRECHER schon *vor* jeglicher Anklage Helfer; das zeigt, daß er die Macht nicht besitzt und aus der Defensive bzw. in der Antizipation handelt; er verkörpert das von Josef K. im PROZESS verdrängte Moment der Unsicherheit: »Es hat den Anschein, als unterbaue er seine Existenz mit nachträglichen Rechtfertigungen [...], tatsächlich errichtet er sein Leben auf seinen Rechtfertigungen.« (H 121) Das Gesetz, obgleich unbekannt, hat sich in die Innerlichkeit hinein verlagert. Der weitgefaßte Kafkasche Gesetzes-Begriff geht — wenngleich stets nur in der Form einer sarkastischen Kontrafaktur — auf die jüdische Tradition zurück; im Gegensatz zum formalisierten römischen Recht ist der jüdische Rechtsbegriff von einer unabschließbaren Kasuistik bestimmt, in ihm sind, wie Max Weber in der RECHTSSOZIOLOGIE schreibt, »juristisch bindende und ethische Normen nicht geschieden«.[83] Korrelat dessen ist die rabbinische Tradition der immer neuen Auslegung und ihr erzählerisch-parabolischer Anteil, die Haggada, die den Rechtssätzen der Halacha gegenübersteht.[84] »Tora«, wörtlich »Gesetz«, »nomos«, heißt dementsprechend auch Rat und Weisung, zielt also auf die *Pluralität* der Gesetze, die Unabschließbarkeit des Rechts. »Tora« meint aber auch das geheimbleibende Geoffenbarte, im Auslegungsprozeß nie endgültig Fixier- und Feststellbare, stets neu zu Interpretierende; sein Zentrum bilden die fünf Bücher Moses.[85] »Die Schrift ist unveränderlich und die Meinungen sind oft nur ein Ausdruck der Verzweiflung darüber«, heißt es im PROZESS im Hinblick auf eine in die Gesetzes-Schriften einführende Schrift, die Türhüterlegende (P 260). »Selbst bedeutungslos, ist sie [die Tora] das Deutbare schlechthin«, heißt es analog bei Gershom Scholem in bezug auf die kabbalistische Mystik und die rabbinische Tradition.[86] Der singulären, fundamentalen »Schrift« entspricht also der »tote Punkt« *des* Gesetzes, freilich in sarkastisch-säkularer, nicht allerdings absolut atheistischer Form. Den vielen »Weisungen«, der Tora im anderen Sinne, entsprechen *die* Gesetze, die vielen — nur zur Ratlosigkeit führenden — Auskünfte der den Kafkaschen Helden real begegnenden Anderen. Wie die christliche Parabel von Kafka in die leere, negative Parabel verkehrt wird, so wird der unabschließbare rabbinische Auslegungsprozeß, der nach Gershom Scholem die kabbalistische Mystik zentral konstituiert, von ihm bis zum Absurden gesteigert. (Vgl. H 86)

Man könnte in bezug auf die Rechtsproblematik bei Kafka von »Gesetz ohne Inhalt«, »Anklage ohne Vergehen« und »Urteil ohne Instanz«[87] sprechen; dies träfe besonders auf den PROZESS zu, am wenigsten aber auf den VERSCHOLLENEN und die STRAFKOLONIE, wo es — in welch fragwürdiger Weise auch immer — Gesetzesinhalte, Urteilsinstanzen und Vergehen gibt. Aber auch im Hinblick auf den PROZESS, das URTEIL und den SCHLAG ANS HOFTOR müßte das pointiert Formulierte differenziert werden:

1) *Das Gesetz bleibt undefiniert;* das heißt, es ist nur formal bestimmt (FÜRSPRECHER), es wird nicht expliziert oder begründet (STRAFKOLONIE), es bleibt unbekannt (PROZESS, HOFTOR) oder existiert womöglich gar nicht (ZUR FRAGE DER GESETZE).

2) *Die Urteils- oder Rechtsinstanzen sind nicht legitimiert und verfahren parteiisch;* das heißt, ihr Handeln bleibt unbegründet und beruft sich auf abwesende und unzugängliche höhere Instanzen; es realisiert sich nur in der Form der symbolischen Repräsentation oder nach dem Prinzip einer unkontrollierbaren Delegation.

3) *Das Delikt bleibt ungeklärt;* das heißt, es wird nicht in einem argumentativen Begründungsverfahren auf ein legitimiertes Gesetz bezogen, es ist

minimal und bedeutungslos (URTEIL, STRAFKOLONIE, VER-
SCHOLLENER), es bleibt unbekannt oder ist gar nicht vorhanden
(PROZESS, SCHLAG ANS HOFTOR).

4) *Die Rechtsfindung, das Prozeßverfahren bleibt ohne Erkenntnis;* das heißt,
es handelt sich um ein *Procedere* ohne Fortschritt, eine Rechtsfindung
ohne Fund; der richtende Dritte fehlt. Da Gesetz und Urteilsinstanzen
niemals definiert bzw. legitimiert werden und das Delikt ungeklärt
bleibt, kann es zu keinem Erkenntniszuwachs und keinem abwägenden
Für und Wider kommen.

Es läßt sich — bei aller Brechung durch die Paradoxien, die sich aufgrund unbewußter Schuldmomente auf Seiten der ›Verurteilten‹ ergeben — ein Rechts-
oder besser Machtbegriff erschließen, der die Rousseausche *volonté générale*
oder die Hegelsche Dialektik der Anerkennung und Vermittlung zum *Allgemeinen* leugnet. Er könnte aus Hobbes' LEVIATHAN, läse man ihn satirisch
gegen den Strich seiner eigentlichen Intention, stammen: *Auctoritas, non veritas facit legem.* Der Souverän wäre weniger Garant des Gemeinwohls als sich
selbst setzender Machthaber: »Power irresistible justifies all actions.« [88] Noch
deutlicher entspräche der Machtbegriff dem Nietzsches in der GENEAOLO-
GIE DER MORAL, wo das Recht nur als Mittel der Macht gilt, wo demonstriert wird, daß der dem asketischen Ideal entgegengesetzte Lebensinstinkt
sich vielfältig und ubiquitär — nicht nur in hierarchisierenden Repressions-
techniken — als *Wille zur Macht* behauptet: im Juridischen selbst wie auch in
nichtjuridischen Praktiken, Diskursen und Sprechakten.[89] Ebenso läßt sich
der Kafkasche Machtbegriff auf den M. Foucaults in ÜBERWACHEN UND
STRAFEN beziehen, wo die Auflösung des Juridischen (d.h. auch des Delik-
tes, des Gesetzes, der souveränen Macht) in der modernen Gesellschaft zugunsten allseitiger und gegenseitiger Kontrolle, steter Überwachung und extensi-
ver Sozialisation behauptet wird[90], wo die Macht — wie schon bei Nietzsche —
»ohne den König«[91] gedacht wird. — Und dennoch bleibt, der *Pluralität* der
Machtstrategien entgegengesetzt, ein Macht*zentrum* erhalten bei Kafka, und
zwar im ›imaginären Despoten‹, dessen symbolische Wirkungsweise mit Max
Webers Begriffen des »Traditionalen« und »Charismatischen« bestimmt, aber
auch mit den ödipalen Symbolen — dem »despotischen Signifikanten« der
»Reödipalisierung«[92] — umschrieben werden könnte.

Das ›chinesische Volk‹, einem imaginären Kaiser untertan, wird — schein-
haft — zusammengefaßt und geeint im illusionären Projekt der Errichtung eines phantastischen *Turms*, dessen Fundament letztlich nur aus diskontinuierli-
chen *Blöcken*, disparaten Teilen einer unübersehbaren Pluralität — dem
»Staub« (ER 336) des »Endlosen« (ER 337) — besteht. Dem nahen und zugleich unnahbaren Gesetzgeber stehen die real sich einander annähernden Vielen gegenüber, der Einheit steht die Vielheit, dem Gefesselten das Ungefessel-
te, dem *einen* Namen, den es sich zu machen gilt (1. Moses 11), die Pluralität
der ›Namenlosen‹ gegenüber.

Die den Erzähltexten des »China-Komplexes« abgewonnenen Gedanken
sollen nun die textnahe Interpretation des Romanfragments DER PROZESS,
des ›rechtsphilosophischen‹ Hauptwerks Kafkas, lenken und orientieren.

4. Teil: Der Prozeß — Die Kryptogramme des Gesetzes

> »Wegen dieser unbekannten Familie und dieser unbekannten Gesetze kann er nicht entlassen werden.« (B 295)

> »Er hat viele Richter, sie sind wie ein Heer von Vögeln, das in einem Baum sitzt.« (H 419)

A. Prozessuales und »Gewesendes«

I. Die Ich-Spaltung (1. Kapitel)

Der PROZESS beginnt mit einem höchst zwiespältigen Satz: »Jemand mußte Josef K. verleumdet haben, denn ohne daß er etwas Böses getan hätte, wurde er eines Morgens verhaftet.« (P 9) Dies scheint aus der personalen Perspektive der wahrnehmenden Zentralfigur des Er-Romans gesprochen zu sein, erweist sich aber doch paradoxerweise als Arrangement des auktorialen Erzählers, denn als »erlebte Rede« dürfte der Satz erst im Anschluß an die »Verhaftung« stehen. Als von Josef K. gedacht, verrät die Behauptung bei all ihrer Sicherheit ein Unsicherheitsmoment. »Das geradezu über-affirmative ›mußte‹ enthält in Wirklichkeit die formale Anzeige einer Ungewißheit«, bemerkte schon B. Allemann.[1] Noch deutlicher verrät das konjunktivische »hätte« das Moment der Unsicherheit; hier eröffnet sich der Raum eines Nicht-Gewußten, Nicht-Erinnerten, Unbewußten. Damit ist die Struktur des PROZESSES, der Widerspruch von Sicherheit und Unsicherheit, von Selbstbehauptung und Schuldgefühl, bewußtem und unbewußtem Diskurs bereits skizziert. Was sich zunächst im Minimalsten andeutet, wird sich immer deutlicher hervorkehren. Von der Ebene des bewußten Rechtsdenkens, sei es auch bezogen auf phantastische Phänomene, verlagert sich der Roman immer mehr auf die Ebene einer unbewußten ›Rechts‹-Problematik, die des — von begründbarer Schuld zu unterscheidenden — Schuldgefühls; es geht dabei nicht um ein moralisches Versagen, das den »Prozeß« gegen Josef K. begründet, nicht um eine »Seinsvergessenheit«, wie H. Ide meinte, nicht um ein existentielles Gericht, wie W. Emrich deutete, nicht um ein Fehlverhalten, das im Verlauf des Prozesses in Erscheinung träte, wie W.H. Sokel schrieb.[2] Es geht um eine allein psychoanalytisch begründbare Schwäche, einen Mangel, eine symbolische Leerstelle, welche durch die Anklage-Rituale und Schuldzuschreibungen der Gerichtswelt erst zur »Schuld« definiert werden. Bis zum Ende des Romans wird diese »Schuld« nicht zutage treten, wird die Behauptung des Gerichts, es werde »von der Schuld angezogen« (P 15), nicht begründet werden.

Die »Schuld«, die nichts als Schwäche ist, zeigt sich ein zweites Mal, als K., unfähig, die Anklage als absurd an sich abprallen zu lassen, äußert, er wolle Frau Grubach zur Verantwortung ziehen; er bemerkt dabei selbst, »daß er das nicht hätte laut sagen müssen und daß er dadurch gewissermaßen ein Beaufsichtigungsrecht des Fremden anerkannte [...]«. (P 10) Die Wahrnehmung des Unbewußten wird sofort abgewehrt: der Gedanke »schien ihm jetzt nicht wichtig«. Diese Abwehr wiederholt sich, wenn K., angesichts der absurden Forderung, seine Kleider abzugeben, sich einredet: »Das Verfügungsrecht über seine Sachen, das er vielleicht noch besaß, schätzte er nicht hoch ein« (P 12). Die Schwäche, deren Grund das alle Selbstgewißheit aushöhlende Schuldgefühl ist, wird noch deutlicher im Legitimationszwang, im Rechtfertigungsbedürfnis Josef K.s, der den Sprechstrategien der Gegen-Partei schon erlegen ist. Kaum hat er beteuert, er wolle die »Komödie« mitspielen, sucht er nach seinen »Legitimationspapieren« (P 13): »In seinem Zimmer riß er gleich die Schubladen des Schreibtischs auf, es lag dort alles in großer Ordnung, aber gerade die Legitimationspapiere, die er suchte, konnte er in der Aufregung nicht gleich finden. Schließlich fand er seine Radfahrlegitimation und wollte schon mit ihr zu den Wächtern gehen, dann aber schien ihm das Papier zu geringfügig und er suchte weiter, bis er den Geburtsschein fand.« Josef K.s Sprechstrategie ihrerseits verfängt nicht. Auf die Frage »Wer sind Sie?« (P 9) geht die Gerichtswelt, die kein Rechtfertigungsbedürfnis und keinen Gewissensskrupel kennt, nicht ein. K. aber läßt sich von der Rede der Anderen, der Welt des Urteils, einfangen, läßt zu, daß seine »Eigentümlichkeit« (H 227 ff.) in Frage gestellt wird durch die Sprachordnung der Anderen.[3]

»Ich will weder hierbleiben, noch von Ihnen angesprochen werden, solange Sie sich mir nicht vorstellen« (P 10), hatte K. behauptet, aber er widerspricht sich, indem er bleibt, sich anreden läßt, das Gespräch durch die anderen interpunktieren und dirigieren läßt, ja, sich selbst ›vorstellt‹, einen ›Paß‹ sucht, in welchem seine Individualität durch die Sprachordnung der Anderen festgeschrieben, beschnitten und ›kastriert‹ wurde. »Es genügt, daß man beschuldigt wird, und schon hat man sich zu entlasten«, schreibt P.O. Chotjewitz, Jurist und Schriftsteller, in seiner Kontrafaktur des Prozeß-Romans DIE HERREN DES MORGENGRAUENS.[4] Wie in der empirischen Verhörpraxis werden Wahrheitsfindungsrituale zu Schuldzuschreibungsstrategien.[5] Das Rechtfertigungsbedürfnis aber entspringt dem Schuldgefühl: dem Relikt des ödipalen Dramas, wie Freud zeigte[6]. Es ist als das »schlechte Gewissen«, Nietzsche zufolge, das reziproke Korrelat der Macht[7]. K.s Berufung auf einen imaginären Staatsvertrag, der ihm seine Existenzberechtigung garantierte, oder einen symbolischen Vater, der sein Dasein schützte, bleibt so hilflos wie der Ruf nach der Polizei in der Parabel vom Nicht-Bedientwerden im Restaurant (H 419). »Das Militär hat Gewalt über alles« (H 237), muß der »Zivilist« sich sagen lassen. Das Gericht erscheint als sich selbst setzende, Legitimation verwerfende Macht. Im Text über die »Prüfung« hieß es: »Sie wollen mich prüfen, haben aber noch keine Berechtigung hiezu nachgewiesen.‹ Nun lachte er laut: ›Meine Berechtigung ist meine Existenz, meine Berechtigung ist mein Dasitzen, meine Berechtigung ist meine Frage, meine Berechtigung ist, daß Sie mich verstehn.‹« (H 250) Das Gericht »ist« und agiert, das ist alles, das ist sein »Gesetz«; man muß es nicht »für wahr«, man muß es »nur für notwendig« (P 264) halten. Schon die Verhaftungsbeamten erklären K., er werde das Gesetz zu »fühlen bekommen« (P 15), er werde »noch einsehen, wie wahr [in einem anderen Sinne als oben] das alles ist« (P 11). Das Eingehen auf die Rede des Anderen durch Selbstrechtfertigung, entspringend der Schuld des Schuldgefühls, bedeutet Nicht-Existenz, Leere, Seins-Mangel: »Glauben heißt: das Unzerstörbare in sich befreien, oder richtiger: sich befreien, oder richtiger: unzerstörbar sein, oder richtiger: sein.« (H 89) K. »ist« nicht, er spricht, um die Leere zu füllen, die niemals zu füllen sein wird. Seine Rede hat, wie Allemann schrieb, den Charakter der »nachträglichen Rechtfertigung«[8]; in einer Skizze Kafkas heißt es: »Es hat den Anschein, als unterbaue er seine Existenz mit nachträglichen Rechtfertigungen, das ist aber nur psychologische Spiegelschrift, tatsächlich errichtet er sein Leben auf seinen Rechtfertigungen [...]« (H 121). Der PROZESS ist die Allegorie dieser Rechtfertigung, die nichts anderes ist als das Schuldgefühl, d.h. die der Kritik des Über-Ichs »entsprechende Wahrnehmung im Ich«[9]. Diese Kritik kann aber auch die Sprachmächtigkeit, die Stimmkraft, das Selbstvertrauen, die Selbstsicherheit ergreifen, all jene Potenzen, von welchen der BRIEF AN DEN VATER spricht, sie alle subsumierend unter das »grenzenlose Schuldbewußtsein« (H 196).

Am allerdeutlichsten straft der unbewußte Diskurs den bewußten Lügen, wenn K., der eben noch »Komödie« spielen wollte, im inneren Monolog erwägt, daß er, im Zimmer allein gelassen, nun die »zehnfache Möglichkeit« habe, »sich umzubringen« (P 17). Wie eine Fehlleistung verrät dieser Gedanke, daß K. die Tödlichkeit des Prozesses ahnt, daß seine Verachtung der angeblich lächerlichen, absurden »Verhaftung« gespielt ist.

Diese Vermutung bestätigt sich, wenn es aus K., der vom »Aufseher« ins Nebenzimmer gerufen wird und von den »Wächtern« aufgefordert wird, einen »schwarzen Rock« anzuziehen, beinahe psychotisch hervorbricht: »K. warf daraufhin den Rock zu Boden und sagte — er wußte es selbst nicht, in welchem Sinne er es sagte —: ›Es ist doch noch nicht die Hauptverhandlung.‹« (P 18) Das Gericht scheint nicht mehr eine externe Macht zu sein, sondern eine in K. selbst wohnende, von ihm unbewußt gewußte Instanz, welche nun immer deutlicher aus ihm heraustreten soll. Josef K.s bewußte Aktion, z.B. wenn er der Sache durch einen »gegenseitigen Händedruck einen versöhnlichen Abschluß zu geben« vorschlägt (P 24), wird desavouiert durch seine dem Unbewußten Sprache verleihenden Fehlleistungen. Das Bewußte wird damit selbst als vom Unbewußten bestimmte Sphäre entlarvt: »Auch ein Teil des Ichs, ein Gott weiß wie wichtiger Teil des Ichs, kann ubw sein, ist sicherlich ubw«, könnte man hier mit Freud anmerken.[10]

Josef K. wird schließlich bei seinem Namen aufgerufen, vom »Aufseher« in das Zimmer Fräulein Bürstners zitiert, in welchem er am gleichen Abend die Mitbewohnerin der Pension quasi vergewaltigen wird. (Damit stellt sich die Frage nach der Symbolik dieses Raumes. Handelt es sich um die Urszene des ›Sündenfalls‹, die, zeitlich nachgestellt, hier verhandelt wird?) Drei Verhaftungsbeamte, drei Beamte aus der Bank, drei Beobachter im Fenster gegenüber bestimmen die Szene, die als allegorischer Ausdruck eines paranoischen Beobachtungs- und Verfolgungswahns konzipiert ist:

»Da erschreckte ihn ein Zuruf aus dem Nebenzimmer derartig, daß er mit den Zähnen ans Glas schlug.« (P 18) Wieder straft ein Zeichen des Unbewußten K.s bewußt zur Schau getragene Lässigkeit Lügen. »Es war nur das Schreien, das ihn erschreckte«, heißt es in der erlebten Rede sofort, wodurch sich die Abwehr der zum Bewußtsein drängenden Wahrnehmung verrät, und zwar in jener Form, welcher Freud den Namen der »Verneinung« gegeben hat[11]. Aufgrund seiner Gespaltenheit wird K. durch die Frage des Aufsehers: »Sie sind durch die Vorgänge des heutigen Morgens wohl sehr überrascht?« (P 20) einem paradoxen *double bind* ausgesetzt: Ist er überrascht, erweist er sich als schwach, ist er nicht überrascht, verrät sich seine Schwäche (sein Schuldgefühl, das die Anklage schon erwartet).

Von der realen, nicht-allegorischen Welt aus gesehen, in welche das Phantastische einbricht, muß K. überrascht sein; daß er diese Überraschung als Schwäche ansieht, sie zu vertuschen sucht, das offenbart eine innere Schwäche, das ist die eigentliche Schwäche. Und damit schwenkt die realistisch-phantastische Perspektive hinüber in die allegorische: Daß K. nicht bzw. »nicht sehr« überrascht ist, bedeutet in ihr, daß er das Wesen des Gerichts (unbewußt) kennt, daß er eine »Verhaftung« (unbewußt) erwartet (wie der Verkehrsteilnehmer die Polizei, auch wenn er sich — bewußt — für schuldlos hält). K. ist der Fangfrage auf den Leim gegangen, ist gefangen wie die Maus der KLEINEN FABEL (ER 368). Darin liegt ein tragisches Moment: Die »Diskrepanz zwischen dem Bewußtsein des Helden [...] und seinem schicksalshaften Tun und Unterlassen unterscheidet Tragik bei Kafka von allen klassischen Beispielen des Tragischen«[12]. W.H. Sokel exemplifizierte diese Behauptung an der ALLTÄGLICHEN VERWIRRUNG (ER 349), in der zwei Geschäftsleute einander vergeblich zu treffen suchen, und dann im entscheidenden Augenblick der eine eine »Sehnenzerrung« erleidet. Die Fehlleistung, Ausdruck des schicksalhaften Unbewußten, steht der bewußten Intention im Wege. Aber dieses »tragische« Moment ist zugleich humoristisch; Josef K. macht sich lächerlich durch seine Widersprüchlichkeit, stellt sich — wie die humoristisch gezeichneten Toren von Cervantes bis Chaplin — selbst ein Bein. M. Dentan schrieb dazu: »la contradiction éclate entre ce que Joseph K. prétend être et ce qu'il est«; der Widerspruch sei konstituiert durch eine Spaltung, durch »deux logiques, celle du trouble intérieur et celle de l'assurance extérieure«: »C'est leur continuelle rencontre qui crée l'effet humoristique.«[13] Aber das Humoristische verschwindet sofort wieder, wenn wir in Betracht ziehen, daß K.s Fehler nur menschlich-allzumenschlich sind; es geht nach Dentan um einen »humour qui ne se manifeste que pour aussitôt se dérober«[14].

Nichts als Angst verbirgt sich hinter den Fehlleistungen, Symptomen, Verleugnungen und übrigen Abwehrformen; daher löst sich auf einen zweiten Blick hin die humoristische Perspektive wieder auf. M. Foucault hat die Angst das »Herz der Krankheit« genannt und alle psychopathologischen Abwehrformen und Regressionen um es herum zu strukturieren versucht.[15] Sie ist es, die hinter K.s »Komödie« erscheint, sie deckt im Grunde der »Prozeß« auf.[15a]

Es ist der Übergang von der phantastisch-realistischen zur allegorisch-psychologischen Ebene, welcher das Humoristische wieder in Frage stellt und so das »œuvre en parfait suspens«[16] konstituiert. Bezüglich der VERWAND-LUNG spricht M. Dentan von einem phantastischen Realismus: »nous avons vu que *La Métamorphose* se présente non comme un rêve, mais comme un événement réel dans le monde réel [...]. Le phénomène de la métamorphose est une intrusion du surnaturel dans le monde réel.«[17] Die Erzählung oszilliere jedoch zwischen dem so konstituierten Phantastischen und einer symbolisch-allegorischen Sinnschicht: »Dans une part le lecteur est sensible au climat onirique du récit [...]; le chauchemar d'une métamorphose en animalité s'offre comme l'image d'une angoisse, d'un sentiment d'impuissance, de vide intérieur.«[18] Der Traumcharakter der Verwandlung präsentiert also das Ungeziefer als Metapher einer Angst, einer Schwäche, eines Mangels, einer Leere. Im PROZESS erweist sich ähnlich das zunächst phantastisch erscheinende Gericht als Instanz, welche die Angst, das Schuldgefühl, den Mangel an Selbstgewißheit, die Schwäche und die Leere aufdeckt; diese Instanz erscheint als Allegorie der diesen Mängeln reziprok zugeordneten Korrelate der Anklage, Beschuldigung, Verurteilung, Selbstgewißheit und Mächtigkeit. Daß das Phantastisch-Realistische im Roman zunehmend mehr ins Allegorische übergeht, bedeutet nicht, daß die psychologische Form der Personalität aufgehoben würde, wie es in einer Psychomachie der Fall wäre, in welcher Tugend und Laster miteinander kämpften, aber nicht im Innern der allegorischen Personen sich verdoppeln könnten. »Psychologischer Perspektivismus« und »Parabolik«, wie es U. Fülleborn genannt hat[19], stehen im PROZESS nebeneinander. Josef K. ist gespalten in ein bewußtes und ein unbewußtes Subjekt; er ist gespalten in den Überraschten und Nicht-Überraschten, wie die Gerichtswelt gespalten ist in einen phantastischen und einen allegorischen Aspekt.

Nach Jacques Lacan begründet die Einführung des Subjekts in die Sprache, die symbolische Ordnung, eine »Spaltung'« oder »refente« von Bedeutendem und Gelebtem, die Spaltung in ein Subjekt der Aussage und ein Subjekt des Ausgesagten[20]: »je suis où je ne pense pas«[21]. Mit Schiller heißt es: »*Spricht die Seele, so spricht ... Elle parle, l'âme, entendez-la ... ach! schon die Seele nicht mehr«.*[22] Die skizzierte Spaltung wird durch die ödipale Verdrängung, die der Urverdrängung aufruht, nur vertieft; sie kann sich bis zur Paradoxie — nach dem Muster »ich lüge« — steigern. Und Freud hat in DIE ICHSPALTUNG IM ABWEHRVORGANG ja in der Tat das Paradoxe beschrieben, daß es in der Abwehr sowohl darum geht, die »reale Gefahr an[zu]erkennen« wie die »Realität [zu] verleugnen«; beides geschehe »gleichzeitig« (so ist z.B. im Fetischismus ein Wissen um die Ersatzhandlung wie zugleich ein Festhalten am verleugnenden Phantasma am Werk).[23]

Auf diese Spaltung bezieht sich auch R. Kreis' Arbeit über DIE DOPPEL-TE REDE DES FRANZ KAFKA.[24] U.a. am Beispiel des Stückes AUF DER GALERIE wird gezeigt, in welchem Maß der Aussagevorgang das Auszusagende zudeckt. Eine Annäherung ans Abgespaltene, Unbewußte finde allein in der »traumartigen Erkenntnisform des ›Weinens‹« statt, »weil der Spaltungsprozeß des Subjekts unter dem Gesetz des Symbolischen irreversibel ist«.[25]

In der GALERIE wird ein konjunktivischer Teil, der eine Kunstreiterin einem »peitschenschwingenden erbarmungslosen Chef« gegenüberstellt, einem indikativischen, in welchem der Direktor diese »vorsorglich« wie eine »über alles geliebte Enkelin« auf den Apfelschimmel hebt, konfrontiert. (ER 145) Der Galeriebesucher »weint« am Ende, »ohne es zu wissen« (ER 146). Nicht Schein und Wesen werden hier einander entgegengestellt, sondern scheinbares Wesen und wesenhafte, widersprüchliche Erscheinung. Auf das, was hinter der Sprache liegt, hinter dem Widerspruch von »Peitschenzeichen« und »Vorsorge«, reagiert der Galeriebesucher »wie in einem schweren Traum versinkend«. Der unbewußte Wunsch und die unbewußte Versagung berühren ihn; die »Seele« spricht, aber sie spricht nicht in der Sprache. Widersprüche als Fehlleistungen verraten sie; dazu kommt eine Art Versprecher: aus »Fürsorge« wurde »Vorsorge«. Das Scheinbare der Selbständigkeit des Abhängigen in der Dialektik von Herr und Knecht wird deutlich in diesem Modell, das auf die grausam-liebevolle Einführung des Kindes ins Realitätsprinzip weist, aufs widersprüchliche Verhältnis von Unternehmer und Arbeiter sowie auf die Beziehung von Verleger und Künstler.

Die skizzierte Spaltung wird im PROZESS an der Figur selbst, an Josef K., demonstriert als Ich-Spaltung. Bewußtes und Unbewußtes durchkreuzen sich in K.s Rede, wobei in seinen Abwehrmaßnahmen, Verneinungen die Spaltung von Verleugnung und Anerkennung sich *in nuce* wiederholt.

Ist es ein Zufall, daß das Verhör vor dem Aufseher mit der Namensanrufung seinen Anfang nimmt? Bereits die erste Erscheinung aus der Gerichtswelt, der Wächter Franz, trägt den Namen des Autors, was uns auf die Wichtigkeit der Namensgebung hinweisen kann. Das Verhör und die Anrufung spielt Josef K. am Abend der Verhaftung vor Fräulein Bürstner nach; in dem Moment, in welchem er selbst das »Josef K.!« ausruft (P 40), klopft Hauptmann Lanz — die Signifikanten weisen auf einen ›symbolischen Vater‹ — an die Tür, und K. erschrickt. Wie ein »wo bist du, Adam?« klingt das Klopfen an die Tür des Zimmers, in welchem K. Fräulein Bürstner bedrängt. Dieses »Wo bist du, Adam?« wiederholt sich in der Dom-Szene, als K. sich zunächst zu verleugnen anschickt (P 251); wenn er sich jetzt umdrehte, denkt K., hätte er »das Geständnis« gemacht, zwar nur das Geständnis, »gut verstanden« zu haben, aber doch das Geständnis, auf diesen Namen, welcher der des Vaters ist und welcher ihn in die symbolische Ordnung integriert, zu hören. H. Turk zufolge führt Kafka das »Rechtfertigungsproblem des Romans auf die ›Urszene‹ der Anerkennung im Namen zurück.«[26] Kafka wiederhole im »Dom-Kapitel die ›Urszene‹ der Benennung, vergleichbar der ›Urszene‹ der Verdrängung«: »Gesteht er, daß er ist wie der Vater, ohne der Vater zu sein?«[27] K. fühlt sich wie ertappt bei einem Vergehen, fühlt sich schuldig. Die ›Urszene‹ der Namensgebung aber findet sich schon im ersten Kapitel, und zwar doppelt als »Verhaftung« durch den Aufseher und als Entdecktwerden im Zimmer des ›Sündenfalls‹. K. wird sozusagen in die symbolische Ordnung, die Welt der Rede der Anderen, die Welt des Urteilens eingeführt durch die Namensnennung; mit ihr wird ihm freilich auch der Platz in der Struktur der Familie zugewiesen, d.h. aufgegeben, sich — nach dem Modell von TOTEM UND TABU — gegen den Vater aufzulehnen und doch in ›Reue‹ und ›Schuld‹ das im Namen-des-Vaters ausge-sprochene Verbot zu akzeptieren. K. wird von Frau Grubach getrennt (P 11); die Gerichtsbeamten, die K. einer Sprach- und Urteilswelt integrieren, initii-eren diese Trennung, welche an die Separation durch den Dritten, die symboli-sche Kastration bzw. das Zerschneiden der Mutter-Kind-Dyade erinnert. Fort-an ist der Schutzraum der »Pension« offen für jeden Eindringling. Was hier verlorenging, einer Leere, einem Unvermögen, einer Schuld Platz macht, wer-den Verhaftung, Anklage und Urteil niemals ans Licht bringen. Die »Verhaf-tung« ist ja kein *juristisches* Ereignis, dem ein *metaphorischer* Sinn zukäme, eher umgekehrt; sie besteht nur als Sprechakt, der auf Sprechakte weist, als Signifikant, dem kein Signifikat zukommt, sondern der — nach der Form der »absoluten Metapher« — auf Signifikanten weist, die auf Signifikanten weisen usf. »Verhaftetwerden« heißt angesprochen werden, beim Namen genannt werden, beschuldigt werden, verhört werden usw. Es ist, als ob das eigentliche Subjekt, das unbewußte Subjekt immer nur durch einen anderen und weiteren Signifikanten repräsentiert werden könnte, wie es J. Lacan beschrieben hat: »Le registre du signifiant s'institue de ce qu'un signifiant représente un sujet pour un autre signifiant.«[28] »Das Register des Signifikanten entsteht dadurch, daß ein Signifikant ein Subjekt für einen anderen Signifikanten repräsentiert. Dies ist die Struktur — Traum, Lapsus, Witz — sämtlicher Gebilde des Unbe-wußten. Es ist auch die Struktur, die die ursprüngliche Teilung des Subjekts erklärt.«[29] Daher das unaufhörliche Gleiten des Signifizierten unter dem Signifikanten[30], wie es durch nichts besser als durch die permanente Ver- und Aufschiebung im PROZESS illustriert werden kann. Alles »außerhalb der sinnlichen Welt« kann nur »andeutungsweise, aber niemals auch nur annä-hernd vergleichsweise« ausgedrückt werden (H 45).

In diesen Zusammenhängen scheint es kein Zufall zu sein, daß K., die »Legi-timationspapiere« suchend, den »Geburtsschein« zutage fördert (P 13). Wieder konstituiert sich bei Kafka in der Nebensache die Hauptsache, erscheint die Konnotation wichtiger als das Denotierte; der Motivation »von vorne« ent-spricht eine »von hinten« bzw. ›von oben‹. Nur im Geringfügigsten scheint K. legitimiert zu sein, das Papier ist ein tautologischer Beleg seiner Existenz. Nichts als sein Sein, seine »Existenz« hat K. zu rechtfertigen; nicht die biologi-sche, sondern die soziale, nicht die physische, sondern die psychische Exi-stenz. Damit markiert der Romananfang eine zweite Geburt; mit dem »Legiti-mationspapier« des »Geburtsscheines« beginnt erst der Kampf um Anerken-nung; K. will indessen den Raum des Wunschprinzips, des fraglos Anerkannt- und Geschütztseins nicht verlassen; er glaubt, der »Rechtsstaat« (P 12) böte die Fortsetzung dieses Schutzraums, während er sich als Spielraum nur anarchisch vergesellschafteter Mächte erweisen wird und nicht als fest ›ummauerter‹, durch kollektives Einigungshandeln gesicherter Raum der Freiheit: »Du lie-ber Himmel!‹ sagte der Wächter. ›Daß Sie sich in Ihre Lage nicht fügen kön-nen [...]‹« (P 14).

Verhaftet- und Angeklagtsein, das heißt, die Anerkennung (die niemals der ursprünglichen Akzeptation wird gleichkommen können) erringen zu müs-sen, heißt »schuldig« sein, weil die ödipal bedingte Angst, der Mangel an

Selbstbewußtsein, die Leere verbunden sind dem Mangel an sozialer Anerkennung. Auch der »Landvermesser« im SCHLOSS, dem gleichfalls die Legitimationspapiere (den Aufenthalt im Schloßgebiet betreffend) fehlen (S 6), wird sein Begehren, seinen auf absolute Anerkennung gehenden Wunsch nie erfüllt bekommen. Ähnlich ist es im VERSCHOLLENEN, der ebenfalls mit einer zweiten, sozialen Geburt beginnt, d.h. mit der Vertreibung aus dem Schutzraum der Familie, die Karl Roßmann sich durch seinen ›Sündenfall‹ mit Johanna Brummer (einem maskierten Inzest) eingehandelt hat. Am Punkt der weitesten Entfernung von der Familie, nach der Entlassung aus dem Hotel Occidental, kann auch er sich nicht mehr ausweisen, fehlen auch ihm die »Ausweispapiere« (A 239). Eine menschlich-allzumenschliche ›Vermessenheit‹ prägt den Wunsch dieser Figuren, und auch Josefine, der Sängerin, wird er nur zum Schein erfüllt (ER 196). Wie das Volk der Mäuse eine »unausrottbare Kindlichkeit durchdringt« (ER 202), so sind Kafkas Helden Kinder, die am unbewußten Wunsch festhalten; von der verlängerten Kindheit bei Kafka — »Le maintien de la situation enfantine« — hatte daher G. Bataille gesprochen.[31] Die Doppelheit bzw. Spaltung von Kind- und zugleich Erwachsensein ist nur das Korrelat der Spaltung von bewußter und unbewußter Rede.

Mit der Verfolgung beginnt auch die Beobachtung; mit der Namensanrufung durch den dritten Wächter, den Aufseher, erscheint ein dritter Beobachter am Fenster gegenüber, ein breiter, das bereits herüberblickende Paar überragender Mann, der »seinen rötlichen Spitzbart mit den Fingern drückte und drehte« (P 20). Eine mosaische Gestalt[32], ein symbolischer Vater, eine Imago des Über-Ichs erscheint hier und macht deutlich, daß die Gerichtswelt eine Spiegelung darstellt. Die drei Wächter, die drei Beobachter, die drei — zunächst wie im Traum unerkannten — Bankkollegen scheinen dem Innern Josef K.s zu entspringen, scheinen mit dem »semblable« des »Spiegelstadiums« zusammenzuhängen, zumal der Name Franz auf den Autor verweist, wie wohl auch der Name Rabensteiner (vermittelt über Raban, gracchio, Dohle, kavka). Das bestätigt der paranoide Beobachtungswahn — die Paranoia steht immer mit dem Imaginären, dem Spiegel-Anderen in Zusammenhang[33] —, der sich an Josef K. zeigt. Gereizt ruft K. den Beobachtern zu: »Weg von dort« (P 23); als K. die Pension schließlich verläßt, deutet Kullich auf den Mann mit dem Spitzbart, der nun im Haustor gegenüber steht. »K. ärgerte sich über Kullich, daß dieser auf den Mann aufmerksam machte, den er selbst schon früher gesehen, ja den er sogar erwartet hatte. ›Schauen Sie nicht hin!‹ stieß er hervor, ohne zu bemerken, wie auffallend eine solche Redeweise gegenüber selbständigen Männern war.« (P 26 f.) Wieder verfängt sich K. in Widersprüchen, die sein Unbewußtes verraten; der auktoriale Erzähler, mit seinem Hinweis aufs Regressive, Infantile der Reaktion, hilft hier sogar nach. Zuvor hatte sich K. absolut sicher gegeben: »Er spielte mit ihnen. Er hatte die Absicht, falls sie weggehen sollten, bis zum Haustor nachzulaufen und ihnen seine Verhaftung anzubieten.« (P 24)

Diese, in ihrer hybriden, verrückten Art an Robert Walser gemahnende erlebte Rede ist aber schon Ausdruck einer Flucht nach vorn. Den Allmachtsphantasien, der Grandiosität des Helden entspricht die rasche Wiederkehr des

Minderwertigkeitsgefühls, der Schwäche, der Unsicherheit. Der Beobachtungs- und Verfolgungswahn zeigt sich ein weiteres Mal, als K. abends den jungen Mann im Haustor argwöhnisch fragt: »Wer sind Sie?« (P 28). Der Mann gibt sich als der Sohn des Hausmeisters zu erkennen. »›Wünscht der gnädige Herr etwas? Soll ich den Vater holen?‹ ›Nein, nein‹, sagte K., in seiner Stimme lag etwas Verzeihendes, als habe der Bursche etwas Böses ausgeführt, er aber verzeihe ihm.« (P 28 f.) K. setzt den Mann, auf den er die Ärgerlichkeit über sich selbst verschiebt, einer paradoxen Doppelbotschaft aus; ihm ist sein Projektionsverhalten selbst zu Bewußtsein gekommen.

Daß die Gerichtswelt eine Projektion darstellt, die allegorisch ins Externe extrapoliert wurde, wird durch die verschiedensten Indizien nahegelegt. Am deutlichsten vielleicht dadurch, daß die »Verhaftung« sich als bloßer Spuk erweist: »Sie sind verhaftet, gewiß, aber das soll Sie nicht hindern, Ihren Beruf zu erfüllen. Sie sollen auch in Ihrer gewöhnlichen Lebensweise nicht gehindert sein.« (P 24 f.) Eine Parallele zu dieser Selbstdefinition des Gerichts findet sich in den Ausführungen des Kaplans: »Das Gericht will nichts von dir. Es nimmt dich auf, wenn du kommst, und es entläßt dich, wenn du gehst.« (P 265) Aber das Gericht widerspricht sich, es agiert immer wieder auch als externe Macht. So hieß es bereits einmal: »Sie dürfen nicht weggehen, Sie sind ja verhaftet.« (P 11) Schließlich wird das Gericht auch seine beiden Henker zu K. senden.

Mit der Doppelheit der phantastisch-realistischen und zugleich allegorischen Struktur des Romans verdoppelt sich auch die Bedeutung des Gerichts: Es ist Imago des Über-Ichs, Allegorie des Innern und zugleich externe Macht, in symbolischer Weise soziale Gewalten repräsentierende Macht. Semantische und metaphorische Indizien verändern den Sinn der Phänomene von Punkt zu Punkt, so daß wir wieder von einer gleitenden und paradoxen Metaphorik, einer gleitenden Semiose sprechen können.[34]

Der zweite Teil des ersten Kapitels, H. Binder nimmt es für das zweite Kapitel[35], erzählt die Begegnung mit Frau Grubach und die mit Fräulein Bürstner. Bei Frau Grubach versucht K. — seine Hände »von Zeit zu Zeit« vergrabend in den »Strümpfen« (P 29), die diese strickt —, »die Ordnung wiederherzustellen« (P 28), sich reinzuwaschen, sich zu rechtfertigen, d.h. den Prozeß als Rechtfertigungsprozeß zu rechtfertigen. Mit dieser Rechtfertigungsrechtfertigung deutet sich an, daß die phantastische Welt die empirische zu ergreifen beginnt, demnach nur als Spiegel- und Zerrbild der Realität zu verstehen ist. »Es gehört ja alles zum Gericht«, heißt es später (P 181). Frau Grubach, die die Verhaftung für etwas »Gelehrtes« hält — ist der »Prozeß« eine Selbstanalyse? —, entgegnet K., er halte sie »überhaupt für nichts« (P 30). Frau Grubach scheint das Verleugnende, Verneinende, Abwehrende an K.s Behauptung irgendwie wahrzunehmen, denn aus ihr bricht es unvermittelt hervor: »Nehmen Sie es doch nicht so schwer, Herr K.« (P 31). Ein Unbewußtes scheint mit einem anderen Unbewußten zu kommunizieren. K. bleibt bei seiner Verneinung, aber das Symptom plötzlicher Ermüdung bestätigt nur die Mitteilungen des Unbewußten: »›Ich wüßte nicht, daß ich es schwer nehme‹, sagte K., plötzlich ermüdet und das Wertlose aller Zustimmungen dieser Frau einsehend.« (P 31 f.)

Die Bedeutung der »Verhaftung« abwertend und herunterspielend, hatte K. behauptet, in der »Bank« hätte ihm »etwas Derartiges unmöglich geschehen« können, dort sei er stets »geistesgegenwärtig« (P 31). Der Versuch, etwas ungeschehen zu machen, es zu verleugnen, verrät aber zugleich ein Moment Wahrheit. Eine gestrichene Passage des Romans bestätigt dies: »Man ist doch im Schlaf und im Traum wenigstens scheinbar in einem vom Wachen wesentlich verschiedenen Zustand gewesen, und es gehört [...] eine unendliche Geistesgegenwart oder besser Schlagfertigkeit dazu, um mit dem Augenöffnen alles, was da ist, gewissermaßen an der gleichen Stelle zu fassen, an der man es am Abend losgelassen hat. Darum sei [K. zitiert diese Ansicht] auch der Augenblick des Erwachens der riskanteste Augenblick im Tag; sei er einmal überstanden, ohne daß man irgendwohin von seinem Platze fortgezogen wurde, so könne man den ganzen Tag über getrost sein.« (P 304 f.) K. hat diesen Punkt offenbar nicht überstanden; »Leute, Parteien und Beamte« (P 31), die seine Identität hätten bestätigen können, vermißt er. So treten der Traum und sein Imaginäres ins Reale ein. Insofern ist das Gericht in der Tat »nichts«: eine Halluzination. Andererseits galt der Traum als nur »scheinbar« verschieden vom Wachen. Er und sein Unbewußtes gründen in einer Wirklichkeit, die sich auch in den Fehlleistungen und Symptomen des Wachzustandes, des Bewußt-Seins verrät. Folglich ist die »Verhaftung« auch wieder »schwer« zu nehmen. »Der Traum enthüllt die Wirklichkeit, hinter der die Vorstellung zurückbleibt.« (J 55 f.) Kafkas Darstellung verstärkt nur die Nachtseite des Tages.

Der müde K. wird wieder wach, wach bis zur Hysterie, als Frau Grubach erwähnt, sie habe Fräulein Bürstner in »diesem Monat schon zweimal in entlegenen Straßen und immer mit einem andern Herrn gesehen« (P 33). K., von dem es bisher hieß, er habe mit dem Fräulein nur einige Grußworte gewechselt (P 19), entgegnet unvermittelt, Frau Grubach wäre im »Irrtum«, er »kenne das Fräulein sehr gut«. Und auf die Bemerkung Frau Grubachs hin, sie versuche die »Pension rein zu erhalten«, reagiert er mit einem Ausbruch: »wenn Sie die Pension rein erhalten wollen, müssen Sie zuerst mir kündigen«. (P 33) Aus der »Ordnung« wird die Unordnung, aus der Rechtfertigung die Selbstbezichtigung. Hier redet »es« aus K., das Unbewußte, denn K.s Bewußtsein weist ja »Unreinheit« und Schuld weit von sich.[36] Er halluziniert eine Bekanntschaft mit Fräulein Bürstner, er antizipiert, was gleich Wirklichkeit werden wird. Intrapsychisch ist mithin der ›Sündenfall‹ in der Tat der »Verhaftung« vorausgegangen. Die weiße Bluse, die während des ersten Verhörs am Fensterkreuz hing (P 19), war der Signifikant des verborgenen Begehrens, der verborgenen ›Schuld‹.

K. paßt noch spät abends Fräulein Bürstner ab und versucht auch ihr gegenüber, sich zu rechtfertigen, sich zu ent-schuldigen, alles in »Ordnung« zu bringen: »Ihr Zimmer ist heute früh, gewissermaßen durch meine Schuld, ein wenig in Unordnung gebracht worden, es geschah durch fremde Leute gegen meinen Willen und doch, wie gesagt, durch meine Schuld; dafür wollte ich um Entschuldigung bitten.« (P 36). K. meint »Anlaß« mit »Schuld«, doch verfälscht auch hier der konnotative den denotierten Sinn: aus K. spricht die

Schwäche, d.h. der Erzähler spielt in einer ›Sinngebung von oben‹ auf die »Schuld« im psychologischen Verstand an (wobei »Schuld« wieder nur als — unbegründetes — Schuldgefühl zu verstehen ist). Im allegorischen Sinne scheint K. für das Derangement im Frauen-Zimmer in der Tat verantwortlich zu sein; auf die Frage: »glauben Sie denn, daß ich schuldlos bin?« antwortet denn auch Fräulein Bürstner zweifelnd: »Nun, schuldlos ...« (P 37).

K. spielt schließlich Fräulein Bürstner — als Aufseher — das Verhör vor; Hauptmann Lanz — die Signifikanten Haupt, Mann, Lanz(e) weisen ihn als Vaterfigur aus — klopft an die Tür. Während im Nebenzimmer, bei Lanz, das Licht angezündet wird, bedrängt K. die Frau: Er »lief vor, faßte sie, küßte sie auf den Mund und dann über das ganze Gesicht, wie ein durstiges Tier mit der Zunge über das endlich gefundene Quellwasser hinjagt. Schließlich küßte er sie auf den Hals, wo die Gurgel ist, und dort ließ er die Lippen lange liegen. Ein Geräusch aus dem Zimmer des Hauptmanns ließ ihn aufschauen.« (P 42) Hier erscheint K. als ›Jäger‹, er, der entrüstet behauptet, das Gericht bestehe »fast nur aus Frauenjägern« (P 253). Auch malt Titorelli die »Gerechtigkeit« als »Göttin der Jagd« (P 177). Das Gericht scheint, ohne daß K. es bemerkte, der Spiegel seiner Handlungen und Gedanken zu sein. Die Szene erinnert an Parallelen: Im VERSCHOLLENEN vergißt sich Karl mit Klara, während Green und Pollunder, im Auftrage des Onkels, nur darauf gewartet haben (A 78 ff.). Im SCHLOSS liegt K. mit Frieda in »kleinen Pfützen Biers und dem sonstigen Unrat« neben Klamms Tür am Boden des Ausschanks (S 63). Bei Huld wird Josef K. sich mit Leni im Angesicht eines Richter-Portraits vergnügen, während der Advokat, der Kanzleidirektor und der Onkel dabei sind, seinen ›Fall‹ zu beraten (P 135).

Handelt es sich bei der ›Jagd-Szene‹ um die Urszene des ›Sündenfalls‹, oder geht dieser die Schwäche, das Schuldgefühl, die Hilfsbedürftigkeit schon voraus? Es gilt beides. Der Logik des Traums entsprechend[37], findet hier eine entstellende Umkehrung statt, eine Verkehrung der zeitlichen und kausalen Beziehungen. Die metonymische Korrelation von Verhör und ›Frauen-Zimmer‹ bestätigt diese Deutung. Es handelt sich also in der Tat um die entstellte, verschobene Urszene, in welcher der symbolische Vater das Tabu, die Strafe, die Schuld verhängt. Hauptmann Lanz entspricht der Vater-Imago, dem Über-Ich; seiner Anklage steht der Angeklagte, Schuldige gegenüber; nicht zufällig ist es sein Name (»Tischler Lanz«), der den Weg zum Gericht eröffnet (P 51); dieses ist nichts anderes als das anonymisierte Spiegelbild seiner Imago. Freud zeigt in seiner Erklärung des Schuldgefühls, der Selbstanklage, der Selbstentwertung, daß hier im Subjekt eine »wirkliche Spaltung zwischen Ankläger (Über-Ich) und Angeklagtem besteht, eine Spaltung, die ihrerseits aus einem Vorgang der Verinnerlichung einer intersubjektiven Beziehung resultiert«[38]. Kafka allegorisiert also dieses Schuldgefühl, das die dem kritischen Überich »entsprechende Wahrnehmung im Ich«[39] darstellt, und zwar in seiner inversen — den inneren Vorgängen gänzlich adäquaten — Form der Anklage und Verurteilung.

Der Begriff der »Urszene« darf aber hier nur in darstellerischer Hinsicht gebraucht werden; die Szene deutet höchst indirekt an, womit das Gericht zu tun haben mag. Im Grunde kann sie durchaus als »Wiederholung«, als Inszenierung der »Wiederkehr des Verdrängten« gelesen werden; ihr können also durchaus Schuld, Schwäche, Hilfsbedürftigkeit schon vorausgehen (als das »Gewesende«). Das ändert nicht viel; es bedeutet allerdings, daß der Roman keiner genetischen, teleologischen Konzeption folgt, sondern daß Zeit in ihm nur Darstellungs-Zeit ist, daß hier nur eine (struktural zu lesende) Zuständlichkeit erfaßt und ausgelotet wird; von »developpement d'une image globale« spricht daher auch M. Dentan in bezug auf die Funktion der Zeit in Kafkas Epik[40].

Daß das Gericht etwas mit ›Ödipus‹ und der Beziehung zur Frau zu tun hat, das bestätigen auch die privatsprachlichen Anspielungen im Roman. Die im Manuskript gestrichenen Initialen »F.B.« (P 323), geändert in »Fräulein Bürstner«, weisen auf den Konflikt mit F(elice) B(auer). Die »Schuld befindet sich im Mädchenzimmer«, so lautet W.H. Sokels Folgerung[41], nachdem schon H. Politzer (1962) darauf hingewiesen hatte, daß Kafka die Entlobung am 23. Juli 1914 im Askanischen Hof zu Berlin den »Gerichtshof im Hotel« (T 407) bzw. »Gericht« (T 411), und seinen Abschiedsbrief die »Ansprache vom Richtplatz« (T 409) genannt hat.[42] E. Canetti hat dann 1969, nachdem die Briefe an Felice (1967) erschienen waren, Roman und Liebesbeziehung parallelisiert: »Die Verlobung ist zur Verhaftung des ersten Kapitels geworden, das ›Gericht‹ findet sich als Exekution im letzten.«[43] In der Angst vor dem »Schafott« der Ehe (F 224; 1.1.1913) habe sich Kafka im Askanischen Hof durch Schweigen und Nichtanerkennung des Gerichtes gewehrt, doch die Mahnung — der Gedanke an die »Mahnung«, die Fräulein Bürstner bedeutet, taucht im ENDE (P 268) auf — an eine »nie ausgesprochene Schuld« sei geblieben.[44] H. Binder hat, im Hinblick darauf, daß der Roman vom 30. bis zum 31. Geburtstag K.s spielt, festgestellt, daß am 3. Juli 1913, an Kafkas 30. Geburtstag, ein Heiratsantrag Felices eingetroffen war und daß am 2. Juli 1914, dem Vorabend des 31. Geburtstags (vgl. P 266), Kafka den Entschluß zur Aufhebung der Verlobung gefaßt hatte.[45]

»Die Welt — F. ist ihr Repräsentant — und mein Ich zerreißen in unlösbarem Widerstreit meinen Körper«, lautet die einschlägige Notiz Kafkas (H 132, vgl. H 118). Der private Konflikt ist nun im PROZESS in universelle Bilder transformiert worden; die Probleme des Geschlechts, der Angst, der Schuld und der Abwehr werden dort als generelle, epochale inszeniert. Der kryptischen Biographie steht eine psychohistorische Analyse (poetischer Natur) gegenüber.

II. Außenwelt und Innenwelt (2. — 5. Kapitel)

Im zweiten Kapitel (nach Brod), welchem Uyttersprot mit nicht zureichenden Gründen das vierte (Die Freundin des Fräulein Bürstner) und sodann das fünfte (Der Prügler) voranstellen wollte[46], wird K. telephonisch zur »ersten Untersuchung« gerufen. Das Gericht erscheint also wieder als externe, durchaus aktive Macht. Es kann sich hier um eine Anspielung auf den Beginn des Sviha-Prozesses handeln, in welchem ein Verdächtiger von der Öffentlichkeit für schuldig befunden wurde, bevor noch eine gerichtliche Klärung stattgefunden hatte.[47] Auch die Assoziation an Rufmorde und Pogrome, wie insbesondere die Juden ihnen ausgesetzt waren, liegt nahe. So erreichten um 1900 die antisemitischen Übergriffe in Böhmen — u.a. in der »Hilsner-Affäre« — einen Höhepunkt. Dem Juden Leopold Hilsner wurde im April 1899 die Schuld an einem Mädchenmord zugeschoben. »Noch bevor überhaupt die Justizmaschine zu arbeiten begonnen hatte, etablierten die journalistischen Funktionäre des Antisemitismus in Polna einen *Spezialgerichtshof*, der sich die politischen Lokalbehörden hörig zu machen verstand, Akten und Protokolle führte und die ersten Zeugenverhöre vornahm.«[48] Extrajuridische Mächte, in welchen politische Intentionen, Rassismus und sadistische Sexualphantasie sich vereinen, führen dazu, daß Hilsner ein Ritualmord unterstellt und er zum Tode verurteilt wird.[49] Wie auch P.O. Chotjewitz in seiner Kontrafaktur des PROZESS-Romans zeigt, geht es also in der Tat um »Verleumdung« (P 9), um extrajuridische, sadistische Kräfte, welche den Justizapparat in ihren Bann zu ziehen vermögen. Die Gewalt des Vor-urteils wird im PROZESS später selbst thematisiert: K. vermutet, daß das Gericht, »wenn es einmal anklagt, fest von der Schuld des Angeklagten überzeugt ist und von dieser Überzeugung nur schwer abgebracht werden kann«. Ihm antwortet der Gerichts-Maler Titorelli: »›Schwer?‹ [...] ›Niemals ist das Gericht davon abzubringen.‹« (P 180) Der Verfemte, der Außenseiter, der sozial Schwache, sie sind *a priori* und bleiben unwiderruflich »Angeklagte«, »Verurteilte«.

Aber die ›gleitende Metapher‹ bzw. ›gleitende Semiose‹ führt — wieder in paradoxer Weise — unmittelbar zu einem gegensätzlichen Sinn des »Gerichts«. Es ist nicht mehr externes Phänomen, sondern wieder internes. K. bildet sich ein, um »neun Uhr« erwartet zu werden (P 46), und muß dann, eintreffend um zehn Uhr fünf, zu hören bekommen, daß er hätte »vor einer Stunde und fünf Minuten erscheinen sollen« (P 52). Das ›mythische‹ Wissen der Gerichtswelt um K.s Inneres oder, umgekehrt, K.s unbewußte Kenntnis des Gerichts, diese Konfiguration deutet darauf hin, daß K.s Gegenwelt aus lebendig gewordenen Projektionen, aus Allegorien seines Inneren — Prosopopöen oder ›Psychopopöen‹ — besteht. Es spricht K.s schlechtes Gewissen aus dem Untersuchungsrichter, und zwar in der inversen, reziproken Form der Anklage. K. ahnt — sozusagen — dieses Verhältnis, denn er bemerkt: »Sie können einwenden, daß es ja überhaupt kein Verfahren ist, Sie haben sehr recht, denn es ist ja nur ein Verfahren, wenn ich es als solches anerkenne. Aber ich erkenne es also für den Augenblick jetzt an, aus Mitleid gewissermaßen.« (P 55) Seine Überlegenheit indessen ist unglaubhaft; das Hybride seiner Worte — eine Form der Verleugnung, Verneinung — stellt sie in Frage. Dieser Widerspruch, diese Ambivalenz — ist das Subjekt oder »der Andere« Souverän dieser Welt? — erhält sich bis zum Ende des Romans.

Sogleich führt eine semantische Verschiebung wieder in die Sphäre sozialer Symbolik. K. fühlt sich an eine »politische Bezirksversammlung« (P 52) erinnert, zwei Parteien teilen sich das Plenum. Nach K. handelt es sich um »scheinbare Parteien« (P 62), er kann ihren Differenzpunkt nicht ausmachen. Auch tragen alle Anwesenden am Rockkragen die gleichen Abzeichen (P 62). Wie die Livrees und Uniformen in Kafkas anderen Werken sind diese Knöpfe Signifikanten der Macht, der delegierten Macht, des Zusammenhangs des Subalternsten mit einer totalisierten, hierarchischen Machtpyramide »überwachter Überwacher«[50], welche gleichwohl kein Zentrum und keine souveräne Instanz an ihrer Spitze aufweist.[51] Die beiden Parteien sind ähnlich austauschbar, inhaltsleer und uniform gezeichnet wie die Parteien und Kandidaten, welche Karl Roßmann vom Balkon Bruneldas aus beobachtet (A 280 ff.). Das Gericht wird zum Staat, zum Bürokratie-Apparat, dessen Agenten und Handlanger sich jeder Verantwortung entziehen: »Wir sind niedrige Angestellte, die sich in einem Legitimationspapier kaum auskennen und die mit Ihrer Sache nichts anderes zu tun haben, als daß sie zehn Stunden täglich bei Ihnen Wache halten und dafür bezahlt werden.« (P 15) Dem staatlichen Bürokratie-, Überwachungs- und Kontrollapparat gegenüber ist der Einzelne »Angeklagter«, »Schuldiger«. Die »Sittlichkeit« als Gehorsam gegenüber den Repräsentanten des Allgemeinen (das es bis heute immer nur als durch Herrschaft verzerrten Konsens gegeben hat) ist nach Freud Resultat der ödipalen Über-Ich-Bildung, es wird prinzipiell ähnlich gebildet wie die Extremformen des Untertanengeistes und des moralischen Masochismus.[52] Ganz analog schrieb Kafka: »Das, was Verantwortungsgefühl ist und als solches sehr ehrenwert wäre, ist im letzten Grunde Beamtengeist, Knabenhaftigkeit, vom Vater her gebrochener Wille.« (T 511) Damit wäre ein Grund dafür genannt, weshalb es im PROZESS immer wieder zur Identifikation von Allegorien des Staatlich-Sozialen mit solchen des Inneren kommt.

K. rebelliert noch, und doch erkennt er das Verfahren — angeblich aus »Mitleid« — an. Es bleibt offen, ob das »Gericht von der Schuld angezogen wird« (P 15), den »Schuldigen«, d.h. Schwachen und Gebrochenen, aufspürt, oder ob dieser das Gericht freiwillig aufsucht. Es muß wohl vom Doppel-Sinn einer wechselseitigen Anziehung ausgegangen werden. Für das Agieren des Helden bedeutet dies eine grundlegende Ambivalenz: »K.s Verhalten ist ein dauerndes Schwanken zwischen einem aggressiven Widerstandswillen gegen das Gericht und einer Gegentendenz, die ihn zum Gericht hinzieht.«[53] Diese Ambivalenz ist freilich Ausdruck der Spaltung des Helden in ein bewußtes und ein unbewußtes Subjekt.

Seine Gespaltenheit und Widersprüchlichkeit verrät K. erneut wider Willen. Von »Mitleid« hatte er gesprochen, ruft dann aber einem »zitternden Greis« in ohnmächtiger Wut zu: »Laß mich oder ich schlage«. (P 63) K.s Hybris und seine Verstellung werden auch dadurch offenbar, daß er zunächst behauptet, er wolle »nicht Rednererfolg« (P 57), dann jedoch das »angespannte Aufhorchen der ganzen Versammlung« genießt: »in dieser Stille entstand ein Sausen, das aufreizender war als der verzückteste Beifall« (P 60). K. berauscht sich an seiner eigenen Rede vor dem Untersuchungsrichter und den Versammelten.

Während seiner Rede bemerkt er dann, wie ein junger Mann die Waschfrau, die ihn eingelassen hatte, am Saalende kreischend an sich drückt. (P 61) Er will

»Ordnung« schaffen, wird jedoch nicht durch die Menge gelassen, fühlt sich beengt »als mache man mit der Verhaftung ernst« (P 62). Durch semantische Indizien dieser Art wird eine Koppelung von Gerichtsphänomenen und erotischen Phänomenen hergestellt. Die Szene ist zweifellos ein Spiegel-Bild der ›Urszene‹ mit Fräulein Bürstner; mit der »Verhaftung« wurde also schon zuvor »ernst« gemacht.

Der Zusammenhang von Gericht und Verlangen bestätigt sich durch das dritte Kapitel, wo K. zusehen muß, wie die Waschfrau, die Frau des Gerichtsdieners, die er nun selbst begehrt, von dem jungen Mann — er erweist sich als der Jurastudent Berthold — geküßt und hinweggetragen wird. (P 73)

Diese Frau »verlockt« K. Einen Zusammenhang von Begehren und Gericht verneint er: »Den Einwand, daß ihn die Frau für das Gericht einfange, wehrte er ohne Mühe ab.« (P 72) Die Strümpfe, die die Frau verführerisch vor ihm entblößt, sind ein Geschenk des Untersuchungsrichters, d.h. des väterlichen Rivalen, zu welchem Berthold, der jüngere Rivale, die Frau hinträgt. (P 71) Der Signifikant des Begehrens ist zugleich der des Tabus, der des väterlichen Rivalen; der Name »Lanz« hatte ja auch die Pforten zu den Räumen dieser Szenen eröffnet (P 51). Es ist daher nur folgerichtig, daß K., als Berthold ihm die Frau entreißt, erkennt, »daß das die erste zweifellose Niederlage war, die er von diesen Leuten erfahren hatte« (P 75); freilich wehrt er diesen Gedanken sofort wieder ab und redet sich ein, er könne zu Hause oder bei Elsa (einer Dirne!) jeden dieser Leute »mit einem Fußtritt von seinem Wege räumen« (P 75). Seine »Niederlage« ist seine Schwäche; seine »Schuld« ist das Wehrlossein gegenüber der Macht des Gerichts. Die »Gerechtigkeit« zeichnet Titorelli folglich als Göttin der »Jagd«, des »Sieges« (P 177). Begehren und Recht, Sexualität und Jusitz werden eng aneinander gebunden. Daher folgerten Deleuze und Guattari: »Das Gericht ist Verlangen, nicht Gesetz.«[54] »Durch den ganzen Prozeß zieht sich eine Ungerichtetheit, eine Polyvozität des Verlangens, die dem Roman eine erotische Kraft verleiht. Die Repression gehört nicht zur Justiz, ohne selber Verlangen zu sein, Wunsch des Unterdrückers ebenso wie des Unterdrückten. Die Strafverfolgungsbehörden suchen nicht nach der Straftat, sondern werden ›von der Schuld angezogen‹. Sie schnüffeln, wühlen, buddeln nach ihr: Sie sind blind, unzugänglich für Beweisgründe, aber sie interessieren sich brennend für die Gespräche in den Korridoren, das Geflüster im Saal, das Kanzleigeschwätz, die Vertraulichkeiten in den Beratungszimmern oder im Maleratelier, die Geräusche hinter der Tür, das Kulissengemurmel, das ganze Mikro-Geschehen, in dem das Verlangen mit seinen Zufällen deutlich wird.«[55] Das »Gesetz« ist eine fixe Idee. Was »im Gesetz steht« und was er »persönlich erfahren« hat, weiß daher Titorelli gut zu unterscheiden. (P 185) Wie in den FÜRSPRECHERN (ER 369) werden Codex und Anwendung, Kasus und Umstände sehr genau voneinander geschieden. Die Gerichtsmetaphorik schließt also höchst bewußt all die außerjuridischen Kräfte und Mächte, Interessen und Begehren in sich ein, welche in Rechtshandlungen und im sozialen Getriebe überhaupt am Werk sind. Die »Rechtsverfahren« erweisen sich mithin als ein permanentes Kollidieren von Kräften, welche den gesamten Gesellschaftskörper bevölkern, als ein nie stillstehendes ›Prozedieren‹ von Auseinan-

ildung 4

dersetzungen, welche keinen »Freispruch« erlauben, sondern nur »Verschlep-pungen« (P 192 f.) kennen. Daher befindet sich die »Gerechtigkeit« »im Lauf«, trägt an »den Fersen Flügel« (P 176).

Es ist nun weiter nicht verwunderlich, daß die Waschfrau K., der diesmal ganz aus freien Stücken herkommt, im leeren Sitzungssaal Pornographien als »Gesetzbücher« präsentiert (P 67). In einem schmutzigen Heft des Untersu-chungsrichters — Schmutz, Nebel und Ruß sind leitmotivisch wiederkehren-de Chiffren des Gerichts — entdeckt K. eine Zeichnung: »Ein Mann und eine Frau saßen nackt auf einem Kanapee«, sie wenden sich — angeblich aufgrund »falscher Perspektive« — einander »nur mühsam« zu. Das zweite Buch ist ein Roman: »Die Plagen, welche Grete von ihrem Manne Hans zu erleiden hatte«. (P 67) Zwar ist das »Gesetz« wie das »hohe Gericht« (P 172) unzugänglich, aber als ›Präliminarien‹ oder ›Kommentare‹ verraten diese »Gesetzbücher« hier, daß im Zentrum der Justiz das Begehren, die Familie steht. So obszön, wie K. meint, scheinen indessen die von den »Mühen« der Geschlechterbezie-hung sprechenden Bücher nicht zu sein; die mit jenen »Mühen« verknüpften Phänomene der Schuld, Angst und Schwäche sind in diesen verschobenen, entstellten Traumbildern doppelt kaschiert. — Daß hier das Privateste aber wiederum politisch determiniert ist, das haben Deleuze und Guattari in ihrer Kafka-Analyse und in den Kafka gewidmeten Partien des ANTI-ÖDIPUS deutlich gemacht. Bei Kafka werde die Familie ganz richtig als ein End-, und nicht als ein Anfangskomplex gezeichnet: »Die Richter, Kommissare, Büro-kraten usw. sind keine Substitute des Vaters, sondern der Vater ist eher ein Kondensat all jener Mächte, denen er sich unterworfen hat und denen sich zu unterwerfen er auch dem Sohn empfiehlt.«[56] »Nicht Ödipus produziert die Neurose, sondern die Neurose, d.h. der bereits unterdrückte Wunsch, der sei-ne Unterdrückung kommunizieren will, produziert den Ödipus.«[57] Die ödipal bestimmbare Schuld, die symbolische Kastration, gilt als ein politisches Pro-dukt.[58] »Denn was war nötig, damit Ödipus *der* Ödipus, der Ödipuskomplex wurde? In Wahrheit vieles — das was Nietzsche in der Entwicklung der un-endlichen Schuld zum Teil geahnt hat.«[59] Kafka schließt also in seiner Meta-phorik die Überwachungs- und Disziplinargesellschaft mit der unbewußten Selbstunterdrückung kurz. Es ist »gewissermaßen dieselbe Hand, die K. in ei-nem Fall zum Geschlechtsakt, im andern zum Gericht führt«, schrieb W.H. Sokel.[60]

Der Gerichtsdiener führt K. nun in die direkt angrenzenden Dachboden-Gerichtskanzleien mit den wartenden Angeklagten. Hatte K. soeben noch ge-meint, er könnte »das ganze Gericht, wenigstens so weit es ihn betraf, sofort zerschlagen« (P 72), so erleidet er nun eine *physische* »Niederlage«, einen Schwindelanfall aufgrund der dumpfen, schweren, »kaum mehr atembaren« Luft der Kanzleien (P 86). »Wollte etwa sein Körper revolutionieren und ihm einen neuen Prozeß bereiten, da er den alten so mühelos ertrug?« (P 92) Mü-helos? Die unbewußte psychische Bedrückung scheint somatisch zu werden; handelt es sich um die Allegorisierung der sich schon anbahnenden Lungen-krankheit? »Manchmal scheint es mir, Gehirn und Lunge hätten sich ohne mein Wissen verständigt. ›So geht es nicht weiter‹ hat das Gehirn gesagt und nach fünf Jahren hat sich die Lunge bereit erklärt, zu helfen.« (BR 161) Eine Vorahnung dieses Verhältnisses steckt zweifellos in dieser Szene.

Noch einmal, im vierten Kapitel, verrät K., wie bedeutsam für ihn die (imaginäre, unbewußte) Beziehung zu Fräulein Bürstner ist, und zwar wieder dadurch, daß er eben dies verleugnet. Fräulein Montag, so sagt er sich, übertreibe die »Bedeutung der Beziehung zwischen Fräulein Bürstner und K.«, »vor allem die Bedeutung der erbetenen Aussprache« (P 101). Doch er stiehlt sich im gleichen Augenblick zu ihrem Zimmer — findet es aber leer und kehrt zurück, dabei vermutend, er werde durch Fräulein Montag und Hauptmann Lanz beobachtet.

Das fünfte Kapitel führt K. in die ›Folterkammer‹ der Bank. Eine Rumpelkammer öffnend, entdeckt er, daß Franz und Willem nackt ausgepeitscht werden, weil K. sie beim Untersuchungsrichter der Unterschlagung bezichtigt hatte. Aus K., dem Angeklagten, ist selbst ein Ankläger geworden, wie K. sich ja auch den niedriger gestellten Bankbeamten gegenüber als ›Ankläger‹, als Despot aufführt (P 280 f.). Damit deutet sich an, daß das Verhältnis von Herr und Knecht innerhalb der Machtpyramide »überwachter Überwacher« relativ umkehrbar, transversal ist. Diese Doppelstruktur liegt bereits dem ersten Entwurf zum Prozeß zugrunde. (T 414; 29.7.1914) Das verdoppelt für K. das Schuldgefühl in eines »nach oben« und eines »nach unten«.[61] D.h., in dieser Spiegelung ist K. Prügler und zugleich Geprügelter, ein seinen Gewissensbissen Ausgesetzter. Die semi-private Anspielung »Franz hier wollte heiraten« (P 104) legt ohnehin eine Gleichsetzung von K. und Franz nahe. Wenn Josef K. am nächsten Abend genau die gleiche Szene unverändert vorfindet (P 110), dann deutet dies darauf hin, daß dieser Raum in allegorischer Weise das atemporale Unbewußte repräsentiert. Zweimal wirft K. mit Gewalt die Tür der Kammer zu, verschließt die »fremden Säle des eigenen Schlosses« (Br 20); d.h., er verdrängt die Szene und wiederholt die Verdrängung. Sich und die beiden Wächter versucht er zu exkulpieren: »schuldig ist die Organisation, schuldig sind die hohen Beamten.« (P 106) K.s Rationalisierung spricht auch etwas Wahres aus, wenngleich die »hohen Beamten« nur ein imaginäres, unwirkliches Zentrum einer polymorph-unfaßbaren Organisation darstellen. Die Trennung von empirischer und phantastischer Sphäre wird durch diese Szene weitgehend aufgehoben; die empirische Welt wird zur surrealen. Mithin ist auch die rigide Trennung von Bewußtem und Unbewußtem in Frage gestellt.

III. Verteidigung und Verschleppung (6. und 7. Kapitel)

Im sechsten Kapitel ist K. der Logik des Gerichts bereits so »verhaftet«, seinen Spielregeln soweit unterworfen, daß er auf den Vorschlag des Onkels, den Advokaten Huld aufzusuchen, eingeht. Des Onkels Empfehlung, sich auf dem Land zu erholen, versetzt K. in eine ausweglose Doppelbindung dem Gericht gegenüber: das »würde Flucht und Schuldbewußtsein bedeuten«, meint er (P

119). Das Wegfahren verriete eine Fluchtabsicht, aber das Bleiben verrät ein »Verhaftetsein«. Vermeidet also K. den Verdacht eines Schuldbewußtseins, so gibt er Anlaß zu eben diesem. Grund dieses *double bind* aber ist K.s innere Unsicherheit, seine Culpabilisierbarkeit. Wieder verrät die Verneinung des Schuldgefühls sein Vorhandensein im Unbewußten. Die Ich-Spaltung wird auch durch einen anderen Widerspruch offenkundig: K. beabsichtigt, in »vollständiger Offenheit« über seinen Prozeß zu berichten, alles zu erzählen, »ohne irgend etwas zu verschweigen«. Und doch heißt es scheinbar *en passant:* »Fräulein Bürstners Namen erwähnte er nur einmal und flüchtig, aber das beeinträchtigte nicht die Offenheit, denn Fräulein Bürstner stand mit dem Prozeß in keiner Verbindung.« (P 121)

Der Onkel hält den Prozeß, der sich von Verfahren »vor dem gewöhnlichen Gericht«, wie er weiß, unterscheidet, für »schlimm«. (P 117) Besonders exklusiv, wie es zu Beginn des Romans ausgesehen hat, scheint die Erfahrung mit dieser Gerichtswelt nicht zu sein. Sogar ein »Sprichwort« über sie kolportiert der Onkel: »Einen solchen Prozeß haben, heißt ihn schon verloren haben«. (P 119) Er zitiert damit gewissermaßen ein kollektives Unbewußtes, ohne die ganze Bedeutung der Sentenz zu erfassen. In einer Sinngebung ›von oben‹ macht der Erzähler hier klar, daß die Tödlichkeit des Verfahrens von Anfang an feststeht, daß es, wie Titorelli ausführt, höchstens »scheinbare Freisprüche« und »Verschleppungen« geben kann (P 190 ff.). K. selbst hatte dem Onkel gegenüber bereits von einem »Strafprozeß« (P 115) gesprochen. Da es längst nicht mehr um empirische Phänomene und konventionelle Rechtsbegriffe geht, ist an dieser Vokabel wieder das Konnotierte wichtiger als das Denotierte. Es geht um eine zu erwartende Strafe und eine permanent ›prozedierende‹ Strafe, um eine zermürbende Straferwartung und ein permanentes, ›prozedierendes‹ inneres Gestraftwerden. Anklagen, Untersuchungen, Beurteilungen, Urteile und Strafen bilden hier — wie in der STRAFKOLONIE — eine Einheit. »Nur unser Zeitbegriff läßt uns das Jüngste Gericht so nennen, eigentlich ist es ein Standrecht.« (H 43) Das läßt sich psychologisch wenden und auch auf die soziale Sphäre beziehen, in welcher die Selbstzwänge wie antizipierte Strafen fungieren und in welcher auch ein permanent ›prozedierendes‹ Urteilen, Verurteilen, Richten und Überwältigen statthat.

Daß der Onkel, als früherer Vormund die Stelle des Vaters einnehmend, die »Ehre« der Familie, ihren »guten Namen« gerettet sehen will (P 116), begründet wieder eine Verdoppelung des Prozesses in der empirischen Sphäre: die Rechtfertigungsrechtfertigung, die Schamscham. K. bekennt, der »Familie Rechenschaft schuldig« zu sein (P 116). Er hat sich vor dem zu verantworten, von dem — im Grunde — die Rechtfertigung, das »grenzenlose Schuldbewußtsein« ausging. Grund und Folge haben sich verkehrt bzw. fließen zusammen in der Rechtfertigung vor dem großen Anderen. »Ohne Familie kein Prozeß«, folgerte W.H. Sokel[62] aus einer Reflexion K.s: » Wäre er allein in der Welt gewesen, hätte er den Prozeß leicht mißachten können, wenn er allerdings auch sicher war, daß dann der Prozeß überhaupt nicht entstanden wäre.« (P 152) Die Angstangst ist nur eine Faltung der Angst. Bezüglich des ersten Entwurfs zum PROZESS (T 414) — K.s »liederliches Leben« wird dort von seinem »Vater« getadelt — führte W.H. Sokel aus: »Die Karriere Josef K.s in Kafkas Plänen beginnt also mit einem Urteil seines Vaters, bevor das Urteil des Gerichts an seine Stelle tritt. Der Vater wird aus dem Roman entfernt, doch die Familie bleibt weiter von ganz wesentlicher und entscheidender Bedeutung.«[63] Bleibt nur zu ergänzen, daß der Onkel — wie bereits der Onkel Jakob (Bendelmayer) im VERSCHOLLENEN — die entstellte, maskierte Vaterfigur darstellt.

Der Onkel, Albert K., besucht nun mit seinem Neffen den Advokaten Huld. Dieser, bettlägerig und krank, wird bei der Frage nach K.s Prozeß wieder lebendig (P 125); aus dem Dunkel des Raumes taucht der Kanzleidirektor auf (P 127). Da macht die »Pflegerin« Leni im Vorzimmer auf sich aufmerksam, und K. geht langsam hinaus, »als gebe er den anderen noch Gelegenheit, ihn zurückzuhalten«. (P 130) In der Als-ob-Konstruktion[64], offenbar den Außensichtstandort markierend — was einen Widerspruch zur personalen Perspektive darstellt —, verweist der Erzähler, wie stets bei Kafka, auf die Innerlichkeit der Figur: K. gibt seinen ›Vätern‹ die ›Chance‹, ihn zu bewahren vor dem ›Sündenfall‹.

Doch der ›Sündenfall‹, seine dritte Wiederholung, findet statt. Leni, eine Magdalena, die sich um K. durchaus bemüht, läßt sich von K.s leichtlebiger Freundin Elsa, der Tänzerin eines Nachtlokals, erzählen; K. geht schließlich auf die Verführungskünste Lenis ein, und sie kann ausrufen: »Sie haben mich eingetauscht!« (P 135) »Da glitt ihr Knie aus, mit einem kleinen Schrei fiel sie fast auf den Teppich, K. umfaßte sie, um sie noch zu halten, und wurde zu ihr hinabgezogen. ›Jetzt gehörst Du mir‹, sagte sie.« Wie im SCHLOSS Klamm (S 63), so wird hier der ›väterliche‹ Rivale Huld ausgebootet. Nicht *vor* der Verhaftung, *nach* der Verhaftung konstituiert sich die »Schuld«. Der Leser fürchtet nun mit K., er habe sich bei den Vätern im Nebenzimmer, dem Advokaten, dem Onkel und dem Kanzleidirektor, die seine Verteidigung in Angriff nehmen sollten, unmöglich gemacht und in Ungnade (»Schuld«) gestürzt. Wieder wurde aus der Rechtfertigung eine weitere Verstrickung. Aber die scheinbare »Schuld«, der schon eine andere scheinbare »Schuld« vorausgesetzt ist, ist nichts weiter als das menschlich-allzumenschliche Begehren.

Leni scheint ihre eigene Allegorie zu sein. Zwischen ihrem Mittel- und ihrem Ringfinger spannt sich ein »Verbindungshäutchen« (P 134); K. nennt ihren »kleinen Fehler« eine »hübsche Kralle«, ein »Naturspiel« (P 135). Leni fängt die Angeklagten für die patriarchalische Gerichtswelt ein und scheint doch selbst, wie W. Benjamin schon bemerkte, der Bachofenschen »Sumpfwelt«[65] zu entstammen. Zeichen wie das der Schwimmhaut hielt Adorno »für wichtiger als die Exkurse übers Gesetz«.[66] In der Tat führt dieser metonymisch verschobene und metaphorisch überdeterminierte Signifikant zweifellos in die Tiefen des Unbewußten. Das Zeichen scheint weniger eines tierischer Sexualität zu sein[67] als eines *symbolisch* vermittelter Begierde. Wir erinnern uns des Briefes über das »kleine Zeichen« des »Schmutzigen«, das für Kafka Begierde wie Ekel, Scham und Angst zu evozieren vermochte (M 182). Von Leni geht ein »bitterer, aufreizender Geruch wie von Pfeffer« aus, der Onkel — als Stellvertreter des Vaters — nennt sie ein »schmutziges Ding« (P 135). Der metonymisch verschobene Signifikant, ein deplaziertes Hymen sozusagen, re-präsentiert das Begehren wie zugleich das Tabu, das auf ihm liegt. »[...] la loi et le désir refoulé sont une seule et même chose.«[68] Das Zeichen markiert die Frau als den »Treiber in der Jagd« (H 182), ihre Sirenen-Kralle (ER 351) fängt die Opfer ein für die Anklage- und Straf-Prozesse des Gerichts.[69] Der Typus dieser Sirenen ist die bindungslose, meist begehrliche Frau; ihm gehören vor allem Anna, Rosa, Grete Samsa, Johanna Brummer, Klara, Fräulein Bürstner, die Waschfrau, Leni, Frieda und Olga an (bezeichnenderweise hat an Lenis »Ringfinger« kein Ring Platz). Deleuze und Guattari schrieben von diesen Frauen: »Sie sind teils Schwestern, teils Dienstmädchen, teils Huren. Sie sind anti-ehelich und anti-familial.«[70] Gegen Deleuze und Guattari wäre indessen einzuwenden, daß diese Figuren durchaus im Schatten des Inzest-Tabus stehen und an ihnen auch die Merkmale der Mutter-Imago haften; deshalb geht von ihnen ein *double bind* aus wie vom Gericht überhaupt.

Im Fragment »Zu Elsa«, das H. Binder vor das 7. Kapitel zu stellen vorschlägt[71], scheint es K. noch einmal zu gelingen, das Gericht zu vergessen, von sich fern zu halten. Doch auch hier verrät eine (vermutete) Fehlleistung die Nachtseite seiner Tages-Existenz: »Einen Augenblick lang war er nicht si-cher, ob er nicht aus Zerstreutheit dem Kutscher die Gerichtsadresse angege-ben hatte.« (P 276)

Im siebten Kapitel heißt es dann aber: »Der Gedanke an den Prozeß verließ ihn nicht mehr.« (P 137) Der Widerstandswille ist erheblich gebrochen: »Die Verachtung, die er früher für den Prozeß gehabt hatte, galt nicht mehr.« (P 152) Daß K. nun auf die Logik der Gerichtswelt eingeht, bedeutet psycholo-gisch, daß die Rechtfertigung explizit wird; d.h., aus der verborgenen Schwä-che und den verborgenen Legitimationsbedürfnissen geht die bewußte Selbst-analyse aus Rechtfertigungsabsicht hervor, womit aber auch angedeutet ist, daß diese Form der Psycho-Analyse sich nur den Zwängen des Über-Ichs ver-dankt. K. befindet sich nun aufgrund einer Rationalisierung und einer Ver-schiebung in einem *circulus vitiosus*. An den Ursprung der »Schuld«, den ver-borgenen, unbewußten, kommt er nicht heran. Vielleicht vermutete er daher angesichts der geheimgehaltenen »Gesetzbücher« des Untersuchungs-Richters, es gehöre wohl zur Art dieses Gerichtswesens, »daß man nicht nur unschul-dig, sondern auch unwissend verurteilt wird« (P 65). Jetzt erfährt er auch vom Advokaten, daß das Verfahren »im allgemeinen nicht nur vor der Öffentlich-keit geheim [ist], sondern auch vor dem Angeklagten« (P 141). Dazu paßt dann auch, daß das Gericht von den einmal fixierten Anklagen »niemals« mehr abgeht. (P 180)

K. erwägt also, eine »Verteidigungsschrift auszuarbeiten« (P 137), d.h., eine »Eingabe« zu verfertigen, wie sie eigentlich der Advokat, dessen Arbeit sich als langsam, unsinnig und vergeblich erweist, hätte einreichen sollen (P 151). Wie-der schwankt K. zwischen hybridem Widerstandswillen und nachgiebiger Schwäche, er ist gespalten in ein Subjekt bewußter Entschlüsse und eines un-bewußter Skrupel.

K. denkt sich die »Eingabe« zunächst als »kurze Lebensbeschreibung« (P 137) und ergreift in falscher Selbsteinschätzung die Flucht nach vorn (obgleich er eben behauptet hatte, aufgehört zu haben mit der »Verachtung« (P 152) des Gerichts): »Vor allem war es, wenn etwas erreicht werden sollte, notwendig, jeden Gedanken an eine mögliche Schuld von vornherein abzulehnen. Es gab keine Schuld. Der Prozeß war nichts anderes als ein großes Geschäft, wie er es schon oft mit Vorteil für die Bank abgeschlossen hatte [...]. Zu diesem Zwecke durfte man allerdings nicht mit Gedanken an irgendeine Schuld spielen, sondern den Gedanken an den eigenen Vorteil möglichst festhalten.« (P 152 f.) K. erkennt klar, daß es hier um die Macht, die richtige Strategie der Rede und die richtige psychologische Festigkeit und Skrupel-losigkeit geht. Aber K.s Bewußtsein stehen die unbewußten Skrupel und Gewissensmächte entgegen. Daher resigniert er auch gleich wieder, wodurch sein forscher Entschluß als Verfahren der Abwehr und Verleugnung entlarvt wird. Wie Tristram Shandy sieht er sich nun einer »fast endlosen Arbeit« gegenüber, da »in Unkenntnis der vorhandenen Anklage [...] das ganze Leben in den kleinsten Handlungen und Ereignissen in die Erinnerung zurückgebracht, dargestellt und von allen Seiten überprüft werden mußte«. (P 154 f.)

Die Form der Ich-Spaltung erfährt langsam eine Gewichtsverlagerung, das Gericht ist nicht mehr »nichts«; d.h., das Unbewußte tritt, obgleich es letztlich unzugänglich und vor allem unveränderbar bleibt, deutlicher ins Bewußtsein. Bis zum Ende des Romans wird sich die Struktur gänzlich verkehrt haben: »Ich bin dafür dankbar, daß man mir auf diesem Weg diese halbstummen, verständnislosen Herren mitgegeben hat und daß man es mir überlassen hat, mir selbst das Notwendige zu sagen.« (P 269) Der Rebellion ist die völlige Anerkenntnis des Gerichts gewichen; aber nun ist der *bewußten Anerkennung* die *unbewußte* — gekränkt-masochistische — *Ablehnung* korreliert, während am Beginn des Romans das Verhältnis in umgekehrter Form inszeniert wurde, d.h. der *bewußten Ablehnung* die *unbewußte Anerkennung* an die Seite gestellt war. Hinter der Resignation spricht jetzt eine kaschierte Rebellion, eine — nach innen ge-kehrte — Aggression; die »Klage« ist eigentlich »Anklage«[72].

Eine eigenartige Lehre zieht K. aus seinen Erfahrungen: »Soll ich nun zeigen, daß nicht einmal der einjährige Prozeß mich belehren konnte?« (P 269) K.s Lehrjahr erweist sich als ein Leer-Jahr. Der Roman fungiert als parodistische Umkehrung des Bildungsromans. Zwar ist seine Zeitdimension wesentlich begründet durch die Notwendigkeit, eine Großmetapher zu entfalten, ein Unbewußtes auszuloten, Atemporales zur Darstellung zu bringen, zwar kreist der Roman nach dem von M. Walser beschriebenen Gesetz der »Aufhebung« oder »rotierenden Dialektik«[73] in sich selbst, aber es handelt sich zugleich um einen Lebenslauf in absteigenden Linien, einen negativen ›Lernprozeß‹. Dieser leere, verquere Lernprozeß gehorcht nicht dem Gesetz kumulativer Erfahrung, teleologischer Erkenntnisbildung, dialektischer Ausgleichung, produktive Resultate zeitigender Weltaneignung, sondern dem Gesetz rein irrationaler, unbegriffener Anpassung an die offenbar unumstößlichen Mächte der beschriebenen Welt. K.s leeres Lehrjahr endet erfahrungsreich und zugleich resultatlos; es beginnt mit der »Scham« und endet in ihr (P 272).

Die Beziehungen von Gerichtsbeamten und Advokaten sind durch eine absurde Logik und durch groteske Verhaltensformen bestimmt. »Eingaben«

werden nicht gelesen (P 139), Anklagegründe werden den Advokaten nicht mitgeteilt (P 139), ja, die Advokaten sind nicht einmal »anerkannt« als Verteidiger, haben nur als »Winkeladvokaten« Zugang zum Gericht, die »Verteidigung« überhaupt ist eigentlich »nicht gestattet«, sondern nur »geduldet«. (P 140) Die den Advokaten zugewiesene Kammer weist ein Loch im Fußboden auf, durch welches zuweilen die Beine der Advokaten in den Warteraum der Angeklagten hinunterhängen (P 140); man erzählt sich, die Advokaten seien schon von den Gerichtsbeamten die Treppe hinuntergeworfen (P 145) worden. Die Paradoxien und das Gesetz der »Aufhebung« kommen in diesen Passagen deutlich zum Ausdruck: Die »Eingabe« sei sehr »wichtig« (P 138), erziele jedoch meist »nicht das geringste« (P 147). »Immer gab es Fortschritte, niemals aber konnte die Art dieser Fortschritte mitgeteilt werden.« (P 149 f.) Das kann nur heißen, gegen die staatlichen Ankläger, gegen soziale und politische Mächte sind die Verteidiger der Machtlosen ohnmächtig; die Institution der Verteidigung wird zur paradoxen Farce. Es kann aber auch — bezüglich der psychologischen und allegorischen Sinnschicht des Romans — bedeuten, daß gegen die einmal fixierte Neurose, das einmal petrifizierte punitive Über-Ich alle Verteidigungsanstrengungen des Ich fruchtlos bleiben können. In bezug auf beide Lesarten ergibt es daher einen Sinn, daß — wie Titorelli von der »Verschleppung« — der Advokat von der Notwendigkeit spricht, den »großen Gerichtsorganismus gewissermaßen ewig in der Schwebe« zu halten (P 146).

Das Problem der »Eingabe« beschäftigt K. auch in der Bank, womit erneut der »Prozeß« auf die empirische Sphäre übergreift. Den Gedankengang einer »derartigen Eingabe« entwerfend, erschrickt K., als sein vermeintlicher Konkurrent, der Direktor-Stellvertreter, mit »großem Gelächter« in sein Büro eintritt; dieser hatte aber nur über einen Börsen-Witz gelacht. (P 154) Paranoische Ängste und Projektionen bestimmen K.s Verhältnis diesem Spiegel-Anderen gegenüber. Ein anderes Mal blamiert sich K. durch seine — neurotischen Zwangsgedanken geschuldete — Geistesabwesenheit und wird zur komischen Figur. Der Direktor-Stellvertreter und ein Fabrikant verhandeln, hoch vor K. aufgerichtet, über ein Geldgeschäft: »Langsam suchte er [K.] mit vorsichtig aufwärts gedrehten Augen zu erfahren, was sich oben ereignete, nahm vom Schreibtisch, ohne hinzusehen, eines der Papiere, legte es auf die flache Hand und hob es allmählich, während er selbst aufstand, zu den Herren hinauf. Er dachte hierbei an nichts Bestimmtes, sondern handelte nur in dem Gefühl, daß er sich so verhalten müßte, wenn er einmal die große Eingabe fertiggestellt hätte, die ihn gänzlich entlassen sollte.« (P 157 f.) Die Bank ist zum Gericht geworden; es etabliert sich ein *circulus vitiosus*. K.s scheinbare »Schuld« führt zu weiterer scheinbarer »Schuld«, die Scham führt zur Scham wegen der Scham. Die Auffaltung in Angstangst oder Schamscham kann natürlich zurückgefaltet werden zum einen und ursprünglichen Mangel, dem Selbstwertdefizit. Die Bank als *simulacrum* des Gerichts — bzw. das Gericht als *simulacrum* der Bank, beide Vorstellungen führen unmittelbar in die soziale Problematik: K.s berufliche Existenz ist gefährdet. Die Bank als Ort »großer Geschäfte« (P 152) wird hier zum symbolischen Raum, zum Inbegriff der Entfremdung, der nur über Tauschwert-Geschäfte und über das Privatinteresse vermittelten Gesellschaft, der nur mittelbaren Synthesis des sozialen Wesens, wo Konkurrenz und nicht kollektive Selbsterhaltung statthat.[74] Der Skrupulöse, Culpabilisierbare und Culpabilisierte wird hier zum Verlierer, zum »Angeklagten«, »Schuldigen«. Kafka versinnbildlicht damit den »Kapitalismus« als einen »Zustand der Welt und der Seele«. (J 206) Gerade weil es sich in ihm um eine übers Privatinteresse vermittelte Vergesellschaftung handelt, kann die Privat- und Intimsphäre politisch virulent werden.

Kafka, dem Freuds Gedanken vertraut waren, kannte womöglich auch dessen Werk über die Fehlleistungen.[75] Dort ist von einer inzwischen berühmt gewordenen Fehlleistung die Rede, der Verdrängung und dem Vergessen des Namens *Signorelli;* in Ersatzbildungen — Botti*celli, Her(r)z*egowina —, metonymisch und metaphorisch verschobenen Signifikanten, hinterläßt der Abwehrvorgang seine Spuren. Es geht dabei um abgewiesene, verdrängte Gedanken zum Thema Sexualität und Tod, welche sich mit Signorellis Fresken zu Orvieto — zu ihnen zählt »Das Jüngste Gericht« und »Das Paradies« — assoziiert hatten.[76] Kafka könnte den Namen »Titorelli« als Entstellung des bei Freud bereits zu »Botticelli« entstellten Namens verstanden haben. Auch Titorelli ist, wie Signorelli, ein Meister der ›letzten Dinge‹, er spricht von der »Verschleppung«, also dem ›Sein zum Tode‹ (P 192 f.), er malt das »Gericht« und das ›verlorene Paradies‹, d.h. die »Richter« und die »Gerechtigkeit« (P 175 f.) sowie die »Heidelandschaften« mit dem »vielfarbigen Sonnenuntergang« und den zwei »schwachen Bäumen«, die »weit voneinander entfernt im dunklen Gras« stehen (P 196). Das ist die ›Heiden‹-Landschaft nach dem ›Sündenfall‹; und zwar im Innern des Paradieses, was die beiden Bäume nahelegen: »Wüten Gottes gegen die Menschenfamilie./ Die zwei Bäume,/ das unbegründete Verbot,/ die Bestrafung aller [...]« (T 502); die zwei Bäume erinnern auch an die beiden Nackten in den »Gesetzbüchern«, welche einander sich nur »mühsam« zuwenden (P 67). Die ›Urszene‹ und ihre Folgen sind hier in der Form einer Verdichtung kontaminiert worden. Wir sind »im Paradies« und zugleich aus ihm »vertrieben«. (H 46) — Das »jüngste Gericht« ist ein »Standrecht« (H 88): Titorelli malt den Richter, wie er im Begriff ist, sich »drohend [zu] erheben« (P 175); er *verewigt* diese Gebärde. Der Maler ist neben dem Kaplan der wichtigste Auskunftgeber des Gerichts, d.h. der Instanz, welche einen undefinierbaren ›Sündenfall‹ ahndet. Angesichts der bedrückenden Auskünfte übernimmt K.s Körper wieder den »Prozeß« (P 92), seine Lunge versagt: »Das Gefühl, hier von der Luft vollständig abgesperrt zu sein, verursachte ihm Schwindel.« (P 187) Nicht einmal Nebel und Ruß (P 86) läßt hier das Dachfenster des Ateliers mehr ein, es kann nicht geöffnet werden (P 187); von Licht und Luft ist dieser Raum — auch er führt zu Kanzleien — fast gänzlich abgesperrt. Dem entspricht, daß K. hier erfahren mußte, daß von »Freisprüchen« nur die »Legende« erzählt (P 186), daß es im Prinzip nur die »Verschleppung« — der »scheinbare Freispruch« ist kaum von ihr unterschieden — gibt (P 190 ff.), daß das Gericht von »irgendwoher, wo ursprünglich gar nichts gewesen ist, eine große Schuld hervor[zieht]« (P 179), daß es von seiner Anklage »niemals« mehr abzubringen ist (P 180), daß das Recht, endgültig freizusprechen, nur dem obersten, »für uns alle ganz unerreichbare[n] Gericht« zukommt (P 190). K. hat viel erfahren vom Unbewußten, aber dieses bleibt gleichwohl seinem Zugriff entzogen; es gibt nur den lebenslangen »Aufschub«, die irreversible *»différance«*[77]; wo »Es« war, wird nicht »Ich«, sondern bleibt »Es«[78].Wie in Ibsens ROSMERSHOLM insistiert auch hier die »Vergangenheit«[79] (bzw. das »Gewesende«), letztlich unberührt vom analytischen Prozeß, auf ihrem Recht[80]. Des Ödipus' Blendung steht hier am Anfang des ›analytischen Dramas‹ und nicht an seinem Ende.

IV. Ein Spiegel, der vorausgeht (8. Kapitel)

Das achte Kapitel, H. Binder stellt es als XII. hinter das Fragment vom STAATSANWALT[81], beginnt mit einem Zögern, einer Gespaltenheit K.s, die sich noch darin erhält, daß dieses Kapitel Fragment blieb und offen läßt, ob es in ihm bei der Kündigung des Advokaten Huld bleiben sollte oder nicht. K. hat vor, sich nicht nur »vom Advokaten, sondern auch von Leni und dem Kaufmann [zu] befreien« (P 219). Der Kaufmann Block, den er als Klienten Hulds kennenlernt, ist der erniedrigteste aller Angeklagten. Obgleich K. von dieser *Karikatur seiner selbst* Abstand nehmen möchte, sitzt er doch mit Block »eng beisammen«, um ihn über seinen Prozeß auszuhorchen (P 216). Kein Wunder, daß K. »gegen Leni voll geheimen Ärgers« ist (P 217), als sie Zeugin dieser seiner Widersprüchlichkeiten wird. Auch Leni gegenüber verhält sich K. paradox; er will sie aufgeben und ist zugleich eifersüchtig auf Block (»Er ist dein Geliebter?« [P 204]) — wie auch Huld (P 212). K. denkt an die Kündigung, möchte aber »von Leni gefragt werden, was es denn sei [das ihm durch den Kopf gehe], und dann erst sie um Rat fragen«. (P 205 f.) Er gibt ihr die ›Chance‹, ihn zurückzuhalten. Auch den Advokaten selbst will K. erst einem Test unterwerfen; er will erst dessen Reaktion »aus seinem Gesicht« lesen, um dann womöglich die Kündigung zurückzunehmen. (P 200 f.) K. schwankt zwischen Schutzbedürfnissen und Selbständigkeitswünschen. Er will innerhalb der Schutz-Sphäre der Väter leben und doch von ihr unabhängig sein: »Ce qu'il voulait, c'était vivre dans la sphère [paternelle] — en exclu.«[82] K.s Vorhaben ist bestimmt von einer forschen »Ungeduld«, die in zögernde »Lässigkeit« umzukippen droht. »Ich verstehe Sie«, belehrt ihn später der Advokat, »Sie sind ungeduldig«. Und K. entgegnet wieder abwehrend in der Form der »Verneinung«: »Ich bin nicht ungeduldig«. (P 223) »Ungeduld« und »Lässigkeit« (»Müdigkeit« und »Zerstreutheit« sind letzterer zu subsumieren) nannte Kafka die »Hauptsünden« der Menschen: »Wegen der Ungeduld sind sie aus dem Paradiese vertrieben worden, wegen der Lässigkeit kehren sie nicht zurück.« (H 39) Aber allen moralischen Pflichten nachzukommen, ist diesen Menschen »die Kraft nicht mitgegeben« (H 103), wie Kafka aus Strindbergs TRAUMSPIEL gelernt haben mag[83]. Indessen kann man aber, da im PROZESS jedes Wort zweideutig, jede Aussage »parteilich« (vgl. H 86) ist, den Vorwurf der »Ungeduld« auch als Täuschungsmanöver Hulds begreifen, der als ›advocatus sui‹ sich seine Klienten zu erhalten sucht. Keine »Partei« ist eindeutig auf Schuld oder Unschuld, Recht oder Unrecht festlegbar, da wir es mit zwei sich paradox überkreuzenden Relationen zu tun haben, d.h. mit einer vierstelligen, chiastischen Struktur: der Schuldlosigkeit des Helden entspricht ein Unrecht auf seiten der Gerichtswelt, seiner Schuld eine rechtmäßige Anklage (wobei es sich bei der »Schuld« — wie im URTEIL — um eine menschlich-allzumenschliche Fehlleistung, ein im Grunde transmoralisches Versagen handelt). Diese Doppelsinnigkeit prägt das Verhältnis K.s zum Advokaten wie auch zu Block.

Die Beschreibung Blocks scheint — ähnlich wie die Türhüterlegende oder die Advokaten-Parabel (P 145 f.) — als ›allegorischer Spiegel‹ konstruiert zu sein, in dem K. bzw. das Prozeß-Geschehen verzerrt wiedererscheint. Block ist der heruntergekommene Liebhaber Lenis (P 201 f., 216), er hat sich in ihrem Zimmer, dem »Dienstmädchenzimmer« der Wohnung des Advokaten, einquartiert (P 219). Darin liegt eine Anspielung auf die Geschehnisse in Fräulein Bürstners *Zimmer* wie auch eine verzerrende Spiegelung des Verhältnisses Josef K.s zur Dirne Leni, die »alle Angeklagten« liebt (P 221). (Es hat wohl seinen Sinn, daß K. vom Gericht für einen »Zimmermaler« [P 55] gehalten wird.) Das »Dienstmädchenzimmer« ist »fensterlos« (P 218), während Titorellis Atelier wenigstens noch eine »fest eingesetzte Glasscheibe« (P 187) aufwies und die Kanzleien sogar zu öffnende Luken kannten (P 86). Nur im Dom wird die Dunkelheit dieser Räume noch übertroffen werden.

Entsprechend düster ist die Lage Blocks; er ist seit fünfeinhalb Jahren angeklagt (P 207), ohne daß das »Glockenzeichen« zum Beginn seines Prozesses gegeben worden wäre (P 235); er nimmt die Hilfe von sechs Advokaten in Anspruch (P 208) und sucht fast täglich die Gerichtskanzleien auf (P 209). Als ihn Huld ruft und ihm — paradoxerweise — erklärt, er käme ungerufen (P 229), kniet Block vor ihm nieder und küßt ihm dreimal die Hand (P 231 f.), weshalb Josef K. ihn den »Hund des Advokaten« nennt (P 233). Aus der Karikatur der Beziehung von Herr und Knecht wird die absolute Groteske, die an Becketts WARTEN AUF GODOT erinnern mag, wo Pozzo dem Diener Lucky befiehlt: »Tanze, Schweinigel«, »Denke, Schwein!«[84] Die Situation Blocks ist ein verkleinertes *simulacrum* des K.schen Prozesses, sie spiegelt sozusagen dessen Zukunft. Die Konstruktion erinnert an das Diktum Kafkas, daß die Kunst ein »Spiegel« sei, »der ›vorausgeht‹ wie eine Uhr« (J 195). Josef K. wird angesichts dieser Aussichten seine Zukunft abkürzen, ihn soll der nur »einjährige« Prozeß »belehren« (P 269).

Den Gesetzen einer ›mythischen Logik‹ zufolge, nach welchen sich die Oppositionsachsen ein und derselben Relation zu verkehren vermögen, wird aus dem Verhältnis von K. und Block das von Ankläger und Angeklagtem, Überlegenem und Unterlegenem. »Schon durch den Besitz eines starken Überrocks fühlte er [K.] sich dem mageren Kleinen sehr überlegen.« (P 202) K. zweifelt — wie die Gerichtsagenten ihm gegenüber — an Blocks Aufrichtigkeit, versetzt ihn mittels seiner Sprechakte in die Situation des Angeklagten, Schuldigen; er beginnt — wie das Gericht — sein Verhör mit der inquisitorischen Frage nach dem Namen: »›Ist das Ihr wirklicher Name?‹« fragte K. ›Gewiß‹, war die Antwort, ›warum haben Sie denn Zweifel?‹ ›Ich dachte, Sie könnten Grund haben, Ihren Namen zu verschweigen‹, sagte K. Er fühlte sich so frei, wie man es sonst nur ist, wenn man in der Fremde mit niedrigen Leuten spricht [...]«. (P 202) K. geriert sich wie ein Gerichtsbeamter, der dazu berufen ist, einen Angeklagten in die »unendliche« »Rangordnung und Steigerung des Gerichts« (P 144) einzuweihen. »Vor dem Bilde des Richters hielt K. den Kaufmann hinten an den Hosenträgern zurück. ›Kennen Sie den?‹, fragte er [...]«; als Block den Portraitierten für einen »hohen Richter« hält, entgegnet K.: »Sie haben keinen großen Einblick [...]. Unter den niedrigen Untersuchungsrichtern ist er der niedrigste.« (P 202 f.) Schließlich duzt K. Block in diskriminierender Weise, muß sich aber belehren lassen: »Sie sind kein besserer Mensch als ich, denn Sie sind auch angeklagt und haben auch einen Prozeß. Wenn Sie aber trotzdem noch ein Herr sind, dann bin ich ein ebensolcher Herr [...]«. (P 230) Kafka beschreibt — bis in die kleinsten Sprechakte hinein — ein Herrschaftsmodell, das nicht auf direkter Repression beruht, sondern das von einem System ›beherrschter Herrscher‹ bzw. »überwachter Überwacher«[85] ausgeht: Die Abhängigkeiten gehen von »innen nach außen, von außen nach innen, von oben nach unten und von unten nach oben«. (J 205)

In einem anderen Sinne spiegelverkehrt zur ›Rahmenerzählung‹ erscheint in der ›Binnenerzählung‹ der Grund der Anklage K.s. Blocks Verfahren beginnt »kurz nach dem Tod [seiner] Frau« (P 207), während K.s Verhaftung am *Beginn* eines (scheiternden) Verhältnisses steht. In beiden Fällen kann nur aufgrund der metonymischen Relation auf einen Kausalzusammenhang geschlossen werden. Kafka hatte eine Grundidee Kierkegaards zu der seinen gemacht: »Heirate, Du wirst es bereuen, heirate nicht, Du wirst es auch bereuen«[86]. Bei Kafka heißt das: »Zölibat und Selbstmord stehn auf ähnlicher Erkenntnisstufe, Selbstmord und Märtyrertod keineswegs, vielleicht Ehe und Märtyrertod.« (H 87) Erstickt die Bindung die »Eigentümlichkeit«, so verhindert die Isolation den kommunikativen Austausch. Was Sokel Kafkas »Mythos« nannte, den Konflikt von »reinem« und »sozialem« Ich, wird also im PROZESS in beiden Alternativ-Formen als »Problemlösungsspiel«[87] inszeniert. Jeder Mensch muß »sein Leben rechtfertigen können« (H 121); aber er scheint eben darin auch scheitern zu müssen: der verheiratete Block wie der ungebundene K.

Vielleicht ist auch dies als Spiegel-Verkehrung gedacht, daß Block im »Getreidegeschäft« (P 206), im Gebrauchswerthandel, tätig ist, K. jedoch in der »Bank«, im Tauschwerthandel. Beide Sphären, die territoriale wie die deterritorialisierte[88], sind indessen von der existenzgefährdenden Entfremdung bedroht[89], beide Sphären werden ergriffen von den Gewalten »charismatischer« oder »traditionaler« Mächte.

Das achte Kapitel, in welchem die Erscheinung Blocks dazu da ist, K. zu erschüttern, bringt — in einer höchst hermetischen, dunklen, mythischen Form — ein weiteres Moment, welches geeignet ist, Josef K. zur Verzweiflung zu bringen. Schon bei seinem ersten Besuch in den Kanzleien, so erfährt dieser von Block, wurde er als Angeklagter und Gezeichneter aufgenommen. Der Mann, den K. damals für »unsicher« und »verwirrt« (P 81 f.) gehalten hatte, habe damals schon »aus der Zeichnung der Lippen« K.s baldige Verurteilung ablesen zu können gemeint, auch das »Zeichen seiner eigenen Verurteilung« habe er in ihr zu sehen geglaubt. (P 210) Dieses mythische Wissen, welches der Erzähler ja durch seine teleologische Motivation (»von hinten«) bestätigt, scheint, rational und psychologisch betrachtet, physiognomischen bzw. psychosomatischen Kenntnissen zu entspringen. So malt sich die Unheils- oder gar Todesahnung auf K.s Lippen; wohl auch Thanatos als der Wunsch, nicht mehr wünschen zu müssen, sich »belehren« zu lassen und nicht »begriffsstützig« Widerstand leisten zu müssen (P 269), d.h. der Wunsch, die »différance«, den »Aufschub«, die »Verschleppung« abzukürzen: »Mein Leben habe ich damit verbracht, mich zurückzuhalten, es zu zerschlagen.« (H 338)

Die Farbe des Todes scheint die Angeklagten zu verschönen. Leni findet fast alle Angeklagten »schön«, sie »hängt sich an alle, liebt alle«, und der Advokat hält diese Schönheit für eine »gewissermaßen naturwissenschaftliche Erscheinung«. (P 221) Nicht die »Schuld« und nicht die drohende »Strafe« könne ihr Grund sein, und doch müsse es am »Verfahren« liegen, das den Angeklagten »irgendwie anhaftet«. (P 221) Die »Verschleppung« als das Sein zum Tode muß als Grund dieser Schönheit angenommen werden, als »Aufschub« hat sie indessen sehr wohl etwas mit Straferwartungen und Schuldgefühlen zu tun. In der *»différance«*, welche die unmittelbare Vernichtung hinausschiebt wie auch das Leben selbst, wohnt — wie J. Derrida sagte — der Tod.[90] Was sich als Todesschatten auf die Lippen des Angeklagten malt, ist jene elegische Farbe der Schönheit, die das Gegenwärtige wert macht, da sie es als Gestundetes erscheinen läßt. Kafkas Werk selbst ist hier getroffen.

V. Das ewige Licht (9. Kapitel)

K. arbeitet aufgrund seines (psychischen, physischen, analytischen und literarischen) »Prozesses« immer zerstreuter. Er wird öfter auf Reisen geschickt, weshalb er befürchtet, in der Zwischenzeit werde seine Arbeit »überprüft«. (P 238) Da eine Ablehnung derartiger Aufträge für ihn ein »Geständnis seiner Angst« bedeutete (P 238), nimmt er lieber die Kontrolle bzw. Befürchtung der Kontrolle in Kauf. Damit ist er wieder einer ausweglosen Doppelbindung ausgesetzt: Die Angst, die Angst einzugestehen, führt in Angst. Das System paranoischer Projektionen und das System sozialer Überwachungsverfahren schließen sich hier zusammen. Das *Rivalisieren* mit dem Direktor-Stellvertreter, d.h. dem nach der »Imago des Ähnlichen« gebildeten Anderen[91], welcher der Anlaß paranoischer Spiegelungen ist, verbindet sich mit dem *Konkurrieren* um soziale Positionen, welches wiederum der Anlaß verschiedenster Überwachungs- und Kontrollverfahren ist. Das Imaginäre schließt sich mit dem Realen zusammen. Der »Prozeß« hat erneut auf die empirische, soziale Sphäre übergegriffen; Josef K. betrachtet längst seine Bank-Existenz als eine »Folter, die, vom Gericht anerkannt, mit dem Prozeß zusammen[hängt]« (P 161). Würde man etwa, so hatte er sich schon einmal ge-

fragt, bei der »Beurteilung seiner Arbeit seine besondere Lage berücksichtigen? Niemand und niemals.« (P 161) Im *circulus vitiosus* der Angstangst oder
Schamscham verschwindet K.s »Eigentümlichkeit« (H 227 ff.), sein Selbst; im
Universum der Rede und Urteils-Rede der Anderen geht sein Kindheits-Ich,
geht seine »gewesende« Kindheit unter.

Nun erhält K. erneut einen Auftrag, der ihn von seinem Büro entfernt; er
soll einem italienischen Geschäftsfreund der Bank den Dom und andere
»Kunstdenkmäler« zeigen. Im Dom trifft er jedoch anstelle des Italieners den
Gerichts- bzw. Gefängniskaplan. Wenn Leni am Telephon zum gerade aufbre-
chenden K. sagt: »Sie hetzen dich« (P 244), dann ist hier nicht mehr zu unterscheiden, ob hiermit die Bank oder das Gericht gemeint ist.

Der Dom — Ort des »ewigen Lichts« (P 246) — ist ironischerweise der dun-
kelste aller Räume der Prozeß-Welt; die »Finsternis«, die K. empfängt, wird
durch das Licht einer einzelnen Kerze noch »vermehrt« (P 245). Die symbolische Qualität des Raumes macht diesen zum Ort der ›letzten Dinge‹: des verlorenen Paradieses, des Sündenfalls, der Schuld, des jüngsten Gerichts, des Todes
und der — von Kafka sogleich in der Türhüterlegende in Frage gestellten —
Erlösung. Über allem schwebt das Auge Gottes, des großen Anderen: »auf
dem Hauptaltar ein großes Dreieck von Kerzenlichtern« (P 245). Von jenem
großen Anderen, der nun in Erscheinung tritt und Josef K. bei seinem Namen
ruft, ihn ganz zu kennen und zu durchschauen scheint, ist indessen nicht auszumachen, ob er dem Himmel oder der Hölle zugehört. Der »Gefängniskaplan« scheint K. mit seiner Predigt und Parabel nur noch mehr zu verwirren, zu »hetzen«, als ein bald zu erlegendes Wild, in sein Ideologie-Netz einzu-
fangen, das aus religiösen und aus literarischen Motiven gewoben ist. Der
Geistliche kann aber auch als eine Imago des Über-Ichs aufgefaßt werden, die
aus dem Dunkel des Unbewußten auftaucht; als ›geistlicher Vater‹ ist er ja ein
symbolischer Vater, der im »Namen des Vaters« (nach dem Modell von TO-
TEM UND TABU) Anklage erhebt und die Reue des Sohnes verlangt: »ich
fürchte, es wird schlecht enden. Man hält dich für schuldig.« (P 252) Die Kirche erscheint mithin als der privilegierte Ort der Culpabilisierung.

Aber andererseits ist auch K. hier wieder als ein Mensch mit Fehlern gezeichnet, als ein Tor, dem seine Fehlleistungen, Widersprüche, Verleugnungen und Unbedachtheiten nicht zu Bewußtsein kommen. Auch hier zeigt sich
wieder seine Gespaltenheit, und zwar in der blinden Selbstsicherheit einerseits, den unbewußten Schuldempfindungen andererseits. Von Anfang an fällt
K.s unbeteiligt säkulare, pietätlose Betrachtung der »Kunstdenkmäler« auf:
mit der »elektrischen Taschenlampe« sucht er zollweise einige Bilder ab, beleuchtet mit ihr das »Altarbild«, das »eine Grablegung Christi in gewöhnlicher
Auffassung« darstellt (es deutet auf K.s baldige Hinrichtung voraus). »Störend
schwebte das ewige Licht davor«, heißt es in der erlebten Rede der personalen
Perspektive. (P 245 f.) Ein »Album der städtischen Sehenswürdigkeiten« trägt
K. wie ein Schutzschild vor sich her, und als der Geistliche ihm es wegzulegen
gebietet, heißt es: »K. warf es so heftig weg, daß es aufklappte und mit zer-
drückten Blättern ein Stück über den Boden schleifte.« (P 252) Hinter K.s Fassade erscheint plötzlich seine latente Unsicherheit und Unterwürfigkeit, sein

unbewußtes Schuldgefühl. Schon wie der Geistliche in die Kanzel aufzusteigen beginnt, »bekreuzigt« und »verbeugt« sich Josef K. (P 249), läßt sich culpabilisieren im »Namen-des-Vaters«. Und als er das »Josef K.!« hört — wie ein »Wo bist du, Adam?« (1. Mose 3,9) —, macht er nach einigem Zögern das »Geständnis«, »gut verstanden« zu haben. (P 251)

Diese Namensanrufung, die uns bereits im ersten Kapitel begegnet, hat H. Turk als »›Urszene‹ der Benennung« der »›Urszene‹ der Verdrängung« korreliert.[92] Es gehe um jene mit dem Eintritt in die symbolische Ordnung — die Welt der Sprache — gesetzte Verdrängung des Gelebten, Unsymbolisiert-Eigentümlichen.[93] Daß das Subjekt nunmehr als jene Leerstelle hinter dem Signifikanten erscheine, dem entspreche es, »daß der Eintritt in den ›ordre symbolique‹ durch das Verbot eines symbolischen Vaters (›nom du père‹) und das heißt, die Manifestation eines Mangels, erwirkt« werde.[94] K. gestehe mit seinem Namen, »daß er ist wie der Vater, ohne der Vater zu sein«.[95] Es ist daher folgerichtig, wenn H. Turk die »Schuld« Josef K.s als die »Schuld der Verdrängung« interpretiert.[96] Dem paradoxen Gebot, sein zu *sollen* wie der Vater und *nicht* sein zu *dürfen* wie er[97], kann ja der Sohn — nach der Logik von TOTEM UND TABU — nur rebellierend und zugleich schuldbewußt bereuend nachkommen. Der Mangel, der den Sohn gegenüber dem (vermeintlich) vollkommenen Vater auszeichnet, unterstellt ihn dem Gesetz der symbolischen Kastration.

Die symbolische Vaterschaft als Wirkung eines »puren Signifikanten« und Anerkennung dessen, »was die Religion uns als Namen-des-Vaters anzurufen lehrt«[98], wird von Kafka demnach höchst sinnfällig inszeniert durch die Verkoppelung der Namensanrufung mit der Schuldzuschreibung durch einen ›geistlichen Vater‹.

Der Gefängniskaplan teilt nun Josef K. eine »Legende« aus den »einleitenden Schriften zum Gesetz« mit. (P 255) Diese Parabel vermag der Kaplan selbst nicht zu deuten; er zitiert nur die »Meinungen«, die über sie bestehen; wie die Tora scheint das »Gesetz«, d.h. die zugängliche Einführung in dasselbe, einem unabschließbaren Auslegungsprozeß überantwortet zu sein[99]: »Die Schrift ist unveränderlich und die Meinungen sind oft nur ein Ausdruck der Verzweiflung darüber.« (P 260) Die »Legende« ist daher von Th. Elm als undeutbare Parabel der Undeutbarkeit bestimmt worden, als »Leerform«, welche durchs Prinzip der »gleitenden Sinnenttäuschung« nur die Sinnprojektionen seiner Deuter aufruft und widerlegt.[100] Auf das, was an Sinnimplikationen bei aller Offenheit und Vielbezüglichkeit des Textes dennoch auszumachen ist, gehen wir im Kapitel über die »allegorischen Spiegel« ein. Hier ist zunächst festzuhalten, daß die Legende als Beispiel einer »Täuschung« erzählt wird: Josef K. »täusche« sich in dem »Gericht«, entgegnet der Geistliche ihm, als dieser gesteht: »Du bist eine Ausnahme unter allen, die zum Gericht gehören. Ich habe mehr Vertrauen zu dir als zu irgend jemandem von ihnen, so viele ich schon kenne. Mit dir kann ich offen reden.« (P 255) Täuscht sich K. darin, daß er zuviel Vertrauen in den Geistlichen, oder darin, daß er zuwenig Vertrauen ins Gericht setzt? Offenbar gilt beides: K. ist ›schuldig‹ darin, daß er den Vorsatz »Es gab keine Schuld« (P 152) nicht selbstsicher durchhält und zugleich darin, daß er das »Geständnis«, das zu machen ihm Leni vorschlägt (P 132), verweigert, d.h. das Eingeständnis seines Schuldgefühls, seiner Schwäche von sich weist. Die Parabel über den »Mann vom Lande«, der sein Leben vor dem Gesetz verwartet, legt indessen nahe, daß die »Täuschung« im Hoffen überhaupt zu liegen scheint: Alles Dasein ist nur ein »En attendant Godot«, nur ein »Aufschub« — wie für Scheherazade. Daß der Eingang ins Gesetz eigens für den Mann vom Lande da ist, wie er im Sterben erfährt, diese Einsicht hätte ihm auch früher nichts genützt. Als tragische Ironie ist es auch zu nehmen, daß er erst im Sterben jenen »Glanz« wahrnimmt, der »unverlöschlich aus der Türe des Gesetzes bricht« (P 257). Nach der Logik des Diktums: »unendlich viel Hoffnung —, nur nicht für uns« (Brod 71) mag es Möglichkeiten geben, ins »Gesetz« zu gelangen; vom »Mann vom Lande« aber — wie von Josef K. —, so führte auch G. Kaiser aus[101], können sie nicht wahrgenommen werden. *De facto* steht also der Mann vom Lande einem Eingang gegenüber, der *für ihn da ist* und zugleich *verschlossen ist für ihn*. In dieser Paradoxie besteht die Pointe der Parabel. Die Tür zum »Gesetz« steht »offen«, darf aber nicht passiert werden. Das »Gesetz« ist ein Phantasma; »im Gesetz« — als dem Feld der vielen Gesetze, der prozessierenden Kräfte — befindet sich Josef K. indessen schon seit eh und je. »Gesetz« ist der Name für das *Jenseits* der Gesetze, der symbolischen Ordnung, in das zu gelangen K. die Sehnsucht nach dem verlorenen Paradies, die »Sehnsucht nach dem Ganzen« der vorsymbolischen Existenz[102], antreibt. »›Es ist möglich‹, sagt der Türhüter, ›jetzt aber nicht‹« (P 256), so lautet die Formel des »Aufschubs«, der vermittelt ist mit dem Prinzip Hoffnung als dem Phantasma späterer Erfüllung. Wieder stellt sich die Frage: »Ist das nicht schon der Tod im Dienst eines Lebens, das sich vor dem Tod nur durch die *Ökonomie* des Todes, den Aufschub, die Wiederholung und den Vorrat schützen kann?«[103] Der Tod, den Josef K. im letzten Kapitel so plötzlich stirbt, ist dann wohl nicht ganz wörtlich zu nehmen, sondern eher als Endpunkt eines Prozesses zu sehen; er ist selbst ein »Prozeß«. Entsprechend heißt es ja auch: »das Urteil kommt nicht mit einemmal, das Verfahren geht allmählich ins Urteil über« (P 253). In einem gewissen Sinn ist es der Tod selbst, der K. den »Prozeß« macht; K. ist denn auch der Meinung, das Gericht könne durch einen »einzigen Henker« ersetzt werden (P 185).

Nachdem der Geistliche darauf hingewiesen hat, daß auch der Türhüter selbst der Getäuschte sein mag, erklärt er, man müsse dessen Worte nicht unbedingt für »wahr«, man müsse sie nur für »notwendig« halten. (P 264) K. entgegnet: »Die Lüge wird zur Weltordnung gemacht«; sein »Endurteil« aber, bemerkt der Erzähler, war das nicht. Im letzten Kapitel wird er dann nämlich die von ihm erfahrene Welt als *factum brutum* zu nehmen lernen und alle Wahrheits-, Begründungs- und Sollensansprüche aufgeben. Damit wird rückwirkend die Parabel vom Türhüter zu einem — an Tantalos oder Sisyphos gemahnenden — Mythos, der — wie es im PROMETHEUS heißt (ER 351 f.) — das Unerklärliche erklärend ins Unerklärliche zurückführt, in die »grundlose Notwendigkeit«.

Josef K. scheint nach dieser ›Offenbarung‹ mit einemmal alles Gehörte zu verdrängen und zu verleugnen, als wäre nichts gewesen. Im Anschluß an die

Frage des Geistlichen, ob K. schon weggehen wolle, heißt es: »Obwohl K. gerade jetzt nicht daran gedacht hatte, sagte er sofort: ›Gewiß, ich muß fortgehen. Ich bin Prokurist einer Bank, man wartet auf mich, ich bin nur hergekommen, um einem ausländischen Geschäftsfreund den Dom zu zeigen.‹« (P 265) Die Sprache des Unbewußten wird zugedeckt durch die des Bewußten; und doch bewerkstelligt es der humoristische Erzähler, daß einzelne Zeichen — der Plötzlichkeit, der gewaltsamen Selbstsicherheit — das Unbewußte verraten, das sich unterhalb der Zeichenkette der bewußten Rede hält. Im ENDE aber ist die gewaltsam aufrechterhaltene Selbstsicherheit K.s endgültig verlorengegangen.

VI. Das Ende (10. Kapitel)

Der »einjährige Prozeß« hat K. »belehrt«; er will nicht »begriffsstützig« abgehen, nicht wieder von vorn »beginnen« (P 269). Die düstere, zugleich mit chaplinesken Zügen ausgemalte Groteske der Hinrichtung scheint K. mit dem psychotischen Lachen eines verrückten Humoristen zu quittieren: »An welchem Theater spielen Sie?« (P 267) fragt er die Protagonisten dieses absurden Theaters, die beiden Gerichtsbeamten und Henker, die am »Vorabend seines einunddreißigsten Geburtstages« in »Gehröcken, bleich und fett, mit scheinbar unverrückbaren Zylinderhüten« in seiner Wohnung erscheinen (P 266). Am ›Richtplatz‹ erweisen sich die beiden als ›höfliche‹, ›bescheidene‹ und ›gehemmte‹ Beamte: »Wieder begannen die widerlichen Höflichkeiten, einer reichte über K. hinweg das Messer dem anderen, dieser reichte es wieder über K. zurück.« (P 271)

Kompositorisch — »symbolisch« hätte R. Barthes gesagt — erinnert das ENDE an den Anfang des Prozesses. Das Wächter-Duo, der schwarze Anzug, der Gedanke ans Theater, der Geburtstag und Fräulein Bürstner spielen wieder eine wichtige Rolle. Die »semi-private« Anspielung auf den 2. Juli 1914 und das Ende der Verlobung[104] findet darin eine Entsprechung, daß Fräulein Bürstner oder eine ihr ähnliche Person — also die Imago der Begehrten — noch einmal auftaucht und damit K., der sich zunächst dagegen wehrt, abgeführt zu werden, die »Wertlosigkeit seines Widerstandes« zu Bewußtsein bringt, so daß er der Frau sogar folgt, »um die Mahnung, die sie für ihn bedeutet, nicht zu vergessen« (P 268). Wieder weist eine nur metonymische Korrelation von Gericht und Frau auf einen tieferen Zusammenhang zwischen den beiden Sphären; die »Frau« ist der »Repräsentant des Lebens« (H 118, 132).

Erneut stellt sich uns die Frage, ob das Gericht eine externe Macht oder eine Halluzination bzw. eine verlebendigte Projektion darstellt. »Das Gericht will nichts von dir. Es nimmt dich auf, wenn du kommst, und es entläßt dich, wenn du gehst« (P 265), so lauteten des Kaplans letzte Worte; widerspricht sich das Gericht nicht, wie auch Politzer meinte[105], wenn es also die beiden Exekutoren schickt (was der Tatsache entspricht, daß dem Mann vom Lande der Eintritt ins Gesetz durchaus verwehrt wird)? Andererseits heißt es, daß K. »schwarz angezogen« auf Besuch warte (P 266). Er scheint die »Hauptverhandlung« — von der er bereits im ersten Kapitel phantasiert, als er einen »schwarzen Rock« anzuziehen genötigt wird (P 18) — zu erwarten.[106] Schließlich ziehen auch alle drei »in vollem Einverständnis« zum Richtplatz, ja, K. zerrt sogar »mit Macht die Herren vorwärts« (P 270). Und doch scheint dadurch nicht aufgehoben zu sein, daß die Exekutoren K. mit einem »eingeübten, unwiderstehlichen Griff« gefaßt hatten (P 267). Inneres und Äußeres greifen also untrennbar ineinander: »Es war eine Einheit, wie sie fast nur Lebloses bilden kann« (P 267). Die Trennung von Subjekt und Objekt wird aufgehoben wie im Bild von der »Stirn«, die der »Kutsche« den Weg versperrt (H 153).

Der Tod hat sozusagen längst begonnen. Sein Endpunkt wird allein dadurch erreicht, daß K., wie M. Walser bemerkte[107], des Spiels »müde« geworden ist. Thanatos besiegt Eros; zweifellos wäre eine weitere »Verschleppung« möglich (und damit eine Fortsetzung des Romans), aber K. gibt seinen Lebenswillen auf. Dieser könnte ihm durchaus weitere Rechtfertigungen, Gegengründe, Wahrheiten liefern: »Die Logik ist zwar unerschütterlich, aber einem Menschen, der leben will, widersteht sie nicht« (P 272). Trotzdem resigniert Josef K. Anstelle von Rechtfertigung und Rechtsprechung stehen sich nur mehr Macht und Ohnmacht gegenüber; der »Richter« bzw. das »hohe Gericht« wird ersetzt durch die Hin-Richtung. Der Tod K.s erweist sich also nicht als ein einmaliger Akt physischer Vernichtung, sondern als Resultat eines Kampfes gegen äußere und innere Mächte. Dadurch erscheinen das Gericht und sein ›Gesetz‹ als *factum brutum*, als Welt reiner Kontingenz, als Feld miteinander konfligierender Kräfte; man muß diese nicht für »wahr«, man muß sie nur »für notwendig« halten (P 264). Recht entlarvt sich als Macht. »Verstand geht dem Blödesten auf« (ER 122), so hieß es in der STRAFKOLONIE anläßlich der Einschreibung der Macht — der »Strafe«, des »Urteils«, des »Gesetzes«: der »Schuld« — in den Körper des Verurteilten.

Aber ist K. nun eins mit sich und der Welt? Hat der folgende Satz aus dem Tagebuch: »Bin ich verurteilt, so bin ich nicht nur verurteilt zum Ende, sondern auch verurteilt, mich bis ins Ende hinein zu wehren« (T 508) keine Geltung für den PROZESS? Noch immer scheint Josef K. gespalten zu sein — wie das Katzenlamm aus EINE KREUZUNG (ER 347 f.), in welchem Opferlamm und Raubtier sich gepaart haben. (Für dieses Tier — ein »Erbstück« des Vaters — ist vielleicht, so heißt es, das »Messer des Fleischers eine Erlösung«.) In K.s Klage steckt auch eine Anklage[108], seine Resignation birgt einen stummen Vorwurf in sich: »Ich bin dafür dankbar, daß man mir auf diesem Weg diese halbstummen, verständnislosen Herren mitgegeben hat und daß man es mir überlassen hat, mir selbst das Notwendige zu sagen« (P 269). Der Anflug von Ironie in diesem Satz verrät, daß sich hier Aggressionen nach innen gekehrt haben; aber diese Aggressionen weisen durchaus auf ihre Urheber. Hier spricht der Masochist als der Höhner des Gesetzes des Vaters.[109] Wie schon erwähnt, ist nun die Negation des Gerichts unbewußt und nicht mehr bewußt, während sich seine Anerkennung jetzt bewußt und nicht mehr unbewußt vollzieht. K. behauptet, durch die Realitäten belehrt worden zu sein, aber er widerruft seinen nackten Dezisionismus, indem er zuletzt doch einen Schuldigen, einen Verantwortlichen, ein *Subjekt* zu finden sucht: »K. wußte jetzt genau, daß es seine Pflicht gewesen wäre, das Messer, als es von Hand zu Hand über ihm schwebte, selbst zu fassen und sich einzubohren. Aber er tat es nicht, sondern drehte den noch freien Hals und sah umher. Vollständig konnte er sich nicht bewähren, alle Arbeit den Behörden nicht abnehmen, die Verantwortung für diesen letzten Fehler trug der, der ihm den Rest der dazu nötigen Kraft versagt hatte« (P 271). »Er«, der allen Mangels enthoben zu sein scheint, zeichnet als erster Urheber des eingeklagten Mangels verantwortlich. »Er«, der große Andere, wird in Goldfarbe sein Zeichen — K. — auf den Grabstein eintragen, wenn Josef K. in der Tiefe des Grabes versinken wird (ER 164 ff.). »Das Wort ›sein‹ bedeutet im Deutschen beides: Dasein und Ihmgehören« (H 89).[109a]

Josef K. resigniert und akzeptiert; er ist zu jenem »Tier« geworden, das sich peitscht, um Herr zu werden, und das nicht weiß, daß »das nur eine Phantasie ist, erzeugt durch einen neuen Knoten im Peitschenriemen des Herrn« (H 42). Sein Unbewußtes verrät gleichwohl die Herkunft seiner bewußten Selbstdefinition, die sich somit als Phantasma erweist. Ich ist ein Anderer. Daher behält K. Recht darin, »IHN« verantwortlich zu machen — für sein »Sein«.

Der Erzähler, anders als seine Figur, verstand es demnach sehr wohl, die Momente bewußter Bejahung und diejenigen unbewußter Abwehr auseinanderzuhalten. Die Interpreten haben das kaum bemerkt. W. Emrich nahm K.s Masochismus für Moralismus: »Josef K. hat die Erkenntnis gewonnnen, daß er die ›Pflicht‹ hat, das Selbstgericht über sich zu vollstrecken.«[110] I. Henel schrieb ähnlich: »Hätte Josef K. seine Schuld bekannt, so wäre er nicht gestorben wie ein Hund, sondern hätte am Ende die Kraft besessen, sein Urteil selbst zu vollziehen wie Georg Bendeman im ›Urteil‹.«[111] B. Allemann unterstellt K. die Aufgabe, den Tod auf eine zu »rechtfertigende Weise« durchzustehen.[112] W.H. Sokel sieht K.s Schuld bis zum Ende in dessen »Unentschiedenheit« begründet, noch in seiner »Scham« sei er nicht authentisch, sondern am »man« orientiert, seinen Mangel an Kraft schiebe er auf »Gott, Weltall, Schicksal, Vererbung, Vater«.[113] K.s Schuld bestünde auch darin, nicht »zwischen Innen und Außen« unterscheiden zu können.[114] Das ist genau beobachtet, unterschlägt jedoch, daß hier dem Subjekt der Prozeß gemacht wird, daß hier die Projektionen, Introjektionen, Fehlleistungen, Widersprüche und Gespaltenheiten des Subjekts nicht von ihm selbst zu verantworten sind. Auf der anderen Seite ist es auch nicht richtig, mit H. Politzer davon auszugehen, daß die Krönung der Schuldzuschreibungen, Gehirnwäschen und Widersprüchlichkeiten der Gerichtswelt darin bestünde, den »Opfertod« von K. zu verlangen.[115] Das ist wieder gut beobachtet, ignoriert jedoch den allegorischen, projektiven Charakter der Gerichtswelt.

Im *Widerspruch* von Subjektsein und zugleich Objektsein aber bewegen sich im PROZESS das Projizierte und das Introjizierte, das Währende und das sich Verändernde, das »Gewesende« und das Prozessuale.

B. Allegorische Spiegel

I. Waage, Schwert, Pfeil

Wir haben gesehen, in welcher Vielfalt sich Züge Josef K.s in der ihm scheinbar fremden Außenwelt spiegeln, in den Wächtern, Beobachtern, Verfolgern,
im Jurastudenten Berthold, im Angeklagten Block, in den Anklägern selbst.
Die im Roman erwähnten Gemälde und Parabeln stellen nun ganz *ausdrücklich* Spiegelungen K.s und der Prozeßwelt dar; diese Spiegelungen im engeren
Sinne lassen sich als verkleinernde *simulacra* mit allegorischen Zügen definieren. Diese Hohl-Spiegel reflektieren nicht im wörtlichen Sinne, sie weisen als
Metaphern auf Metaphern (welche sich ihrerseits in höchstem Maße ›absoluten‹ Nur-Gleichnissen annähern). Die »Eingabe«, die K. als Rechtfertigungs-
schrift zu verfassen sucht (P 137 ff.), hätte das Modell dieser *simulacra* abgeben
können: sie hätte einen ›PROZESS‹ im PROZESS, eine *scène mise en abîme* eröffnet.

Beginnen wir mit den Gemälden Titorellis. Das Portrait eines Untersu-
chungsrichters, das Josef K. bei dem »Gerichtsmaler« zu sehen bekommt (P
175 ff.), trägt als Verzierung eine Figur, die Titorelli die »Gerechtigkeit« nennt
und also zur Allegorie erklärt. Aber auch das »Portrait« selbst ist — allerdings
in indirekter, konnotativer Weise — allegorisch, wie wir sehen werden. Die
»Gerechtigkeit« trägt eine Binde um die Augen und hält eine Waage in der
Hand; sie scheint jenen unparteiisch urteilenden Dritten darzustellen, den es
in Kafkas Reflexion über die »Partei« (H 86) nicht gibt. Aber sehen wir weiter;
eine paradoxe »Umkehrung«, wie es G. Neumann nennen würde[116], hebt sogleich diesen Sinn wieder auf. Die Gerechtigkeit befindet sich »im Lauf« und
trägt an den »Fersen Flügel« (P 176); dadurch schwankt sie freilich, und Waage
wie Augenbinde sind überflüssig. Überflüssig? Der Waagschalen scheint diese
Figur — die parteiliche Göttin der Macht — gleichwohl zu bedürfen: sie legitimiert sich durchs Phantasma der Gerechtigkeit. Die Binde macht sie zur Blinden, zur Fortuna-Kairo[117]: das Schwanken der Waagschalen scheint den Zufällen wie den auf sie einwirkenden parteilichen Kräften geschuldet zu sein. Der
»rötliche Schatten« um den Kopf des Richters wird aufgrund dieses Kontextes
zum ikonischen und nicht mehr nur kompositorischen Zeichen; ins Symbol
der Schein-Heiligkeit verkehrt sich der heilige Schein der Aureole. In »dieser
Helligkeit«, so heißt es, sehe die allegorische Figur kaum mehr wie die Göttin
der Gerechtigkeit, sondern »vollkommen wie die Göttin der Jagd aus« (P 177).
Damit wird der »Prozeß«, das Feld des Juridischen, die Welt des Rechts überhaupt, als »Jagd«-Revier gekennzeichnet, in welchem die besseren Machtmittel
über Sieg und Niederlage entscheiden. Die Allegorie, so hatte Titorelli schon
gesagt, sei die »Gerechtigkeit und die Siegesgöttin in einem« (P 176). Ihre »Flügel« tragen also diese Nike — wie einen Raubvogel — zu ihrer Beute. Das erinnert an eine andere Allegorie Kafkas: die »Freiheitsgöttin« Amerikas (A 9) mit

dem »Schwert« im Arm. Diese versinnbildlicht, daß im VERSCHOLLENEN die ›Gerechtigkeit‹ keine Gnade kennt und eine Sache der »parteilichen« Beurteilung ist: »›Mißverstehe die Sachlage nicht‹, sagte der Senator zu Karl, ›es handelt sich vielleicht um eine Sache der Gerechtigkeit, aber gleichzeitig um eine Sache der Disziplin. Beides und ganz besonders das letztere unterliegt hier der Beurteilung des Herrn Kapitäns‹« (A 42). Der Heizer, der sein Anliegen stotternd und wirr vorbringt, wird das Opfer der Redemacht seiner Richter.

Es gibt keinen »Dritten«, die Richter bilden selbst eine »Partei«; die Gerechtigkeit ist eine Göttin des Sieges (mit Schwert) und eine Göttin der Jagd (mit Pfeil und Bogen).

Der Pfeil aber erinnert auch an den Pfeil des Eros. An K.s Verhältnis zu Fräulein Bürstner, zur Frau des Gerichtsdieners und zu Leni war ja abzulesen, daß die ›Pfeile‹ des Begehrens auch als jene der ›Jäger‹ des Gerichts zu begreifen sind. Nicht zuletzt ist daran zu erinnern, daß Artemis, die Göttin der Jagd, mit ihren Pfeilen ihre zur Keuschheit verpflichteten Gespielinnen tötet, wenn sie sich ihre Unschuld rauben lassen, auch daran, daß sie selbst deren und ihre eigenen Freier nicht verschont.[118] Begehrlichkeit wie Tödlichkeit wären demzufolge verknüpft mit dem Bild der Jagd und des Pfeils.

Sieg und Jagd, Schwert und Pfeil gehören zusammen. »Das Machtverhältnis ist immer schon da, wo das Begehren ist: es in einer nachträglich wirkenden Repression zu suchen, ist daher ebenso illusionär wie die Suche nach einem Begehren außerhalb der Macht.«[119] Dieser Gedanke Foucaults liegt auch der Analyse Deleuzes und Guattaris zugrunde, in der es heißt: »*Dort, wo man das Gesetz vermutet hatte, ist in Wirklichkeit Verlangen, bloßes Verlangen. Das Gericht ist Verlangen, nicht Gesetz* [...]. *Das Gesetz steht in einem Pornoheft.* Hier geht es nicht mehr um Hinweise auf die mögliche Falschheit der Justiz, sondern auf ihren Charakter als libidinöses Verlangen.« Die »Gerechtigkeit« male Titorelli deshalb als »geflügeltes Verlangen«, als »schweifenden Wunsch«.[120] Die Begehrlichkeit, Eitelkeit, Rachsucht und Korruptheit der Richter, das Mikro-Geschehen hinter den Kulissen, die Privatbeziehungen, die Funktion der Winkeladvokaten usw. legen diese Deutung durchaus nahe. Titorelli sprach von »Beeinflussungen«; er unterscheidet streng »was im Gesetz steht« und was er »persönlich erfahren« hat (P 185). *De facto* entscheidet also das Begehren die Rechtsverfahren; aber auch *de jure* ist es nicht sehr viel anders. In den FÜRSPRECHERN wird, wir wissen es, das »Gesetz« vom »Tatbestand eines Urteils« geschieden; dieser gründe sich auf »Erhebungen hier und dort, bei Verwandten und Fremden, bei Freunden und Feinden, in der Familie und in der Öffentlichkeit, in Stadt und Dorf, kurz überall« (ER 370). Im Fragment des »UNTERSTAATSANWALTS« (H 367 ff., 1914), das in Umkehrung der PROZESS-Perspektive aus der Sicht des Anklägers geschrieben ist, führt der Staatsanwalt einen Majestätsbeleidigungsprozeß, »weil er den Angeklagten und seine Sache [haßt]« (H 370). Er träumt von vernichtenden Anklagen »ohne Richter und Verteidiger«, selbst »ohne Angeklagten« (H 373). Das Ritual der Wahrheitsfindung wird zum Ritual der Schuldzuschreibung bzw. der Vergeltung und Vernichtung.[121] Es geht im PROZESS auch um eine Lust an der Schuld-Produktion[122]: Das Gericht zieht, so bestätigt Titorelli, »von irgendwoher, wo ursprünglich gar nichts gewesen ist, eine große Schuld hervor« (P 179); diese Pro-duktion wird allerdings ermöglicht durch die ödipal bestimmte Culpabilisierbarkeit des Opfers; der Masochismus kommt dem Sadismus entgegen. Kafkas allegorische Darstellungen der »Gerechtigkeit« aber beziehen sich — als offene, gleitende Metaphern — natürlich nicht allein aufs Juridische, sondern — nach dem Vorbild der Tora — aufs Universum menschlicher Rede überhaupt.[123] Macht und Begehren sind in ihm miteinander verflochten.

Das Portrait des Richters bei Titorelli ähnelt dem aus Hulds Arbeitszimmer. Auch die Richter befinden sich gleichsam im »Laufe«. Der Untersuchungsrichter auf Hulds Bild ist als »Mann im Richtertalar« abgebildet; er sitzt auf einem »hohen Thronsessel«, dessen »Vergoldung« auffällt. Mit dem rechten Arm umfaßt er die Seitenlehne, »als wolle er im nächsten Augenblick [...] aufspringen, um etwas Entscheidendes zu sagen oder gar das Urteil zu verkünden« (P 131). Aus dem »Portrait« wird die Allegorie der permanenten, *prozessualen Urteilsverkündung, der Einheit von Anklage, Urteil und Strafe.* Auch der Richter auf Titorellis Bild will sich »drohend erheben« (P 175). Demnach scheint es im ›Recht‹ um Recht-Setzung durch Strafandrohung zu gehen und nicht um Recht-Sprechung nach einem (womöglich gar durch Begründung und Konsens legitimierten) Rechts-Codex. Titorelli verewigt die scheinbar nur für den Moment geltende Bewegung der Urteilsgebärde, wodurch auf die Permanenz, das Kontinuierliche und Prozessuale aller Rechts-, Urteils- und Sprechakte hingewiesen wird, d.h. auf das Feld der »vielfältigen Kraftverhältnisse«, wie sie sich »in den Produktionsapparaten, in den Familien, in den einzelnen Gruppen und Institutionen ausbilden und auswirken, als Basis für weitreichende und den gesamten Gesellschaftskörper durchlaufende Spaltungen dienen«.[124] Wie Deleuze und Guattari schrieben, ist das Gesetz eine »reine Leerform«: »Es erscheint nur als Urteilsspruch, und dieser wird nur in einer Strafe erkennbar.«[125] »Der Urteilsspruch, die Urteilsverkündung schafft das Gesetz, und zwar kraft einer immanenten Macht dessen, der das Urteil verkündet.«[126] Es erübrigt sich, darauf hinzuweisen, daß die offene und polysemische Metapher nicht allein aufs soziale Draußen weist, sondern ebenso aufs psychische Drinnen, das punitive Über-Ich, seine unausgesetzte Straf- und Urteilsandrohung. Das Bild des Richters bei Huld hängt bekanntlich in jenem Raum, in welchem K. sich mit Leni vergißt (P 131 ff.). »Über den Türrahmen hängend als Fallbeil«, hatte sich W. Benjamin notiert.[127]

Es ist wichtig zu erwähnen, daß Titorelli den »Thronsessel« nach Anweisung seines »Auftraggebers« malt, er ist reine »Erfindung« (P 176); auch Leni erklärte, der vergoldete Sessel sei »Erfindung«, der dargestellte Richter selbst sei — anders als im Bild — »fast winzig klein«: »in Wirklichkeit sitzt er auf einem Küchensessel, auf dem eine alte Pferdedecke zusammengelegt ist« (P 132). Das sogenannte »Portrait« wird damit vollends zur Allegorie, zum symbolischen Zeichen des Symbolischen. Die Macht scheint nicht dem Realen zu entspringen, sondern allein dem Symbolischen, wie wir es aus anderen Texten Kafkas kennen. Man erinnere sich der »Bambusstangen« des Obersten in der

ABWEISUNG (ER 358) oder des auf einem »Ruhebett« (ER 339 f.) liegenden oder gar »längst gestorben[en]« (ER 342) Kaisers in der CHINESISCHEN MAUER. Ein imaginärer Souverän, ein imaginäres Entscheidungs- und Machtzentrum beherrscht das System »überwachter Überwacher«[128], das System der »Kuriere« ohne »König« (H 89 f.). Dem entspricht die intrapsychische Spaltung von »symbolischem« und »realem« Vater, wie sie uns in Kafkas Werk immer wieder begegnete (wie sie sich aber bereits bei E.T.A. Hoffmann, z.B. in DER SANDMANN, ankündigt[129]). Diese Aufspaltung des Vaterbildes in eine archaisch-mächtige Imago und eine spätere schwächliche, die Aufspaltung des Vaters in den real Schwachen und den symbolisch Mächtigen — den als reines Symbol die symbolische Ordnung Vermittelnden — ist Produkt jenes historischen Prozesses, welcher im Zuge der Monopolisierung, Kapitalkonzentration und Bürokratisierung zur ökonomischen und sozialen Entmachtung des Bürgers führte.[130] Die intrapsychisch wirksame Macht des »symbolischen Vaters« beruht daher auf einem puren Signifikanten, der seinerseits auf Signifikanten weist: Der »goldene Thron« des mosaischen Richters oder sein »Talar« deutet auf die »Goldknöpfe« der Gerichtsbeamten (P 77), sein »buschiger Vollbart« (P 175) auf den »rötlichen Vollbart« Bertholds (P 71) oder den »rötlichen Spitzbart« des hünenhaften Beobachters (P 20), aber ebenso auf »Hauptmann Lanz« bzw. die Signifikanten seiner Berufsbezeichnung und seines Eigennamens. Die letzte Instanz dieser symbolischen Väter — »der Richter« (P 272) — ist unzugänglich; es ist der »Tote Vater«[131].

Kafka zeichnet das Gericht noch durchaus als patriarchalische Pyramide, den Staat als Männergesellschaft; aber seine bettlägerigen Despoten herrschen doch nurmehr aufgrund von Zeichen — »Goldknöpfen«. Allerdings scheint das »Fleischermesser« der Henker, so sehr es nur als Symbol zu nehmen ist und aus der projizierten, imaginären Gerichtswelt auf K. zukommt, doch dem Realen zuzugehören, welches dem Symbolischen seine Gewalt verleiht. Im URTEIL genügte dagegen noch ein bloßer Sprechakt, um die ›Hinrichtung‹ zu veranlassen.

II. Heide(n)landschaft, Pornographie, Grablegung

Titorelli ist der Meister der Wiederholung; er malt als Gerichtsmaler nach Auftrag die immergleichen Richterportraits und privat als Kunstmaler die »Heidelandschaften«, die einander — laut K. — völlig ähnlich sind (P 196). Auch die scheinbar ›autonomen‹, privat gefertigten Kunstwerke des panegyrischen Auftragskünstlers verraten ihre Abhängigkeit von der Gerichtswelt, sie spiegeln diese in abstrakt-hermetischen Formen. Die Heide(n)landschaft, die wir auf die zwei Bäume des verlorenen Paradieses und die einander nur »mühsam« sich zuwendenden Nackten der »Gesetzbücher« bezogen haben, versinnbildlichen in doppelter Weise das Gesetz der Wiederkehr des Gleichen, durch ihren Inhalt wie durch ihre Ähnlichkeit untereinander. Die »Vertreibung aus dem Paradies« gilt es als »ewige Wiederholung« zu begreifen (H 46); das heißt, das Gericht ist als ein Standrecht, ein permanent wiederholter Richtspruch zu verstehen; das Begehren als eine unausgesetzte Verschiebung, »Verschleppung« (eine Wiederholung von Aufbegehren und Verdrängung); der Tod — angedeutet im »vielfarbigen Sonnenuntergang« hinterm »dunklen Gras« — als ein kontinuierlicher Prozeß. Als Kopist wie als Kitschverfertiger ist Titorelli, ohne es zu wissen, der Meister der ›letzten Dinge‹. Ihn zur unabhängigen, autonomen Instanz der Wahrheit zu erklären, wie W. Emrich es tat[132], ist daher so ungenügend, wie ihn — so W.H. Sokel[133] — zum Produzenten von »Fabrikware« zu machen. Auch H. Politzer hat Unrecht darin, eine Entsprechung von Portraits und Heidebildern zu verneinen[134], insbesondere deshalb, weil die drei angeblich verschiedenen Heidebilder ja nur die drei angeblich verschiedenen Prozeß-Verfahren — den legendären Freispruch, den scheinbaren Freispruch, die Verschleppung — spiegeln. Politzer behält aber sicherlich darin Recht, daß Kafka hier ein ironisches Selbstportrait entworfen hat.[135] Diese Konnotation führt indessen zu einem Widerspruch von ironischen und ernstgemeinten Implikationen der gleitenden Metaphorik; aber diese Widersprüchlichkeit, die die rhizomatischen Verästelungen der Kafkaschen Texte begründet, gehört durchweg zur Konstruktion der »offenen Erzählgerüste«[136].

Im Naturbild hat Titorelli die symbolische Welt, die soziale und die familiale, verschlüsselt wiedergegeben. Die »zwei schwache[n] Bäume«, die »weit voneinander entfernt im dunklen Gras« stehen, versinnbildlichen die Entfremdung, das ewig Von-einander-Getrenntsein, die »Schwäche«, das Aus-dem-Paradies-Vertriebensein. Darin spiegelt das Bild, gewisse Analogien zur Türhüterparabel unterhaltend, das Prozeßgeschehen. »[In] der Zeit der Hölle ist das Neue (Pendant) immer das ewig selbe«, merkte W. Benjamin zu den Heidebildern an.[137]

Die Heidebilder, aus der Tiefe des Unbewußten kommend und auf es hinweisend, stehen im Zusammenhang mit den schmutzigen Heften des Untersuchungsrichters, den — auf ein Traumgeschehen hinweisenden — »Gesetzbüchern«, deren eines »Die Plagen, welche Grete von ihrem Manne Hans zu erleiden hatte« beschreibt und deren anderes ein angeblich »unanständiges Bild« enthält, ein offenbar kindlich gezeichnetes Paar, das »nackt auf einem Kanapee« sitzt. Infolge »falscher Perspektive«, so sieht es K., wenden sich die beiden Nackten, wie schon erwähnt, »nur mühsam einander« zu (P 67). Das Pornographische, so läßt der Erzähler für den Leser (nicht für K.) durchscheinen, ist wohl eher als ein Deckbild, eine Maske für noch tiefer Liegendes, Unbewußtes zu verstehen; freilich hat dieses wiederum durchaus mit Sexualität zu tun, allerdings auch mit deren »Plagen« und deren »Mühsal«. Wieder scheint weniger das Gericht als K. selbst getroffen zu sein. Die allegorische Spiegelung bzw. die spiegelnde Allegorie verweist so aufs Ganze des Prozesses; im speziellen auf die ›Vergewaltigung‹ der Waschfrau durch Berthold bzw. diejenige Fräulein Bürstners durch Josef K. Die »Gesetzbücher« des Unbewußten — K. meint, man werde auf der Basis dieser geheimen Bücher »unwissend verurteilt« (P 65) — befinden sich in genau dem Raum, in welchem Berthold die Frau des Gerichtsdieners bedrängt. Hier erleidet K., der sich als begehrlicher und eifersüchtiger Rivale präsentiert, seine »erste zweifellose Niederlage« (P 75); er merkt gar nicht, daß der Betrogene eigentlich der Gerichtsdiener ist und daß dessen Rachephantasie auch ihm gelten könnte. Der Diener träumt davon, den Studenten an der Wand »neben dem Anschlagzettel« zu »zerdrücken«: »Hier, ein wenig über dem Fußboden, ist er festgedrückt, die Arme gestreckt, die Finger gespreizt, die krummen Beine zum Kreis gedreht, und ringsherum Blutspritzer« (P 78). Dieses Bild spiegelt K.s — unbewußte — Befürchtungen und nimmt auch sein Ende vorweg: »Er hob die Arme und spreizte alle Finger« (P 272). »Schmutz« und »Reinheit« (M 208), Begehren und Angst, »touha« und »strach« (M 180), Verlobung und Hinrichtung (T 384, 409), Ehe und »Schafott« (F 224) liegen nahe beieinander.

Auf K.s Ende weist auch das von Finsternis umgebene »Altarbild« im Dom, welches wiederum in höchst indirekter und verborgener Weise Analogien zum Prozeßgeschehen aufweist. Josef K., der später betont: »Ich bin Prokurist einer Bank [...]« (P 265), sucht das Bild mit der »elektrischen Taschenlampe« ungerührt und unbetroffen ab. Der Erzähler — der sozusagen über dem in der personalen Perspektive befangenen Erzähler stehende Meta-Erzähler — spielt jedoch in einer ›Sinngebung von oben‹ mit dem *Memento mori* der »Grablegung Christi« auf Anklage, Verfolgung, Prozeß und Hinrichtung Josef K.s und dessen unbewußtes und verdrängtes Wissen um diese Dinge an. Diese allegorische Spiegelung macht den PROZESS zur Kontrafaktur der Leidensgeschichte:

> »Das erste, was K. sah und zum Teil erriet, war ein großer, gepanzerter Ritter, der am äußersten Rande des Bildes dargestellt war. Er stützte sich auf sein Schwert, das er in den kahlen Boden vor sich — nur einige Grashalme kamen hie und da hervor — gestoßen hatte. Er schien aufmerksam einen Vorgang zu beobachten, der sich vor ihm abspielte. Es war erstaunlich, daß er so stehenblieb und sich nicht näherte. Vielleicht war er dazu bestimmt, Wache zu stehen. K., der schon lange keine Bilder gesehen hatte, betrachtete den Ritter längere Zeit, obwohl er immerfort mit den Augen zwinkern mußte, da er das grüne Licht der Lampe nicht vertrug. Als er dann das Licht über den übrigen Teil des Bildes streichen ließ, fand er eine Grablegung Christi in gewöhnlicher Auffassung, es war übrigens ein neueres Bild« (P 246).

Es ergeben sich gewisse Korrespondenzen zu den Heidebildern mit dem »Sonnenuntergang« hinterm »dunklen Gras«, zur »Göttin der Jagd«, zu den Wächtern, den Exekutoren und ihrem »Fleischermesser«, zum »Steinbruch«, und auch zu »Hauptmann Lanz« bzw. »Tischler Lanz«. Mit einer Lanze töten die Soldaten — nach Johannes (19, 34) — Jesus; nach Matthäus (27, 54 ff.) bewacht den Toten ein »Hauptmann«, bis Pilatus noch weitere »Wachen« schickt, um die prophezeite Auferstehung zu verhindern. Auch Josef K. wird bewacht vom Anfang bis zum Ende; eine Auferstehung (im eigentlichen oder übertragenen Sinn) erlebt er allerdings so wenig wie den Anblick des »unverlöschlichen Glanzes«, von welchem die Türhütergeschichte, die ja als »Legende« bezeichnet wird, berichtet. Wie Jesus ist K. aber Opfer einer »Jagd« mit dem Namen »Recht«; wie Jesus, der ausruft: »Mein Vater [...] nicht wie ich will, sondern wie du willst« (Matthäus; 26, 39), ist Josef K. Opferlamm im »Namen des Vater«, Opfer seines — allerdings unfreiwilligen — Opfer-Willens und Sühnestrebens; als ›unfreiwilliger Märtyrer‹ resigniert er und überträgt die »Verantwortung« für das noch ausstehende Maß an Selbstvernichtungwillen dem,

»der ihm den Rest der dazu nötigen Kraft versagt hatte« (P 271).

Auch K. ist Opfer eines äußeren wie eines inneren Richters. Aber er verzeiht nicht nur nicht seinen äußeren Anklägern, er beugt sich auch nur wider Willen vor dem inneren Richter, vor »ihm«, dem unpersönlichen »Gesetz«, dem Vater ohne Eigennamen.[138]

III. Die Parabel vom Unzugänglichen

Der Advokat Huld erzählt K. eine »Geschichte« übers Leid der »kleinen Advokaten«; obgleich er mit ihr die Notwendigkeit der Verteidigung zu demonstrieren versucht, beweist er doch nur deren Sinnlosigkeit. Die wieder an Tantalos und besonders Sisyphos erinnernde Parabel ist ein Pendant zur Türhüterlegende. Beide Geschichten bilden — ähnlich wie die beschriebenen Gemälde — verkleinernde, allegorische Spiegel des Romanverlaufs:

> Ein alter Beamter, ein guter, stiller Herr, hatte eine schwierige Gerichtssache, welche besonders durch die Eingaben des Advokaten verwickelt worden war, einen Tag und eine Nacht ununterbrochen studiert — diese Beamten sind tatsächlich fleißig, wie niemand sonst. — Gegen Morgen nun, nach vierundzwanzigstündiger, wahrscheinlich nicht sehr ergiebiger Arbeit, ging er zur Eingangstür, stellte sich dort in Hinterhalt und warf jeden Advokaten, der eintreten wollte, die Treppe hinunter. Die Advokaten sammelten sich unten auf dem Treppenabsatz und berieten, was sie tun sollten; einerseits haben sie keinen eigentlichen Anspruch darauf, eingelassen zu werden, können daher rechtlich gegen den Beamten kaum etwas unternehmen und müssen sich, wie schon erwähnt, auch hüten, die Beamtenschaft gegen sich aufzubringen. Andererseits aber ist jeder nicht bei Gericht verbrachte Tag für sie verloren, und es lag ihnen also viel daran einzudringen. Schließlich einigten sie sich darauf, daß sie den alten Herrn ermüden wollten. Immer wieder wurde ein Advokat ausgeschickt, der die Treppe hinauflief und sich dann unter möglichstem, allerdings passivem Widerstand hinunterwerfen ließ, wo er dann von den Kollegen aufgefangen wurde. Das dauerte etwa eine Stunde, dann wurde der alte Herr, er war ja auch von der Nachtarbeit schon erschöpft, wirklich müde und ging in seine Kanzlei zurück.

Schließlich ziehen die Advokaten ein, aber wagen offenbar »nicht einmal zu murren« (P 145 f.). Hier führt die gleitende Metapher — das »Gericht« als Großmetapher und offenes Erzählgerüst genommen — in die schiere Justizsatire. Man muß hinzunehmen, daß die Advokaten im Fußboden ihres Zimmers ja ein »Loch« haben, in das sie immer wieder einbrechen (P 140). Andererseits stehen den der Lächerlichkeit preisgegebenen »kleinen Advokaten« die »großen« gegenüber: »Wer die großen Advokaten sind, weiß ich [Block] nicht, und zu ihnen kommen kann man wohl gar nicht. Ich kenne keinen Fall, von dem sich mit Bestimmtheit sagen ließe, daß sie eingegriffen hätten. Manchen verteidigen sie, aber durch eigenen Willen kann man das nicht erreichen, sie verteidigen nur den, den sie verteidigen wollen« (P 215). Die »großen Advokaten« sind demnach von den Anklägern und Richtern nicht zu unterscheiden; das »Recht« (als die Macht) erscheint in der Tat als ein »allseitiges und ungerichtetes Verlangen«[139], als ein polyvokes und transversales Kräfteverhältnis. Eine Richtung jedoch scheint konstant zu bleiben: Aus der Sicht der Opfer ist die Verteidigung — bei vorausgesetztem Machtgefälle — eine Legitimationszwecken dienende Farce. Soweit Delinquenz ein soziales Produkt ist und das (positive) »Recht« auf seiten der Ankläger steht, ist die Verteidigung ohnmächtig — oder voreingenommen gegen den Angeklagten bzw. Parteigänger des Anklägers. Zuzeiten sichert ja Delinquenz, wie Foucault zeigte, nur »das Überleben der Ärmsten«.[140] Auch das Plädoyer für Psychiatrisierung und Resozialisierung aufgrund mildernder Umstände oder Unzurechnungsfähigkeit — es markiert den Beginn des modernen räsonierenden Strafrechts und seines Verteidigerstabs[141] — verlängert nur das Angeklagt- und Gestraftsein hinein in andere Räume; die Verteidigung ist ohnmächtig oder steht auf der Seite der Ankläger. Die Advokaten dringen nur aufgrund ihrer Unermüdlichkeit vor, und nur, wenn sie nicht zu »murren« wagen.

W. Benjamin hatte behauptet, daß Kafkas Werk aus dem »Gestus« als der »wolkigen Stelle der Parabel« hervorgehe[142]; eine Notiz zum Prozeß erläutert dies: »Bei Kafka ist die Neigung sehr bemerkenswert, den Vorfällen gewissermaßen den Sinn abzuzapfen. Siehe den Gerichtsbeamten, der eine Stunde lang die Advokaten die Treppe hinunterwirft. Es bleibt hier nichts weiter als der Gestus übrig, der aus allen affektiven Zusammenhängen herausgelöst ist.«[143] Die nach der Logik des Traums verfahrenden Entstellungen, mögen sie nun »affektive« Zusammenhänge elidieren oder sachliche, konstituieren das, was wir auch »absolute Metapher« oder ›offene Metapher‹ nennen können. Dem Entzug von Sinn steht hier zugleich eine Aufladung mit Sinn gegenüber; an der Stelle eindeutiger, denotierter Bedeutung steht die Sinnvielfalt konnotativ erbrachter und zu erbringender Bedeutungen.

Auch bezüglich der Advokaten-Parabel drängt sich — gemäß dem anderen großen Assoziationsfeld der gleitenden Metapher »Gericht« — wieder jene Interpretation auf, nach welcher eine Verteidigung gegen die *inneren Ankläger* unmöglich scheint, d.h. zum *circulus vitiosus* und Ritual zu entarten droht, da die Selbstrechtfertigung schon die Anerkennung der Anklage voraussetzt. Gehe es nun im speziellen um eine »Selbstbestrafungsneurose«[144] oder ganz allgemein um das petrifizierte Überich, in jedem Falle entspringt die Selbstverteidigung — nicht die Selbst-Setzung — den Anklagen des Überichs. Sie übernimmt womöglich dessen Zwänge selbst; d.h., aufgrund des vorausgesetzten Machtgefälles zwischen Selbst (Ich bzw. Es) und Überich muß die »Verteidigung« scheitern, auch wenn sie andere zuhilfe nimmt, beispielsweise den ›Fürsprecher‹, ›Seelenarzt‹, ›Analytiker‹ Huld. All die inneren »Advokaten« prallen sozusagen am Vertreter des »Gesetzes« ab. »Der Beobachter der Seele kann in die Seele nicht eindringen [...]« (H 93), er gehört ihr ja selbst an. »Was die Korruption im Recht ist, das ist im Denken die Angst«, hatte W. Benjamin notiert.[145]

Die andere Parabel vom Unzugänglichen, die Türhüterlegende, die man auch als *simulacrum* des SCHLOSS-Romans lesen kann, reflektiert in zum Teil inverser Spiegelschrift das Prozeß-Geschehen. Sie stellt einen »Mann vom Lande«, der *ins* Gesetz zu gelangen begehrt, einem Mann der Stadt — K. —, der *aus* dem Prozeß auszubrechen sucht (P 254), gegenüber; einen Wartenden einem Handelnden; einem Verbot (des Eintritts) ein Gebot (der Selbstverteidigung); einen passiven Türhüter den aktiven Verhaftungs- und Exekutionsbe-

amten. Die Analogien andererseits bestehen darin, daß den unermüdlichen
Fragen die unermüdliche Selbstverteidigung parallelisiert wird, der Gewalt
der Ablehnung die Gewalt der Anklage, der Unzugänglichkeit des Gesetzes
die des hohen Gerichts, dem Türhüter die vielen Delegierten des Gerichts,
dem lebenslangen Nicht-Eingelassen-Werden das Ausbleiben des Freispruchs,
dem Tod die Hinrichtung.

Aus dem Warten und der Unkenntnis des Gesetzes in der Binnenerzählung
wird in der Rahmenerzählung mehr: ein Warten in Unkenntnis *und* ein
Angeklagt- und Hingerichtetwerden in Unkenntnis. K. will mehr als nur erkennen, und das Gericht will mehr als nur verborgen bleiben. Die parabolische
Spiegelung, d.h. ihre Parallelisierung, legt indessen nahe, daß es hier um scheinbare Differenzen geht; offenbar ist des Mannes »Warten auf Godot« identisch
mit der Verschleppung, dem Aufschub des Prozeßverfahrens; offenbar ist das Warten identisch mit dem Hinauszögern des Urteils-, Straf- und
Hinrichtungsverfahrens. Die Qual resultiert aus dem Begehren nach dem »Gesetz«, dem phantasmatischen Raum des Rechts, des hohen Gerichts, während
realiter die vielen ›Gesetze‹ oder wirklichen Auseinandersetzungen das Warten vor dem »Gesetz« *de facto* bestimmen. Hier besteht wieder ein Unterschied zwischen »dem‹ Gesetz und den Gesetzen«[146], dem »toten Punkt«[147] *des*
Gesetzes und der nackten Faktizität der *vielen* Gesetze. Es bleibt offen, ob
sich hinter dem Hüter des »Gesetzes« eine höchste Instanz des Rechts — oder
Unrechts — finden ließe.

Durch diesen toten Punkt, diese einzige »Tür« im Universum des Prozesses,
verliere, so hat G. Kaiser behauptet, Josef K.s Welt »ihre Schlüssigkeit«[148], er-
weise sich als nur subjektiv-jemeinige Welt. Das ist richtig; so wenig wie eine
nihilistische Sicht bestätigt wird, so wenig wird ein Sinn des Ganzen affir-
miert. Aber das Seins-Gleichnis demonstriert *faktisch* die Vergeblichkeit allen
Tuns, und zwar nach der absurden Logik des Diktums: »unendlich viel Hoffnung —, nur nicht für uns« (Brod 71). Es mag, wie es in der »Legende« heißt,
einen Rückweg aufs »Land« geben — »die Geschichte erzählt von keinem
Zwang« (P 262) —, oder es mag theoretisch eine Eintrittsmöglichkeit ins Gesetz geben — wie für Arnold in einer Variante der Parabel (H 322 f.) —, für
den Mann vom Lande oder Josef K. sind diese Möglichkeiten praktisch, *realiter*
nicht vorhanden. Die negative Parabel — als leere Lehre — ist auch eine Parabel der Negativität. Ihre Pointe besteht darin, daß der Eingang nicht sowohl
da ist für den Mann vom Lande, sondern auch zugleich verschlossen ist für
ihn. Das »Es ist möglich [...], jetzt aber nicht« (P 256), das der Geistliche für
keinen »Widerspruch« hält (P 258), konstituiert, lebenslang wiederholt, zwei-
felsohne einen paradoxen *double bind*. Dieses Skandalon versuchen alle jene
Interpreten zu leugnen, die mit der Unterstellung einer *Schuld* des Einlaß Begehrenden die Möglichkeit einer Erfüllung konstruieren.[149] Zurecht schrieb
daher J. Kobs von einer solchen, die Grundtatsachen fälschenden Kafka-
Deutung: »sie sucht ein Paradox dadurch aufzulösen, daß sie eine einzige der
einander relativierenden Positionen absolut setzt«.[150] Eine gewisse Eindeutigkeit kommt allerdings dadurch zustande, daß die tragische Ironie der »Legende«, die darin besteht, daß der Mann vom Lande erst im Sterben den »unver-

löschlichen Glanz« des Gesetzes-Lichts erblickt, durch den Romanverlauf in puren Sarkasmus gewendet wird. Zwar heißt es in der Szene im Steinbruch: »Wie ein Licht aufzuckt, so fuhren die Fensterflügel eines Fensters [...] auseinander« (P 271 f.), aber dies bedeutet weder eine Hilfe noch eine Antwort für Josef K.

Der Mann vom Lande und Josef K. suchen *das* Gesetz hinter *den* Gesetzen; der Türhüter bewacht es wie das unzugängliche und doch allzeit geöffnete »Paradies« (H 94). Diese Paradoxie prägt Kafkas Schreiben überhaupt: »Ich bin von zuhause fort und muß immerfort nachhause schreiben, auch wenn alles Zuhause längst fortgeschwommen sein sollte in die Ewigkeit« (Br 392). Der »Mann vom Lande« habe das »Gesetz« »als Macht des Wortes, immer schon in sich«, schreibt R. Kreis, eine »Macht, die ihm die Laufbahn in Richtung auf den Ort vorschreibt, wo sich die Verknüpfung von Sprache und Umwelt einst schicksalhaft vollzog: in der Kindheit«; damit sei er »Mann u n d Kind« zugleich.[151] Er ist gespalten in den Sprechenden und den Seienden (bzw. ›Gewesenden‹). Das gespaltene Subjekt spricht sich lebenslang vorwärts und bleibt zugleich zurück auf einem Ort der Abwesenheit, einem abwesenden Ort. Nach diesem Ort, der in ihm liegt, verlangt es; die »Sehnsucht nach dem Ganzen«[152], das zerschnitten wurde durch die Sprache — durch Verdrängung, Separation, Ödipus —, kann es niemals aufgeben. Diese Sehnsucht und die symbolische Ordnung gehören zusammen; »das Gesetz und die verdrängte Begierde sind ein und dasselbe«[153]. »Der Mensch, sofern er Mensch ist, *ist* Begierde, ist jenes ›sujet barré‹ $, das wir als Resultat der Einführung in die Ordnung der Sprache [...] festhalten können.«[154] Es ist folglich kein Wunder, daß man immer wieder festgestellt hat, Kafkas Figuren strebten »ausschließlich nach dem Verbotenen«[155], den Sirenen[156]. Auch in der Türhüter-Parabel geht es um dieses Streben nach dem Unzugänglichen, die »fremden Säle des eigenen Schlosses« (Br 20; vgl. S 44 f.). So wenig wie die »Advokaten« ans *Überich* (das Gesetz) herankommen, so wenig erreicht der »Mann vom Lande« das von diesem Überich bewachte *Es* (den Ort des Begehrens). »Im Gesetz« befindet er sich gleichwohl: erstens im *Urgesetz*, das wie eine »sprachliche Ordnung« als »Reich der Kultur durch die Regelung von Verwandtschaftsbeziehungen das der Natur« überlagert, d.h. durchs Inzesttabu das Begehren regelt[157], und zweitens im *Gesetz der Rechtsnormen*, die sich ja mittels der Sprache im Subjekt verankern: »Unkenntnis der Gesetze schützt nicht vor Bestrafung. Übersetzt aus dem Humor des Gesetzbuches drückt diese Formel trotzdem eine Wahrheit aus, auf der unsere Erfahrung beruht und die sie bestätigt. Denn niemand lebt wirklich in Unkenntnis der Gesetze, weil das Gesetz des Menschen das Gesetz der Sprache ist.«[158] Die »*vielen* Gesetze« des Sprechens sind nicht der Ort, an den der Mann vom Lande sich hinsprechen möchte, es geht ihm um »*das* Gesetz« des Seins *hinter* der Sprache.

Aus dem Gesagten erhellt, daß der Türhüter nicht nur der externen Welt zugehört, sondern auch das Innere des Mannes vom Lande in allegorischer Weise spiegelt, wie ja auch das Gericht als Spiegel Josef K.s fungiert. Der Hüter entspricht — als Beamter, Repräsentant der Rechtsordnung und Vertreter des Gesetzes — der Imago des inneren Zensors, des Überichs. Daher wohl bleibt es auch offen, ob der Türhüter den Mann vom Lande überhaupt mit Gewalt davon abhielte, einzudringen; jedenfalls legen drei Varianten der Parabel diesen Gedanken nahe.[159]

Aber Eindeutigkeit ist hier nicht zu gewinnen, so wenig wie bezüglich der Parabeln vom »offenen Gefängnis« (H 345, 360 ff., B 292). Es wäre hier in spiegelverkehrter Form das zu wiederholen, was wir über den Metaphern-Zirkel dieser Konfiguration ausführten.[160] Der nur *scheinbar Unfreie* erweist sich letztlich doch als ein nur *scheinbar Freier*. Irgendeine Gewalt — sei es eine gegenwärtige, sei es eine sozusagen aus der Vergangenheit herrührende wie bei den »Kurieren« (H 44) — geht vom Türhüter aus, obgleich er nur durch Sprechakte präsent ist und durch symbolische Indizien seiner Wächterfunktion. Der Kontext spricht dafür, daß es um eine Gewalt aus der Vergangenheit, eine ›gewesende‹ Gewalt geht. Wie die »Kuriere« hat der Türhüter vermutlich keinen »König« (kein »hohes Gericht«) über sich, ist womöglich wie der Mann vom Lande gehorsam gegenüber einem rein imaginären Machthaber. Damit wären beide zu Angehörigen einer »Gesellschaft in mythischem Bann«[161] erklärt, d.h. eines Systems allseitiger »Fesselung« (J 205 f.), in dem Gewalt sich verflüssigt hat zum Ungreifbaren.

Daß sich K. nur mit dem Mann vom Lande identifiziert — »Der Türhüter hat also den Mann getäuscht« (P 257) — und nicht mit dem Beamten, wie der Geistliche zu bemerken scheint, das erklärt die Parabel in der Tat zum ›Rorschach-Test‹, zur »Leerform« für Sinnprojektionen[162]. Der Geistliche erläutert K., daß es unter den zahllosen »Meinungen« zur Legende auch eine gebe, nach welcher der *Türhüter* der »Getäuschte« sei (P 260 ff.): der Gebundene, Unterlegene, Dienende und Blinde. Der Dichter und (im Versicherungs-Recht tätige) Beamte Kafka, der sich seinen Helden zuweilen nähert und zuweilen sich von ihnen distanziert, hat mit den zwei Figuren der Parabel nur zwei Seiten *einer* Medaille beschrieben, bzw. die »Täuschung«, die darin besteht, jeweils nur die eine Seite wahrzunehmen. Aber es handelt sich um eine *notwendige* Täuschung, da im System der entfremdet gegeneinander Handelnden der jeweils Andere zum Anderen und nicht Gleichen, zum Fremden und Feind wird. Für den Türhüter ist der Mann vom Lande der Türhüter.

C. Die Form

I. Der Zirkel von Innen und Außen

> »Einst träumte Chuang-tzu, er sei ein Schmetterling. Er ergötzte sich am Fliegen von Blume zu Blume und wußte nichts von Chuang-tzu. Plötzlich wachte er auf und fragte sich erschreckt: ›Jetzt weiß ich nicht, träumte nun ich, daß ich ein Schmetterling war oder träumt ein Schmetterling, daß er Chuang-tzu ist.‹«[163]

Dieses chinesische Gedankenspiel bildet exakt die Struktur der PROZESS-Welt ab, in welcher sich ja eine phantastische und eine realistische Sphäre gegenseitig durchdringen. Josef K. könnte sich die Frage stellen: Bin ich ein Prokurist einer Bank oder bin ich Angeklagter? Bin ich ein Prokurist, der träumt, angeklagt zu sein, oder bin ich ein Angeklagter, der träumt, Prokurist zu sein? Er könnte sich fragen, ob dieser »Prozeß« nicht ein Spuk sei, den man verjagen kann, der sich auflöst, wenn man ihn nicht »anerkennt« (P 55), oder ob er, Josef K., nicht tatsächlich ein Angeklagter sei, d.h. unzähligen Anklagen, Verurteilungen, Hinrichtungen ausgesetzt, ob also sein Dasein als Pensionsbewohner und Bankbeamter — dieses Dasein der begriffslosen, todlosen Normalität — nur Schein, nur Oberfläche sei.

Weil Kafka die realistische Welt nicht von der phantastischen trennt, nicht den Traum vom Wachen, sondern weil er beide Welten ineinandergreifen läßt, kann es dazu kommen, daß Josef K. — wie Tschuang-Tse — nicht mehr weiß, auf welcher Seite sein Fundament ist. Es handelt sich hier um eine Erscheinungsform der Konfiguration, die wir den ›Zirkel von Innen und Außen‹ nannten und anhand der Reflexionen über das sich »peitschende Tier« (H 42) und das »offene Gefängnis« (B 292, H 345) erörterten. Der Zirkel ließe sich, was den PROZESS angeht, graphisch so darstellen, daß im Vorstellungsraum des wachenden Ich (wie in der Sprechblase der *Comics*) sich das träumende Ich befindet und daß in dessen Vorstellungsraum wiederum das wachende Ich eingeschlossen ist.[164]

Damit ist die Trennung von Subjekt und Objekt tendenziell aufgehoben. Es darf aber niemals zur absoluten Deckung kommen, da sich sonst die erfahrene Welt als reiner Traum, als reine Halluzination erweisen würde und damit die Kipp-Struktur des Ganzen verloren ginge. Indessen nimmt im Verlauf des Romans die phantastisch-traumhafte Welt zunehmend mehr Raum ein. K. verfällt der Logik des Gerichts, welche schließlich fast den gesamten empirischen Raum — Pension, Bank, Kirche — bestimmt. Es handelt sich gewissermaßen um zwei einander zunächst gegenüberstehende Kreise, welche am Ende einander fast vollständig überlagern[165]: »es gehört ja alles zum Gericht« (P 181).

Das Modell ist jedoch noch zu differenzieren; wir können 1.) in idealtypischer Weise zwei Sinntendenzen der *phantastischen* Welt (des Gerichts) hervorheben. Zwar bleibt bis zum Schluß das Phantastische als Phantastisches erhalten, aber durch dieses leuchten ja symbolische Sinnmomente hindurch: von Punkt zu Punkt konnotierte Seme, welche sich zur ›gleitenden Metapher‹ formieren. Aus dem sich rhizomatisch verflechtenden Beziehungsgefüge lassen sich — mit Hilfe eines strukturierenden Zugriffs — zwei Dimensionen dieser Metapher hervorheben: die Allegorien des Drinnen und die Sinnbilder des Draußen. Symbolische Gegenstände, symbolische Handlungen und vor allem allegorische Personifikationen (Prosopopöen) sprechen von der inneren, unbewußten, geträumten Welt (nur aufgrund von Indizien einer Entsprechung von Innen und Außen kommen wir zur Annahme, es handle sich hier um so etwas wie eine geträumte Welt). Auf der anderen Seite, wir sprechen zunächst nur von der phantastischen Welt des Gerichts, stehen die symbolischen Handlungen und allegorischen Personen auch für Erscheinungen der sozialen Außenwelt. D.h. »Psychopopöe« und »Weltallegorese«[166] schließen sich zusammen und kommen häufig in Form von Verdichtungen miteinander zur Deckung. Die Figur des ›Zirkels von Innen und Außen‹ bestimmt hier wieder den Binnenraum der Gerichtswelt. Für Josef K. allerdings sind sozusagen auch die Allegorien des Äußeren geträumt: Die Imago des Vaters und die sozialer Machthaber gehen ineinander über; frühere Abdrücke der Außenwelt in der Innenwelt und spätere überlagern sich. So wird es unentscheidbar, ob das Gericht in seiner Funktion als symbolisierte ›wirkliche‹ Außenwelt K. hinrichtet oder ob es die allegorisierten Mächte des ›unwirklichen‹ Inneren sind (als sowohl primär wie sekundär verinnerlichte Gewalten des Draußen).

Nun ist nur noch hinzuzufügen, daß 2.) auch die *empirische,* realistisch gezeichnete Sphäre — der Bank, der Pension — symbolische Qualität zugesprochen bekommt; man denke an die Beobachter der Verhaftungsszene, an Hauptmann Lanz, an den Direktor-Stellvertreter. Die Züge der »Psychopopöe« wie die der »Weltallegorese« sind auch dieser Sphäre zuzusprechen. Damit wird nicht allein die phantastisch-allegorische Gerichtswelt, sondern auch die realistisch-empirische Welt zum ›Weltinnenraum‹.

Ist dieser Raum der eines Verrückten? Nur der Verrückte kann sich mit einem »Schmetterling« verwechseln; nur dem Psychotiker erscheint das »Verworfene« als Halluziniertes mitten im Realen, nur dem Paranoiker verfestigt sich die Projektion zum Wahn.[167] Tschuang-Tse weiß, daß er nicht immer »Ich« ist, aber er weiß als *ens cogitans* auch, daß der Traum und das Bewußtsein des Traumes sich voneinander unterscheiden: »Der Beweis ist, daß, solang er Schmetterling ist, ihm nicht in den Sinn kommt, sich zu fragen, ob er, als aufgewachter Tschuang-Tse, nicht der Schmetterling sei, der zu sein er eben träumt.«[168]

Kafka aber hatte die Differenz zur »scheinbaren« erklärt: »Man ist doch im Schlaf und im Traum wenigstens scheinbar in einem vom Wachen wesentlich verschiedenen Zustand gewesen, und es gehört [...] eine unendliche Geistesgegenwart oder besser Schlagfertigkeit dazu, um mit dem Augenöffnen alles, was da ist, gewissermaßen an der gleichen Stelle zu fassen, an der man es am Abend losgelassen hat.« (P 304 f.) Am Morgen der »Verhaftung« sind die »scheinbar« voneinander verschiedenen Zustände nicht mehr zu trennen. Das kann nur bedeuten, daß auch für den ›Normalen‹ das Imaginäre ins Wirkliche einbricht; das Wunschprinzip das Realitätsprinzip verzerrt; der Primärprozeß mit seinen Verschiebungen und Entstellungen den Sekundärprozeß beeinträchtigt; die Projektion die Wahrnehmung, die Verleugnung die Anerkenntnis des Wirklichen, das Verkennen das Erkennen gefährdet. Bei Kafka wird genau deshalb der Traum nicht getrennt vom Wachen, sondern in dieses eindringend vorgestellt. Daher behält, was Kafkas Gestaltungsprinzip und dessen Gründe angeht, die Parabel von Tschuang-Tse und dem Schmetterling denn doch ihre Geltung.

Damit dieses Formprinzip verwirklicht werden kann, müssen allerdings verschiedene erzähltechnische Verfahren zusammenspielen:

1. Die *personale* Perspektive hat jene Ambivalenz zu ermöglichen, welche unentscheidbar macht, ob das personale Medium des Romans Realitäten oder subjektiv bzw. projektiv verzerrte Objekte wahrnimmt.[169] Kein auktorialer Erzähler darf wahr und falsch scheiden oder Traum und Wirklichkeit voneinander abgrenzen.

2. Es muß ein bestimmter Grad von *Ähnlichkeit* zwischen Imagines des Inneren und Erscheinungen des Äußeren bzw. zwischen symbolischen und empirisch möglichen Handlungen gewährleistet sein. Im VERSCHOLLENEN entsprechen daher die sozialen »Verhöre« den ehemals introjizierten familialen »Verhören«.[170]

3. Geht es um die Darstellung einer phantastischen Welt wie der des »Gerichts« oder des »Schlosses«, so muß der symbolische Roman *Sinnbilder* des Inneren mit solchen des Äußeren koppeln, und zwar nach dem Prinzip einer polysemischen Verdichtung oder einer gleitenden Metaphorik.

4. Damit das Befremdende nicht seinen »Stachel« verliere, darf die phantastisch-traumhafte Welt nicht *als* Phantasie oder Traum eingeführt werden[171], sondern muß als Reales mitten im Realen erscheinen. Der erzählten Welt muß ein empirisches Fundament gegeben und zugleich entzogen werden, entzogen werden dadurch, daß die phantastische Welt die empirische allmählich zersetzt.

Damit sind die Bedingungen für das Zirkulieren des Sinns im ›Zirkel von Innen und Außen‹ zureichend benannt.

II. Die chiastische Struktur

Daß im URTEIL ein in der Familie bzw. im Intrapsychischen stattfindendes Urteilen, Beurteilen, Aburteilen, Verurteilen durch eine juridische Metaphorik — »Ich verurteile dich jetzt zum Tode des Ertrinkens!« (ER 36) — versinnbildlicht wird, im PROZESS andererseits ein juridisches Verfahren durch Bilder erotischer Beziehungen, familialer Abhängigkeiten und intrapsychischer Vorgänge näher definiert wird, das deutet die Weite des Kafkaschen Rechts-Begriffes an, d.h. die Weite all jener begriffsnahen Metaphern bzw. uneigentlichen Begriffe wie: Gesetz, Gericht, Rechtfertigung, Schuld, Anklage, Verhör, Untersuchung, Verschleppung, Urteil, Prozeß, Recht, Gerechtigkeit, Fürsprecher, Richter, Strafe usw. Von juridischen und extrajuridischen Normen bis ins Innerseelische reichen diese Rechts-Begriffe oder Rechts-Metaphern, welche nicht eines poetischen Spieles wegen eingesetzt werden, sondern um ein rechtstheoretisches Modell zu entwerfen, das man durchaus neben TOTEM UND TABU oder ÜBERWACHEN UND STRAFEN stellen könnte. Wenn Kafka schreibt: »Urteile! Töte!« (H 301), wird deutlich, daß es hier um die Rede als das die »Eigentümlichkeit« erstickende Allgemeine überhaupt geht, ähnlich wie in Adornos NEGATIVER DIALEKTIK, wo das schlecht Allgemeine der Denk- und Realabstraktion allem widerständig Nicht-Identischen Gewalt antut.[172]

Damit ist angedeutet, welche Strahlungsweite der ›offenen Metapher‹ bzw. ›gleitenden Metapher‹ der Prozeß- oder Gerichtswelt zukommt, so daß man hier auch, wie H. Sussmann bezüglich des BAUES, von einer »all-embracing metaphor«[173] sprechen könnte. In unserer Interpretation haben wir gewissermaßen nur zwei Hauptstränge der gleitenden Sinnsetzung herausgehoben: die psychologische und die soziale Perspektive.

Nach dem psychologischen Assoziationskontext zu schließen, scheint K. seinen Prozeß selbst ›verschuldet‹ zu haben: »Das Gericht will nichts von dir. Es nimmt dich auf, wenn du kommst, und es entläßt dich, wenn du gehst.« (P 265) K.s »Schuld« zieht das Gericht an (P 15); es existiert nur, wenn er es »als solches anerkenn[t]« (P 55).

Obgleich K. seine vorbewußten Ahnungen verleugnet und verdrängt, obgleich er Schuldgefühle und Unsicherheiten zu erkennen gibt, sich in Widersprüche verwickelt, Fehltritte begeht usw., kann hier von Schuld nur im menschlich-allzumenschlichen Sinn gesprochen werden. Vor allem ist das Schuldgefühl mit all den ihm entspringenden Fehlleistungen und Verleugnungen nur dem nicht zu verantwortenden Unbewußten geschuldet — der Angst als dem »Herz der Krankheit«. W. Benjamin ging noch weiter: die Rolle der »Angst« »im Denken« bestünde darin — so notierte er zum PROZESS —, den »Vorgang« zu verpfuschen und doch »das einzig Hoffnungsvolle und Erhebliche daran« zu sein.[174]

Das Verhältnis von ›Schuld‹ und ›gerechtem‹ Gericht erweist sich als Trugbild. Man würde den Roman aber verfälschen, löschte man diese Sinnschicht aus und zöge allein das Verhältnis des unschuldig Angeklagten zum despotischen Ankläger in Betracht. Die Doppelheit der Sinngebung im PROZESS hängt zutiefst mit der Form der ›gleitenden Metapher‹ und der Spaltung der phantastischen Gerichtsphänomene in Allegorien des Inneren und Symbolisierungen des Äußeren zusammen. Nur in bezug auf die den Fakten nach schuldlose Hauptfigur und die somit offenkundig unbegründeten Übergriffe des Gerichts (das für soziale Herrschaftsinstanzen steht) kann ungebrochen von totalitären Mächten gesprochen werden. Daher muß es als Simplifizierung gelten, wenn der sonst so dialektisch und subtil argumentierende Th.W. Adorno schreibt: »Verhaftung ist Überfall, Gericht Gewalttat.«[175] Adorno hatte den PROZESS als parabolische Antizipation des Faschismus gelesen: »Nicht bloß Kafkas Prophezeiung von Terror und Folter ward erfüllt. ›Staat und Partei‹: so tagen sie auf Dachböden, hausen in Wirtshäusern wie Hitler und Goebbels im Kaiserhof, eine als Polizei installierte Verschwörerbande. Ihre Usurpation offenbart das Usurpatorische am Mythos der Macht [...]. Auch die Eliten im Faschismus haben sich selber ernannt.«[176] Es handelt sich aber bei Kafka nicht um eine mystische »Prophetie«, sondern um eine Darstellung dessen, was sich längst — zumindest dem auch um 1900 schon von Pogromen bedrohten Juden — real offenbart, und vor allem um eine durch die ödipal bestimmten Ängste, Schuldgefühle, Schwächen und Projektionen modifizierte und gebrochene Darstellung der Macht.

Nur der *eine* Assoziationskontext bestätigt Adornos Interpretation; nur innerhalb seiner Logik ist das Gericht nicht ›willenlos‹ (P 265), sondern befiehlt (»Sie dürfen nicht weggehen« [P 11]), spricht »schuldig« (P 252), richtet hin (P 272) — ist durch einen »einzigen Henker« (P 185) zu ersetzen. So betrachtet, inszeniert das Gericht die Hetz-Jagd (P 244, 177) nach dem Unschuldigen, erlaubt keine Verteidigung, ist von seinem Urteil nicht mehr abzubringen, verfährt geheim, demoralisiert sein Opfer durch Schuldzuschreibungs-Rituale, Überwachungs- und Kontrollmaßnahmen, Erniedrigungen und Gewaltsamkeiten.

Wir haben es also wieder, vereinfacht gesprochen, mit einer vierstelligen, chiastischen Struktur zu tun, wie sie uns bereits im URTEIL begegnete. Dem *schuldlosen* Angeklagten entspricht ein *unrechtmäßiges* Gericht, andererseits antwortet ein projiziertes *rechtmäßiges* Gericht auf eine innere ›Schuld‹. So kommt es zu einer Überkreuzführung, in welcher ein ›Schuldiger‹ einem ›gerechten‹ und zugleich ein Unschuldiger einem ungerechten Richter gegenübersteht. Einer klagt den anderen an. Dabei verwirren sich für K. (und den Leser) die Beziehungen: steht womöglich der ›Schuld‹ ein ungerechter Richter gegenüber, so sieht es G. Kaiser[177], oder der Unschuld ein höheres ›Recht‹? So sieht es W. Emrich, dem die bloße Existenz, also die Unschuld, paradoxerweise zur Schuld vor einem obersten Gericht wird[178]. Beide Sehweisen (dargestellt in der gepunkteten Linie) geben aber nur die Konfusion des von der paradoxen Zweideutigkeit des Gerichts mystifizierten Josef K. wieder:

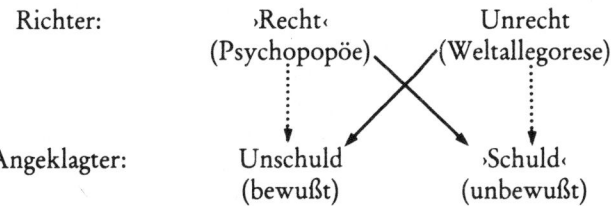

Wir haben es mit einer ›Kriminalgeschichte‹ zu tun, in welcher beide Seiten verdächtigt werden, aber weder ein Beweis der Schuld des Angeklagten noch ein eindeutiger Beweis der Unrechtmäßigkeit der Ankläger erbracht wird; der zunächst Beschuldigte ist und bleibt jedoch, da kein Dritter den Rechtsstreit entscheidet, das Opfer der Ankläger. Kafka hat gewissermaßen aus Dostojewskijs SCHULD UND SÜHNE die ursprüngliche Tathandlung eliminiert. Wie im ÖDIPUS REX übernimmt der angeklagte Held selbst die Analyse des Falles, seines Falles. Dieser ›Fall‹ entzieht sich aber im ›psycho-analytischen‹ Drama — als das Unbewußte — seinem Zugriff; Josef K. löst — anders als Ödipus, der »erste Detektiv«[179] — das Rätsel der Sphinx nicht, er ist ›geblendet‹ von Anfang an und bleibt es auch.

Alle Vereindeutigungen[180] widersprechen dem Zwei- und Vieldeutigen bei Kafka, dem Zusammengesetzten, Kompositen und oft Rhizomatischen seiner Gebilde. W. Benjamin hat dieses Komposite in seinen Notizen zu dem geplanten Buch über den PROZESS mehrfach festgehalten. Er hält den Roman für einen »Zwitter aus Satire und Mystik«, d.h. einen Zwitter aus »Parabel« und »Symbol«, »Unterweisung« und »Gebärde«, »Gleichnis« und »Gestus«, »Fabel« und »wolkiger« Darstellung.[181] Der Satire wäre die politische Eindeutigkeit abzugewinnen, führte sie nicht in die Mystik und wolkige Gestik. So komme es zu einer Überlagerung von *dem* Gesetz (Mystik) und *den* Gesetzen (Satire), d.h. Theologie und positivem, faktischem Recht: Bisweilen habe es den Anschein, als sei es »die trostlose Aufgabe oberer Mächte, dem Menschen eine Schuld zu beweisen«.[182] Aber Gesetz, Tora, Weisung sind unzugänglich: »Ob die Schrift den Schülern abhanden gekommen ist, oder ob sie sie nur nicht enträtseln können, kommt [...] auf das Gleiche heraus«.[183] Der »tote Punkt« des Gesetzes, des höheren Gerichtes, wird ausgefüllt durch die »vielen« Gesetze des positiven Rechts der keineswegs unscharf urteilenden, sondern messerscharf richtenden Realität: »[Wie hier im PROZESS] das Recht und das Gericht alle Fugen des sozialen Daseins durchdringt, das ist die Kehrseite der Gesetzlosigkeit in unsern gesellschaftlichen Verhältnissen«.[184] Die »Verkrochenheit« der menschlichen und tierischen Figuren Kafkas sei der figürliche Ausdruck der Isolation der »gesetzunkundigen Angehörigen« der Kafkaschen Generation.[185] Nach der Parabel vom Advokaten Dr. Bucephalus (ER 139 f.) hätten die Menschen »nach dem Schuldigwerden sich in Gerichtspersonen« verwandelt.[186] Gerade nicht die Willkür der Gerichtsbeamten, sondern die Zwanghaftigkeit ihres Fleißes, ihrer Exaktheit, ihres Dokumentationseifers, ihrer Gesetzestreue und Logistik scheint Benjamin das Verhängnisvolle, ›Gesetzlose‹ zu sein. Daher verkompliziert sich ihm die rhizomatische Struktur noch mehr: Im *Ungerechten* am Recht erblickt er die Hoffnung; die »Korrumpierbarkeit« und »Bestechlichkeit« der Gerichtspersonen bedeutet ihm die »einzige Hoffnung« auf Menschlichkeit.[187] In der Begehrlichkeit also ist Humanität. — Wir haben gesehen, besonders in den Szenen mit Berthold und der Frau des Gerichtsdieners, daß K. sich von den »Frauenjägern« (P 253) des Gerichts nicht sehr unterscheidet und Bestechungsversuchen (P 106) nicht abgeneigt ist: »Wenn ich einige Frauen, die ich kenne, dazu bewegen könnte, gemeinschaftlich für mich zu arbeiten, müßte ich durchdringen. Besonders bei diesem Gericht, das nur aus Frauenjägern besteht.« (P 253) Das einfache Modell »Repressionsinstanz versus Opfer« wird hier aufgelöst. Was

Abbildung 5

K., blind für sein eigenes Verhalten, am Gericht verdammt, ist für Benjamin nun das Hoffnungsvolle: »Das Recht hat in dem Werke Kafkas den Charakter eines mythischen Gebildes. Aber dieser gnadenlosen Gewalt des Rechts gibt er ein Korrektiv bei. Jene Welt des Rechts ist korrupt im Innersten. Und vielleicht ist die Korruption das Sinnbild der Gnade.«[188] Auch K.s Begehrlichkeit und seine aus Schuldgefühlen, Schwächen und Ängsten kommenden Verleugnungen sind nur ›menschlich‹. Die so begründete Ambivalenz, die das Verhältnis von Herrscher und Beherrschtem — in Grenzen — umkehrbar erscheinen läßt, hat W. Benjamin wie folgt umschrieben: »Was die Korruption im Recht ist, das ist im Denken die Angst. Sie verpfuscht den Vorgang und doch ist sie das einzig Hoffnungsvolle und Erhebliche daran.«[189] Nicht das Erkennen, das Verkennen scheint aus der Wahrheit zu kommen.

Der sozialphilosophischen Sehweise, die monokausal davon ausgeht, im System allseitiger »Fesselung« (J 205 f.) einen Verantwortlichen festmachen zu können, hielt schon W. Benjamin die polyvoken, transversalen und paradoxen Sinnbeziehungen der »offenen« Parabeln Kafkas entgegen. Nicht simple Antithesen sah er in ihnen, sondern chiastische Überlagerungen und mehr: sich verzweigende Geflechte und »wolkige« Gebilde.

Schluß: Blieb das unerklärliche Felsgebirge

C. Lugowski hat die Geschichte des neuzeitlichen Romans als einen Zerset-
zungsprozeß mythischer Geschlossenheit und gemeinschaftsbildender Künstlichkeit konstruiert. Das quasi mythische Künstlich- und Gemachtsein der
Romanwelt — ihr »mythisches Analogon« — finde seinen Ausdruck im vorab
feststehenden Endergebnis des Erzählten, seinem Finalnexus, seiner »Motivation von hinten«.[190] Dieses »mythische Analogon« werde nun in der Neuzeit
tendenziell aufgelöst durchs Bewußtsein der »Einzelmenschlichkeit«, welches
sich in »den beiden Linien der Absonderung aus der Totalität und der Verzeitlichung« bewege.[191] Zeitlichkeit, kausale Begründung sowie Zukunfts- und
Zweckorientierung kennzeichnen dieses Bewußtsein, dessen formalen Nieder-
schlag die »vorbereitende Motivation«[192] darstellt.

Die Herausbildung der Form der Individualität im Roman — besonders in
Gestalt eines Bildungsprozesses[193] — ist mithin gleichbedeutend mit der Auflösung der mythischen Totalitätsvorstellung. Kafka hebt aber diese Form der
Zeitlichkeit wieder auf. Ein sozusagen ›negatives‹ mythisches Analogon löscht
— im VERSCHOLLENEN weniger als im PROZESS und im SCHLOSS —
die kausale Motivation »von vorn« weitgehend aus. Das bedeutet eine Affinität zum Mythischen bzw. eine Strukturähnlichkeit mit dem antiken Epos, wie
schon M. Walser behauptet hatte[194]. Nur verkehrt sich die epische Lebens-
immanenz des Sinnes nun in die Omnipräsenz der »Sinnlosigkeit«.[195] Trotz ihrer lückenlosen Kontinuität und personalen Einsinnigkeit wiederholt Kafkas
Epik in der Addition ihrer ewig selbigen Episoden immer wieder ein von Anbeginn Feststehendes, ist unentwegt ›gehabt‹ von ihrem Endziel.

Aber dieses wiederkehrende mythische Analogon hat bei Kafka nur mehr
formal Bestand, da sich ihm keine sinnstiftende Weltdeutung oder Sinntotalität mehr verbindet. Wir müssen daher nochmals zu Lugowski zurückkehren,
der in einer anderen Opposition der mythischen Künstlichkeit oder »›gemach-
ten‹ Welt« eine »Welt des Fürsichseins« gegenüberstellt, d.h. eine ungedeutete,
sinnfreie, chaotische und unbewältigte Wirklichkeit.[196] »Unbewältigte Wirklichkeit in diesem Sinne, in der der Mensch sich finden kann (die er nicht
denkt oder *erkennt,* sondern in der er *lebt*), ist das, was wir die Welt des Fürsichseins nennen möchten. Es ist die Welt, die der Mensch nicht mehr als
Ganzes sinngebend formt, indem er sie als *Sinntotalität* auffaßt, sondern die
stumm durchlebt, schweigend ertragen wird. In dieser Welt wird das Wirkliche nicht mehr durch eine prinzipielle und umfassende Deutung *überwunden;*
der Mensch bleibt der Wirklichkeit gegenüber sieglos, indem er sie auf keine
andere Weise ›bearbeitet‹, als daß er sie konstatiert, ihr Dasein als Wirklichkeit
anerkennt.«[197] Ein »So ist die Welt!«[198] sei das Signum solchen Weltbegreifens.
Man kann das Gesagte, anders als Lugowski selbst, auf Kafkas Welt der »Notwendigkeit« (P 264) beziehen — oder auch auf Becketts Welt des COMMENT
C'EST[199]. Kafka nähert sich ihr allerdings nicht durch Deutungsabstinenz,
sondern dadurch, daß er das Scheitern von Deutungsversuchen inszeniert, d.h.

durch reflexive, nicht-naive Verfahren poesie- und traditionskritischer Dekomposition. Sein poetologisches Prinzip formuliert der Text über Sancho Pansa (ER 349 f.), der seinen Teufel Don Quixote zu pikaresken Taten verleitet[200], und vor allem der PROMETHEUS, der die Erklärungen des Unerklärlichen im Unerklärlichen enden läßt: »Blieb das unerklärliche Felsgebirge«. (ER 351 f.)

In Kafkas Prosa wird also durchaus eine Unzahl tradierter Sinnsysteme bzw. mythischer Analoga destruiert. Dennoch erhält sich eine ihrer Formen als Schablone: die spiralförmig absteigende Linie; trotzdem wird die »Verzeitlichung« zurückgenommen, wird die Denkform Resultate zeitigender Zeitlichkeit und die Perspektive erklärender Kausalität dekomponiert. Im PROZESS ist die Dimension der Zeit aufgehoben bzw. nur als Darstellungsmedium wirksam.[201] Die diachrone Sukzession dient fast ausschließlich der Ausbreitung einer atemporalen Zuständlichkeit bzw. synchron zu lesenden Strukturalität.

Der von seiner Gefangennahme erzählende Menschen-Affe des BERICHTS erklärt, er wolle »keines Menschen Urteil«, er wolle nur »Kenntnisse verbreiten«, er »berichte nur«. (ER 174) Kafkas Berichte über das Unerklärliche tilgen ganz ähnlich alle Wertung, Deutung, Erklärung, Kausalität, Teleologie und Eschatologie. Diese Einbettung des Geschichtlichen ins Nicht-Geschichtliche durch die Dekonstruktion tradierter Denkformen bedeutet auch eine Rückkehr zum Mythos — nicht eine Rückkehr zur Sinntotalität, sondern zu dem, was Lévi-Strauss hinter der Scheinbewegung des Aitiologischen und Ereignishaften des Mythos zu sehen meinte: der ungedeuteten, unerklärten strukturalen Ordnung der Dinge. Die konkret-subjektiven Erfahrungsmomente, die Kafka seinem »traumhaften innern Leben« (T 420) entnimmt und quasi zu einer »neuen Geheimlehre, einer Kabbala« (T 553) zusammenfügt, bleiben entsprechend ohne Deutung und ohne Sinnrichtung, ohne Grund und ohne Telos. Die »wilde«[202] Poesie inszeniert gewissermaßen ein Spiel mit differentiellen Oppositionen, welche auf das ungedeutete Sosein einer Ordnung der Erfahrung weisen. Diese »hagada« ohne »halacha«[203] verrät einen ratlosen Skeptizismus, der — am Beginn der politischen Katastrophen des 20. Jahrhunderts stehend — allen Religionen und Parteien, allen geschichtsphilosophischen und therapeutischen Fortschrittsideen mißtraut.

Kafkas Welt des Schreckens ist indessen nur die Kehrseite einer utopischen »Sehnsucht nach dem Ganzen«. Der 1979 41-jährig verstorbene Nicolas Born — die Umstände erinnern an Kafka — äußerte einmal: »Als Kinder hatten wir einen radikalen und absoluten Anspruch an die Welt: den Anspruch auf Glück, Unsterblichkeit. Dieser Anspruch muß wieder eingeführt werden. Erst dann werden wir uns voll bewußt, was wir alles entbehren und um was wir alles betrogen sind.«[204] Genau dieser Entschluß aber, dieser Versuch, das Entbehrte nicht entbehren lernen zu wollen, führte Kafka in die Welt des Terrors. Durch die Verlängerung seiner Kindheit — »Le maintien de la situation enfantine«[205] — blieb er dem Entbehrten und damit aber auch dem Entbehren nahe. Er hielt sich im Vorhof des Paradieses, der sich ihm zu einem Hades verwandelte, welche ihn unentwegt zu wünschen zwang, ihn nötigte, wie Tantalos fortwährend nach den Zweigen des Paradiesbaumes (vgl. H 46) zu greifen. Nur als verlorenes war ihm das Paradies ein Paradies. In diesem Sinne ist Kafkas Hoffnungslosigkeit Hoffnung, seine Angst Angriff, seine Klage Anklage, seine Schwäche Kritik, sein Masochismus Auflehnung. Daher hatte W. Benjamin aufgeschrieben: »Revolutionäre Energie und Schwäche sind bei Kafka zwei Seiten ein und desselben Zustands.«[206] Kafka kehrt uns das Gesicht der »kranken schönen Seele der Revolution«[207] zu.

Anmerkungen

Anmerkungen zur Einleitung

1 Kafkas Werke, Briefe und Gespräche werden unter Angabe von Siglen — siehe das Verzeichnis, das der Literaturliste voraufgeht — im fortlaufenden Text nachgewiesen. Auch auf häufig zitierte Werke der Sekundärliteratur wird in den Anmerkungen durch Siglen verwiesen.

2 »Mit Blut gräbt sich der Buchstabe ein«; vgl. die Erziehungslehre Francisco Ferrers, die Klaus Wagenbach in seinem Kommentar zur STRAFKOLONIE zitiert; Klaus Wagenbach, Franz Kafka. In der Strafkolonie. Eine Geschichte aus dem Jahr 1914. Mit Quellen, Abbildungen, Materialien aus der Arbeiter-Unfall-Versicherungsanstalt, Chronik und Anmerkungen von Klaus Wagenbach, Berlin 1975, S. 89.

3 Zweifel an Janouchs Zuverlässigkeit hat zuletzt angemeldet: Eduard Goldstücker, Kafkas Eckermann? Zu Gustav Janouchs »Gespräche mit Kafka«, in: Franz Kafka. Themen und Probleme, hg. von Claude David, Göttingen 1980, S. 238—255. Daß im folgenden die Zeugnisse Janouchs und auch Max Brods relativ gleichberechtigt neben authentischen Texten Kafkas stehen, mag damit entschuldigt werden, daß es hier nicht um Fakten und Beweisverfahren geht, sondern um rekurrente Formen und Strukturhomologien. — Der strukturalistischen Intention der vorliegenden Untersuchung ist es ferner zuzuschreiben, daß hier verschiedenste Textsorten (Werk, Brief, Nctiz, Gespräch) und entwicklungsgeschichtlich womöglich näher zu differenzierende Texte zu einer Einheit zusammengefaßt werden. Die Kategorie des individuellen, authorisierten »Werkes« ist zumindest aus heuristischen Gründen durch die des allumfassenden »Textes« ersetzt; dies zum einen, weil Kafkas Schaffen als ein unentwegter »Schreibstrom« zu sehen ist (vgl. Gerhard Neumann, Werk oder Schrift? Vorüberlegungen zur Edition von Kafkas »Bericht für eine Akademie«, Ms. Freiburg i.Br. 1981), zum andern, weil sich wiederholenden Grundformen — als Varianten ein und desselben Mythos — nur aufgespürt werden können, wenn Kafkas Äußerungen als Einheit genommen, als *ein* Text aufgefaßt werden.

4 Vgl. dazu Heinz Schlaffer, Denkbilder. Eine kleine Prosaform zwischen Dichtung und Gesellschaftstheorie, in: Poesie und Politik. Zur Situation der Literatur in Deutschland, hg. von Wolfgang Kuttenkeuler, Bonn 1973 (Bundeszentrale für politische Bildung), S. 137—154.

5 Vgl. ebd. S. 143; im Hinblick auf Kafkas changierende Metaphern könnte man auch von »Reflexions-Bildern« sprechen, vgl. Hans H. Hiebel, Antihermeneutik und Exegese. Kafkas ästhetische Figur der Unbestimmtheit, in: DVjS 52 (1978), S. 90—110.

6 Siehe Michel Dentan, Humour et Création Littéraire dans L'Œuvre de Kafka, Genève/Paris 1961; Christian L. Hart Nibbrig, Die verschwiegene Botschaft oder: Bestimmte Interpretierbarkeit als Wirkungsbedingung von Kafkas Rätseltexten, in: DVjS. 51, 1977, S. 459—475; Dominique Iehl, Die bestimmte Unbestimmtheit bei Kafka und Beckett, in: Franz Kafka, Themen und Probleme, hg. von Claude David, Göttingen 1980, S. 173—189; Theo Elm, Der Prozeß, in: Kafka-Handbuch, Bd. 2, hg. von H. Binder, Stuttgart 1979, S. 420—440.

7 S. letzte Anmerkung.

8 Michel Dentan, *op. cit.*, bes. S. 54 u. S. 58.

9 Vgl. Hart Nibbrig, *op. cit.*, S. 460; Heinz Politzer, Franz Kafka. Der Künstler, Frankfurt a.M. 1978, S. 43.

10 Vgl. den Begriff des »offenen Kunstwerks« bei Umberto Eco, Das offene Kunstwerk, Frankfurt a.M. 1977, bes. S. 41 ff.

11 Vgl. Dominique Iehl, *op. cit.*

12 Vgl. Hart Nibbrig, *op. cit.*, S. 460.

13 Vgl. bes. die Arbeiten von Wilhelm Reich, Th. W. Adorno, Erich Fromm, Max Horkheimer, Herbert Marcuse, Th. Reik, S. Bernfeld, D. Duhm, A. Lorenzer, H. Dahmer, G. Mendel, Th. Ziehe, G. Deleuze und F. Guattari; s. Literaturverzeichnis.

14 Hellmuth Kaiser, Franz Kafkas Inferno. Eine psychologische Deutung seiner Strafphantasie, in: Imago 17, 1931, H. 1, S. 41—103; auch in: Heinz Politzer (Hg.), Franz Kafka, Darmstadt 1973 (= Wege der Forschung); zu denken ist hier vor allem an Josef Rattner, Kafka und das Vater-Problem. Ein Beitrag zum tiefenpsychologischen Problem der Kindererziehung. Inter-

pretation von Kafkas »Brief an den Vater«, München/Basel 1964; Charles Neider, The Frozen Sea. A Study of Franz Kafka, New York 1948, John S. White, Psyche and Tuberculosis. The Libido Organization of Franz Kafka, in: The Psychoanalytic Study of Society 4, New York 1967, S. 185—251; hierher gehören auch die psychologischen Partien in Walter H. Sokels Arbeit: Franz Kafka. Tragik und Ironie. Zur Struktur seiner Kunst, München/Wien 1964 (in Zukunft zitiert unter der Sigle SO). Über diese Ansätze führen nur hinaus: Mechthild Hornschuh-Fagard/Georges Fagard, Le Nid Vide. Essai sur la problématique consciente et inconsciente de Franz Kafka, Paris 1974; Gilles Deleuze und Félix Guattari, Kafka. Pour une Littérature Mineure, Paris 1975.

15 E.D. Hirsch, Prinzipien der Interpretation, München 1972, S. 74 ff., S. 39.

16 Gerhard Kurz, Traum-Schrecken. Kafkas literarische Existenzanalyse, Stuttgart 1980, S. 36.

17 Elias Canetti, Der andere Prozeß. Kafkas Briefe an Felice, München 1969, S. 86.

18 Vgl. zum Verhältnis von Sprechakt und Macht: Gerhard Neumann, Franz Kafka. »Das Urteil«. Text, Materialien, Kommentar, München/Wien 1981; Ulf Abraham, Der verhörte Held. Verhörsituation und Schuldgefühl im Werk Franz Kafkas, Zulassungsarbeit Erlangen 1979. Man könnte die in diesen Arbeiten thematisierte ›Sprachmacht‹ dem Bereich der (das Rechtliche überschreitenden) extrajuridischen Macht, wie sie Friedrich Nietzsche und neuerdings Michel Foucault analysiert haben, eingliedern. Bis heute gibt es indessen keine Recht und Macht explizit zum Thema erhebende Arbeit zu Kafka, gehe es nun um den engeren juridischen oder den weiteren extrajuridischen Bereich. Nur Karin Keller, s. weiter unten, wendet sich der Problematik zu, indem sie zeigt, wie Kafka Gesellschaft als ein quasi mythisch determiniertes Phänomen gestaltet.

19 »Konfigurationen des Rechts, der Macht und des Begehrens« lautete der Titel der Habilitationsschrift, aus welcher die vorliegende Arbeit hervorging. Der Titel der »Konfiguration«, der hier in bezug auf die Konstellation elementarer Grundfiguren gebraucht wird, zielt nicht auf jene scharf umrissenen dramatischen Konstellationen, wie sie G. Neumann, sich auf H. v. Hofmannsthal beziehend, für Goethes »Tasso« reklamiert hat; vgl. Gerhard Neumann, Konfiguration. Studien zu Goethes ›Torquato Tasso‹, München 1965.

20 Roman Jakobson, Randbemerkungen zur Prosa des Dichters Pasternak, in: Poetik. Ausgewählte Aufsätze 1921—1971, hg. v. E. Holenstein und T. Schelbert, Frankfurt a.M. 1979, S. 192—211; Roman Jakobson, Zwei Seiten der Sprache und zwei Typen aphatischer Störungen, in: Aufsätze zur Linguistik und Poetik, hg. v. W. Raible, Frankfurt a.M., Berlin, Wien 1979, S. 117—141.

21 Tzvetan Todorov, Poetik, in: F. Wahl (Hg.), Einführung in den Strukturalismus, Frankfurt 1973, S. 115–180, bes. S. 115 ff. u. S.145.

22 Gérard Genette, Figures I, II, III, Paris 1966, 1969, 1972; »Figures« in: Figures I, S. 205—222, s. bes. S. 220.

23 Jean Rousset, Forme et Signification, Essais sur les structures littéraires de Corneille à Claudel, Paris 1962.

24 Heinz Politzer, Franz Kafka. Parable and Paradox, Ithaca/New York 1962, bes. S. 22 u. 245; die beiden Nenner sind in der deutschen Übersetzung verlorengegangen: Franz Kafka. Der Künstler, Frankfurt a.M. 1978.

25 Claude Lévi-Strauss, Die Struktur der Mythen, in: Strukturale Anthropologie, Frankfurt a.M. 1971, S. 226—254, bes. S. 230—232; sowie: Die Struktur und die Form. Reflexionen über ein Werk von Vladimir Propp, in: Vladimir Propp, Morphologie des Märchens, hg. v. Karl Eimermacher, Frankfurt a.M. 1975, S. 181—214, bes. S. 210 ff.

26 Vgl. Peter Szondis Gegenüberstellung von »genereller Erkenntnis« und individueller Erkenntnis der »monarchischen« Eigenart des Kunstwerkes in seinem Aufsatz: Über philologische Erkenntnis, in: Hölderlin-Studien. Mit einem Traktat über philologische Erkenntnis, Frankfurt a.M. 1970, S. 9—36, s. bes. S. 20—23.

27 Die Arbeit von Werner Rehfeld, Das Motiv des Gerichtes im Werke Franz Kafkas: Zur Deutung des »Urteils«, der »Strafkolonie«, des »Prozesses«, Diss. Frankfurt a.M. 1960, geht von einem metaphysischen Gerichts-Begriff aus und ist völlig unergiebig. Nur Ulf Abraham wendet sich der Rechtsproblematik bei Kafka zu: Der verhörte Held, a.a.O.

28 Karin Keller, Gesellschaft in mythischem Bann. Studie zum Roman »Das Schloß« und anderen Werken Franz Kafkas, Wiesbaden 1977.

29 Alfred Wirkner, Kafka und die Außenwelt. Quellenstudien zum ›Amerika‹-Fragment, Stuttgart 1976; Helmut Richter, Werk und Entwurf, Berlin (Ost) 1962; Klaus Hermsdorf, Kafka. Weltbild und Roman, Berlin (Ost) 1961 (2. Aufl. 1966).

30 Vgl., wie erwähnt, H. Kaiser, J. Rattner, Ch. Neider, J.S. White, W.H. Sokel, a.a.O.; auf die Form des Werkes beziehen sich nur Fagard/Fagard, a.a.O., und Deleuze/Guattari, a.a.O., sowie die Vorträge von I. Seidler und A.M. Reh: Ingo Seidler, »Das Urteil«: Freud natürlich? Zum Problem der Multivalenz bei Kafka, in: Psychologie in der Literaturwissenschaft, hg. von Wolfgang Paulsen, Heidelberg 1971, S. 174–190, S. 221–222; Albert M. Reh, Psychologische und psychoanalytische Interpretationsmethoden in der Literaturwissenschaft, in: Psychologie in der Literaturwissenschaft, a.a.O.

31 Zur »Bildlichkeit« bei Franz Kafka siehe den gleichnamigen Titel von Karl-Heinz Fingerhut im Kafka-Handbuch, Bd. 2, hg. von Hartmut Binder, Stuttgart 1979, S. 138–176; (das Handbuch wird künftig unter der Sigle HB I bzw. II zitiert, s. Siglenverzeichnis); Barbara Beutner, Die Bildsprache Franz Kafkas, München 1973, behandelt die Bildlichkeit mehr in stilistischer Hinsicht und geht nicht auf die metaphorische Funktion von Kafkas Räumen oder Tierfiguren und dgl. ein.

32 Zu den paradoxen Strukturen s. Gerhard Neumann, Umkehrung und Ablenkung: Franz Kafkas ›Gleitendes Paradox‹, in: DVjS. 42, 1968, H 4, S. 702—744, auch in: Heinz Politzer (Hg.), Franz Kafka, Darmstadt 1973, S. 459—515; Heinz Politzer, Franz Kafka. Parable and Paradox, a.a.O.; Rudolf Kreis, Die doppelte Rede des Franz Kafka. Eine textlinguistische Analyse, Paderborn 1976; Jörgen Kobs, Kafka. Untersuchungen zu Bewußtsein und Sprache seiner Gestalten, hg. von Ursula Brech, Bad Homburg 1970. Alle diese Arbeiten machen sich nur einzelne Werke oder Einzelaspekte zum Thema.

33 Einzelaspekte thematisieren: Gesine Frey, Der Raum und die Figuren in Franz Kafkas Roman »Der Prozeß«, Marburg 1965 (2. Aufl. 1969); Hans Paul Fiechter, Kafkas fiktionaler Raum, Erlangen 1980.

Anmerkungen zum 1. Teil: Exposition

A. Die Grundformen (Paradoxie und Metapher)

1 Patrick Hughes und George Brecht, Die Scheinwelt des Paradoxons. Eine kommentierte Anthologie in Wort und Bild, Braunschweig 1978, S. 3.

2 Mit eben dieser Metapher leitete Kurt Wölfel 1964 in Erlangen ein Kåfka-Seminar ein, welches am Beginn meines Literaturstudiums stand.

3 Walter Benjamin, Benjamin über Kafka — Texte, Briefzeugnisse, Aufzeichnungen, hg. von H. Schweppenhäuser, Frankfurt a.M. 1981, S. 15, auch in: Gesammelte Schriften, hg. v. Rolf Tiedemann und Hermann Schweppenhäuser, Bd. II/2, Frankfurt a.M. 1977, S. 415.

4 In bezug auf Max Kommerell, Jean Paul, Frankfurt a.M. 1957 bzw. Jean Pauls Entwicklung spricht Heinz Schlaffer von »Urgebärde«: Die Methode von Max Kommerells »Jean Paul«, in: Jahrbuch der Jean-Paul-Gesellschaft, hg. von Kurt Wölfel, München 1979, S. 22—50, s. bes. S. 29.

5 S. weiter unten („Das Begehren“).

6 Benjamin über Kafka, a.a.O., S. 15.

7 Ebd. S. 20, auch in: Gesammelte Schriften, Bd. II/2, a.a.O., S. 420.

8 Patrick Hughes und George Brecht, Die Scheinwelt des Paradoxons, a.a.O., S. 8.

9 Vgl. Paul Watzlawick u.a., Menschliche Kommunikation. Formen, Störungen, Paradoxien, Bern, Stuttgart, Wien 1974, S. 177 f.; Gregory Bateson, Don D. Jackson, Jay Haley u.a., Schizophrenie und Familie, Frankfurt a.M. 1974, S. 12 ff.

10 Vgl. dazu Gerhard Neumann, Umkehrung und Ablenkung: Franz Kafkas ›Gleitendes Paradox‹, in: Heinz Politzer (Hg.), Heinz Kafka, Darmstadt 1973, S. 449–515, hier S. 487.

11 Gregory Bateson u.a., op. cit., bes. S. 11 ff. u. S. 274 ff.

12 Vgl. Paul Watzlawick u.a., op. cit., S. 184; zum Begriff der »Mystifikation« bzw. »Mystifizie-

rung« s. Gregory Bateson u.a., *op. cit.*, S. 274 ff.

13 Gerhard Neumann, Umkehrung und Ablenkung, a.a.O., bes. S. 486—499.

14 Roland Barthes, Mythen des Alltags, Frankfurt a.M. 1974, S. 121 f.

15 Vgl. diese Unterscheidung in: Hans H. Hiebel, Robert Walsers *Jakob von Gunten*. Die Zerstörung der Signifikanz im modernen Roman, in: Über Robert Walser, Bd. 2, hg. v. Katharina
Kerr, Frankfurt a.M. 1978, S. 329 f.

16 Vgl. Sigmund Freud, Das Ich und das Es (1923), in: Studienausgabe Bd. III, Frankfurt a.M.
1975, S. 301 f. (diese Ausgabe wird künftig zitiert als »SA«, s. Siglenverzeichnis).

17 Jörgen Kobs, Kafka. Untersuchungen zu Bewußtsein und Sprache seiner Gestalten, hg. von
Ursula Brech, Bad Homburg 1970, S. 9.

18 Vgl. Harald Weinrich, Linguistik der Lüge, Heidelberg 1966, S. 48 ff.

19 Ein solcher Auslegungsversuch stellte sich der formalistisch-strukturalen Betrachtung entgegen, wie sie Dieter Hasselblatt anstellt in: Zauber und Logik. Eine Kafka-Studie, Köln 1964.
Hasselblatt lehnt es ab, in Kafkas Werk nach »Inhalten und Bedeutungen« zu suchen und will
in ihnen nur ein »wertfreies, bezugloses, im ästhetischen Zauber sich vollendendes Spiel« erkennen, S. 87.

20 Benjamin über Kafka, a.a.O., S. 88.

21 S. dazu weiter unten.

22 Jörgen Kobs, a.a.O., S. 19.

23 Michel Dentan, Humour et Création Littéraire dans L'Œuvre de Kafka, Genève/Paris 1961,
S. 181.

24 Vgl. Gerhard Neumann, Umkehrung und Ablenkung, a.a.O., S. 463 f.

25 Vgl. Malcolm Pasley und Klaus Wagenbach, Datierung sämtlicher Texte Franz Kafkas, in:
Jürgen Born, Ludwig Dietz, Malcolm Pasley, Paul Raabe, Klaus Wagenbach, Kafka-
Symposion, Berlin 1966, S. 69 (Sigle des Bandes: SY).

26 Jacques Lacan, Écrits, Paris 1966, S. 816 f. u. S. 517; vgl. Hermann Lang, Die Sprache und das
Unbewußte. Jacques Lacans Grundlegung der Psychoanalyse, Frankfurt a.M. 1973, S. 259 u.
S. 250.

27 Max Horkheimer und Theodor W. Adorno, Dialektik der Aufklärung. Philosophische Fragmente, Amsterdam 1947, bes. S. 40 ff. Vgl. auch Theodor W. Adorno, Zum Verhältnis von
Soziologie und Psychologie, in: Soziologische Schriften I, hg. v. Rolf Tiedemann, Frankfurt
a.M. 1972 (= Gesammelte Schriften Bd. 8), S. 42—85, bes. S. 59.

28 Aus dem Konvolut A von 1920; vgl. nochmals H 360 ff. u. B 291 f.

29 Vgl. den Begriff des »Selbstzwangs« bei Norbert Elias, Über den Prozeß der Zivilisation. Soziogenetische und psychogenetische Untersuchungen, 2 Bde., Frankfurt a.M. 1978, Bd. 2, S.
312 ff.

29a Vgl. bei Rolland Pierre, Odradek. Loi de Kafka, Paris 1976, S. 259 ff. u. S. 275

30 »Die Krähen behaupten, eine einzige Krähe könnte den Himmel zerstören. Das ist zweifellos, beweist aber nichts gegen den Himmel, denn Himmel bedeuten eben: Unmöglichkeit von Krähen.«

31 Michel Foucault, Psychologie und Geisteskrankheit, Frankfurt a.M. 1968, S. 129.

32 Vgl. Gilles Deleuze und Félix Guattari, Anti-Ödipus. Kapitalismus und Schizophrenie I,
Frankfurt a.M. 1974.

33 Walter Benjamin, Geschichtsphilosophische Thesen, in: Illuminationen, Frankfurt a.M.
1969, S. 276.

34 Ebd.

35 Ebd. S. 279.

36 Ebd. S. 273.

37 Ebd. S. 268 f.

38 Ebd. S. 269 f.

39 Benjamin über Kafka, a.a.O., S. 153 f.

40 Walter Benjamin, Der Erzähler, in: Gesammelte Schriften II/2, a.a.O., S. 4, 5, 6.

41 Ebd.

41a Martin Walser, Beschreibung einer Form, München 1961, bes. S. 79 f.

42 Friedrich Beißner, Kafka der Dichter, Stuttgart 1958, S. 14.

43 Michel Dentan, *op. cit.*, bes. S. 62 f.

[44] Klaus Birkenhauer, Samuel Beckett. In Selbstzeugnissen und Bilddokumenten, Reinbek 1971, S. 9.

[45] Vgl. Theo Elm, Die moderne Parabel. Parabel und Parabolik in Theorie und Geschichte, München 1982, S. 228 ff.

[46] S. die strukturalistische Kritik am strukturalistischen Formalismus: Jacques Derrida, Kraft und Bedeutung, in: Die Schrift und die Differenz, Frankfurt a.M. 1972. Derrida wendet sich dort gegen die Form-Skelettierungen von Jean Rousset, Forme et Signification, Paris 1962.

[47] Vgl. Michel Dentan, op. cit., S. 172, und Sigmund Freud, Der Witz und seine Beziehung zum Unbewußten, in: SA, Bd. 4, S. 213.

[48] Ebd. und in: Der Humor (1927), in: SA, Bd. 4.

[49] Freud, Der Witz, ebd. S. 86 ff.

[50] Ebd. S. 219.

[51] Michel Dentan, op. cit., S. 172, »négliger un aspect«, »l'arrêt« »de jugement«.

[52] Ebd. S. 171; Freud, Der Humor, a.a.O., S. 179 u. S. 180.

[53] Vgl. dazu auch Gerhard Neumann, Umkehrung und Ablenkung, a.a.O., S. 514.

[54] Sigmund Freud, Die Verneinung, in: SA, Bd. 3, S. 371 f.; Die Ichspaltung im Abwehrvorgang, in: SA, Bd. 3, S. 389 f.

[55] S. das Kapitel zum PROZESS.

[56] Vgl. H 338, dazu weiter unten S. 58 ff.

[57] Sigmund Freud, Jenseits des Lustprinzips, in: SA, Bd. 3, S. 213 ff., Zit. S. 249, vgl. auch S. 248 u. S. 259.

[58] Manfred Frank und Gerhard Kurz, Ordo inversus. Zu einer Reflexionsfigur bei Novalis, Hölderlin, Kleist und Kafka, in: Geist und Zeichen, Fs. für Arthur Henkel, Heidelberg 1977, S. 95; Samuel Becketts Werke als Inszenierungen des Seins zum Tode, als »agonies«, sind hier Kafkas Texten im Innersten verwandt.

[59] Jacques Lacan, Écrits, a.a.O., S. 690 f.; Die Bedeutung des Phallus, in: Schriften II, hg. von Norbert Haas, Olten und Freiburg i.Br. 1975, bes. S. 126 f.; vgl. auch Hermann Lang, Die Sprache und das Unbewußte, a.a.O., S. 216.

[60] Vgl. Anika Lemaire, Jacques Lacan, Brüssel 1977, S. 147; Lacan rechnet die anatomische Kastrationsphantasie als *ein* Moment zur umfassender zu denkenden symbolischen Kastration, welche von der Trennung von Mutter und Kind in der Entwöhnungsphase bis hin zum Inzesttabu sich erstreckt.

[61] Lacan, Schriften II, a.a.O., S. 127.

[62] Ebd. S. 126.

[63] So läßt sich nach Lacan auch die Rivalität — als Archetyp sozialer Konkurrenz — nicht allein aus dem Mangel an Subsistenzmitteln erklären, vgl. ebd. S. 54 f.

[64] Lacan, Die Familie, in: Schriften III, Olten und Freiburg i. Br. 1980, S. 39—100, Zit. S. 53; frz.: La famille, in: Encyclopédie française, Bd. 8, hg. von Henri Wallon, Paris 1938, 8˙40—3 bis 8˙40—16 und 8˙42—1 bis 8˙42—8, Zit. S. 8˙40—8.

[65] Lacan, Schriften II, a.a.O., S. 126.

[66] Das Zeichen jener unmöglichen Erfüllung und Vereinigung, den Signifikanten jener — auch dem Vater nur imaginär zukommenden — Fähigkeit zur Erfüllung, nennt Lacan »Phallus«; aufgrund der Kastration bzw. Separation kann dieser Signifikant jederzeit in seiner negativen Form als Minus-Zeichen erscheinen; vgl. Schriften II, a.a.O., S. 121 ff., Écrits, a.a.O., S. 685 ff.; Moustafa Safouan, Die Struktur in der Psychoanalyse. Beitrag zu einer Theorie des Mangels, in: F. Wahl (Hg.), Einführung in den Strukturalismus, Frankfurt a.M. 1973, S. 289 ff.

[67] Zum Begriff der Verschiebung (frz. déplacement), der Wiederholung, der Wiederkehr des Verdrängten — und auch anderen, im folgenden auftauchenden psychoanalytischen Begriffen — siehe J. Laplanche und J.-B. Pontalis, Das Vokabular der Psychoanalyse, 2 Bde., Frankfurt a.M. 1973; Lacan hat die Verschiebung mit der metonymischen Kontiguitätsrelation in Verbindung gebracht, die Verdichtung als Überlagerung von Signifikanten mit der metaphorischen Similaritätsrelation, vgl. bes. Das Drängen des Buchstabens im Unbewußten oder die Vernunft seit Freud, in: Schriften II, a.a.O., S. 15—55, bes. S. 36; aber neben der metonymischen Verschiebung kann die dunkle Metapher bzw. die undurchsichtige Verdichtung ebenfalls die Funktion der »Entstellung« oder Maskierung des Auszusagenden übernehmen; vgl.

dazu meinen Aufsatz: Hans Hiebel, Witz und Metapher in der psychoanalytischen Wirkungsästhetik, in: GRM 59, 1978, S. 129—154.

[68] Vgl. Jacques Lacan, Encore, Le Séminaire Livre XX, Paris 1975.

[69] Kafkas Tendenz, sich gegen Auslegung zu immunisieren, hat Walter Benjamin immer wieder umschrieben, Benjamin über Kafka, a.a.O., S. 144, S. 154, S. 167.

[70] Theodor W. Adorno, Aufzeichnungen zu Kafka, in: Th.W.A., Prismen. Kulturkritik und Gesellschaft, München 1963, S. 248—281, Zit. S. 249.

[71] Vgl. Karl-Heinz Fingerhut, Die Funktion der Tierfiguren im Werke Franz Kafkas. Offene Erzählgerüste und Figurenspiele, Bonn 1969, S. 102.

[72] Unter »symbolisch« soll in Zukunft, soweit nichts anderes angegeben ist, ein sprachlicher Ausdruck verstanden werden, der »innerhalb und vermittels eines unmittelbaren Sinns auf einen mittelbaren Sinn« verweist, Paul Ricoeur, Die Interpretation. Ein Versuch über Freud, Frankfurt a.M. 1974, S. 24.

[73] Zur »absoluten Metapher« s. Hugo Friedrich, Die Struktur der modernen Lyrik, Reinbek 1956, S. 152; Gerhard Neumann, Die ›absolute‹ Metapher. Ein Abgrenzungsversuch am Beispiel Stéphane Mallarmés und Paul Celans, in: Poetica, Bd. 3, 1970, S. 188—225; die »absolute Metapher« kann es als »absolute« nicht geben, so wenig wie die totale »Unbezüglichkeit«.

[74] Vgl. diesen Ausdruck bei Peter U. Beicken, Franz Kafka. Eine kritische Einführung in die Forschung, Frankfurt a.M. 1974, S. 106; s. auch Jörgen Kobs, Kafka, hg. von Ursula Brech, Bad Homburg 1970, S. 18.

[75] Die Metapher wird hier und im folgenden strukturalistisch verstanden als paradigmatischer Ersatz eines Signifikanten durch einen anderen aufgrund einer Similaritätsrelation; die Metonymie ist zu verstehen als syntagmatischer Verweis eines Signifikanten auf einen anderen auf Grund einer Kontiguitäts- bzw. Nachbarschaftsrelation; vgl. Gisela Steinwachs, Mythologie des Surrealismus oder die Rückverwandlung von Kultur in Natur, Neuwied/Berlin 1971, S. 7 f. u. S. 29 ff.; Roman Jakobson, Zwei Seiten der Sprache und zwei Typen aphatischer Störungen, in: Aufsätze zur Linguistik und Poetik, hg. v. W. Raible, Frankfurt a.M., Berlin, Wien 1979; Elmar Holenstein, Roman Jakobsons phänomenologischer Strukturalismus, Frankfurt a.M. 1975, S. 142 ff. Die »Metonymie« schließt also die Synekdoche als Kontiguitätsverweis ein.

[76] Hartmut Binder, Kafka-Kommentar zu sämtlichen Erzählungen, München 1975, S. 221 (Sigle: K I).

[77] Vgl. Wolf Detlev Kittler, Der Turmbau zu Babel, das Schweigen der Sirenen und das tierische Pfeifen. Über das Reden, das Schweigen, die Stimme und die Schrift in vier Texten von Franz Kafka, Diss. Erlangen 1978, S. 70 f.; Gilles Deleuze und Félix Guattari, Kafka. Pour une Littérature Mineure, Paris 1975, S. 12 f.; die deutsche Übersetzung: Kafka. Für eine kleine Literatur, Frankfurt a.M. 1976, S. 11.

[78] Fritz Martini, Franz Kafka: »Das Schloß«, in: F.M., Das Wagnis der Sprache. Interpretationen deutscher Prosa von Nietzsche bis Benn, Stuttgart 1954, S. 303 u. 322.

[79] Roland Barthes, Mythen des Alltags, Frankfurt a.M. 1974, bes. S. 91 ff.

[80] Karl-Heinz Fingerhut, op.cit. , bes. S. 176 ff.

[81] Michel Dentan, Humour et Création Littéraire dans L'Œuvre de Kafka, Genève/Paris 1961, bes. S. 17 ff. u. S. 53 ff.

[82] Vgl. Hans H. Hiebel, Antihermeneutik und Exegese. Kafkas ästhetische Figur der Unbestimmtheit, in: DVjS. 52, 1978, S. 90—110.

[83] Hart Nibbrig, op. cit., S. 460; vgl. auch Dominique Iehl, Die bestimmte Unbestimmtheit bei Kafka und Beckett, in: Franz Kafka, Themen und Probleme, hg. von Claude David, Göttingen 1980, S. 173—189.

[84] Jörgen Kobs, op. cit., S. 19.

[85] Max Bense, Die Theorie Kafkas, Köln 1952, S. 88 ff.; Adorno, Aufzeichnungen zu Kafka, a.a.O., S. 251; Heinz Hillmann, Franz Kafka. Dichtungstheorie und Dichtungsgestalt, Bonn 1973, S.168; Karl-Heinz Fingerhut, op. cit. , 212 f.

[86] Wilhelm Emrich, Franz Kafka. Das Baugesetz seiner Dichtung. Der mündige Mensch jenseits von Nihilismus und Tradition, Bonn/Frankfurt 1958, S. 78.

[87] Ebd. S. 79—81.

[88] Max Bense, op. cit., S. 33—37.

89 Michel Dentan, *op. cit.*, S. 181.

90 Deleuze und Guattari, *op. cit.*, S. 40 u. S. 39; in der Übersetzung, a.a.O., heißt es: »Bewußt zerstört Kafka alle Metaphern, alle Symbolismen, jede Bedeutung und jede Designation. Die Metamorphose — das heißt die Verwandlung — ist das Gegenteil der Metapher.« »Weder Designation einer Sache durch einen primären Sinn noch Zuweisung von Metaphern durch einen übertragenen Sinn.« Zit. S. 32 u. S. 31.

91 Roland Barthes, Mythen des Alltags, a.a.O.; Ders. S/Z, Frankfurt a.M. 1976.

92 Bes. in den Mythen des Alltags, a.a.O., vgl. dazu: Textsemiotik als Ideologiekritik, hg. v. Peter V. Zima, Frankfurt a.M. 1977.

93 Mythen des Alltags, a.a.O., S. 110 ff.

94 Ebd. S. 92 f.

95 Ebd. S. 95.

96 Ebd. S. 121 f.; vgl. auch Jacques Leenhardt, Politische Mythen im Roman, Frankfurt a.M. 1976.

97 Claude Lévi-Strauss, Die Struktur der Mythen, in: Strukturale Anthropologie, Frankfurt a.M. 1971, S. 226—254, bes. S. 231 f.; Die Struktur und die Form. Reflexionen über ein Werk von Vladimir Propp, in: Vladimir Propp, Morphologie des Märchens, Frankfurt a.M. 1975, S. 181—214, bes. S. 203 u. S. 210 ff.

98 S. unten im Kapitel ›Zwei Verwandlungen«.

99 Gérard Genette, La rhétorique restreinte, in: Figures III, Paris 1972, S. 21—40, vgl. S. 30; Genette unterscheidet die »Identification non motivée« (Mon amour une flamme) von der »Identification non motivée sans comparé« (Ma flamme). Das »sans comparé« darf hier nicht wörtlich und ›absolut‹ genommen werden.

100 Hugo Friedrich, Die Struktur der modernen Lyrik, a.a.O., S. 152.

101 Ebd.

102 Vgl. Anm. 75.

103 Sigmund Freud, Die Traumdeutung, in: SA, Bd. 2, »Entstellung«, S. 190 ff., »Verschiebung« ebd. u. S. 305 ff., »Verdichtung«, S. 282 ff.

104 Jacques Lacan, Das Drängen des Buchstabens im Unbewußten, a.a.O., S. 36.

105 Gerhard Neumann, Die ›absolute‹ Metapher, a.a.O., S. 195.

106 Ebd.

107 Ebd. S. 194.

108 Gerhard Neumann, Umkehrung und Ablenkung, a.a.O.

109 Ulrich Fülleborn, Zum Verhältnis von Perspektivismus und Parabolik in der Dichtung Kafkas, in: Wissenschaft als Dialog, hg. v. R. von Heydebrand und A.G. Just, Stuttgart 1969, S. 289—312 u. 509—513, S. 293; auch das darf nicht ganz wörtlich genommen werden; im Begriff der »absoluten Parabolik« hat U. Fülleborn gewissermaßen Heinz Politzers Begriffe des »Parabolischen« und des unerklärlichen »Paradoxen« zusammengezogen; Heinz Politzer, Franz Kafka. Parable and Paradox, Ithaca/New York 1962.

110 Theo Elm, Der Prozeß, in: HB II, S. 420—440, bes. S. 438 f.; Problematisierte Hermeneutik. Zur ›Uneigentlichkeit‹ in Kafkas kleiner Prosa, in: DVjS. 50, 1976, S. 478—510.

111 Th. W. Adorno, Aufzeichnungen zu Kafka, a.a.O., S. 249.

112 Ebd. S. 251.

113 Ebd. S. 249.

114 Johann Wolfgang von Goethe, Maximen und Reflexionen, Nr. 1112 f., in: Berliner Ausgabe, Bd. 18, S. 638.

115 Walter Benjamin, Ursprung des deutschen Trauerspiels, Frankfurt a.M. 1969, bes. S. 174 ff.

116 Ebd. S. 182 f.

117 Vgl. dazu Heinz Schlaffer, Faust Zweiter Teil. Die Allegorie des 19. Jahrhundert, Stuttgart 1981, S. 186 ff.

118 Walter Benjamin, Gesammelte Schriften, hg. v. Rolf Tiedemann und Hermann Schweppenhäuser, Bd. I/3, Frankfurt a.M. 1974, S. 1151.

119 Heinz Schlaffer, Faust Zweiter Teil, a.a.O.

120 Ebd. bes. S. 37 f.

121 Jean-Paul Sartre, Der Idiot der Familie, Bd. 4, Reinbek 1978, bes. S. 167—235, zur »Derealisierung« s. S. 176 ff.

242

[122] S. den Sturz von Pont-l'Evêque, ebd. S. 11—164; zur Erfahrung des »Nichts« ebd. S. 203; zur poetischen Derealisierung und Irrealisierung bzw. zur Insignifikanz der Darstellung ebd. S. 224—233; zum sozialen Kontext der subjektiv-neurotischen Realitätsverweigerung s. bes. Der Idiot der Familie, Bd. 5, Reinbek 1980. Auch Kafkas Realitätsabwehr und sein Derealisierungsverfahren haben etwas mit seiner Krankheit zu tun, seinem Blutsturz vom 12./13. August 1914, dem Ausbruch der Tuberkulose, die ihn Abstand von der Verlobung und von seiner Berufstätigkeit nehmen ließ. Vgl. Hartmut Binder, Kafka-Handbuch, Bd. 1, Der Mensch und seine Zeit, Stuttgart 1979, S. 510 (Sigle: HB I); Br 159 f.; F 615—622.

[123] Walter Benjamin, Ursprung des deutschen Trauerspiels, a.a.O., S. 203.

[124] Vgl. Burkhardt Lindner, Satire und Allegorie in Jean Pauls Werk. Zur Konstitution des Allegorischen, in: Jahrbuch der Jean-Paul-Gesellschaft, 1970, hg. von Kurt Wölfel, S. 7—61, bes. S. 50 u. 56 f.

[125] Walter H. Sokel, Franz Kafka. Tragik und Ironie. Zur Struktur seiner Kunst, München/Wien 1964, S. 103.

[126] Jorge Luis Borges, Geschichte der Ewigkeit. Essays, München 1965, S. 176.

[127] Vgl. Walter Biemel, Philosophische Analysen zur Kunst der Gegenwart, Den Haag 1968, S. 75.

[128] Günter Wöllner, E.T.A. Hoffmann und Franz Kafka. Von der ›fortgeführten Metapher‹ zum ›sinnlichen Paradox‹, Bern/Stuttgart 1971, S. 150.

[129] Ebd. S. 135.

[130] Karl-Heinz Fingerhut, Die Funktion der Tierfiguren im Werke Franz Kafkas, a.a.O., S. 102.

[131] Erwin Wolff, Der englische Roman im 18. Jahrhundert, Göttingen 1964, S. 16.

[132] Ebd.

[133] »Es gehört ja alles zum Gericht« heißt es im PROZESS (P 181), wodurch die Gerichts-Metapher auf die Welt überhaupt (und ihre subjektive Aufnahme) bezogen wird.

[134] Gilles Deleuze und Félix Guattari, Kafka. Für eine kleine Literatur, a.a.O., bes. S. 51. »Nicht nur der Held, auch alle anderen Tiere bei Kafka oszillieren zwischen einem Schizo-Eros und einem ödipalen Thanatos.«

[135] Der Marxsche Begriff der Charaktermaske wird bei Heinz Schlaffer, Faust Zweiter Teil, a.a.O., zum Vermittlungspunkt zwischen allegorischer Form und ökonomischer Struktur, s. S. 49 ff. Er könnte eine ähnliche Funktion in bezug auf die sich wandelnden Formen des Begehrens, der Libido erhalten.

[136] Jacques Lacan, Das Drängen des Buchstabens im Unbewußten, a.a.O.

[137] Jacques Derrida, Die différance, in: Randgänge der Philosophie, Frankfurt a.M./Berlin/Wien 1976, S. 6—37; das »a« in »différance« weist darauf hin, daß es hier nicht allein um die Differenz (différence) geht, sondern auch um den Aufschub (différer), der mit letzterer vermittelt wird.

[138] Jürgen Born, Ludwig Dietz, Malcolm Pasley, Paul Raabe, Klaus Wagenbach, Kafka-Symposion, Berlin 1966, S. 69 (Sigle: SY).

[139] Aus Überlegungen zur kritischen Kafka-Edition heraus hat Gerhard Neumann die Frage gestellt, ob es sinnvoll sei, der Editionstechnik von Max Brod zu folgen und die einzelnen »Werke« dem syntagmatischen Nacheinander des Kafkaschen Schreibstromes zu entreißen; Gerhard Neumann, Werk oder Schrift? Vorüberlegungen zur kritischen Edition von Kafkas »Bericht für eine Akademie«, Ms. Freiburg 1981.

[140] Vgl. auch Albert M. Reh, Psychologische und psychoanalytische Interpretationsmethoden in der Literaturwissenschaft, in: Psychologie in der Literaturwissenschaft, hg. von Wolfgang Paulsen, Heidelberg 1971, S. 34—55, S. 47.

[141] Sigmund Freud, Die Verneinung (1925), in: SA, Bd. 3, S. 371—378; ihr Charakteristikum besteht darin, das zu Bewußtsein Drängende sowohl wahrzunehmen wie zugleich zu negieren.

[142] Vgl. Jacques Lacan, Écrits, a.a.O., S. 379; »l'inconscient, c'est le discours de l'Autre«.

[143] Vgl. Hartmut Binder, in: HB II, S. 48 ff.

[144] Albert M. Reh, Psychologische und psychoanalytische Interpretationsmethoden in der Literaturwissenschaft, a.a.O., S. 47 ff.

[145] Zum Vexierbildhaften und Vielbezüglichen s. Hans H. Hiebel, Antihermeneutik und Exegese. Kafkas ästhetische Figur der Unbestimmtheit, in: DVjS 52, 1978, S. 97.

[146] Sigmund Freud, Das ökonomische Problem des Masochismus, in: SA, Bd. 3, S. 339—354, zit.

S. 351.

147 Michel Foucault, Psychologie und Geisteskrankheit, Frankfurt a.M. 1972, S. 71.

148 Vgl. den Art. »Abwehr« bei J. Laplanche und J.-B. Pontalis, Das Vokabular der Psychoanalyse, a.a.O.

149 Anna Freud, Das Ich und die Abwehrmechanismen, München 1977; in ihrem Strukturierungsversuch ordnet Anna Freud die Verdrängung der Abwehr innerer Triebansprüche zu, die Verleugnung der Abwehr äußerer Verlockungen und Gefahren.

150 Jacques Lacan, Subversion des Subjekts und Dialektik des Begehrens im Freudschen Unbewußten, in: Schriften II, a.a.O., S. 165—204.

151 Jacques Lacan, Écrits, a.a.O., S. 379.

152 Anika Lemaire, Jacques Lacan, Brüssel 1977, S. 125; vgl. Lacan, Écrits, a.a.O., S. 770. Die Bipolarität, auf der das Moralische Gesetz sich gründet, ist jene »Spaltung des Subjekts, wie sie sich jedesmal, wenn der Signifikant sich einschaltet, vollzieht: insbesondere zwischen dem Subjekt des Aussagens und dem Subjekt der Aussage«. Lacan, Kant mit Sade, in: Schriften II, a.a.O., S. 140.

153 Vgl. dazu die Zusammenfassung dieser Problematik bei Anika Lemaire, Jacques Lacan, a.a.O., S. 121—181 und S. 194 f.; dazu auch Hermann Lang, Die Sprache und das Unbewußte, a.a.O., S. 217—266.

154 Zum »Selbstzwang« s. Norbert Elias, Über den Prozeß der Zivilisation. Soziogenetische und psychogenetische Untersuchungen, 2 Bde., Frankfurt a.M. 1978, Bd. 2, S. 312 ff.

155 Diese Vorstellungen implizieren auch die STRAFKOLONIE und der BERICHT FÜR EINE AKADEMIE, s. weiter unten.

156 Vgl. Patrick Hughes und George Brecht, Die Scheinwelt des Paradoxons, a.a.O., S. 37.

157 Ebd., S. 45.

158 Michel Foucault spricht von »intentioneller Flucht« bezüglich der stets als regressiv zu charakterisierenden Psychopathien, M.F., Psychologie und Geisteskrankheit, a.a.O., S. 55; auch Freud weist auf das paradoxe Doppelheit von Anerkennung und Verleugnung der Realität im Abwehrvorgang, S.F., Die Verneinung, a.a.O.; Die Ichspaltung im Abwehrvorgang, in: SA, Bd. 3, S. 389-396, bes. 391.

159 Michel Foucault, op. cit., S. 127 f.

160 Vgl. die Gegenüberstellung der Hegelschen Dialektik von Herr und Knecht mit der Kafkas bei Rudolf Kreis, Die doppelte Rede des Franz Kafka. Eine textlinguistische Analyse, Paderborn 1976, S. 138 ff.

161 Die masochistischen Züge an Kafka können ja nicht verborgen bleiben; über ihre Genese gibt der BRIEF AN DEN VATER (H 162—223) Auskunft; vgl. auch das Bild von den »Rutenspitzen« (H 230).

162 Vgl. Sigmund Freud, Trauer und Melancholie, in: SA, Bd. 3, S. 193—212, S. 201; Freud beschreibt dort, »wie sich ein Teil des Ichs dem anderen gegenüberstellt, es kritisch wertet, es gleichsam zum Objekt nimmt«. Die vom »Ich abgespaltene kritische Instanz« gewinnt eine bestimmte »Selbständigkeit«; als »Gewissen« wird sie mit der »Bewußtseinszensur und der Realitätsprüfung zu den großen Ichinstitutionen« gerechnet. In »Das Ich und das Es« wird Freud die durch Introjektion der Elternimagines zustande kommende Instanz das »Über-Ich« nennen. In: SA, Bd. 3, S. 273—330, bes. S. 296 ff.; Vgl. dazu die Art. »Über-Ich«, »Schuldgefühl« bei J. Laplanche und J.-B. Pontalis, Das Vokabular der Psychoanalyse, a.a.O.

163 Th.W. Adorno, Zum Verhältnis von Soziologie und Psychologie, in: Soziologische Schriften I, Frankfurt a.M. 1972 (= Gesammelte Schriften Bd. 8), S. 42—85, Zit. S. 60.

164 Eine Parallele aus Samuel Becketts »Warten auf Godot« drängt sich hier auf; dort befiehlt der peitschenknallende Pozzo dem an der Leine festgebundenen Lucky: »Denke, Schwein!«, in: S.B., Werke, Frankfurt a.M. 1976, Bd. 1, S. 46. Lucky denkt gehorchend, das »Tier« gehorcht denkend; beide Male verkehrt sich das Kantsche »sapere aude!«.

165 Jacques Lacan, Schriften I, hg. von Norbert Haas, Olten 1973, S. 94; Martin Heidegger, Sein und Zeit, Tübingen 1963 (10. Aufl.), S. 326.

166 Vgl. Sigmund Freud, Das ökonomische Problem des Masochismus, in: SA, Bd. 3, S. 351; an die primären Imagines des Über-Ich »schließen dann die Einflüsse von Lehrern, Autoritäten, selbstgewählten Vorbildern und sozial anerkannten Helden an«.

167 Vgl. bes. die Arbeiten von Wilhelm Reich, Theodor W. Adorno, Erich Fromm, Max Hork- heimer, Herbert Marcuse, Th. Reik, S. Bernfeld, D. Duhm, A. Lorenzer, H. Dahmer, G. Mendel, Th. Ziehe, G. Deleuze, F. Guattari im Literaturverzeichnis.

168 Michel Foucault, Überwachen und Strafen. Die Geburt des Gefängnisses, Frankfurt a.M. 1977, S. 228 f.

169 Michel Foucault, Sexualität und Wahrheit. Der Wille zum Wissen, Bd. 1, Frankfurt a.M. 1977, S. 112, vgl. auch S. 101—124, S. 161—179.

170 Gilles Deleuze und Félix Guattari, Kafka. Für eine kleine Literatur, a.a.O., bes. S. 60 ff., 68 ff., 77—81.

171 Karin Keller, Gesellschaft in mythischem Bann. Studie zum Roman »Das Schloß« und ande- ren Werken Franz Kafkas, Wiesbaden 1977, S. 33.

172 Walter Benjamin, Franz Kafka. Zur zehnten Wiederkehr seines Todestages, in: Gesammelte Schriften, Bd. II/2, a.a.O., S. 420; der PROZESS ist nach Benjamin eine Entfaltung der Tür- hüterparabel.

173 Vgl. Eta Linnemann, Gleichnisse Jesu. Einführung und Auslegung, Göttingen 1975, bes. S. 34; vgl. auch Klaus-Peter Philippi, ›Parabolisches Erzählen‹. Anmerkungen zu Form und möglicher Geschichte, in: DVjS. 43, 1969, S. 297—332.

174 Walter Benjamin, Franz Kafka. Zur zehnten Wiederkehr seines Todestages, a.a.O., S. 420.

175 Theodor W. Adorno, Aufzeichnungen zu Kafka, a.a.O., S. 249.

176 Klaus-Peter Philippi, ›Parabolisches Erzählen‹, a.a.O., S. 320, vgl. S. 316 ff.

177 Hartmut Binder, Bauformen, in: HB II, S. 48—92, Zit. S. 61.

178 Ebd. S. 59; Binder zitiert hier B. Allemann.

179 Ulrich Fülleborn schreibt, daß die »Anwendbarkeit« der Lehre durch die »Absolutheit des Parabolischen« verunmöglicht wird; U.F., Zum Verhältnis von Perspektivismus und Parabo- lik in der Dichtung Kafkas, a.a.O., S. 294.

180 Heinz Politzer, Franz Kafka. Parable and Paradox, a.a.O., S. 87 ff.; in der Übersetzung: Franz Kafka. Der Künstler, Frankfurt a.M. 1978 (1. Aufl. Frankfurt a.M. 1965), S. 138 ff.

181 Heinz Politzer, Franz Kafka. Parable and Paradox, a.a.O., S. 22 und S. 245; Politzer spricht vom »insoluble paradox of human existence« und hält auch das unverständliche Rauschen des Schloßtelephons (S 32) für eine paradoxe Erscheinung.

182 Ulrich Fülleborn, Zum Verhältnis von Perspektivismus und Parapolik, a.a.O., S. 293.

183 Theo Elm, Der Prozeß, in: HB II, S. 420—440, S. 424 f. u. 438 f.

184 Th. W. Adorno, Aufzeichnungen zu Kafka, a.a.O., S. 251.

185 Walter Benjamin, Benjamin über Kafka, a.a.O., S. 164.

186 Ebd. S. 144.

187 Ebd. S. 131.

188 Ebd. S. 172, vgl. dazu S. 170.

189 Ebd. S. 167.

190 Ebd. S. 169.

191 Ebd. S. 127; vgl. P 145 f.

192 Walter Benjamin, Benjamin über Kafka, a.a.O., S. 166.

193 Ebd. S. 137, vgl. auch S. 113, 120, 134; bei Deleuze/Guattari, Kafka. Für eine kleine Literatur, a.a.O., S. 9 f., werden der »gesenkte Kopf« und der »erhobene Kopf« als Leitmotive dem Ge- gensatz von schizoidem Eros und ödipalem Thanatos, von Aufbegehren und Depression bzw. Blockade zugeordnet.

194 Benjamin über Kafka, a.a.O., S. 41, 122, 137.

195 Ebd. S. 43.

196 Ebd. S. 28 und S. 137.

197 Reinhard Knodt, Paradox und Wirklichkeit in Kafkas Erzählung »Der Bau«, Zulassungsar- beit Erlangen 1977, S. 37 ff. Der Bezug auf verschiedene, einander widersprechende Kontext- Welten begründet nach Knodt das Paradoxe der Erzählung.

198 Vgl. Walter Biemel, Philosophische Analysen zur Kunst der Gegenwart, Den Haag 1968, zu »Der Bau« S. 66—140.

199 Vgl. Max Horkheimer und Theodor W. Adorno, Dialektik der Aufklärung, Amsterdam 1947.

200 Vgl. Walter H. Sokel, Franz Kafka. Tragik und Ironie. Zur Struktur seiner Kunst,

München/Wien 1964, (Sigle: SO), S. 374; »Es ist die Ironie dieses späten Werkes, daß der Selbsterhaltungstrieb seinem Gegenteil, dem Trieb der Selbstauflösung dienen muß.« — Der Zwangsneurotiker versucht ja immer wieder ein Loch zu stopfen, das immer wieder sich öffnet; vgl. Anika Lemaire, Jacques Lacan, a.a.O., S. 338; »Pour l'obsessionel donc, l'essentiel est de colmater une faille, celle de la castration«.

201 Max Brod, Über Franz Kafka, Frankfurt a.M. 1974, S. 173, (Sigle: Brod), und bes. B 349 f.

202 Heinz Politzer, Franz Kafka. Der Künstler, a.a.O., S. 493 ff., vgl. auch Karl-Heinz Fingerhut, Die Funktion der Tierfiguren im Werke Franz Kafkas, a.a.O., S. 196 ff.

203 Vgl. Max Bense, Die Theorie Kafkas, a.a.O., S. 60.

204 Vgl. Reinhard Knodt, *op. cit.*, S. 64 f.

205 Dialektik der Aufklärung, a.a.O.

206 Im Sinne von Karl Marx, Grundrisse der Kritik der politischen Ökonomie, Frankfurt/Wien o.J., bes. S. 901—912; Das Kapital. Kritik der politischen Ökonomie, 3 Bde., Berlin 1969— 1970, (= MEW Bd. 23–25), bes. Bd.1, S. 85 ff.

207 Vgl. Anika Lemaire, Anm. 200.

208 Vgl. die großen Übereinstimmungen zwischen Kafkas und Brehms Schilderung, Brehms Tierleben, 3. u. 4. Band, Säugetiere, Raubtiere, Hamburg 1927, S. 273—284. Die stofflicheigentliche Seite an Kafkas Kunst ist bisher im Blick auf die uneigentlich-figürliche allzusehr vernachlässigt worden; vgl. dazu Walter Bauer-Wabnegg, Drei Zirkusszenen Kafkas. Ein Versuch zur Verdichtung von Schreiben und Stoff, Übertragung und Wörtlichkeit, Magisterarbeit Freiburg i.Br. 1981.

209 Jacques Derrida, Freud und der Schauplatz der Schrift, in: Die Schrift und die Differenz, Frankfurt a.M. 1972, S. 302—350, zit. S. 310; vgl. auch: Die différance, a.a.O. In jedem Aufschub, jeder Verdrängung, jeder Gegenbesetzung wohnt nach Derrida — und Lacan, wie zu sehen sein wird — Thanatos.

210 Vgl. B 349 f., wo Brod sich auf Aussagen von Kafka bezieht.

211 Die Doppelheit von Anerkennung und Verleugnung der Realität, die das Bau-Tier demonstriert, ist nach Freud stets Kennzeichen der »Verneinung« und der »Verleugnung«, vgl. bes. S.F., Die Ichspaltung im Abwehrvorgang, a.a.O., S. 391.

212 Das Tier baut ja gewissermaßen seine Charakterstruktur; »als stehe ich nicht mehr vor meinem Haus, sondern vor mir selbst«, heißt es einmal im Text (ER 420).

213 Vgl. B 292, »Sein eigener Stirnknochen verlegt ihm den Weg, an seiner eigenen Stirn schlägt er sich die Stirn blutig.« Der Bau als Teil des Ichs ist dieser Stirnknochen.

214 Vgl. das Thema der absoluten Freiheit, der »Freiheit nach allen Seiten« im BERICHT FÜR EINE AKADEMIE (ER 169), die es vielleicht niemals gegeben hat (ER 168, 169). Im BERICHT ist die Anpassung das strategische Ziel des Tieres, hier ist es die Abwehr, die Ausgrenzung, die Chrakterpanzerung. Was im BERICHT die »Narbe« ist (ER 167), das ist im BAU die gefährliche »Stelle im dunklen Moos« (ER 412).

215 Vgl. Karl-Heinz Fingerhut, Die Funktion der Tierfiguren im Werke Franz Kafkas. Offene Erzählgerüste und Figurenspiele, a.a.O.

216 Vgl. Michel Dentan, Humour et Création Littéraire dans L'Œuvre de Kafka, a.a.O. Nach Dentan hat die »image« Kafkas die psychologisch-ästhetische Funktion, die vielfältigen Impressionen des zerfließenden Ich zusammenzuhalten; vgl. bes. S. 58 ff.

217 Deleuze/Guattari, Kafka, a.a.O., S. 7.

218 Claude Lévi-Strauss, Die Struktur der Mythen, a.a.O., S. 231 f.; Die Struktur und die Form, a.a.O., S. 210—212.

219 Claude Lévi-Strauss, Das wilde Denken, Frankfurt a.M. 1973, S. 31, »zwischen Bild« und »Begriff«, »sinnlich wahrnehmbaren Eindrücken« u. »Begriffen«.

220 Ebd. S. 80; Die Struktur der Mythen, a.a.O.; dort wird am Ödipus-Mythos der Gegensatz von Überbewertung und Unterbewertung der Blutsverwandtschaft demonstriert. Die bekannten Mythem-Oppositionen finden sich in: Claude Lévi-Strauss, Mythologica I–IV, Frankfurt a.M. 1976.

221 Die Struktur der Mythen, a.a.O., S. 232 ff.

B. Das Begehren

1 Jacques Lacan, La famille, a.a.O.; zum Begehren vgl. bes.: Encore, Paris 1975.

2 Jacques Lacan, Die Familie, in: Schriften III, Olten und Freiburg i.Br. 1980, S. 41—100; die relativ festen Termini *désir* (Begehren, zuweilen als »Verlangen«, »Begierde« übersetzt), *demande* (Bitte, Anspruch, Verlangen; die Übersetzung mit »Verlangen« kann zu Verwirrung führen, da auch *désir* bisweilen mit dieser Vokabel wiedergegeben wird), *besoin* (Bedürfnis) hat Lacan jedoch erst nach 1938 herausgebildet. Vgl. Die Bedeutung des Phallus (1958), in: Schriften II, Olten 1975, S. 119—132, bes. S. 126 f.; Horst Turk hat die von Lacan umschriebene Einführung des Subjekts in die symbolische Ordnung mit der Namensnennung Josef K.s im PROZESS (P 251) in Verbindung gebracht: Horst Turk, »betrügen ... ohne Betrug«. Das Problem der literarischen Legitimation am Beispiel Kafkas, in: Friedrich A. Kittler, Horst Turk, Urszenen. Literaturwissenschaft als Diskursanalyse und Diskurskritik, Frankfurt a.M. 1977, S. 381—408, bes. S. 388 ff. u. 396 f.

3 Die Bedeutung des Phallus, a.a.O., S. 127.

4 Vgl. die Art. Wunsch, Wunscherfüllung, Lustprinzip, Realitätsprinzip bei J. Laplanche und J.-B. Pontalis, Das Vokabular der Psychoanalyse, a.a.O.

5 Sigmund Freud, Jenseits des Lustprinzips, in: SA, Bd. 3, S. 213—272, Zit. S. 248.

6 Ebd. S. 249; Kafkas Zeilen stehen in H 338; und in einem Brief an Milena (M 239) steht, angeblich zitiert aus einem »chinesischen Buch«, eine Variante der Schlußzeile: »Mein Leben habe ich damit verbracht, mich gegen die Lust zu wehren und es zu beenden.« Auch stehen dort die Zeilen über den »Schlußgesang«, die in H 334 wiederholt werden. Die Texte stammen aus dem Jahr 1920, vgl. SY, S. 69; Binder hält sie für Zitate bzw. Nachdichtungen, vgl. HB II, S. 502.

7 Kafka scheint Laotse, Tao-Te-King; Kungfutse, Gespräche; Dschung Jung, Die große Lehre von Maß und Mitte; Dschuang Dsi, Das wahre Buch vom südlichen Blütenland u.a. gekannt zu haben, s. J 207 (Janouch zitiert z.T. verschiedene Übersetzungen von Laotse). Vgl. zu einem Hauptpostulat des Buddhismus und des Taoismus: »lessen the own (selfishness), diminish desires«, Lao-Tze's Tao-Teh-King, hg. von Paul Carus, Chicago 1898, S. 174. (Die chinesischen Ideogramme erinnern an das oft fremdartige, scheinbar unerschließbare Zeichensystem Kafkas.)

抱 *pao' 665*, embrace

樸 *,p'u 716*, purity.

少 *'shao 746*, lessen

私 *,sz' 835, (ssu)* the own [selfishness],

寡 *'kwa 467*, diminish

欲 *yuh, 1139, (yü)* desires.

8 Sigmund Freud, Jenseits des Lustprinzips, a.a.O., S. 264, vgl. S. 248 und S. 343 f.

9 Das wird besonders deutlich am BERICHT FÜR EINE AKADEMIE.

10 Georg Wilhelm Friedrich Hegel, Werkausgabe, Frankfurt a.M. 1970, Bd. 7, Grundlinien der Philosophie des Rechts oder Naturrecht und Staatswissenschaft im Grundrisse, S. 348, »In der Vervielfältigung der Bedürfnisse liegt gerade eine Hemmung der Begierde [...].«

11 Sigmund Freud, Jenseits des Lustprinzips, a.a.O., S. 220.

12 Ebd.

13 Jacques Lacan, Das Ich in der Theorie Freuds und in der Technik der Psychoanalyse, Das Seminar Buch II, Olten und Freiburg i.Br. 1980, S. 80.

14 Jacques Derrida, Die différance, a.a.O.

15 Jacques Derrida, Freud und der Schauplatz der Schrift, a.a.O., S. 310.

16 Vgl. Karl-Heinz Fingerhut, Die Funktion der Tierfiguren im Werke Franz Kafkas, a.a.O., S. 102.

[17] J. Malcolm S. Pasley, Kafkas Semi-Private Games, in: Oxford German Studies 6, 1971/72, S. 112–131; vgl. dazu auch: Ders., Drei literarische Mystifikationen Kafkas, in: SY, S. 21–37.

[17a] Janouch, zit. bei Klaus Wagenbach, Franz Kafka in Selbstzeugnissen und Bilddokumenten, Reinbek 1964, S. 68.

[18] T 77, vgl. F 66 f.

[19] Michel Foucault, Überwachen und Strafen, a.a.O., S. 228.

[20] Die »Anwesenheit des Todes« macht nach Jacques Lacan das Leben zu jenem »Aufschub«, der »von Morgen zu Morgen im Namen der Bedeutungen erwirkt ist [...]. So tat Scheherazade während Tausendundeiner Nacht [...].«, J.L., Schriften I, a.a.O., S. 39.

[21] Freud, Jenseits des Lustprinzips, a.a.O., S. 265 f.

[22] Vgl. M 239.

[23] Vgl. Jacques Lacan, Die Familie, a.a.O., S. 52; der Todestrieb hat zu seinem Inhalt, »daß das Subjekt in seiner Preisgabe an den Tod die Mutterimago wiederzufinden sucht«.

[24] Hans Günter Pott, Die aphoristischen Texte Franz Kafkas: Stil und Gedankenwelt, Diss. Freiburg i.Br. 1958 (Masch.), S. 128; vgl. auch Gerhard Kurz, Traum-Schrecken. Kafkas literarische Existenzanalyse, Stuttgart 1980, S. 36, »Kafkas Literatur ist eine Thanatologie, eine Metaphysik des Sterbens.«

[25] Vgl. SO, S. 335.

[26] Vgl. Klaus-Peter Philippi, Reflexion und Wirklichkeit. Untersuchungen zu Kafkas Roman »Das Schloß«, Tübingen 1966, S. 200 ff.

[27] Sigmund Freud, Jenseits des Lustprinzips, a.a.O., S. 270.

[28] Ebd. S. 251.

[29] Ebd. S. 246.

[30] Ebd. S. 230.

[31] Jacques Derrida, Die différance, a.a.O.; Jacques Lacan, Das Seminar über E.A. Poes »Der entwendete Brief«, in: Schriften I, a.a.O., S. 9–41.

[32] Jacques Lacan, Das Ich in der Theorie Freuds, a.a.O., S. 80; Jacques Derrida, Die différance, a.a.O.; Derrida bringt die Freudsche Ökonomie mit der Batailleschen in Verbindung, s. bes. S. 27; bei Georges Bataille, Die Aufhebung der Ökonomie, München 1975, geht es um den Gegensatz einer restringierten Ökonomie zu einer rückhaltlosen Verausgabung, s. bes. Der Begriff der Verausgabung, ebd. S. 9–32.

[33] Jacques Derrida, Freud und der Schauplatz der Schrift, a.a.O., S. 310.

[34] Sigmund Freud, Jenseits des Lustprinzips, a.a.O., S. 230 u. 270.

[35] Ebd. S. 270.

[36] Ebd. S. 271.

[37] Ebd. S. 264.

[38] Ebd. S. 266, vgl. Platon, Symposion 191–193, in: Sämtliche Werke, Hamburg 1957, Bd. 2, S. 222 f.

[39] Gilles Deleuze, Sacher-Masoch und der Masochismus, in: Leopold von Sacher-Masoch, Venus im Pelz, Frankfurt a.M. 1968, S. 167–291, bes. S. 270–273.

[40] Ebd. S. 273.

[41] Deleuze/Guattari, Kafka, a.a.O., S. 9 u. S. 108.

[42] Gilles Deleuze und Félix Guattari, Anti-Ödipus. Kapitalismus und Schizophrenie I, Frankfurt a.M. 1974; diese Arbeit ist im Grunde die Basis für die Kafka-Analyse der beiden Autoren; Kafka wird allerdings bereits in ihr häufig erörtert.

[43] Jacques Lacan, Die Familie, a.a.O., S. 52.

[44] Ebd. S. 53.

[44a] Vgl. wieder Samuel Becketts Werke, für welche eine Zeile wie die folgende typisch ist: »ah to be back in the caul now with no trusts«, »ah, wieder in der Eihaut zu stecken jetzt, ohne Verbindlichkeit«, Sanies bzw. Ichor, in: S.B., Gedichte, München 1976, S. 24 u. S. 25 (= dtv/sr 5439).

[45] Odyssee, XII, 39–54 u. 165–200.

[46] Wolf Detlev Kittler, Der Turmbau zu Babel, das Schweigen der Sirenen und das tierische Pfeifen. Über das Reden, das Schweigen, die Stimme und die Schrift in vier Texten von Franz Kafka, Diss. Erlangen 1978, S. 103.

47 Max Horkheimer und Theodor W. Adorno, Dialektik der Aufklärung, a.a.O., S. 71.
48 Vgl. Gerhard Neumann, Realismus und Strukturalismus, Ms. Erlangen 1978; Neumann geht dort auf das SCHWEIGEN DER SIRENEN und die KAISERLICHE BOTSCHAFT ein, bezugnehmend auf Lévi-Straussens und Roland Barthes' Mythosbegriff.
49 Das Schweigen der Sirenen wurde auf den Todestrieb bezogen von W. H. Sokel, SO S. 337, Rolland Pierre, Odradek. Loi de Kafka, Paris 1976, S. 159; Wolf Detlev Kittler, Der Turmbau zu Babel [...], a.a.O., S. 118 u. S. 121.
50 Wolf Detlev Kittler, op. cit., S. 121.
51 Heinz Politzer, Das Schweigen der Sirenen, in: Das Schweigen der Sirenen, Stuttgart 1968, S. 13—41, Zit. S. 16.
52 Sigmund Freud, Zur Einführung des Narzißmus, in: SA, Bd. 3, S. 45.
53 Sigmund Freud, Jenseits des Lustprinzips, a.a.O., S. 261 f. u. S. 269 Anm.
54 Vgl. Hartmut Binder, in: HB II, S. 502.
55 Friedrich Nietzsche, Ecce homo, in: Werke in drei Bänden, hg. v. Karl Schlechta, München 1973 (7. Aufl.), Bd. 2, S. 32.
56 Sigmund Freud, Die Traumdeutung, in: SA, Bd. 2, S. 265—270.
56a Vgl. ebd. S. 141—487; Sigmund Freud, Der Witz und seine Beziehungen zum Unbewußten (1905), in: SA Bd. 4; Zur Psychopathologie des Alltagslebens. Über Vergessen, Versprechen, Vergreifen, Aberglaube und Irrtum, Frankfurt a.M. 1954; Der Dichter und das Phantasieren, in: SA Bd. 10, S. 169—180.
57 Sigmund Freud, Die Traumdeutung, a.a.O., S. 265—271.
58 Horst Steinmetz, Suspensive Interpretation am Beispiel Franz Kafkas, Göttingen 1977, S. 43.
59 Claude Lévi-Strauss, Les structures élémentaires de la parenté, Paris 1949; das Inzesttabu und die Regeln des Frauentausches bestimmen die Ordnung der Verwandtschaft als die Ordnung der Kultur.
60 Vgl. auch Michael Oppitz, Notwendige Beziehungen. Abriß der strukturalen Anthropologie, Frankfurt a.M. 1975.
61 Jacques Lacan, Schriften I, a.a.O., S. 118.
62 Jacques Lacan, Schriften II, a.a.O., S. 89.
63 Ebd. u. Schriften I, a.a.O., S. 119.
64 Jacques Lacan, Schriften II, a.a.O., S. 89; Claude Lévi-Strauss, Das Ende des Totemismus, Frankfurt a.M. 1972, S. 55.
65 Vgl. Claude Lévi-Strauss, Mythologica I, a.a.O., S. 60 ff. u. S. 72; die Bororo halbieren ihr Dorf in Cera und Tugare, bzw. das Endogamieverbot bzw. das Exogamiegebot bezieht sich jeweils auf die gesamte Hälfte, d.h., dem jungen Mann sind alle Frauen seiner Hälfte tabu.
66 Vgl. den Art. Imaginär bei J. Laplanche und J.-B. Pontalis, Das Vokabular der Psychoanalyse, a.a.O.; vgl. auch die strukturalistische Scheidung von Symbolischem, Realem und Imaginärem, z.B. bei Gilles Deleuze, Woran erkennt man den Strukturalismus?, in: Geschichte der Philosophie, hg. v. François Châtelet, Band 8, Das XX. Jahrhundert, Frankfurt a.M./Berlin/Wien 1975, S. 269—302.
67 Vgl. J. Laplanche u. J.-B. Pontalis, op. cit., Art. Narzißmus.
68 Ebd. S. 403.
69 Ebd. S. 365 ff.
70 Brod 349; Erich Heller u. Joachim Beug (Hg.), Franz Kafka. Der Dichter über sein Werk, München 1969, S. 142.
71 Vgl. Karl-Heinz Fingerhut, Die Funktion der Tierfiguren im Werke Franz Kafkas, a.a.O., S. 275; H 296 u. 452.
72 SO, bes. S. 38 f. u. S. 45 f. u. S. 261.
73 Jacques Lacan, La famille, a.a.O., S. 8´40—6 — 8´40—11.
74 Ebd. S. 8´40—9; vgl. auch Anna Freud, Das Ich und die Abwehrmechanismen, a.a.O., S. 85 ff.
75 J. Laplanche u. J.-B. Pontalis, Das Vokabular der Psychoanalyse, a.a.O., S. 228.
76 Jacques Lacan, La famille, a.a.O., S. 8´40—10 — 8´40—15.
77 Der Text über die beiden »Emil« stammt von 1920, also aus der Zeit der Beziehung Kafkas zu Milena Jesenská, die mit Ernst Polak verheiratet war. Er spielt vielleicht auf dieses Dreiecksverhältnis an, wodurch »Emil« anagrammatisch bezogen wäre auf »Milena«.
78 Sigmund Freud, Über einige neurotische Mechanismen bei Eifersucht, Paranoia und Homosexualität, in SA, Bd. 7, S. 220.

79 Jacques Lacan, Die Familie, a.a.O., S. 56.

80 Vgl. Hermann Lang, Die Sprache und das Unbewußte, a.a.O., S. 208, 282, 236 ff.

81 Serge Leclaire, Der psychoanalytische Prozeß. Versuch über das Unbewußte und den Aufbau einer buchstäblichen Ordnung, Frankfurt a.M. 1975, S. 143.

82 Samuel M. Weber, Rückkehr zu Freud. Jacques Lacans Ent-Stellung der Psychoanalyse, Frankfurt a.M./Berlin/Wien 1978, S. 144 f.; Jacques Lacan, Schriften II, a.a.O., S. 36 u. 126.

83 Ebd. S. 117 f.; Moustafa Safouan, Die Struktur in der Psychoanalyse. Beitrag zu einer Theorie des Mangels, in: François Wahl (Hg.), Einführung in den Strukturalismus, Frankfurt a.M. 1973, S. 259—322, bes. S. 289 ff.

84 Vgl. Hans H. Hiebel, Witz und Metapher in der psychoanalytischen Wirkungsästhetik, a.a.O.

85 Venus-Aphrodite geht nach Hesiod aus dem Meerschaum bzw. der Muschel hervor, welche sich aus den abgeschnittenen Genitalien Uranos' gebildet hatten, vgl. Edward Tripp, Reclams Lexikon der antiken Mythologie, Stuttgart 1974, S. 58 ff.; das Kind ist außerdem der Psychoanalyse zufolge im Unbewußten gleichzusetzen dem »Phallus« der Mutter, vgl. Sigmund Freud, Einige psychische Folgen der anatomischen Geschlechtsunterschieds, in: SA, Bd. 5, S. 264, »längs der vorgezeichneten symbolischen Gleichung Penis = Kind«; Moustafa Safouan, op. cit., S. 285.

86 Des Ödipus' Blendung ist sozusagen eine nachgeholte symbolische Kastration, vgl. André Green, Un oeil en trop. Le complexe d'Oedipe dans la tragédie, Paris 1969, S. 262.

87 Vgl. Heinz Politzer, Franz Kafka. Der Künstler, a.a.O., S. 368 ff.

88 Zu Konvolut A gehörend, s. SY 70.

89 Vgl. ER 105, 230, P 35; in der Oposition von »verhülltem oder nacktem Frauenhals« erkannten G. Deleuze u. F. Guattari ein Leitmotiv Kafkas, Dies., Kafka, a.a.O., S. 123, Anm.

90 Vgl. wieder Gerhard Neumann, Werk oder Schrift?, a.a.O.

91 Mechthild Hornschuh-Fagard u. Georges Fagard, Le Nid Vide. Essai sur la problématique consciente et inconsciente de Franz Kafka, Paris 1974; das Buch baut auf Maurons Psychokritik auf, Charles Mauron, Des métaphores obsédantes au mythe personnel. Introduction à la psychocritique, Paris 1963.

92 S. weiter unten.

93 Jacques Lacan, Schriften II, a.a.O., S. 36 u. S. 126.

94 Friedrich Nietzsche, Zur Genealogie der Moral, in: Werke in drei Bänden, a.a.O., Bd. 2, S. 761—900, z.B. S. 779 f., S. 782 f., S. 791; vgl. auch Sigmund Freud, Das ökonomische Problem des Masochismus, in: SA, Bd. 3, S. 339—354.

95 Sigmund Freud, Totem und Tabu (Einige Übereinstimmungen im Seelenleben der Wilden und der Neurotiker), in: SA, Bd. 9, S. 287—444, bes. S. 426 f. u. S. 436 f.

96 Vgl. J. Laplanche und J.-B. Pontalis, Das Vokabular der Psychoanalyse, a.a.O., S. 24 ff.

97 Moustafa Safouan, Die Struktur in der Psychoanalyse, a.a.O., S. 290.

98 Jacques Lacan, Écrits, a.a.O., S. 782.

99 Sigmund Freud, Die Verneinung, a.a.O.

100 Sigmund Freud, Die Ichspaltung im Abwehrvorgang, a.a.O., S. 391 f.

101 Vgl. Ulrich Wyss, Urszenen, Literaturwissenschaft als Diskursanalyse und Diskurskritik, hg. v. Friedrich A. Kittler u. Horst Turk, (Rezension), in: Internationales Archiv für Sozialgeschichte der deutschen Literatur, hg. v. G. Jäger, A. Martino, F. Sengle, 4. Bd. 1979, S. 294.

102 Jacques Lacan, Écrits, a.a.O., S. 379.

103 Michel Foucault, Psychologie und Geisteskrankheit, a.a.O., S. 71.

104 Vgl. J. Laplanche und J.-B. Pontalis, Das Vokabular, a.a.O., S. 631.

105 Jacques Lacan, Écrits, a.a.O., S. 557 f.

106 Vgl. E.D. Hirsch, Prinzipien der Interpretation, München 1972, S. 74 ff.

107 Sigmund Freud, Der Witz und seine Beziehung zum Unbewußten, a.a.O., S. 158 f.; vgl. dazu Der Dichter und das Phantasieren, a.a.O., bes. S. 179.

108 Vgl. Mechthild Hornschuh-Fagard u. Georges Fagard, op. cit., S. 14 f.

109 E.D. Hirsch, op. cit., S. 74 ff. u. S. 85 ff.

110 Hornschuh-Fagard, op. cit.

111 Charles Mauron, op. cit.

112 Ebd.; vgl. Manfred Lentzen, Charles Mauron, in: Französische Literaturkritik der Gegen-

wart, hg. v. Wolf-Dieter Lange, Stuttgart 1975, S. 89.

112a Jean Starobinski, Psychoanalyse und Literatur, Frankfurt a.M. 1973, S. 81—162.

C. Recht und Macht

113 Unergiebig und nur auf einen metaphysischen Gerichts-Begriff bezogen ist die Arbeit von Werner Rehfeld, Das Motiv des Gerichtes im Werke Franz Kafkas: Zur Deutung des »Urteils«, der »Strafkolonie«, des »Prozesses«, Diss. Frankfurt a.M. 1960. Indirekt haben sich mit dem Recht — als den sozialen Verhältnissen — beschäftigt: Walter Benjamin, Theodor W. Adorno, Wilhelm Emrich und vor allem Karin Keller; aus marxistischer Sicht Helmut Richter und Klaus Hermsdorf (s. Literaturverzeichnis). Explizit macht sich das Recht zu seinem Gegenstand Ulf Abraham, Der verhörte Held. Verhöre, Urteile und die Rede von Recht und Schuld im Werk Franz Kafkas. Diss. Erlangen 1983.

114 Der Begriff des Dezionismus ist hier bezogen auf Carl Schmitt, Der Begriff des Politischen, Berlin 1932 (2. Aufl.); Der Hüter der Verfassung, Tübingen 1931; bzw. seine Ursprünge bei Thomas Hobbes, Leviathan, Stuttgart 1976; vgl. Hermann Lübbe, Dezisionismus — eine kompromittierte politische Theorie, in: Willi Oelmüller, Ruth Dölle, Rainer Piepmeier (Hg.), Diskurs: Politik, Paderborn 1977, S. 283—296.

115 Deleuze/Guattari, Kafka, a.a.O., S. 62.

116 Vgl. Gerhard Kaiser, Franz Kafkas »Der Prozeß«. Versuch einer Interpretation, in: Euphorion 52, 1958, S. 23—49.

117 Michel Foucault, Sexualität und Wahrheit, a.a.O., S. 115.

118 Ebd. S. 113; Überwachen und Strafen, a.a.O.

119 Georg Wilhelm Friedrich Hegel, Grundlinien der Philosophie des Rechts, a.a.O., S. 357.

120 Ebd. S. 382.

121 Friedrich Nietzsche, Zur Geneaologie der Moral, a.a.O., S. 817; vgl. S. 812.

122 Vgl. zu den drei eigentlich zusammengehörigen Gebieten: Norbert Hoerster (Hg.), Recht und Moral. Texte zur Rechtsphilosophie, München 1977; W. Oelmüller, R. Dölle, R. Piepmeier (Hg.), Diskurs: Politik, a.a.O.; zur Ethik-, Handlungs- und Normendiskussion vgl. Willi Oelmüller, Materialien zur Normendiskussion 2. Normenbegründung — Normendurchsetzung, Paderborn 1978; Paul Lorenzen u. Oswald Schwemmer, Konstruktive Logik, Ethik und Wissenschaftstheorie, Mannheim/Wien/Zürich 1973, S. 107—129.

123 Vgl. Paul Lorenzen u. Oswald Schwemmer, *op. cit.*, S. 107—129.

124 K. scheint niemals eine Berufung erhalten zu haben (S. 102 f.); der Aufnahmebrief (S 36) ist ein ungültiger Privatbrief (S 105); K. beginnt den »Kampf« (S 10 u. 39); vielleicht ist K. gar nicht Landvermesser, er hat womöglich keine Gehilfen, auch keine Familie (S 11) — wie könnte er sonst Frieda seine »Braut« nennen (S 110 u. 341); es geht um eine »Vermessenheit« — wie in der JOSEFINE —, nicht um die Integration in die Gesellschaft und die Arbeitsteilung, vgl. S 44 f., 163, 241; vgl. dazu Ralf Nicolai, Ende oder Anfang. Zur Einheit der Gegensätze in Kafkas *Schloß*, München 1977, S. 55.

125 Max Weber, Die Typen der Herrschaft, in: Wirtschaft und Gesellschaft, 2 Bde., hg. von Johannes Winckelmann, Köln/Berlin 1964, S. 157—222; s. auch Max Weber, Die drei reinen Typen der legitimen Herrschaft, in: W. Oelmüller, R. Dölle, R. Piepmeier, *op. cit.*, S. 193—207.

126 Max Weber, Wirtschaft und Gesellschaft, a.a.O., 1. Bd. S. 27.

127 Vgl. Max Weber, Rechtssoziologie, in: Wirtschaft und Gesellschaft, a.a.O., Bd. 1, S. 495—656, S. 611—613; Georg Fohrer, Glaube und Leben im Judentum, Heidelberg 1979, S. 28—47 u. S. 71—79.

128 Gershom Scholem, Über einige Grundbegriffe des Judentums, Frankfurt a.M. 1976, S. 109, die Tora ist »unendlich deutbar«, ist »das Deutbare schlechthin«.

129 Vgl. diese Unterscheidung bei André Jolles, Einfache Formen. Legende, Sage, Mythe, Rätsel, Spruch, Kasus, Memorabile, Märchen, Witz, Tübingen 1974, S. 179.

130 Vgl. Anna Freud, Das Ich und die Abwehrmechanismen, a.a.O.

131 Jacques Lacan, Schriften II, a.a.O., S. 43.

132 Friedrich Nietzsche, Zur Geneaologie der Moral, a.a.O., S. 812, 816, 817, 818.

[133] Bertolt Brecht, Gesammelte Werke in 20 Bänden, Frankfurt a.M. 1968, Bd. 2, S. 430, »Doch leider hat man bisher nie vernommen / Daß einer auch sein Recht bekam — ach wo!«. Die zitierte Variante nach der Schallplatte: Die Dreigroschenoper. Historische Aufnahme 1930, Telefunken HT 23.

[134] Friedrich Nietzsche, Zur Geneaologie, a.a.O., S. 817.

[135] Ebd. S. 812.

[136] Ebd. S. 824 f.

[137] Jacques Lacan, Die Familie, a.a.O., S. 54—62.

[138] Michel Foucault, Sexualität und Wahrheit, a.a.O., S. 171; Foucault bezieht das Gesagte nur auf die Welt des Gesetzes, die von der Welt der Norm zunehmend verdrängt wird; zumindest für Kafka gilt das Diktum auch in bezug auf den Bereich der extrajuridischen Normen.

[139] Ebd. S. 101.

[140] Vgl. Karl Marx, Grundrisse der Kritik der politischen Ökonomie, a.a.O., bes. S. 907.

[141] Vgl. Christoph Stölzl, Kafkas böses Böhmen. Zur Sozialgeschichte eines Prager Juden, München 1975, bes. S. 20; die Juden Böhmens waren zumindest bis 1848 eine »gegenüber dem Rest der Bevölkerung durch Ausnahmegesetze, Besitz- und Heiratsverbote, Berufs- und Ansiedlungsbeschränkungen, schließlich durch eine erpresserisch hohe Sondersteuer und eine Vielzahl von Schikanen im bürgerlichen Leben zurückgesetzte, letztlich nur geduldete Minderheit gewesen«.

[142] Michel Foucault, Überwachen und Strafen, a.a.O., S. 38; Foucault spricht auch von einer »politischen Ökonomie« des Körpers, ebd. S. 36.

[143] Michel Foucault, Sexualität und Wahrheit, a.a.O., S. 107.

[144] Paul Watzlawick u.a., Menschliche Kommunikation, Bern/Stuttgart/Wien 1974, S. 57 ff.

[145] Vgl. John L. Austin, Zur Theorie der Sprechakte, Stuttgart 1972; zu den illokutionären Sprechakten — vgl. ebd. S. 147 — des Befehlens, Drohens, Drängens, Kritisierens, Verurteilens, Aburteilens, Ermahnens, Bittens, Versprechens usw. wären auch die paradoxen Handlungsaufforderungen nach dem Muster des *double bind* zu rechnen. Vgl. dazu auch Reinhard B. Nolte, Einführung in die Sprechakttheorie John R. Searles. Darstellung und Prüfung am Beispiel der Ethik, Freiburg i.Br./München 1978; das Problem der Sprachmacht, der Macht auf Grund bestimmter Sprechaktstrategien hat sich Gerhard Neumann in bezug auf Kafkas URTEIL vorgenommen, G.N., Franz Kafka. »Das Urteil«. Text, Materialien, Kommentar, München/Wien 1981.

[146] Vgl. Gerhard Neumann, Die Arbeit im Alchimistengäßchen (1916—1917), in: HB II, S. 313–349, s. S. 342 ff.

[147] Friedrich Nietzsche, Zur Geneaologie, a.a.O., S. 881.

[148] Sigmund Freud, Das ökonomische Problem des Masochismus, a.a.O., S. 351 ff.; Totem und Tabu, a.a.O., S. 435 u. 439.

[149] Michel Foucault, Überwachen und Strafen, a.a.O., S. 238—250; das folgende Zitat auf S. 238.

[150] Vgl. Ulf Abraham, Der verhörte Held, a.a.O.

[151] Michel Foucault, *op. cit.*

[152] Michel Foucault, Sexualität und Wahrheit, a.a.O., S. 113.

[153] Ebd. S. 112.

[154] Ebd. S. 101.

[155] Ebd. S. 109 u. S. 113; Überwachen und Strafen, a.a.O., S. 33 ff.

[156] Sexualität und Wahrheit, a.a.O., S. 163.

[157] Ebd. S. 115.

[158] Überwachen und Strafen, a.a.O., S. 228 f.

[159] Elias Canetti, Der andere Prozeß, a.a.O., S. 86.

[160] Wolf Detlev Kittler, Der Turmbau zu Babel, das Schweigen der Sirenen und das tierische Pfeifen, a.a.O., S. 64.

[161] Friedrich Nietzsche, Zur Geneaologie, a.a.O., S. 824 f. u. 881.

[162] Sigmund Freud, Das ökonomische Problem des Masochismus, a.a.O., S. 350 f.; Das Ich und das Es, in: SA Bd. 3, S. 319; Totem und Tabu, a.a.O., bes. S. 427 u. S. 435; vgl. den Art. »Schuldgefühl« bei Laplanche/Pontalis, Das Vokabular, a.a.O.

[163] Norbert Elias, Über den Prozeß der Zivilisation. Soziogenetische und psychogenetische Untersuchungen, a.a.O., Bd. 2, S. 312 ff.

164 Jacques Lacan, Schriften I, a.a.O., S. 94; Martin Heidegger, Sein und Zeit, a.a.O., S. 326.

165 Jacques Lacan, Écrits, a.a.O., S. 379.

166 Jacques Lacan, Die Familie, a.a.O., S. 77.

167 Ebd.

168 Gérard Mendel, Generationskrise. Eine soziopsychoanalytische Studie, Frankfurt a.M. 1972; Thomas Ziehe, Pubertät und Narzißmus, Frankfurt a.M./Köln 1979.

169 Vgl. Gérard Mendel, op. cit.; dieses Identifikationsproblem begründet nach Mendel die »Generationskrise«.

170 Vgl. Christoph Stölzl, Kafkas böses Böhmen, a.a.O., S. 20 ff.; Klaus Wagenbach, Franz Kafka. Eine Biographie seiner Jugend, Bern 1958, S. 15—33; vgl. H 183.

171 Deleuze/Guattari, Kafka, a.a.O., S. 17.

172 G. Deleuze und F. Guattari, Anti-Ödipus, a.a.O., S. 338 ff., Zit. S. 342; Kafka, a.a.O., S. 16 u. S. 18 (»Die Richter, Kommissare, Bürokraten usw. sind keine Substitute des Vaters, sondern der Vater ist eher ein Kondensat all jener Mächte, denen er sich unterworfen hat und denen sich zu unterwerfen er auch dem Sohn empfiehlt.«)

173 Ebd.; Anti-Ödipus, a.a.O., S. 346 f.

174 S. die Titel im Literaturverzeichnis.

175 Theodor W. Adorno, Zum Verhältnis von Soziologie und Psychologie, a.a.O., S. 59 u. 60.

176 Theodor W. Adorno, Studien zum autoritären Charakter, Frankfurt a.M. 1980, S. 325.

177 Vgl. Friedrich Nietzsche, Zur Geneaologie, a.a.O., S. 804; Deleuze/Guattari, Anti-Ödipus, a.a.O., S. 247 u. 346 f.

178 Vgl. Gerhard Neumann, in: HB II, S. 314.

179 Vgl. Hans Günter Pott, Die aphoristischen Texte Franz Kafkas: Stil und Gedankenwelt, a.a.O., S. 75 ff.

180 Vgl. Gerhard Neumann, »Ein Bericht für eine Akademie«. Erwägungen zum »Mimesis«-Charakter Kafkascher Texte, in: DVjS. 49, 1975, S. 166—183.

181 Vgl. Hans H. Hiebel, Antihermeneutik und Exegese. Kafkas ästhetische Figur der Unbestimmtheit, a.a.O.

182 Michel Foucault, Überwachen und Strafen, a.a.O., S. 44—51 u. S. 60.

183 Ebd. S. 17; vgl. auch Michel Foucault (Hg.), Der Fall Rivière, Frankfurt a.M. 1975; dort wird dieser Umschlag diskutiert am Beispiel des neuartigen Problems der Unzurechnungsfähigkeit, welches den neuen Diskurs der psychiatrischen ›Entschuldigung‹ hervorbringt.

184 Michel Foucault, Überwachen und Strafen, a.a.O., S. 33.

185 Vgl. bes. Samuel Beckett, Der Verwaiser, Ausgeträumt träumen, Das Ende, in: Werke, a.a.O., Bd. 4.

186 Michel Foucault, Überwachen und Strafen, a.a.O., S. 228.

187 Herbert Marcuse, Triebstruktur und Gesellschaft, Frankfurt a.M. 1968, S. 57; vgl. Max Horkheimer/Theodor W. Adorno, Dialektik der Aufklärung, a.a.O., S. 71, »Die Herrschaft des Menschen über sich selbst, die sein Selbst begründet, ist virtuell allemal die Vernichtung des Subjekts, in dessen Dienst sie geschieht, denn die beherrschte, unterdrückte und durch Selbsterhaltung aufgelöste Substanz ist gar nichts anderes als das Lebendige, als dessen Funktion die Leistungen der Selbsterhaltung einzig sich bestimmen, eigentlich gerade das, was erhalten werden soll.« Vgl. auch Jacques Derrida, Freud und der Schauplatz der Schrift, a.a.O., S. 310.

Anmerkungen zum 2. Teil: Überleitung

A. Der ewige Sündenfall / B. Der versteinerte Prometheus

188 Reinhold Mayer (Hg.), Der Babylonische Talmud, München 1963, S. 82.

189 S. bes. H 91 — 109, H 72, 84, 118 f., Br 212, T 502.

190 Zum explikativen Charakter von Kafkas Meta-Mythen s. Sabina Buhr, Negativität der Erkenntnis im Werk Franz Kafkas. Eine Untersuchung zu seinem Denken anhand einiger später Texte, Diss. Freiburg i. Br. 1978, S. 47.

191 Claude Lévi-Strauss, Das Wilde Denken, a.a.O., S. 36, 40, 48.

192 Claude Lévi-Strauss, Die Struktur der Mythen, a.a.O.

193 Vgl. die Varianten: »Wir wurden aus dem Paradies vertrieben, aber zerstört wurde es nicht [...]«, »Wir wurden geschaffen, um im Paradies zu leben [...]« (H 101); »Für den Sündenfall gab es drei Strafmöglichkeiten [...]« (H 105).

194 Vgl. Hans Walther, Franz Kafka. Die Forderung der Transzendenz, Bonn 1977, S. 54 f.

195 Das »Begehren« ist hier wieder als Gegensatz zu Trieb und Instinkt zu verstehen, d.h. als kulturell über den Ödipuskomplex bzw. Heiratsregeln oder Verwandtschaftsstrukturen reguliertes Begehren.

196 Vgl. wieder Horkheimer/Adorno, Dialektik der Aufklärung, a.a.O.

197 Gerhard von Rad, Das erste Buch Mose. Genesis, Göttingen 1976, S. 63.

198 Ebd. S. 68; vgl. auch Norbert Elias, Über die Einsamkeit der Sterbenden in unseren Tagen, Frankfurt a.M. 1982, S. 12.

199 Vgl. zu dieser Figur der Umkehrung des Erkenntnisbegriffes auch: Manfred Frank und Gerhard Kurz, Ordo inversus. Zu einer Reflexionsfigur bei Novalis, Hölderlin, Kleist und Kafka, in: Geist und Zeichen, Fs. für Arthur Henkel, hg. von H. Anton, B. Gajek u. P. Pfaff, Heidelberg 1977, S. 75—97, bes. S. 93.

200 Sabina Buhr, Negativität der Erkenntnis im Werk Franz Kafkas. Eine Untersuchung zu seinem Denken anhand einiger später Texte, Diss. Freiburg i.Br. 1978, S. 37 u. S. 46; vgl. nochmals Jacques Lacan, was den psychoanalytischen Bezug dieser Korrelation angeht: Schriften II, S. 43, »Ich denke, wo ich nicht bin, also bin ich, wo ich nicht denke«.

201 Gerhard von Rad, Das erste Buch Mose, a.a.O., S. 65.

202 Ebd. S. 57, 75, 63; vgl. auch Sören Kierkegaard, Der Begriff der Angst, in: Die Krankheit zum Tode, Furcht und Zittern, Die Wiederholung, Der Begriff der Angst, München 1976, S. 486; s. auch Gerhard Kurz, Traum-Schrecken. Kafkas literarische Existenzanalyse, Stuttgart 1980, S. 127.

203 Vgl. Sigmund Freud, Totem und Tabu, a.a.O.; Jacques Lacan, Schriften II, S. 89.

204 Beda Allemann, Kafka und die Mythologie, in: Zeitschrift für Ästhetik und allgemeine Kunstwissenschaft 20, 1975, S. 129—144, s.S. 134.

205 Ebd. S. 133 u. 142.

206 Wir zitieren nach der Übersetzung von Gerhard von Rad, Das erste Buch Mose, a.a.O., S. 50 u. S. 60 f.

207 Jean-Pierre Vernant, Les origines de la pensée grecque, Paris 1975, S. 109; Vernant bezieht sich hier auf das »Enuma elis«; vgl. auch S. 5—32 u. S. 100—118.

208 Ebd. S. 100 ff.

209 Jacques Lacan, Écrits, a.a.O., S. 782.

210 Jacques Lacan, Die Familie, a.a.O., S. 53.

211 Platon, Symposion, a.a.O., S. 222 ff. (191a—193a).

212 Sigmund Freud, Jenseits des Lustprinzips, a.a.O., S. 320.

212a Marcel Proust, Auf der Suche nach der verlorenen Zeit, 13 Bde., Frankfurt a.M. 1975, Bd. 13, S. 273.

213 Jacques Lacan, Schriften II, S. 43.

214 André Gide, Promethée mal enchaîné, zit. bei Karlheinz Stierle, Mythos als ›bricolage‹ und zwei Endstufen des Prometheusmythos, in: Terror und Spiel. Probleme der Mythenrezeption, hg. von M. Fuhrmann, München 1971 (= Poetik und Hermeneutik IV), S. 468.

215 Edward Tripp, Reclams Lexikon der antiken Mythologie, a.a.O., S. 455 f.

216 Gisbert Ter-Nedden, Kafka: Prometheus, in: Fragen. Kritische Texte für den Deutschunterricht, Kommentar-Band, bearbeitet von U. Anacker, H. Schwimmer, G. Ter-Nedden, München 1972, S. 17—22, Zit. S. 19.

217 Horkheimer/Adorno, Dialektik der Aufklärung, a.a.O.

218 Vgl. dazu auch F 707.

219 Hans Blumenberg, Arbeit am Mythos, Frankfurt a.M. 1979, S. 686 u. 688.

220 Hartmut Binder, in: HB I, S. 169.

221 Vgl. ebd.; s. auch John S. White, Psyche and Tuberculosis. The Libido Organization of Franz Kafka, in: The Psychoanalytic Study of Society 4, New York 1967, S. 185—251, s. S. 231 f.

222 Die »Selbstbestrafungsneurose« wird begründet durch eine »individuelle Schwäche« oder ein »Übermaß väterlicher Herrschaft« und zeigt sich in der Bürde eines »übermäßigen Überich«, Jacques Lacan, Die Familie, a.a.O., S. 94.

223 John S. White, *op. cit.*, S. 231 f.
224 Sigmund Freud, Zur Gewinnung des Feuers, in: SA, Bd. 9, S. 445—454, s.S. 451.
225 Karlheinz Stierle, Mythos als ›bricolage‹, a.a.O., S. 466.
226 Hans Blumenberg, Wirklichkeitsbegriff und Wirkungspotential des Mythos, in: Terror und Spiel, a.a.O., S. 11—66, s.S. 31; dieser Gedanke liegt der »Arbeit am Mythos« zugrunde.
227 Karlheinz Stierle, *op. cit.*, S. 461.
228 Ebd.
229 Ernst Cassirer, Philosophie der symbolischen Formen. Zweiter Teil. Das mythische Denken, Darmstadt 1973, S. 51.
230 Ebd. S. 28.
231 Ebd. S. 93, 48, 186.
232 Ebd. S. 209 ff., 227, 229.
233 Ebd. S. 105 ff., 129 ff.
234 Ebd. S. 47, 57, 131.
235 Sigmund Freud, Die Traumdeutung, a.a.O., bes. S. 309—344.
236 Ernst Cassirer, *op. cit.*, S. 48 f.
237 Karlheinz Stierle, *op. cit.*, S. 460.
238 Jacques Lacan, zit. bei Hermann Lang, Die Sprache und das Unbewußte, a.a.O., S. 132.
239 Jean Pierre Vernant, Mythe et pensée chez les Grecs. Etudes de psychologie historique, 2 Bde., 1. Bd. Paris 1974, 2. Bd. Paris 1978, Zit. Bd. 1, S. 37.
240 Claude Lévi-Strauss, Die Struktur der Mythen, a.a.O., S. 231 f.
241 Claude Lévi-Strauss, Die Struktur und die Form, a.a.O., S. 210.
242 Das Symbolische als die kulturell-zeichenhafte Ordnung, das Imaginäre als die Phantasmen, das Reale als das rein Naturgesetzliche sind hier als strukturalistische Grundbegriffe verstanden; vgl. Gilles Deleuze, Woran erkennt man den Strukturalismus?, a.a.O., S. 270 ff.
243 Jean Pierre Vernant, Mythe et pensée chez les Grecs, Bd. 1, a.a.O., S. 13.
244 Hesiod, Erga, Zürich 1968, S. 9.
245 Jean Pierre Vernant, Mythe et pensée, a.a.O., S. 13—41.
246 Ebd. S. 48.
247 Roland Barthes, Mythen des Alltags, Frankfurt a.M. 1974, S. 121 ff.
248 Karlheinz Stierle, *op. cit.*, S. 455 ff., bes. S. 461.
249 Claude Lévi-Strauss, Das wilde Denken, Frankfurt a.M. 1968, S. 34, vgl. auch S. 29 ff.
250 Gisbert Ter-Nedden, *op. cit.*, S. 19 u. 21.
251 Hans Blumenberg, Arbeit am Mythos, a.a.O., S. 687.
252 Hans Robert Jauß, Zeit und Erinnerung in Marcel Prousts »A la recherche du temps perdu«, Heidelberg 1970, S. 52.
253 Beda Allemann, Franz Kafka. »Der Prozeß«, in: Der Deutsche Roman, Bd. II, hg. v. Benno von Wiese, Düsseldorf 1963, S. 234—290, Zit. S. 290.
254 Zit. bei Gisbert Ter-Nedden, *op. cit.*, S. 21.
255 Claude Lévi-Strauss, Strukturale Anthropologie, a.a.O., S. 223.

Anmerkungen zum 3. Teil: Interpretationen

A. Das Urteil / B. Zwei Verwandlungen

1 Vgl. Jürgen Demmer, Franz Kafka. Der Dichter der Selbstreflexion. Ein Neuansatz zum Verstehen der Dichtung Kafkas. Dargestellt an der Erzählung *Das Urteil*, München 1973, S. 106 ff.
2 Bes. Heinz Politzer, Walter H. Sokel, Hartmut Binder und J. Malcolm S. Pasley.
3 Hartmut Binder, Kafka-Kommentar I, S. 201 f., S. 210 u. S. 228.
4 Ulf Abraham, Der verhörte Held. Verhöre, Urteile und die Rede von Recht und Schuld im Werk Franz Kafkas, a.a.O., spricht von »Gesetz ohne Inhalt«, »Anklage ohne Vergehen«, »Urteil ohne Instanz«.
5 Vgl. Ulf Abraham, Der verhörte Held. Verhörsituation und Schuldgefühl im Werk Franz Kafkas, Zulassungsarbeit Erlangen 1979, S. 77 u. S. 108 ff.

6 Sigmund Freud, Der Witz und seine Beziehung zum Unbewußten, a.a.O., S. 20—24; das Beispiel eines Verdichtungswitzes kann man auch zum Beispiel einer Fehlleistung umdenken; der Signifikant »lion« verrät, daß es so »familiär« nicht zuging bei diesem Empfang.

7 SO, S. 47, 57, 75.

8 Theodor W. Adorno, Aufzeichnungen zu Kafka, a.a.O., S. 262.

9 Vgl. bes. SO, S. 45 ff. u. 60; Edel Edel, Franz Kafka: »Das Urteil«, in: Wirkendes Wort 9, 1959, S. 216—225; Karl H. Ruhleder, Franz Kafka's »Das Urteil«. An Interpretation, in: Monatshefte für den Deutschunterricht 55, 1963, S. 13—22; Erwin R. Steinberg, »The Judgement«, in: Modern Fiction Studies 8, 1962, S. 23—30; Herbert Tauber, Franz Kafka. Eine Deutung seiner Werke, New York 1941 (Diss. Zürich 1941), S. 24 f.; diesen Interpreten müßte man vor allem entgegenhalten Gerhard Neumann, Franz Kafka. »Das Urteil«. Text, Materialien, Kommentar, München/Wien 1981, auch: Gert Sautermeister, Sozialpsychologische Textanalyse: Franz Kafkas Erzählung »Das Urteil«, in: Dieter Kimpel u. Beate Pinkerneil (Hg.), Methodische Praxis der Literaturwissenschaft, Kronberg/Ts. 1975, S. 179—222.

10 Walter Benjamin, Franz Kafka. Zur zehnten Wiederkehr seines Todestages, in: Gesammelte Schriften II/2, a.a.O., S. 411.

11 Helmut Richter, Franz Kafka. Werk und Entwurf, Berlin 1962, S. 109 u. 111.

12 Peter U. Beicken, Franz Kafka. Eine kritische Einführung in die Forschung, Frankfurt a.M. 1974, S. 241—250.

13 Kate Flores, The Judgement, in: Franz Kafka Today, hg. v. Angel Flores und Homer Swander, Madison 1964, S. 5—25.

14 Eric L. Marson, Franz Kafka's »Das Urteil«, in: Journal of the Australasian Universities Language and Literature Association No. 16, 1961, S. 167—178.

15 Heinz Politzer, Franz Kafka. Der Künstler, a.a.O., S. 107.

16 SO, S. 44 ff., s. dazu S. 39 u. S. 261.

17 Ingo Seidler, »Das Urteil«: Freud natürlich? Zum Problem der Multivalenz bei Kafka, in: Psychologie in der Literaturwissenschaft, hg. v. Wolfgang Paulsen, Heidelberg 1971, S. 174—190.

18 Lawrence Ryan, »Zum letztenmal Psychologie?« — Zur psychologischen Deutbarkeit der Werke Franz Kafkas, in: Psychologie in der Literaturwissenschaft, a.a.O., S. 164 ff.

19 Heinz Hillmann, Kafkas »Amerika«. Literatur als Problemlösungsspiel, in: Der deutsche Roman im 20. Jahrhundert, Bd. 1, hg. v. Manfred Brauneck, Bamberg 1976, S. 135–167, vgl. S. 136—138.

20 Peter U. Beicken, op. cit., S. 246.

21 Jürgen Demmer, op. cit., S. 166.

22 SO, S. 59; dieser Satz steht im Widerspruch dazu, daß Sokel von einer Schuld Georgs gegenüber dem Vater, dem Freund und der Verlobten ausgeht, s. S. 44 ff.

23 Heinz Politzer, op. cit., S. 100.

24 Edel Edel, op. cit., S. 216 ff.

25 Erwin R. Steinberg, op. cit., S. 23 ff.

26 Ingo Seidler, op. cit., S. 188 ff.

27 Bert Nagel, Franz Kafka. Aspekte zur Interpretation und Wertung, Berlin 1974, S. 193 f.

28 SO, S. 46.

29 SO, S. 51.

30 SO, S. 47 u. 55.

31 SO, S. 47 u. 75.

32 SO, S. 56 f. u. 59.

33 SO, S. 53.

34 SO, S. 57.

35 SO, S. 62.

36 SO, S. 75.

37 Jürgen Demmer, op. cit., bes. S. 191.

38 Vgl. Peter U. Beicken, op. cit., S. 246.

39 Vgl. dazu Ingo Seidler, »Das Urteil«: Freud natürlich? Zum Problem der Multivalenz bei Kafka, a.a.O.

40 Es stellt sich die Frage, ob der Vater als realistische, bewußt handelnde Figur zu verstehen ist. Nicht nur vermischen sich Bewußtes und Unbewußtes in Georg, auch der Vater scheint ty-

rannisch aus *unbewußten* Motiven heraus zu handeln, ja er ist eher eine Projektion Georgs als eine eigenständige Person.

41 Vom Infantilen und Ephebenhaften Kafkas erzählt Max Brod, der auch folgenden Ausspruch Kafkas überliefert: »Ich werde nie das Mannesalter erleben, aus einem Kind werde ich gleich ein weißhaariger Greis werden.« (Brod 40) Vgl. die »unausrottbare Kindlichkeit« des Volks der Mäuse (ER 202); s. dazu auch die These von der verlängerten Kindheit bei Georges Bataille, La littérature et le mal, Paris 1957, S. 176 ff. (La parfaite puérilité de Kafka) u. S. 179 ff. (Le maintien de la situation enfantine).

42 Jacques Lacan, Schriften II, a.a.O., S. 89.

43 Vgl. G. Deleuze u. F. Guattari, Anti-Ödipus, a.a.O., S. 346.

44 S. Art. »Schuldgefühl« bei Laplanche/Pontalis, Das Vokabular der Psychoanalyse, a.a.O.

45 Günter Anders, Kafka. Pro und Contra. Die Prozeßunterlagen, München 1972 (4. Aufl.), S. 100.

46 Vgl. Sigmund Freud, Die Ichspaltung im Abwehrvorgang,a.a.O.

47 Vgl. Jacques Lacan, Schriften II, a.a.O., S. 36 ff. u. S. 126; Samuel M. Weber, Rückkehr zu Freud, a.a.O., S. 52, 58 f., 95.

48 Vgl. Moustafa Safouan, Die Struktur in der Psychoanalyse, a.a.O., S. 290 f.

49 Vgl. Jacques Lacan, Die Familie, a.a.O., S. 54–64; Das Gegenüber des Kindes im Spiegelstadium erweitert sich im Drama der Eifersucht und im Ödipuskomplex um ein »drittes Objekt« (ebd. S. 60), welches Lacan später den »großen Anderen« (Le grand Autre, l'Autre) nennt. Er begrenzt die imaginären Spiegelungen durch die Einführung in die symbolische Ordnung.

50 Vgl. »Le sujet barré $«, Jacques Lacan, Écrits, a.a.O., S. 816; Hermann Lang, Die Sprache und das Unbewußte, a.a.O., S. 259.

51 Auf diese Paradoxie — die Auflehnung ist ›unberechtigt‹ (»sündig«) und zugleich ›berechtigt‹ (»nicht zu Unrecht erfolgt«) — bringt im Grunde Walter Benjamin das Verhältnis von Sohn und Vater und das Problem der »Erbsünde« (B 295 f.); W.B., Gesammelte Schriften II/2, a.a.O., S. 412.

52 Sigmund Freud, Trauer und Melancholie, in: SA, Bd. 3, S. 193—212, s. S. 202, »Ihre *Klagen* sind *Anklagen*, gemäß dem alten Sinn des Wortes; sie schämen und verbergen sich nicht, weil alles Herabsetzende, was sie von sich aussagen, im Grunde von einem anderen gesagt wird«. Diese indirekte Anklage des Anderen gilt auch für den Masochismus und das Schuldgefühl, s. Art. »Schuldgefühl« bei Laplanche/Pontalis, Das Vokabular, a.a.O.

53 Gerhard Neumann, Franz Kafka. »Das Urteil«, a.a.O., S. 157 ff.

54 Vgl. Gerhard Neumann, »Ein Bericht für eine Akademie«. Erwägungen zum »Mimesis«-Charakter Kafkascher Texte, in: DVjS. 49, 1975, S. 166—183.

55 SO, S. 81—83.

56 Michel Foucault, Psychologie und Geisteskrankheit, a.a.O., S. 55; Foucault begreift alle Psychopathien als intentionelle Regressionen.

57 Peter U. Beicken, Franz Kafka. Eine kritische Einführung in die Forschung, a.a.O., S. 267.

58 Deleuze/Guattari, Kafka, a.a.O., S. 32.

59 Michel Dentan, Humour et Création Littéraire dans L'Oeuvre de Kafka, a.a.O., S. 54 ff., S. 58, S. 108 ff.

60 Klaus Wagenbach, Franz Kafka. Eine Biographie seiner Jugend, a.a.O., S. 16.

61 Clemens Lugowski, Die Form der Individualität im Roman, Berlin 1932, S. 73—75; Lugowski unterscheidet die kausale Motivation »von vorn« von der finalen, das »mythische Analogon« konstituierenden Motivation »von hinten«. Man könnte eine Sinngebung ›von oben‹ ins Spiel bringen, um Verweise des Erzählers *par derrière* zu charakterisieren, welche nicht direkt mit dem Fabelverlauf bzw. der Motivation zu tun haben.

62 Karl-Heinz Fingerhut, Die Funktion der Tierfiguren im Werke Franz Kafkas, a.a.O., S. 212 f.

63 Deleuze/Guattari, Kafka, a.a.O., S. 18.

64 Ebd. S. 17.

65 Vgl. Hans H. Hiebel, Antihermeneutik und Exegese. Kafkas ästhetische Figur der Unbestimmtheit, in: DVjS. 52, 1978, S. 95 u. S. 99 ff.

66 Auf diese Thematik hat schon 1931 Hellmuth Kaiser in seiner psychoanalytischen Interpretation der VERWANDLUNG, des BERICHTS und der STRAFKOLONIE hingewiesen, H.K., Franz Kafkas Inferno. Eine psychologische Deutung seiner Strafphantasie, in: Imago 17,

1931, S. 41—103; auch in: Heinz Politzer (Hg.), Franz Kafka, Darmstadt 1973 (= Wege der Forschung). Kaiser formuliert allerdings zu ›anatomistisch‹, was symbolisch zu fassen wäre.

67 Jacques Lacan, Die Familie, a.a.O., S. 53.

C. In der Strafkolonie

1 Das »Rezente« ist in Sigmund Freuds Traumdeutung das Erlebnismaterial des letztabgelaufenen Tages, auf das der Traum sich gründet; daneben gilt das Infantile als Traumquelle; Die Traumdeutung, a.a.O., S. 179 ff.

1a Umberto Eco, Das offene Kunstwerk, Frankfurt a.M. 1977, bes. S. 27 ff.

2 Ingo Seidler, »Zauberberg« und »Strafkolonie«: Zum Selbstmord zweier reaktionärer Absolutisten, in: GRM 19, 1969, S. 94—103, s. S. 101; vgl. auch Bert Nagel, Franz Kafka. Aspekte zur Interpretation und Wertung, Berlin 1974, S. 245 f.

3 Michel Foucault, Überwachen und Strafen, a.a.O., bes. S. 44 ff.

4 Walter Benjamin, Benjamin über Kafka, a.a.O., S. 130 f.; Theodor W. Adorno, Aufzeichnungen zu Kafka, a.a.O., S. 266.

5 SO, S. 114 ff.

6 Walter Biemel, Philosophische Analysen zur Kunst der Gegenwart, a.a.O., zur STRAFKOLONIE, S. 1—38, s. S. 18 f.

7 Bert Nagel, Franz Kafka, a.a.O., S. 270.

8 Helmut Richter, Franz Kafka. Werk und Entwurf, a.a.O., S. 120 u. 123.

9 Klaus Wagenbach (Hg.), Franz Kafka. In der Strafkolonie. Eine Geschichte aus dem Jahre 1914. Mit Quellen, Abbildungen, Materialien aus der Arbeiter-Unfall-Versicherungsanstalt, Chronik und Anmerkungen von Klaus Wagenbach, Berlin 1975, S. 65 ff. u. S. 20 ff.

10 Vgl. wieder Michel Foucault, Überwachen und Strafen, a.a.O.; bezüglich der Ausbeutung der Arbeitskraft auf der Grundlage des Kapitalverhältnisses, der Mehrarbeit und der Entfremdung von den Produktionsmitteln (Maschinen): Karl Marx, Das Kapital, a.a.O.

11 Walter Benjamin, Benjamin über Kafka, a.a.O., S. 113.

12 Hellmuth Kaiser, Franz Kafkas Inferno, a.a.O.

13 Z.B. Werner Rehfeld, Das Motiv des Gerichtes im Werke Franz Kafkas, a.a.O., S. 54 ff.; SO, S. 111; Wilhelm Emrich, Franz Kafka, a.a.O., S. 220 ff.

14 Sigmund Freud, Die Traumdeutung, a.a.O., S. 309 ff.

15 Gilles Deleuze, Sacher-Masoch und der Masochismus, a.a.O., S. 250.

16 Ebd. S. 243; vgl. Walter Benjamin, Franz Kafka, a.a.O., S. 412.

17 Die »Ratlosigkeit« ist nach Walter Benjamin das Signum des neuzeitlichen Romans, W.B., Der Erzähler, in: Gesammelte Schriften II/2, a.a.O., S. 438—465, s. S. 443.

18 S. zum Problem der extrajuridischen Normen Michel Foucault, Sexualität und Wahrheit, a.a.O., S. 113—117 u. S. 172.

19 Deleuze/Guattari, Anti-Ödipus, a.a.O., S. 273.

20 Deleuze/Guattari, Kafka. Pour une littérature mineure, a.a.O., S. 79.

21 In der Übersetzung, Kafka, a.a.O., S. 60.

22 Vgl. Max Brods Angabe zum Ende des SCHLOSS-Romans (S 527).

23 Thomas Hobbes, Leviathan, Stuttgart 1976, S. 322; vgl. ebd. S. 234 f. (26. Kap.).

24 Friedrich Nietzsche, Zur Genealogie, a.a.O., S. 817.

25 Ebd. S. 812.

26 S. G.W.F. Hegel, Grundlinien der Philosophie des Rechts, a.a.O., bes. S. 357 u. 382; Jürgen Habermas, Arbeit und Interaktion, in: Technik und Wissenschaft als ›Ideologie‹, Frankfurt a.M. 1968; Habermas geht von einer (durch Herrschaft verzerrten) dialogischen Synthese der Gesellschaftsmitglieder aus.

27 Michel Foucault, Sexualität und Wahrheit, a.a.O., S. 115.

28 Ebd. S. 113 u. 109.

29 Ebd. S. 172.

30 Michel Foucault, Überwachen und Strafen, a.a.O., S. 44 f.

31 Ebd. S. 57 u. 58.

32 Vgl. auch Klaus Wagenbach, Franz Kafka. In der Strafkolonie, a.a.O., S. 89.

33 Friedrich Nietzsche, Zur Genealogie, a.a.O., S. 802.
34 Pierre Clastres, Staatsfeinde. Studien zur politischen Anthropologie, Frankfurt a.M. 1976, S. 178.
35 Ebd. S. 169 u. 175.
36 Vgl. Jacques Lacan, Die Familie, a.a.O., S. 65.
37 Claude Lévi-Strauss, Mythologica I, a.a.O., S. 57 ff.
38 Pierre Clastres, op. cit., S. 169 f.
39 Ebd. S. 188.
40 Ebd. S. 178.
41 Ebd. S. 177 f.
42 Ebd. S. 195 f; Deleuze/Guattari, Anti-Ödipus, a.a.O., S. 279 ff.
43 Ebd. S. 263 u. 273.
44 Friedrich Nietzsche, Zur Genealogie, a.a.O., S. 805.
45 Deleuze/Guattari, Anti-Ödipus, a.a.O., S. 244 f.
46 Ebd. S. 247.
47 Ebd. S. 237 f.
47a Vgl. ebd.S. 278.
48 Deleuze/Guattari, Kafka, a.a.O., S. 106; vgl. auch S. 100 ff.
49 Vgl. die sechste Stunde der Kreuzigung, Luk. 24, 44.
50 Michel Foucault, Überwachen und Strafen, a.a.O., S. 10.
51 Deleuze/Guattari, Anti-Ödipus, a.a.O., S. 278 u. S. 338—351.
52 Walter Benjamin, Franz Kafka, a.a.O., S. 410.
53 Auch Michel Foucaults »Archäologie« operiert in der Weise, daß der Schatten des alten Strafrechts auf das neue Normensystem fällt (ohne daß dies beabsichtigt wäre); Überwachen und Strafen, a.a.O.
54 Vgl. Max Weber, Die Typen der Herrschaft, a.a.O., S. 167 ff.
55 Vgl. Jürgen Habermas, Strukturwandel der Öffentlichkeit, Neuwied u. Berlin 1969.
56 Rainer Maria Rilke, Sonette an Orpheus IX, in: Sämtliche Werke, hg.v. Rilke-Archiv, Frankfurt a.M. 1955, Bd. 1, S. 756.
56a Zit. bei Klaus Wagenbach, Franz Kafka. In der Strafkolonie, a.a.O., S. 89.
57 Michel Foucault, Überwachen und Strafen, a.a.O., S. 232.
58 Ebd. S. 244.
59 Ebd. S. 129 u. 133.
60 Ebd. S. 28, 37, 133, 148.
61 Ebd. S. 294.
62 Ebd. S. 173 ff., 220 f., 271 ff.
63 Ebd. S. 33.
64 Ebd. S. 229.
65 Deleuze/Guattari, Anti-Ödipus, a.a.O., S. 308 ff.; im übrigen ist die Verwandtschaft der beiden Machttheorien groß; Foucault beruft sich sogar auf den »Anti-Ödipus«, s. Überwachen und Strafen, a.a.O., S. 35.
66 Klaus Wagenbach, Franz Kafka. In der Strafkolonie, a.a.O., S. 70 ff.
67 Friedrich Nietzsche, Zur Genealogie, a.a.O., S. 817.
68 Ebd. S. 812.
69 Karl Marx, Grundrisse der Kritik der politischen Ökonomie, a.a.O., S. 159.
70 Karl Marx, Das Kapital, a.a.O., Bd. 1, S. 319.
71 Ebd. S. 295.
72 Vgl. Kafkas Reflexionen über den Taylorismus und die Verzeitlichung des »Geschäftsinteresses« (J 159); vgl. auch Bert Nagel, Franz Kafka, a.a.O., S. 225 f.
73 Friedrich Nietzsche, Zur Genealogie, a.a.O., S. 804.
74 Deleuze/Guattari, Anti-Ödipus, a.a.O., S. 273.
75 Ebd. S. 327.
76 Ebd. S. 273.
77 Die produktive Ausschöpfung der Arbeitskraft ist sowohl Zweck der Gesamtgesellschaft wie des Gefängnisses; vgl. Michel Foucault, Überwachen und Strafen, a.a.O., S. 117.
78 Vgl. Friedrich A. Kittler, Über die Sozialisation Wilhelm Meisters, in: Gerhard Kaiser und

Friedrich A. Kittler, Dichtung als Sozialisationsspiel, Göttingen 1978, S. 13–124; F. A. K., Der Dichter, die Mutter, das Kind. Zur romantischen Erfindung der Sexualität, in: Romantik in Deutschland, hg. v. R. Brinkmann, Stuttgart 1978 (= DVjS. Sonderband), S. 102–114; Die Irrwege des Eros und die »absolute Familie«. Psychoanalytischer und diskursanalytischer Kommentar zu Klingsohrs Märchen in Novalis' ›Heinrich von Ofterdingen‹, in: Psychoanalytische und psychopathologische Literaturinterpretation, hg. v. B. Urban und W. Kudszus, Darmstadt 1981, S. 421–470.

79 Deleuze/Guattari, Anti-Ödipus, a.a.O., S. 278, 327, 338—347.

80 BRIEF AN DEN VATER, H 182, s. auch H 189, vgl. auch den Brief an Elli Hermann (Br 343 ff.) u. einen Brief an Felice (F 112).

81 Michel Foucault, Psychologie und Geisteskrankheit, a.a.O., S. 123.

82 Vgl. dazu die in Anm. 78 genannten Arbeiten.

83 Deleuze/Guattari, Anti-Ödipus, a.a.O., S. 346.

84 Vgl. nochmals Gilles Deleuze, Woran erkennt man den Strukturalismus?, a.a.O.

85 Hellmuth Kaiser, Franz Kafkas Inferno, a.a.O., S. 103.

85a Vgl. T 407 und T 384.

86 Sigmund Freud, Das Ich und das Es., a.a.O., S. 319.

87 Hellmuth Kaiser, op. cit., S. 103.

88 Ebd. S. 94.

89 Sigmund Freud, Totem und Tabu, a.a.O., S. 426 f.; s. auch Der Mann Moses, in: SA Bd. 9, S. 530.

90 Sigmund Freud, Totem und Tabu, a.a.O., S. 427 u. 429.

91 Vgl. Jacques Lacan, Die Familie, a.a.O., S. 65 f.; der symbolisch verstandene Mythos vom Vatermord führt bei Lacan zum Begriff des »Symbolischen Vaters« bzw. »Toten Vaters«, Schriften II, a.a.O., S. 89. R. Fox hat als Ethnologe an Freud kritisiert, daß er Speiseverbot, Ahnenkult und Totemkult — welche meist nicht zusammenfallen — miteinander identifiziert hat, Robin Fox, *Totem and Taboo* Reconsidered, in: The Structural Study of Myth and Totemism, hg. von Edmund Leach, London/New York/Sydney/Toronto/Wellington 1967, S. 161—178.

92 Sigmund Freud, SA Bd. 3, S. 351; s. auch S. 302, 304, 315.

93 J. Street, Kafka through Freud. Totems and Taboos in »In der Strafkolonie«, in: Modern Austrian Literature 6, Heft 3/4, 1973, S. 93—106.

94 J. Malcolm S. Pasley (Hg.), Franz Kafka. Der Heizer — In der Strafkolonie — Der Bau, Cambridge 1966, S. 18 (Introduction).

95 Hellmuth Kaiser, op. cit., 1973, S. 107.

96 Ebd. S. 99 ff.

97 Ebd. S. 110.

98 Ebd. S. 138.

99 Ebd. S. 141 u. 105.

100 Ebd. S. 132.

101 Ebd. S. 125.

102 Vgl. Wiebrecht Ries, Transzendenz als Terror. Eine religionsphilosophische Studie über Franz Kafka, Heidelberg 1977, bes. S. 64.

103 Sigmund Freud, Die Traumdeutung, a.a.O., S. 194, Anm.; in der »Witzarbeit« werden die Verschiebungen und Verdichtungen der Traumarbeit in halbbewußter Weise vollzogen, vgl. Theodor Reik, Künstlerisches Schaffen und Witzarbeit, in: Psychoanalytische Literaturinterpretation, hg. von Jens Malte Fischer, Tübingen 1980, S. 188—220.

104 Sigmund Freud, Das ökonomische Problem des Masochismus, a.a.O., S. 351.

105 Ebd. S. 319.

106 Vgl. ebd. S. 318 ff. u. S. 349 ff.

107 Jacques Lacan, Die Familie, a.a.O., S. 94.

108 Sigmund Freud, Die Verdrängung, in: SA, Bd. 3, S. 115.

109 Jacques Lacan, Schriften I, a.a.O., S. 118 f.

110 Jacques Lacan, Schriften II, a.a.O., S. 89.

111 Jacques Lacan, Schriften I, a.a.O., S. 118.

112 Claude Lévi-Strauss, Strukturale Anthropologie, a.a.O., S. 225.

[113] Vom auf den Vater »übergegangenen despotischen Zeichen« sprechen Deleuze/Guattari, Anti-Ödipus, a.a.O., S. 342.

[114] Ebd. S. 345.

[115] Jacques Lacan, Schriften II, a.a.O., S. 89.

[116] Samuel Weber, Rückkehr zu Freud, a.a.O., S. 51.

[117] Jacques Lacan, Schriften II, a.a.O., S. 89.

[118] Le grand Autre bzw. l'Autre (vs. l'autre); vgl. Hermann Lang, Die Sprache und das Unbewußte, a.a.O., S. 208.

[119] Jacques Lacan, Die Familie, a.a.O., S. 62 ff.; s. auch Anika Lemaire, Jacques Lacan, a.a.O., S. 135 ff.

[120] Vgl. Anika Lemaire, Jacques Lacan, a.a.O., S. 259 ff.; s. auch Jacques Derrida, Die différance, a.a.O.

[121] Jacques Lacan, Die Familie, a.a.O., S. 53.

[122] Der Sohn wird die am Vater kritisierte symbolische Funktion später übernehmen, es handelt sich also um ein ontogenetisch notwendiges, aber transitorisches Moment. Daher nennt Kafka den Vater-Sohn-Konflikt einen »Scheinkampf«, denn: »Das Alter ist die Zukunft der Jugend«. Kafka hält dieses Sujet für einen »Komödienstoff« und bezieht sich auf Synge, der den »jungen Bezwinger der väterlichen Autorität unmöglich« mache, indem er den angeblich erschlagenen Vater wieder auftauchen lasse. (J 102)

[123] Walter Benjamin, Franz Kafka, a.a.O., S. 412.

[124] Herbert Tauber, Franz Kafka, a.a.O.; Wilhelm Emrich, Franz Kafka, a.a.O., S. 220 ff.; SO, S. 107 ff; Ingeborg Henel, Kafkas In der Strafkolonie. Form, Sinn und Stellung der Erzählung im Gesamtwerk, in: Untersuchungen zur Literatur als Geschichte, Fs. für Benno von Wiese, hg. von V.J. Günther, H. Koopmann, P. Pütz, H.J. Schrimpf, Berlin 1973, S. 480—504.

[125] Wilhelm Emrich, Franz Kafka, a.a.O., S. 222.

[126] SO, S. 111.

[127] SO, S. 115 f.

[128] Wilhelm Emrich, Franz Kafka, a.a.O., S. 222; vgl. J 227.

[129] S. H 39—109, T 31, 407, 508.

[130] Heinz Politzer, Franz Kafka. Der Künstler, a.a.O., S. 177.

[130a] Walter Benjamin, Benjamin über Kafka, a.a.O., S. 118.

[131] Bert Nagel, Franz Kafka. Aspekte zur Interpretation und Wertung, a.a.O., S. 250.

[132] Ebd. S. 270.

[133] Ebd. S. 273; vgl. das Fragment zur STRAFKOLONIE (T 527).

[134] Ebd. S. 266.

[135] Ebd. S. 266 f.; vgl. auch Norbert Kassel, Das Groteske bei Franz Kafka, München 1969, S. 93.

[136] Bert Nagel, op. cit., S. 258 f. u. S. 269.

[137] Michel Foucault, Psychologie und Geisteskrankheit, a.a.O., S. 129.

[138] S. J 106 u. J 151; vgl. auch die Zusammenhänge mit Sören Kierkegaard, dargestellt bei Wiebrecht Ries, Transzendenz als Terror, a.a.O., bes. S. 62 ff.

[139] Walter Benjamin, Benjamin über Kafka, a.a.O., S. 130.

[140] Kafka nimmt damit jene Spaltung in Freund und Feind, Progression und Reaktion zurück, die nach Odo Marquard das säkulare Erbe einer theologischen Schwierigkeit mit dem Theodizeeproblem darstellt; s. bes. das Kapitel »Die Kunst, es nicht gewesen zu sein« in: O.M., Schwierigkeiten mit der Geschichtsphilosophie. Aufsätze, Frankfurt a.M. 1973, S. 73—79.

[141] Vgl. Wiebrecht Ries, Transzendenz als Terror, a.a.O.; zum »absoluten Paradox« und zur »teleologischen Suspension des Ethischen« bes. S. 41 ff. u. S. 131 ff.; zum »Terror des ›Oberen‹« S. 62 ff.; zum Hiob-Modell S. 123 ff.; zum Abraham-Mythos und der Amalia-Episode aus dem SCHLOSS S. 57 ff.

[142] S. ebd. S. 62—65 u. S. 133 f.

[143] Vgl. den Nietzsche-Bezug bei J.M.S. Pasley (Hg.), Franz Kafka. Der Heizer — In der Strafkolonie — Der Bau, Cambridge 1966, Introduction S. 19; das Paradoxe aber ist, daß Kafka sich hier nicht nur als sarkastisch-zynisch erweist; vgl. den Satz darüber, daß die »eigentliche, unwidersprechliche [...] Wahrheit nur der körperliche Schmerz« sei (T 569).

[144] Walter Biemel, Philosophische Analysen zur Kunst der Gegenwart, a.a.O., S. 20.

[145] Ebd. S. 27.

D. Ein Landarzt / E. Der Turm und die Blöcke der chinesischen Mauer

1 Sigmund Freud, Der Witz, a.a.O., SA, Bd. IV, S. 22 f.
2 Wolf [Detlev] Kittler, Integration, in: HB II, S. 220.
3 Roland Barthes, S/Z, Frankfurt a.M. 1976, S.39 ff.
4 Ebd. S. 41.
5 Ebd. S. 109 f.
6 Ebd. S. 196.
7 Hellmuth Kaiser, Franz Kafkas Inferno, a.a.O., S. 76.
8 Eric L. Marson and Keith Leopold, Kafka, Freud and »Ein Landarzt«, in: German Quarterly 37, 1964, S. 146—160.
9 Vgl. Sigmund Freud, Der Untergang des Ödipuskomplexes, SA, Bd. 5, S. 245—251, und: Einige psychische Folgen des anatomischen Geschlechtsunterschieds, in: SA, Bd. 5, S. 257—266.
10 Sigmund Freud, Jenseits des Lustprinzips, a.a.O., SA, Bd. 3, S. 230.
11 Sigmund Freud, Trauer und Melancholie, in: SA, Bd. 3, S. 206.
12 Jacques Lacan, Schriften III, a.a.O., S. 53.
13 Mechthild Hornschuh-Fagard und George Fagard, Le Nid vide. Essai sur la problématique consciente et inconsciente de Franz Kafka, Paris 1974, S. 220.
14 SO, S. 258.
15 Sigmund Freud, Neue Folge der Vorlesungen, SA, Bd. 1, S. 514.
16 SO, S. 261.
17 Roland Barthes, S/Z, a.a.O., S. 35.
18 Vgl. Jacques Lacan, Schriften II, S. 44.
19 Anika Lemaire, Jacques Lacan, a.a.O., S. 336; Der Neurotiker verdrängt das Signifikat seines Symptoms.
20 Jacques Lacan. Écrits, a.a.O., S. 782.
21 Jacques Derrida, Die Schrift und die Differenz, a.a.O., S. 310.
22 »La pulsion de mort est l'énergie spécifique qui permet le contre-investissement nécessaire au refoulement originaire, créateur de l'inconscient.« Anika Lemaire, Jacques Lacan, a.a.O., S. 255.
23 Jacques Lacan, Schriften III, S. 52.
24 Vgl. Gilles Deleuze und Félix Guattari, Anti-Ödipus, a.a.O., S. 346.
25 Chrétien de Troyes, Le roman de Perceval ou Le conte du Graal, hg. von W. Roach, Genève/Paris 1959, Vers 436 und 3512 f.; vgl. auch Werner Busse, Verwandtschaftsstrukturen im ›Parzival‹, in: Wolfram-Studien 5, Berlin 1979, S. 124; Karl Bertau, Zwei Studien zu Wolfram, in: Acta Germanica, Bd. 12, Windhoek 1980, S. 15.
26 Richard Wagner, Parsifal, in: Die Musikdramen, München 1978, S. 849.
27 Ulrich Wyss, Durch Mitleid wissend, in: Programmheft der Bayreuther Festspiele 1979, S. 72.
28 Gilles Deleuze und Félix Guattari, Anti-Ödipus, a.a.O., S. 338 ff.
29 Ebd. S. 278.
30 Ebd. S. 342.
31 Ebd. S. 346.
32 G.W.F. Hegel, Grundlinien der Philosophie des Rechts, a.a.O., S. 346—359; das Modell der Spezifizierung der Bedürfnisse und der Teilung der Arbeiten kehrt ja bei Karl Marx in modifizierter Form wieder.
33 Karl Marx, Das Kapital, a.a.O., bes. Bd. 1, S. 85 ff.
34 Vgl. Wolf Detlev Kittler, Der Turmbau zu Babel, das Schweigen der Sirenen und das tierische Pfeifen. Über das Reden, das Schweigen, die Stimme und die Schrift in vier Texten von Franz Kafka, a.a.O.
35 Max Weber, Die drei reinen Typen der legitimen Herrschaft, a.a.O.; Die Typen der Herrschaft, in: Wirtschaft und Gesellschaft, a.a.O., Bd. 1, s. bes. S. 157.
36 Wilhelm Emrich, Franz Kafka, a.a.O., S. 203.
37 Ebd. S. 199.
38 Max Weber, Die Typen der Herrschaft, a.a.O., S. 167.
39 Gerhard Neumann, Die Arbeit im Alchimistengäßchen (1916—1917), in: HB II, S. 324.

[40] Max Weber, Die Typen der Herrschaft, a.a.O., S. 179.

[41] Max Weber, Die drei reinen Typen der legitimen Herrschaft, a.a.O., S. 205; vgl. Die Typen der Herrschaft, a.a.O., S. 184.

[42] Ebd.

[43] Jacques Lacan, Schriften II, a.a.O., S. 89.

[44] Wolf Detlev Kittler, op. cit., setzt das »Gemurmel« der Vielen, das »subjektlose Gemurmel«, dem einen Turm, dem einen Kaiser, dem einen Namen, dem einen Signifikanten gegenüber; S. 7—101; Zit. S. 74 u. 58.

[45] Deleuze/Guattari, Kafka, a.a.O., S. 104, vgl. S. 100 ff.

[46] Ebd. S. 100.

[47] Ebd. S. 106.

[48] Ebd.

[49] Gilles Deleuze, Woran erkennt man den Strukturalismus?, a.a.O., S. 271, vgl. S. 269 ff.

[50] Deleuze/Guattari, Anti-Ödipus, a.a.O.; vgl. auch Rolland Pierre, Odradek. Loi de Kafka, Paris 1976, S. 272 und öfter; Pierre bezieht den Gegensatz Turm/Mauer auf den Gegensatz Einheit/Zerstreuung.

[51] Michel Foucault, Sexualität und Wahrheit, a.a.O., S. 112.

[52] Ebd. S. 113.

[53] Michel Foucault, Überwachen und Strafen, a.a.O.

[54] Ebd. S. 228 f.

[55] Ebd. S. 35.

[56] Wolf Detlev Kittler, Der Turmbau zu Babel, a.a.O., S. 176 ff.

[57] Vgl. Gerhard Neumann, in: HB II, S. 327.

[58] Das Reale, Physische der Stimme der Josefine ließe sich auch mit Roman Jakobsons Begriff das »Phatischen« bestimmen; die phatische Funktion meint das bloße Zeichen einer Anwesenheit, sie liegt der referentiellen, emotiven, konativen und poetischen Funktion der Zeichen voraus. Vgl. Elmar Holenstein, Roman Jakobsons phänomenologischer Strukturalismus, Frankfurt a.M. 1975, S. 157—189.

[59] Vgl. Wolf Detlev Kittler, Der Turmbau zu Babel, a.a.O., S. 70 ff.

[60] Hartmut Binder, K I, S. 221; vgl. dazu Br 288 f. u. Br 323.

[61] Wilhelm Emrich, Franz Kafka, a.a.O., S. 21.

[62] Karl-Heinz Fingerhut, Die Funktion der Tierfiguren im Werke Franz Kafkas, a.a.O., S. 148 f.

[63] Deleuze/Guattari, Kafka, a.a.O., S. 7 u. S. 11.

[64] Die Unmöglichkeit, der Gesellschaft, dem Gesetz, dem Imaginären zu entrinnen auf dem Weg in die »Eigentümlichkeit« (H 227 ff.), demonstriert am deutlichsten der BAU. Als Bild des isolierten Einzelnen ist er verwandt der JOSEFINE und zugleich, da es keine kollektive Vermittlung gibt, ihr entgegengesetzt. Es ist hier auch an Odradek in der SORGE DES HAUSVATERS zu erinnern, dessen Lachen klingt »wie das Rascheln in gefallenen Blättern«, der aus »verfitzten Zwirnstücken« gemacht ist, in seiner Art »sinnlos«, aber doch »abgeschlossen« usw. (ER 157 f.) Das Asignifikante, Real-Materielle, Fragmentarische, Sinnlose und doch Eigentümliche an Odradek läßt sich »nicht einfangen« (ER 157), wehrt sich gegen das Beurteilt- und Definiertwerden, gegen die Zeichenkonvention, gegen symbolische Einvernahme.

[65] Wilhelm Emrich, Franz Kafka, a.a.O., S. 207.

[66] Ebd. S. 209.

[67] Ebd. S. 216.

[68] Max Weber, Die Typen der Herrschaft, a.a.O., S. 157 ff.

[69] S. die entsprechenden Titel im Literaturverzeichnis.

[70] Karin Keller, Gesellschaft in mythischem Bann. Studie zum Roman »Das Schloß« und anderen Werken Kafkas, Wiesbaden 1977.

[71] Max Weber, Die drei reinen Typen der legitimen Herrschaft, a.a.O., S. 194.

[72] Ebd. S. 194 ff.; s. auch Die Typen der Herrschaft, a.a.O., S. 160 ff.

[73] Jost Schillemeit, Die Spätzeit (1922—1924), in: HB II, S. 378—401, s. S. 368.

[74] Jacques Lacan, Schriften II, a.a.O., S. 89.

[75] S. nochmals Walter Benjamin, Benjamin über Kafka, a.a.O., S. 127.

[76] Jost Schillemeit, Die Spätzeit, a.a.O., S. 374.

[77] Albert M. Reh, Psychologische und psychoanalytische Interpretationsmethoden in der Literaturwissenschaft, a.a.O., S. 47 f.

[78] Max Weber, Soziologische Grundbegriffe, in: Wirtschaft und Gesellschaft, a.a.O., S. 24 f.

[79] Walter Benjamin, Benjamin über Kafka, a.a.O., S. 154.

[80] Ebd. S. 158.

[81] Deleuze/Guattari, Kafka, a.a.O., S. 60.

[82] Ebd.

[83] Max Weber, Rechtssoziologie, in: Wirtschaft und Gesellschaft, a.a.O., S. 495—656, Zit. S. 613.

[84] Ebd. S. 611 f.

[85] Georg Fohrer, Glaube und Leben im Judentum, Heidelberg 1979, S. 28—47.

[86] Gershom Scholem, Über einige Grundbegriffe des Judentums, Frankfurt a.M. 1976, S. 109 u. T 384 (»gebunden wie ein Verbrecher« kommt sich Kafka nach der Verlobung vor).

[87] Vgl. Ulf Abraham, Der verhörte Held. Verhöre, Urteile und die Rede von Recht und Schuld im Werk Franz Kafkas, Diss. Erlangen 1983.

[88] Thomas Hobbes, zit. in: Historisches Wörterbuch der Philosophie, hg. von Joachim Ritter und Karlfried Gründer, Bd. 5, Sp. 596 (Art. »Macht«).

[89] Friedrich Nietzsche, Zur Genealogie der Moral, a.a.O.

[90] Michel Foucault, Überwachen und Strafen, a.a.O.

[91] Michel Foucault, Sexualität und Wahrheit, a.a.O., S. 112; auch in dieser Arbeit geht es um den indizierten Machtbegriff.

[92] Deleuze/Guattari, Kafka, a.a.O., S. 51; Anti-Ödipus, a.a.O., S. 346.

Anmerkungen zum 4. Teil: Der Prozeß / Schluß

[1] Beda Allemann, Franz Kafka. Der Prozeß, in: Der deutsche Roman, hg. Benno v. Wiese, Düsseldorf 1963, S. 129—290, Zit. S. 236.

[2] SO, S. 227—250.

[3] Vgl. Gerhard Neumann, Franz Kafka. »Das Urteil«, a.a.O., bes. S. 172 f.

[4] Peter O. Chotjewitz, Die Herren des Morgengrauens. Romanfragment, Berlin 1978, S. 22.

[5] Vgl. Gerhard Neumann, Franz Kafka. »Das Urteil«, a.a.O., S. 124 f.; Ulf Abraham, Der verhörte Held, Zulassungsarbeit Erlangen 1979, S. 77 ff. u. S. 110 f.; dazu Karl F. Schumann, Der Handel mit der Gerechtigkeit, Frankfurt a.M. 1977, S. 52 u. 66 (zur Rechtspraxis).

[6] S. Art. »Schuldgefühl«, Laplanche/Pontalis, op. cit.

[7] Friedrich Nietzsche, Zur Geneaologie, a.a.O., S. 804 f.

[8] Beda Allemann, op. cit., S. 256.

[9] Sigmund Freud, SA, Bd. 3, S. 319.

[10] Sigmund Freud, SA, Bd. 3, S. 287.

[11] Sigmund Freud, Die Verneinung, a.a.O.

[12] SO, S. 18.

[13] Michel Dentan, op. cit., S. 110 u. 112.

[14] Ebd. S. 181 u. 116 ff.

[15] Michel Foucault, Psychologie und Geisteskrankheit, a.a.O., S. 71.

[15a] Vgl. auch Jürg Beat Honegger, Das Phänomen der Angst bei Franz Kafka, Berlin 1975, S. 264 ff.

[16] Michel Dentan, op. cit., S. 181.

[17] Ebd. S. 62.

[18] Ebd.

[19] Ulrich Fülleborn, Zum Verhältnis von Perspektivismus und Parabolik, a.a.O.

[20] Anika Lemaire, Jacques Lacan, a.a.O., S. 121 ff.

[21] Jacques Lacan, Écrits, a.a.O., S. 517.

[22] Ebd. S. 469.

[23] Sigmund Freud, Die Ichspaltung, a.a.O., S. 391; vgl. SA, Bd. 3, S. 387.

[24] Rudolf Kreis, Die doppelte Rede des Franz Kafka. Eine textlinguistische Analyse, Paderborn 1976.

[25] Ebd. S. 66.

26 Horst Turk, »betrügen ... ohne Betrug«, a.a.O., S. 390.

27 Ebd. S. 388 f.

28 Jacques Lacan, Écrits, a.a.O., S. 840.

29 Jacques Lacan, Schriften II, a.a.O., S. 219.

30 Ebd. S. 27.

31 Georges Bataille, La littérature et le mal, Paris 1957, S. 179 ff.

32 Vgl. J.M.S. Pasley, zit. in: K II, S. 220.

33 Sigmund Freud, Psychoanalytische Bemerkungen über einen autobiographisch beschriebenen Fall von Paranoia, in: SA, Bd. 7, bes. S. 189.

34 S. auch Michel Dentan, op. cit., S. 162.

35 K II, S. 203.

36 »Schmutzig bin ich, Milena, endlos schmutzig, darum mache ich ein solches Geschrei mit der Reinheit.« M 208; vgl. M 182.

37 Sigmund Freud, Die Traumdeutung, a.a.O., S. 302, 305—308, 313 f., 324 f.

38 Laplanche/Pontalis, Das Vokabular der Psychoanalyse, a.a.O., S. 459.

39 Ebd. (Nachweis bekannt).

40 Michel Dentan, op. cit., S. 87.

41 SO, S. 251.

42 Heinz Politzer, Franz Kafka. Der Künstler, a.a.O., S. 264.

43 Elias Canetti, Der andere Prozeß. Kafkas Briefe an Felice, München 1969, S. 68; vgl. auch T 315 u. T 384 (»gebunden wie ein Verbrecher« kommt sich Kafka nach der Verlobung vor).

44 Elias Canetti, ebd., S. 74 u. 76.

45 Hartmut Binder, K II, S. 198; s. S. 190 ff.

46 Vgl. Hartmut Binder, K II, S. 162 ff.; Hermann Uyttersprot, Eine neue Ordnung der Werke Kafkas?, Antwerpen 1957; dazu Gerhard Kaiser, Franz Kafkas »Der Prozeß«. Versuch einer Interpretation, in: Euphorion 52, 1958, S. 45 ff.; Brod 347—356.

47 S. Hartmut Binder, K II, S. 188 f. u. S. 208.

48 Christoph Stölzl, Kafkas böses Böhmen, a.a.O., S. 67.

49 Ebd. S. 67—71.

50 Michel Foucault, Überwachen und Strafen, a.a.O., S. 228.

51 Ebd. und Sexualität und Wahrheit, a.a.O., S. 112.

52 Sigmund Freud, Das ökonomische Problem des Masochismus, a.a.O., S. 351 f.

53 SO, S. 227.

54 Deleuze/Guattari, Kafka, a.a.O., S. 68.

55 Ebd. S. 69.

56 Ebd. S. 18.

57 Ebd. S. 16.

58 Deleuze/Guattari, Anti-Ödipus, a.a.O., S. 346 f.

59 Ebd. S. 278.

60 SO, S. 169 f.

61 SO, S. 146.

62 SO, S. 178.

63 SO, S. 176.

64 Vgl. Hartmut Binder, Kafka in neuer Sicht, a.a.O., S. 194 ff.

65 Walter Benjamin, Benjamin über Kafka, a.a.O., S. 116 u. 127.

66 Theodor W. Adorno, Aufzeichnungen zu Kafka, a.a.O., S. 252.

67 S. diese Deutung bei Barbara Beutner, Die Bildsprache Franz Kafkas, München 1973, S. 101 u. 197; Karl-Heinz Fingerhut, Die Funktion der Tierfiguren, a.a.O., S. 264 f.; s. dazu auch S 63 u. P 42.

68 Jacques Lacan, Écrits, a.a.O., S. 782.

69 Vgl. auch SO, S. 190 u. Heinz Politzer, Franz Kafka. Der Künstler, a.a.O., S. 305 u. 313.

70 Deleuze/Guattari, Kafka, a.a.O., S. 89.

71 K II, S. 222.

72 Vgl. nochmals Sigmund Freud, Trauer und Melancholie, a.a.O., S. 202.

73 Martin Walser, Beschreibung einer Form, a.a.O., bes. S. 85 ff.

74 Wieder im Sinne von Karl Marx, Grundrisse der Kritik der politischen Ökonomie, a.a.O.,

z.B. S. 911 (»Es ist in dem Bewußtsein der austauschenden Subjekte vorhanden, daß jedes nur sich Selbstzweck in der Transaktion ist; daß jedes nur Mittel für das andere ist.«)

75 Über die Fehlleistung wußte Kafka zumindest aus Hans Blüher, Die Rolle der Erotik in der männlichen Gesellschaft. Eine Theorie der menschlichen Staatsbildung nach Wesen und Wert, Stuttgart 1962, hg. von Hans Joachim Schoeps (1. Aufl. 1917); vgl. S. 67 ff. Über Kafkas Kenntnisse der Psychoanalyse s. Hartmut Binder, Motiv und Gestaltung bei Franz Kafka, a.a.O., S. 92 ff.; Hartmut Binder, HB I, S. 410 ff.; vgl. auch die Fehlleistung bzw. das Symptom der Sehnenzerrung in EINE ALLTÄGLICHE VERWIRRUNG (ER 349).

76 Kafka kannte die Fresken, vgl. Br 326; Sigmund Freud, Zur Psychopathologie des Alltagslebens, Frankfurt a.M. / Hamburg 1954 (1. Aufl. 1904), S. 13—18.

77 Wieder mit Bezug auf Jacques Derrida, Die différance, a.a.O.

78 »Wo Es war, soll Ich werden«, Sigmund Freud, SA, Bd. 1, S. 516.

79 Mit Bezug auf die Instanz des Gewissens und des Wiederholungszwangs.

80 S. dazu Sigmund Freud zu »Rosmersholm«, SA, Bd. 10, S. 244 ff.

81 K II, S. 235.

82 Georges Bataille, La littérature et le mal, a.a.O., S. 181.

83 August Strindberg, Ein Traumspiel, in: Strindbergs Werke, Deutsche Gesamtausgabe, Band: Märchenspiele. Ein Traumspiel, München 1920; der »Advokat« und die »Tochter« sind »überein gekommen nicht böse zu werden« (S. 174); aber Arbeitsüberlastung und Not vereiteln diese Vorsätze; sie nehmen die Schuld indessen auf sich: »Die Tochter. Sind das die Gewissensqualen? Der Advokat. Ja! Und sie finden sich nach jeder versäumten Pflicht ein, nach jedem Vergnügen, nach dem unschuldigsten, wenn es unschuldige Vergnügen giebt, was zweifelhaft ist; und nach jedem Leiden das man seinem Nächsten zugefügt hat!« (S. 217) Vgl. auch andere Parallelen zum PROZESS: zur »Wiederholung« S. 195 f.; »[...] erst soll die Thür geöffnet werden dass ich das Geheimnis erfahre. — Ich will dass die Thür geöffnet wird! Der Advokat. Dann musst du auf deinen Spuren zurückkehren, denselben Weg zurückgehen und alle Widerwärtigkeiten, Wiederholungen, Umschreibungen, Wiederaufnahmen des Prozesses durchmachen...« (S. 196); »Es ist schrecklich schwer verheiratet zu sein« (S. 175). Vgl. die »Plagen, welche Grete von ihrem Manne Hans zu erleiden hatte« (P 67). »Der Advokat. Die Gerechtigkeit, die wenn sie gerecht sein will, ihres Helden Tod wird! — — — Das Recht, das so oft unrecht thut!« (S. 169) Vgl. auch die einleitende »Erinnerung«, die die Poetik Kafkas umreißen könnte: »Die Personen teilen sich, verdoppeln sich, doublieren sich, verdunsten, verdichten sich, zerfliessen, sammeln sich. Aber ein Bewusstsein steht über allen, das ist das des Träumers; für das giebt es keine Geheimnisse, keine Inkonsequenz, keine Skrupel, kein Gesetz. Er richtet nicht, er spricht nicht frei, referiert nur [vgl. »ich berichte nur«— ER 174]; und wie der Traum meist schmerzlich ist, weniger oft freudig, geht ein Ton von Wehmut und Mitleid mit allem Lebenden durch die schwindelnde Erzählung.« (S. 145) — Bisher wurde der Einfluß Strindbergs und auch Hamsuns, Kierkegaards, Hebbels, Flauberts, Tolstojs, Dostojewskijs — Dickens sei ausgenommen — auf Kafkas Werk noch völlig unzureichend untersucht.

84 Samuel Beckett, Werke, a.a.O., Bd. I, S. 44 u. 46.

85 Wieder im Sinne Michel Foucaults verstanden, Überwachen und Strafen, a.a.O., S. 228.

86 Zit. bei Max Bense, Die Theorie Kafkas, a.a.O., S. 86.

87 Im Sinne Heinz Hillmanns, Kafkas »Amerika«. Literatur als Problemlösungsspiel, a.a.O.

88 Vgl. Deleuze/Guattari, Kafka, a.a.O., u. Anti-Ödipus, a.a.O.; diese Grundopposition bestimmt beide Werke, soziopsychologisch ist sie bezogen einerseits auf den Gegensatz universelle Tauschfluktuation/traditionelle Bindung an Boden, Eigentum, Heimat usw., andererseits auf den Gegensatz ödipale Blockade in der Familie/zirkulierendes schizoid fluktuierendes Begehren.

89 Vgl. P 208 (»Entziehung meiner Arbeitskraft«, »alles Geld meinem Geschäft entzogen«). Nach Karl Marx, Das Kapital, a.a.O., Bd. 1, kann die Gebrauchswertseite des Tausch- und Kapitalverhältnisses, so sehr sie hinter dem Rücken der Subjekte die kollektive Naturaneignung gewährleistet, nicht vom Primat des entfremdenden Tauschwerts unberührt bleiben; sie existiert im Widerspruch zur und mit der Tauschwertseite des Prozesses.

90 Jacques Derrida, Freud und der Schauplatz der Schrift, a.a.O., S. 310; Die différance, a.a.O.

91 Jacques Lacan, Die Familie, a.a.O., S. 55 f.

92 Horst Turk, »betrügen ... ohne Betrug«, a.a.O., S. 389, vgl. dazu S. 388 ff.
93 Vgl. ebd. S. 393.
94 Ebd. S. 397.
95 Ebd. S. 388.
96 Ebd. S. 390.
97 S. Sigmund Freud, Das Ich und das Es, a.a.O., S. 301 f.
98 Jacques Lacan, Schriften II, a.a.O., S. 89.
99 Vgl. Gershom Scholem, Über einige Grundbegriffe des Judentums, a.a.O., S. 109.
100 Theo Elm, Der Prozeß, in: HB II, S. 424 f.
101 Gerhard Kaiser, Franz Kafkas »Prozeß«, a.a.O., S. 37.
102 Vgl. nochmals Jacques Lacan, Die Familie, a.a.O., S. 53.
103 Jacques Derrida, Freud und der Schauplatz der Schrift, a.a.O., S. 310.
104 S. Hartmut Binder, K II, S. 191 f. u. 198.
105 Heinz Politzer, Franz Kafka. Der Künstler, a.a.O., S. 289.
106 Das spricht für ein ›inneres Gericht‹; vgl. T 31 (»Kämest du, unsichtbares Gericht!«); bezüglich der Hinrichtung und Hinschlachtung K.s ist noch einmal daran zu erinnern, daß der Vater des Vaters Herrmann Fleischhauer von Beruf war, s. K II, S. 256; vgl. T 137 (»Heute früh zum erstenmal seit langer Zeit wieder die Freude an der Vorstellung eines in meinem Herzen gedrehten Messers.«).
107 Martin Walser, Beschreibung einer Form, a.a.O., S. 102.
108 Nochmals Sigmund Freud, Trauer und Melancholie, a.a.O., S. 202.
109 Vgl. Gilles Deleuze, Sacher-Masoch und der Masochismus, a.a.O., S. 219, 225, 249.
109a Ein »J« erscheint auf dem Grabstein im aus dem PROZESS ausgegliederten Stück EIN TRAUM (ER 164 ff.). Aber das »K« als der Signifikant, der Name-des-Vaters, wird folgen; »ihm«, dem Vater als dem Vater der symbolischen Ordnung, gehört K. Das Zeichen »K.« im PROZESS und im SCHLOSS deutet an, daß es hier nur um Funktionen, nicht um Charaktere geht.
110 Wilhelm Emrich, Franz Kafka, a.a.O., S. 297.
111 Ingeborg Henel, Die Türhüterlegende und ihre Bedeutung für Kafkas »Prozeß«, in: DVjS. 37, 1963, S. 50—70, Zit. S. 66.
112 Beda Allemann, Franz Kafka. Der Prozeß, a.a.O., S. 254.
113 SO, S. 290 u. 291.
114 SO, S. 293.
115 Heinz Politzer, op. cit., S. 337 f., 289, 335.
116 Gerhard Neumann, Umkehrung und Ablenkung: Franz Kafkas ›Gleitendes Paradox‹, a.a.O.
117 Vgl. Heinz Ladendorf, Kafka und die Kunstgeschichte, Teil I und II, in: Wallraf-Richartz-Jahrbuch, Bd. 23, Köln 1961, S. 293–326, und in Bd. 25, Köln 1963, S. 227–262; zur Fortuna-Kairo s. Teil I, S. 312.
118 Vgl. Edward Tripp, Reclams Lexikon der antiken Mythologie, Stuttgart 1974, S. 101 f.
119 Michel Foucault, Sexualität und Wahrheit, a.a.O., S. 101.
120 Deleuze/Guattari, Kafka, a.a.O., S. 68.
121 Vgl. die psychoanalytische Erklärung des Vergeltungs- und Strafbedürfnisses (aufgrund unbewußter Identifikation mit dem Gesetzesbrecher) bei Theodor Reik, Geständniszwang und Strafbedürfnis, in: Psychoanalyse und Justiz, hg. v. Tilmann Moser, Frankfurt a.M. 1974, S. 155 f.; Franz Alexander und Hugo Staub, Der Verbrecher und seine Richter, ebd. S. 407 ff.
122 Vgl. Ulf Abraham, op. cit., (1979), S. 77.
123 Gerhard Neumann geht daher von einem Begriff der Macht als Sprachmacht aus in seiner Analyse der Interaktionen im URTEIL, G.N., Franz Kafka. »Das Urteil«, a.a.O.
124 Michel Foucault, Sexualität und Wahrheit, a.a.O., S. 115, vgl. S. 113 ff. u. 163.
125 Deleuze/Guattari, Kafka, a.a.O., S. 60.
126 Ebd. S. 62.
127 Walter Benjamin, Benjamin über Kafka, a.a.O., S. 114.
128 Vgl. wieder Michel Foucault, Überwachen und Strafen, a.a.O., S. 228.
129 Vgl. Friedrich A. Kittler, »Das Phantom unseres Ichs«, a.a.O., bes. S. 159 ff.
130 Jacques Lacan, Die Familie, a.a.O., S. 76 f.; Thomas Ziehe, Pubertät und Narzißmus, Frank-

furt a.M. / Köln 1979, bes. S. 127 ff.; Gérard Mendel, Generationskrise, Frankfurt a.M. 1972, bes. S. 121 ff.

[131] Wieder im Sinne von Jacques Lacan verstanden, Schriften II, a.a.O., S. 89.

[132] Wilhelm Emrich, Franz Kafka, a.a.O., S. 286 ff. u. S. 291.

[133] SO, S. 358.

[134] Heinz Politzer, Franz Kafka. Der Künstler, a.a.O., S. 326 ff.

[135] Ebd. S. 326; man denke an Kafkas »Urteile«, »Strafen«, »Gerichte«.

[136] Im Sinne von Karl-Heinz Fingerhut, Die Funktion der Tierfiguren, a.a.O.

[137] Walter Benjamin, Benjamin über Kafka, a.a.O., S. 129.

[138] Man denke noch einmal an die Korrelation von Schuld und Namen-des-Vaters: »Das Wort ›sein‹ bedeutet im Deutschen beides: Dasein und Ihmgehören.« H 89; »Ich hatte vor Dir das Selbstvertrauen verloren, dafür ein grenzenloses Schuldbewußtsein eingetauscht. (In Erinnerung an diese Grenzenlosigkeit schrieb ich von jemandem einmal richtig: ›Er fürchtet, die Scham werde ihn noch überleben.‹)« H 196.

[139] Deleuze/Guattari, Kafka, a.a.O., S. 69.

[140] Michel Foucault, Überwachen und Strafen, a.a.O., S. 108.

[141] Ebd. S. 133 ff.; Der Fall Rivière, a.a.O., bes. S. 242 ff.

[142] Walter Benjamin, Benjamin über Kafka, a.a.O., S. 20.

[143] Ebd. S. 127.

[144] Vgl.Jacques Lacan, Die Familie, a.a.O., S. 94.

[145] Walter Benjamin, Benjamin über Kafka, a.a.O., S. 142.

[146] Ebd. S. 158.

[147] Ebd. S. 154 (auf »das Gesetz« bezogen) u. S. 158 (auf »die Gesetze«).

[148] Gerhard Kaiser, Franz Kafkas »Prozeß«, a.a.O., S. 43.

[149] Ingeborg Henel, Die Türhüterlegende, a.a.O., S. 60 u. S. 66; Wilhelm Emrich, Franz Kafka, a.a.O., S. 267; SO, S. 241.

[150] Jörgen Kobs, Kafka. Untersuchungen zu Bewußtsein und Sprache seiner Gestalten, a.a.O., S. 525.

[151] Rudolf Kreis, Ästhetische Kommunikation als Wunschproduktion. Goethe — Kafka — Handke. Literaturanalyse am ›Leitfaden des Leibes‹, Bonn 1978, S. 140.

[152] Wieder im Sinne Jacques Lacans, Die Familie, a.a.O., S. 53.

[153] Jacques Lacan, Schriften II, a.a.O., S. 154.

[154] Hermann Lang, Die Sprache und das Unbewußte, a.a.O., S. 222.

[155] Jörgen Kobs, Kafka, a.a.O., S. 528.

[156] SO, S. 200 u. S. 240.

[157] Jacques Lacan, Schriften I, a.a.O., S. 118.

[158] Ebd. S. 112.

[159] S. H 253 (»Es saßen zwei Männer [...]«), H 359 (»Ich überlief den ersten Wächter [...]«), H 322 f. (»Eine teilweise Erzählung [...]«).

[160] S. oben S. 46 ff.

[161] Im Bann traditioneller und symbolcharismatischer Abhängigkeit, vgl. Karin Keller, Gesellschaft in mythischem Bann. Studie zum Roman »Das Schloß« und anderen Werken Franz Kafkas, a.a.O.

[162] Theo Elm, Der Prozeß, in: HB II, S. 424.

[163] Anthony Christie, Chinesische Mythologie, Wiesbaden 1968, S. 40, s. auch Patrick Hughes und George Brecht, Die Scheinwelt des Paradoxons, a.a.O., S. 76.

(T) Traumwelt   (A) Außenwelt

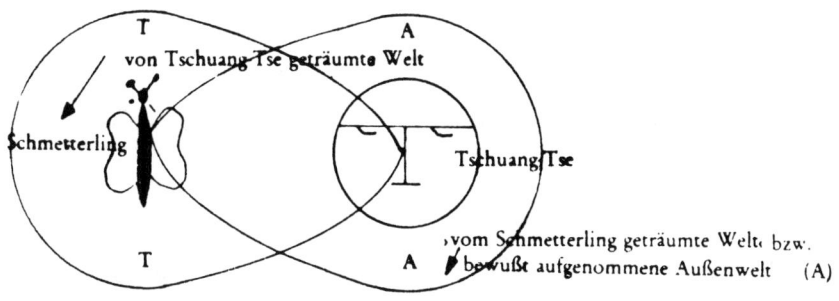

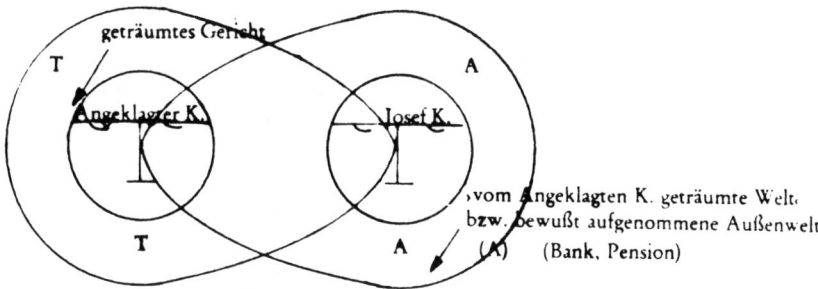

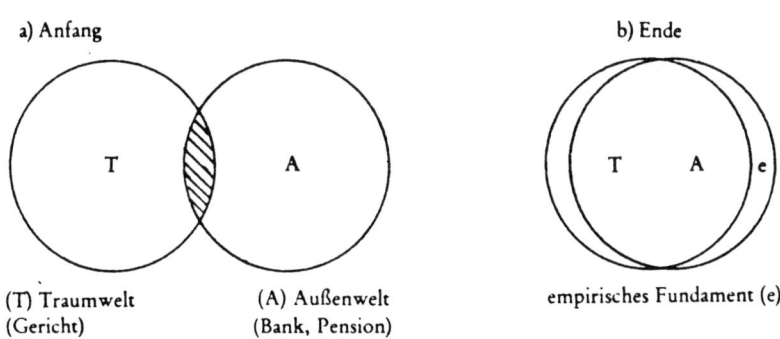

a) Anfang   b) Ende

(T) Traumwelt   (A) Außenwelt   empirisches Fundament (e)
(Gericht)   (Bank, Pension)

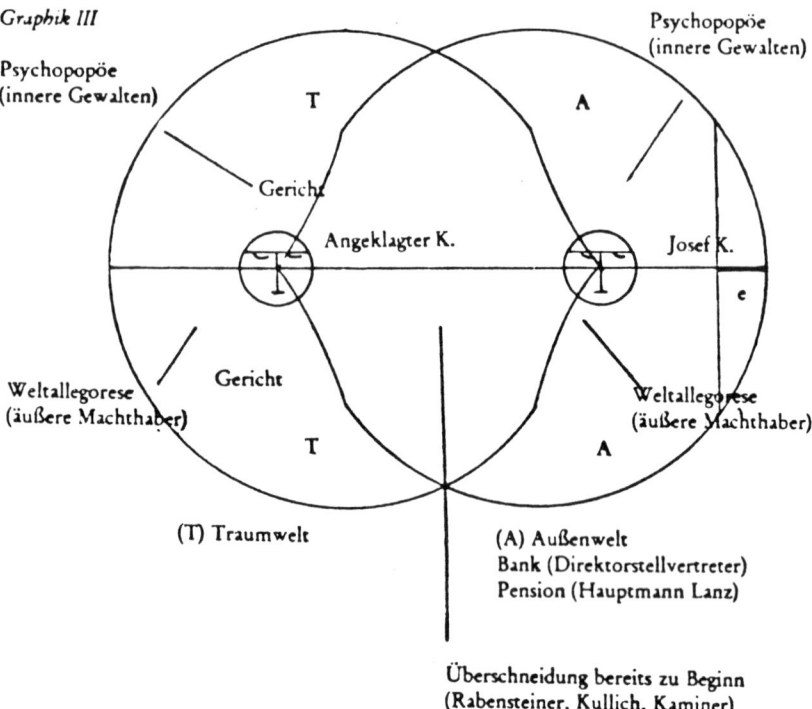

Graphik III

Psychopopöe
(innere Gewalten)

Psychopopöe
(innere Gewalten)

T

A

Gericht

Angeklagter K.

Josef K.

Weltallegorese
(äußere Machthaber)

Gericht

Weltallegorese
(äußere Machthaber)

T

A

(T) Traumwelt

(A) Außenwelt
Bank (Direktorstellvertreter)
Pension (Hauptmann Lanz)

Überschneidung bereits zu Beginn
(Rabensteiner, Kullich, Kaminer)

166 S. nochmals Erwin Wolff, Der englische Roman im 18. Jahrhundert, a.a.O., S. 16.

167 Vgl. Art. »Verwerfung« bei Laplanche/Pontalis, Das Vokabular der Psychoanalyse, a.a.O., S. 608 ff.

168 Jacques Lacan, Die vier Grundbegriffe der Psychoanalyse. Das Seminar Buch XI, Olten u. Freiburg i.Br. 1978, S. 82.

169 S. dazu die Interpretation des Stückes DIE WAHRHEIT ÜBER SANCHO PANSA (ER 349 f.) bei Jürgen Steffan, Darstellung und Wahrnehmung der Wirklichkeit in Franz Kafkas Romanen, Nürnberg 1979, S. 1—12.

170 Vgl. Ulf Abraham, *op. cit.,* (1979), S. 59 ff.

171 Theodor W. Adorno, Aufzeichnungen zu Kafka, a.a.O., S. 252.

172 Theodor W. Adorno, Negative Dialektik, Frankfurt a.M. 1970, z.B. S. 22, 32, 36; Ästhetische Theorie, Frankfurt a.M. 1970, S. 14, 41, 114, 119, 155, 168 u. öfter.

173 Henry Sussmann, The All-Embracing Metaphor: Reflections on Kafka's »The Burrow«, in: Glyph I (John Hopkins Textual Studies Nr. 1), hg. v. Samuel Weber und Henry Sussman, Baltimore 1977, S. 100—131.

174 Walter Benjamin, Benjamin über Kafka, a.a.O., S. 142.

175 Theodor W. Adorno, Aufzeichnungen zu Kafka, a.a.O., S. 266.

176 Ebd.

177 Gerhard Kaiser, Franz Kafkas »Prozeß«. Versuch einer Interpretation, in: Euphorion 52, 1958, S. 23—49, s. bes. S. 40.

178 Wilhelm Emrich, Franz Kafka, a.a.O., S. 259 ff.; der »Welt zu entsagen« heißt daher seine Forderung, S. 268.

179 Peter Krumme, Augenblicke — Erzählungen Edgar Allan Poes, Stuttgart 1978, S. 2.

180 Vgl. auch die Vereindeutigungen bei: Peter Weiss, Der Prozeß, in: Stücke II/2, Frankfurt a.M. 1977, S. 519—595 (Dramatisierung), Vorbemerkung S. 522—525.

181 Walter Benjamin, Benjamin über Kafka, a.a.O., S. 164—169, das Zit. S. 167.

182 Ebd. S. 128; Benjamin bezieht sich auf das SCHLOSS, aber sein Satz trifft auch den PRO-ZESS; vgl. die Überlegungen zur »Transzendenz als Terror« im Kapitel zur STRAFKOLO-NIE.

183 Ebd. S. 154.

184 Ebd. S. 126.

185 Ebd. S. 43 f.

186 Ebd. S. 117.

187 Ebd. S. 12.

188 Ebd. S. 141.

189 Ebd. S. 142.

190 Clemens Lugowski, Die Form der Individualität im Roman, a.a.O., bes. S. 73—75.

191 Ebd. S. 204.

192 Ebd. S. 73 ff.

193 Vgl. dazu meine Diss., Hans Hiebel, Individualität und Totalität. Zur Geschichte und Kritik des bürgerlichen Poesiebegriffs von Gottsched bis Hegel anhand der Theorien über Epos und Roman, Bonn 1974 (2. Aufl. Bonn 1980).

194 Martin Walser, Beschreibung einer Form, a.a.O., S. 111 ff. u. bes. S. 117.

195 Ebd. S. 117.

196 Clemens Lugowski, Die Form der Individualität im Roman, a.a.O., S. 204.

197 Ebd. S. 205.

198 Ebd.

199 Samuel Beckett, Wie es ist, in: Werke, a.a.O., Bd. 3, S. 567 ff.

200 Vgl. dazu Jürgen Steffan, Darstellung und Wahrnehmung der Wirklichkeit in Franz Kafkas Roma-nen, a.a.O., S. 1—12; im Scheitern der närrisch-idealistischen Sinnentwürfe und Pläne bildet sich das heraus, »was ist«, freilich nur in dem Sinne, wie dieses sich der subjektiven, »jemeinigen« Welt-sicht erschließt. Marthe Robert bildet diesen Gedankengang auf Kafkas Werk — besonders das SCHLOSS — ab und zeigt, wie Kafkas Welt sich in der Negation poetischer Sinnentwürfe und Traditionen herausbildet, M.R., Das Alte im Neuen. Von Don Quichotte zu Franz Kafka, Mün-chen 1968.

201 Vgl. Martin Walser, Beschreibung einer Form, a.a.O., S. 125, die Zeit ist »als Dauer, als Zeiti-gendes aufgehoben«.

202 Im Sinne von Claude Lévi-Strauss, Das Wilde Denken, a.a.O., vgl. dazu auch Ulrich Wyss, Die wilde Philologie. Jacob Grimm und der Historismus, München 1979, bes. S. 238 ff. u. S. 248 ff.

203 Vgl. Walter Benjamin, Benjamin über Kafka, a.a.O., S. 116 u. 131.

204 Nicolas Born, Die Welt der Maschine. Aufsätze und Reden, Reinbek 1980, S. 11.

205 Vgl. nochmals Georges Bataille, La littérature et le mal, a.a.O., S. 179 ff.

206 Walter Benjamin, Benjamin über Kafka, a.a.O., S. 118.

207 Vgl. Manfred Schneider, Die kranke schöne Seele der Revolution. Heine, Börne, das »Junge Deutschland«, Marx und Engels, Frankfurt a.M. 1980; Psychopathie, Krankheit, ästhetischer Kunstwille und revolutionäre Gesinnung haben nach Schneider ihren gemeinsamen Ur-sprung in der Enttäuschung, die das Subjekt auf der Suche nach der Totalität des Geborgen-seins durch die Gesellschaft erfährt, der Suche, die ihm die bürgerliche Familie als ein schein-haft Ganzes vor- und eingegeben hatte. — Es mag an der hier vorgelegten Arbeit deutlich ge-worden sein, daß Aspekte des an Kafka Dargestellten sich in ihr selbst wiederholen. Das sub-jektive und prozeßhafte Moment der Durcharbeitung ihres Gegenstandes, die bestimmt ist von Empathie- und Distanzierungsversuchen, kann diese Arbeit nicht verleugnen.

Literaturverzeichnis

Primärliteratur

A   Kafka, Franz, Amerika. Roman, New York / Frankfurt a.M. 1966 (Gesammelte Werke, hg. von Max Brod) (authentischer Titel: Der Verschollene) (1. Aufl. dieser Ausgabe 1953)

B   Kafka, Franz, Beschreibung eines Kampfes. Novellen, Skizzen, Aphorismen aus dem Nachlaß, New York / Frankfurt a.M. 1954 (Gesammelte Werke, hg. von Max Brod)

Be   Kafka, Franz, Beschreibung eines Kampfes. Die zwei Fassungen. Parallelausgabe nach den Handschriften, hg. von Max Brod, Textedition von Ludwig Dietz, Frankfurt a.M. 1969

Br   Kafka, Franz, Briefe 1902—1924, New York / Frankfurt a.M. 1958 (Gesammelte Werke, hg. von Max Brod, unter Mitarbeit von Klaus Wagenbach)

E   Kafka, Franz, Erzählungen, New York / Frankfurt a.M. 1967 (Gesammelte Werke, hg. von Max Brod) (1. Aufl. dieser Ausgabe 1952)

ER   Kafka, Franz, Sämtliche Erzählungen, hg. von Paul Raabe, Frankfurt a.M. 1969

F   Kafka, Franz, Briefe an Felice und andere Korrespondenz aus der Verlobungszeit, hg. von Erich Heller und Jürgen Born, New York / Frankfurt a.M. 1967 (Gesammelte Werke, hg. von Max Brod)

H   Kafka, Franz, Hochzeitsvorbereitungen auf dem Lande und andere Prosa aus dem Nachlaß, New York / Frankfurt a.M. 1966 (Gesammelte Werke, hg. von Max Brod) (1. Aufl. dieser Ausgabe 1953)

J   Janouch, Gustav, Gespräche mit Kafka. Aufzeichnungen und Erinnerungen. Erweiterte Ausgabe, Frankfurt a.M. 1968 (1. Aufl. Frankfurt a.M. 1951)

M   Kafka, Franz, Briefe an Milena, hg. von Willy Haas, New York / Frankfurt a.M. 1952 (Gesammelte Werke, hg. von Max Brod)

O   Kafka, Franz, Briefe an Ottla und die Familie, hg. von Hartmut Binder und Klaus Wagenbach, New York / Frankfurt a.M. 1974 (Gesammelte Werke)

P   Kafka, Franz, Der Prozeß. Roman, New York / Frankfurt a.M. 1965 (Gesammelte Werke, hg. von Max Brod) (1. Aufl. dieser Ausgabe 1950)

S   Kafka, Franz, Das Schloß. Roman, New York / Frankfurt a.M. 1967 (Gesammelte Werke, hg. von Max Brod) (1. Aufl. dieser Ausgabe 1960, in anderer Paginierung 1951)

T   Kafka, Franz, Tagebücher 1910—1923, New York / Frankfurt a.M. 1951 (Gesammelte Werke, hg. von Max Brod)

     Kafka, Franz, Das Schloß. Kritische Ausgabe, hg. von Malcolm Pasley, Bd. I: Textband, Bd. II: Apparatband, Frankfurt a.M. 1982 (= Kritische Gesamtausgabe, hg. von Jürgen Born, Gerhard Neumann, Malcolm Pasley und Jost Schillemeit)

Siglen zur Sekundärliteratur

HB I   Binder, Hartmut, (Hg.), Kafka-Handbuch in zwei Bänden, Bd. 1, Der Mensch und seine Zeit, Stuttgart 1979

HB II   Binder, Hartmut, (Hg.), Kafka-Handbuch in zwei Bänden, Bd. 2, Das Werk und seine Wirkung, Stuttgart 1979

K I   Binder, Hartmut, Kafka-Kommentar zu sämtlichen Erzählungen, München 1975

K II   Binder, Hartmut, Kafka-Kommentar zu den Romanen, Rezensionen, Aphorismen und zum Brief an den Vater, München 1976

Brod   Brod, Max, Über Franz Kafka: Franz Kafka. Eine Biographie; Franz Kafkas Glauben und Lehre; Verzweiflung und Erlösung im Werk Franz Kafkas, Frankfurt a.M. / Hamburg 1966

SY   Born, Jürgen; Dietz Ludwig; Pasley, Malcolm; Raabe, Paul; Wagenbach, Klaus; Kafka-

Symposion, Berlin 1966 (1. Aufl. 1965)

SO Sokel, Walter H., Franz Kafka — Tragik und Ironie. Zur Struktur seiner Kunst, München / Wien 1964

SA Freud, Sigmund, Studienausgabe, 10 Bde., Frankfurt a.M. 1969—1975

Forschungsberichte und Bibliographien

Beicken, Peter U., Franz Kafka. Eine kritische Einführung in die Forschung, Frankfurt a.M. 1974

Binder, Hartmut, (Hg.), Kafka-Handbuch in zwei Bänden, Band 1, Der Mensch und seine Zeit, Band 2, Das Werk und seine Wirkung, Stuttgart 1979

Dietz, Ludwig, Franz Kafka, Stuttgart 1975 (= Sammlung Metzler 138)

Flores, Angel, A Kafka Bibliographie. 1908—1976, New York 1976

Järv, Harry, Die Kafka-Literatur. Eine Bibliographie, Malmö/Lund 1961

Krusche, Dietrich, Kafka und Kafka-Deutung. Die problematisierte Interaktion, München 1974

Sammelbände

Born, Jürgen, (Hg.), Franz Kafka. Kritik und Rezeption zu seinen Lebzeiten 1912—1924, Frankfurt a.M. 1979

Born, Jürgen; Dietz, Ludwig; Pasley, Malcolm; Raabe, Paul; Wagenbach, Klaus; (Hg.), Kafka-Symposion. Datierung, Funde, Materialien, Berlin 1966 (1. Aufl. Berlin 1965)

Caputo-Mayr, Maria L., (Hg.), Franz Kafka-Symposium. Eine Aufsatzsammlung nach einem Symposium in Philadelphia, Berlin 1978

David, Claude, (Hg.), Franz Kafka. Themen und Probleme, Göttingen 1980

Flores, Angel, (Hg.), The Kafka Problem, New York ²1963 (1. Aufl. 1946)

Flores, Angel; Swander, Homer, (Hg.), Franz Kafka Today, Madison 1964 (1. Aufl. 1958)

Flores, Angel, (Hg.), The Problem of »The Judgement«, New York 1977

Flores, Angel, (Hg.), The Kafka Debate. New Perspectives For Our Time, New York 1977

Heintz, Günther, (Hg.), Interpretationen — Zu Franz Kafka, Stuttgart 1979

Kuna, Franz, (Hg.), On Kafka. Semi-Centenary Perspectives, London 1976

Politzer, Heinz, (Hg.), Franz Kafka, Darmstadt 1973 (= Wege der Forschung CCCXXII)

Reimann, Paul; Vancura, Zdenek, in Zusammenarbeit mit der Tschechoslowakischen UNESCO-Kommission, (Hg.), Franz Kafka aus Prager Sicht 1963, Prag 1965

Stern, J.P., (Hg.), The World of Franz Kafka, London 1980

Kafka-Literatur:

Abraham, Ulf, Der verhörte Held. Verhörsituation und Schuldgefühl im Werk Franz Kafkas, Zulassungsarbeit Erlangen 1979

Adorno, Theodor W., Aufzeichnungen zu Kafka, in: Th.W.A., Prismen. Kulturkritik und Gesellschaft, München 1963, S. 248—281, zuerst in: Neue Rundschau 64 (1953)

Allemann, Beda, Franz Kafka. Der Prozeß, in: Der deutsche Roman, Bd. 2, hg. von Benno von Wiese, Düsseldorf 1963, S. 234–290

Allemann, Beda, Kafka: Von den Gleichnissen, in: ZfdPh. 83, 1964, S. 97—106

Allemann, Beda, Kafka und die Mythologie, in: Zeitschrift für Ästhetik und allgemeine Kunstwissenschaft 20, 1975, S. 129—144

Allemann, Beda, Kleist und Kafka. Ein Strukturvergleich, in: Franz Kafka. Themen und Probleme, hg. von Claude David, Göttingen 1980, S. 152—173

Altenhöhner, Friedrich, Der Traum und die Traumstruktur im Werke Franz Kafkas, Diss. München 1964

Anders, Günther, Kafka. Pro und Contra. Die Prozeßunterlagen, München 1972 (1. Aufl. 1951)

Bataille, Georges, La littérature et le mal, Paris 1957, S. 173—196

Bauer-Wabnegg, Walter, Drei Zirkusszenen Kafkas. Ein Versuch zur Verdichtung von Schreiben und Stoff, Übertragung und Wörtlichkeit, Magisterarbeit Freiburg i.Br. 1981

Beißner, Friedrich, Der Erzähler Franz Kafka, Stuttgart 1952

Beißner, Friedrich, Kafka der Dichter, Stuttgart 1958

Beißner, Friedrich, Der Schacht von Babel. Aus Kafkas Tagebüchern, Stuttgart 1963

Beck, Evelyn Torton, Kafka and the Yiddish Theater. Its Impact on his Work, Madison/Milwaukee/London 1971

Benjamin, Walter, Gesammelte Schriften, Bd. II 1/2/3, hg. von Rolf Tiedemann und Hermann Schweppenhäuser, Frankfurt a.M. 1977

[Benjamin, Walter], Benjamin über Kafka — Texte, Briefzeugnisse, Aufzeichnungen, hg. von H. Schweppenhäuser, Frankfurt a.M. 1981

Bense, Max, Die Theorie Kafkas, Köln 1952

Beutner, Barbara, Die Bildsprache Franz Kafkas, München 1973

Bezzel, Christoph, Natur bei Kafka. Studien zur Ästhetik des poetischen Zeichens, Nürnberg 1964

Bezzel, Christoph, Kafka-Chronik, München 1975

Biemel, Walter, Philosophische Analysen zur Kunst der Gegenwart, Den Haag 1968, S. 1—37: »In der Strafkolonie«; S. 38—65: »Ein Hungerkünstler«; S. 66—140: »Der Bau«

Binder, Hartmut, Motiv und Gestaltung bei Franz Kafka, Bonn 1966 (Abhandlungen zur Kunst-, Musik- und Literaturwissenschaft Bd. 37)

Binder, Hartmut, »Der Jäger Gracchus«. Zu Kafkas Schaffensweise und poetischer Topographie, in: Schiller-Jb. 15, 1971, S. 375—440

Binder, Hartmut, Kafka-Kommentar zu sämtlichen Erzählungen (Kommentar I), München 1975

Binder, Hartmut, Kafka-Kommentar zu den Romanen, Rezensionen, Aphorismen und zum Brief an den Vater (Kommentar II), München 1976

Binder, Hartmut, Kafka in neuer Sicht. Mimik, Gestik und Personengefüge als Darstellungsformen des Autobiographischen, Stuttgart 1976

Blumenberg, Hans, Arbeit am Mythos, Frankfurt a.M. 1979, S. 685—689

Bödeker, Karl-Bernhard, Frau und Familie im erzählerischen Werk Franz Kafkas, Frankfurt a.M. 1974

Born, Jürgen, Vom »Urteil« zum »Prozeß«, in: ZfdPh. 86, 1967, S. 185—196

Born, Jürgen, Kafka's Parabel »Before the Law«. Reflections towards a Positive Interpretation, in: Mosaic 3, No. 4, 1969–1970, S. 153–162

Borges, Jorge Luis, Kafka und seine Vorläufer, in: Das Eine und die Vielen, München 1966, S. 215—218

Bridgwater, Patrick, Kafka and Nietzsche, Bonn 1974

Brod, Max, Das Schloß. Nach Franz Kafkas gleichnamigem Roman, Frankfurt 1964

Brod, Max, Über Franz Kafka: Franz Kafka. Eine Biographie; Franz Kafkas Glauben und Lehre; Verzweiflung und Erlösung im Werk Franz Kafkas, Frankfurt a.M. 1966

Buhr, Sabina, Negativität der Erkenntnis im Werk Franz Kafkas. Eine Untersuchung zu seinem Denken anhand einiger später Texte, Diss. Freiburg i.Br. 1978; unter Sabina Kienlechner auch: Tübingen 1981

Busacca, Basil, »A Country Doctor«, in: Franz Kafka Today, hg. von Angel Flores und Homer Swander, Madison 1964, S. 45—54

Buber, Martin, Schuld und Schuldgefühle, in: Merkur 114, 1957, S. 705—729

Canetti, Elias, Der andere Prozeß. Kafkas Briefe an Felice, München 1969

Camus, Albert, Die Hoffnung und das Absurde im Werk von Franz Kafka, in: Der Mythos von Sisyphos, Reinbek 1959, S. 102—141 (1. Aufl. des Kafka-Essays 1943)

Carrouges, Michel, Franz Kafka, Paris 1948

Chotjewitz, Peter O., Die Herren des Morgengrauens. Romanfragment, Berlin 1978 (Kontrafaktur zum PROZESS)

Cohn, Ruby, »Watt« in the Light of the »Castle«, in: Comparative Literature 13, No. 2, 1961, S. 154—166

Deleuze, Gilles und Guattari, Félix, Kafka. Pour une Littérature Mineure, Paris 1975

Deleuze, Gilles und Guattari, Félix, Kafka. Für eine kleine Literatur, Frankfurt a.M. 1976

Demmer, Jürgen, Franz Kafka. Der Dichter der Selbstreflexion. Ein Neuansatz zum Verstehen der Dichtung Kafkas. Dargestellt an der Erzählung »Das Urteil«, München 1973

Dentan, Michel, Humour et Création Littéraire dans L'Oeuvre de Kafka, Genève/Paris 1961

Dietz, Ludwig, Franz Kafka, Stuttgart 1975

Dietz, Ludwig, Franz Kafka. Die Veröffentlichungen zu Lebzeiten (1908—1924). Eine textkritische und kommentierte Bibliographie, Heidelberg 1982

Edel, Edel, Franz Kafka: »Das Urteil«, in: Wirkendes Wort 9, H. 4, 1959, S. 216–225

Elm, Theo, Problematisierte Hermeneutik. Zur ›Uneigentlichkeit‹ in Kafkas kleiner Prosa, in: DVjS. 50, 1976, S. 478—510

Elm, Theo, Der Prozeß, in: Kafka-Handbuch, Bd. 2, hg. von H. Binder, Stuttgart 1979, S. 420—440

Elm, Theo, Die moderne Parabel. Parabel und Parabolik in Theorie und Geschichte, München 1982

Emrich, Wilhelm, Franz Kafka. Das Baugesetz seiner Dichtung. Der mündige Mensch jenseits von Nihilismus und Tradition, Bonn / Frankfurt a.M 1958

Emrich, Wilhelm, Kafkas Brief an den Vater, in: Franz Kafka. Brief an den Vater, München 1966, S. 64—70

Emrich, Wilhelm, Protest und Verheißung. Studien zur klassischen und modernen Dichtung, Frankfurt ³1968, S. 233—263

Emrich, Wilhelm, Die Bilderwelt Franz Kafkas, in: Franz Kafka, hg. von Heinz Politzer, Darmstadt 1973 (= Wege der Forschung CCCXXII)

Fagard, George, s. Hornschuh-Fagard

Ferenczi, Rosemarie, Kafka. Subjectivité, Histoire et Structures, Paris 1975

Fickert, Kurt J., Fatal Knowledge: Kafka's »Ein Landarzt«, in: Monatshefte 66, 1974, S. 381—386

Fiechter, Hans Paul, Kafkas Fiktionaler Raum, Erlangen 1980 (= Erlanger Studien Bd. 27)

Fietz, Lothar, Möglichkeiten und Grenzen einer Deutung von Kafkas Schloß-Roman, in: DVjS. 37, 1963

Fingerhut, Karl-Heinz, Die Funktion der Tierfiguren im Werke Franz Kafkas. Offene Erzählgerüste und Figurenspiele (Abhandlungen zur Kunst-, Musik- und Literaturwissenschaft Bd. 89), Bonn 1969

Fingerhut, Karl-Heinz, Bildlichkeit, in: Kafka-Handbuch, Bd. 2, hg. von Hartmut Binder, Stuttgart 1979, S. 138—176

Flores, Kate, The Judgement, in: Franz Kafka Today, hg. von Angel Flores und Homer Swander, Madison 1964, S. 5—25

Foulkes, A. Peter, The Reluctant Pessimist. A Study of Franz Kafka, The Hague / Paris 1967

Foulkes, A. Peter, Franz Kafka: Dichtungstheorie und Romanpraxis, in: Deutsche Romantheorien, hg. von R. Grimm, Frankfurt 1968, S. 321—346

Frank, Manfred und Kurz, Gerhard, Ordo inversus. Zu einer Reflexionsfigur bei Novalis, Hölderlin, Kleist und Kafka, in: Geist und Zeichen, Fs. für Arthur Henkel, hg. von H. Anton, B. Gajek, P. Pfaff, Heidelberg 1977, S. 75—97

Frey, Gesine, Der Raum und die Figuren in Franz Kafkas Roman »Der Prozeß«, Marburg 1965 (2. verb. Aufl. 1969)

Fromm, Erich, Kafka's »The Trial«, in E.F., The Forgotten Language, London 1952, S. 213—224

Fülleborn, Ulrich, Zum Verhältnis von Perspektivismus und Parabolik in der Dichtung Kafkas, in: Wissenschaft als Dialog, hg. von R. von Heydebrand und A.G. Just, Stuttgart 1969, S. 289—312 und 509—513

Fülleborn, Ulrich, »Veränderung«. Zu Rilkes Malte und Kafkas Schloß, Etudes Germaniques 30, 1975, S. 438—454

Fülleborn, Ulrich, Der Einzelne und die »geistige Welt«. Zu Kafkas Romanen, in: Claude David, (Hg.), Franz Kafka. Themen und Probleme, Göttingen 1980, S. 81—100

Fürst, Norbert, Die offenen Geheimtüren Franz Kafkas. Fünf Allegorien, Heidelberg 1956

Gide, André & Barrault, J.-L., Le Procès. Pièce Tirée du Roman de Kafka, (Paris) 1947

Giesekus, Waltraud, Franz Kafkas Tagebücher, Diss. Bonn 1956

Goldstein, Bluma, Franz Kafka's »Ein Landarzt«. A Study in Failure, in: DVjS. 42, 1968, S. 745—759

Hart Nibbrig, Christiaan L., Die verschwiegene Botschaft oder: Bestimmte Interpretierbarkeit als Wirkungsbedingung von Kafkas Rätseltexten, in: DVjS. 51, 1977, S. 459—475

Hasselblatt, Dieter, Zauber und Logik. Eine Kafka-Studie, Köln 1964

Hebel, Franz, Kafka: »Zur Frage der Gesetze« und Kleist: »Michael Kohlhaas«, in: Pädagogische

Provinz 12, 1956, S. 632—638

Heller, Erich, Franz Kafka, München 1976

Heldmann, Werner, Die Parabel und die parabolischen Erzählformen bei Franz Kafka, Diss. Münster 1953

Henel, Ingeborg, Die Türhüterlegende und ihre Bedeutung für Kafkas »Prozeß«, in: DVjS. 37, 1963, S. 50—70

Henel, Ingeborg, Die Deutbarkeit von Kafkas Werken, in: ZfdPh. 86, 1967, S. 250—266

Hermsdorf, Klaus, Kafka. Weltbild und Roman, Berlin 1961 (Diss. Berlin 1959)

Heselhaus, Clemens, Kafkas Erzählformen, in: DVjS. 26, 1952, S. 351—376

Hiebel, Hans H., Antihermeneutik und Exegese. Kafkas ästhetische Figur der Unbestimmtheit, in: DVjS. 52, 1978, S. 90—110

Hillmann, Heinz, Franz Kafka. Das Sorgenkind Odradek, in: ZfdPh. 86, 1967, S. 197—210

Hillmann, Heinz, Franz Kafka. Dichtungstheorie und Dichtungsgestalt, Bonn 1973 (1. Aufl. Bonn 1964)

Hillmann, Heinz, Kafkas »Amerika«. Literatur als Problemlösungsspiel, in: Der deutsche Roman im 20. Jahrhundert, Bd. 1, hg. von Manfred Brauneck, Bamberg 1976, S. 135—167

Hoffmann, Werner, Kafkas Aphorismen, Bern 1975

Honegger, Jürg Beat, Das Phänomen der Angst bei Franz Kafka, Berlin 1975

Hornschuh-Fagard, Mechthild und Fagard, Georges, Le Nid Vide. Essai sur la problématique consciente et inconsciente de Franz Kafka, Paris 1974

Ide, Heinz, Existenzerhellung im Werke Kafkas, in: Jahrbuch der Wittheit zu Bremen 1, 1957, S. 66—104

Ide, Heinz, Franz Kafka: »Der Prozeß«. Interpretation des ersten Kapitels, in: Jahrbuch der Wittheit zu Bremen 6, 1962, S. 19—57

Iehl, Dominique, Die bestimmte Unbestimmtheit bei Kafka und Beckett, in: Franz Kafka, Themen und Probleme, hg. von Claude David, Göttingen 1980, S. 173—189

Jahn, Wolfgang, Kafkas Roman »Der Verschollene« (»Amerika«), Stuttgart 1965 (Diss. Tübingen 1961)

Kaiser, Gerhard, Franz Kafkas »Prozeß«. Versuch einer Interpretation, in: Euphorion 52, 1958, S. 23—49

Kaiser, Hellmuth, Franz Kafkas Inferno. Eine psychologische Deutung seiner Strafphantasie, in: Imago 17, 1931, S. 41—103; auch in: Heinz Politzer, (Hg.), Franz Kafka, Darmstadt 1973 (= Wege der Forschung CCCXXII)

Kassel, Norbert, Das Groteske bei Franz Kafka, München 1969

Kayser, Wolfgang, Das Groteske. Seine Gestaltung in Malerei und Dichtung, Oldenburg/Hamburg 1961 (1. Aufl. 1957), S. 157—161

Keller, Karin, Gesellschaft in mythischem Bann. Studie zum Roman »Das Schloß« und anderen Werken Franz Kafkas, Wiesbaden 1977

Kern, Edith, Reflections on the »Castle« and »Mr. Knott's House«. Kafka and Beckett, in: Comparative Literature Studies, 1971, S. 97—111

Kienlechner, Sabina, siehe Buhr, Sabina

Kittler, Wolf Detlev, Der Turmbau zu Babel, das Schweigen der Sirenen und das tierische Pfeifen. Über das Reden, das Schweigen, die Stimme und die Schrift in vier Texten von Franz Kafka, Diss. Erlangen 1978

Kittler, Wolf, Integration, in: Kafka-Handbuch, Bd. 2, hg. von Hartmut Binder, Stuttgart 1979, S. 203—219

Knodt, Reinhard, Paradox und Wirklichkeit in Kafkas Erzählung »Der Bau«, Zulassungsarbeit Erlangen 1977

Kobs, Jörgen, Kafka. Untersuchungen zu Bewußtsein und Sprache seiner Gestalten, hg. von Ursula Brech, Bad Homburg 1970

König, Gerd, Franz Kafkas Erzählungen, Diss. Tübingen 1954

Kraft, Werner, Franz Kafka. Durchdringung und Geheimnis, Frankfurt a.M. 1968

Kreis, Rudolf, Die doppelte Rede des Franz Kafka. Eine textlinguistische Analyse, Paderborn 1976

Kreis, Rudolf, Ästhetische Kommunikation als Wunschproduktion. Goethe — Kafka — Handke. Literaturanalyse am ›Leitfaden des Leibes‹, Bonn 1978

Kudszus, Winfried, Erzählhaltung und Zeitverschiebung in Kafkas »Prozeß« und »Schloß«, in: DVjS. 38, 1964, S. 192—207

Kudszus, Winfried, Erzählperspektive und Erzählgeschehen in Kafkas »Prozeß«, in: DVjS. 44, 1970, S. 306—317

Kuepper, Karl J., Gesture and Posture as Elemental Symbolism in Kafka's »The Trial«, in: Mosaic 3, No. 4, 1969/70, S. 143–152

Kurz, Paul Konrad S.J., Verhängte Existenz. Franz Kafkas Erzählung »Ein Landarzt«, in: Über Moderne Literatur, Standorte und Deutung, Frankfurt a.M. 1967, S. 177—202

Kurz, Gerhard, Traum-Schrecken. Kafkas literarische Existenzanalyse, Stuttgart 1980

Kurz, Gerhard, s. Frank, Manfred

Ladendorf, Heinz, Kafka und die Kunstgeschichte, Teil I u. II, in: Wallraf-Richartz-Jahrbuch, Bd. 23, Köln 1961, S. 293–326, und in Bd. 25, Köln 1963, S. 227–262

Lakin, Michael, Hofmannsthal's »Reitergeschichte« and Kafka's »Ein Landarzt«, in: Modern Austrian Literature 3, No. 1, 1970, S. 39–49

Lindsay, J.M., Kohlhaas und K. Two Men in Search for Justice, in: German Life and Letters 13, No.3, 1959/60, S. 190–194

Lukács, Georg, Franz Kafka oder Thomas Mann?, in: G.L., Wider den mißverstandenen Realismus, Hamburg 1958, S. 49–96

Marson, Eric L., Franz Kafka's »Das Urteil«, in: Journal of the Australasian Universities Language und Literature Association, No. 16, 1961, S. 167—178

Marson, Eric L. und Leopold, Keith, Kafka, Freud, and »Ein Landarzt«, in: German Quarterly 37, 1964, S. 146—160

Marson, Eric L., An Analytical Interpretation of Franz Kafka's »Der Prozeß«, University of Queensland, Diss. 1966 (Masch.)

Martini, Fritz, Franz Kafka: »Das Schloß«, in: F.M., Das Wagnis der Sprache. Interpretationen deutscher Prosa von Nietzsche bis Benn, Stuttgart 1954

Mayer, Hans, Kafka und kein Ende. in: Ansichten zur Literatur der Zeit, Hamburg 1962

Mecke, Günter, Franz Kafkas offenbares Geheimnis. Eine Psychopathographie, München 1982

Mitscherlich-Nielsen, Margarete, Psychoanalytische Bemerkungen zu Franz Kafka, in: Psyche 31, 1977, S. 60—83

Mueller, William R., The Theme of Judgement: Franz Kafka's The Trial, in: W.R. M., The Prophetic Voices in Modern Fiction, New York 1959

Musil, Robert, Literarische Chronik. Franz Kafka, in: Die Neue Rundschau 25, 1914, H. 8, S. 1169—1170; auch in: Franz Kafka, Kritik und Rezeption zu seinen Lebzeiten 1912—1924, hg. von Jürgen Born, Frankfurt a.M. 1979, S. 34—36

Nagel, Bert, Franz Kafka. Aspekte zur Interpretation und Wertung, Berlin 1974

Naumann, Dietrich, Kafkas Auslegungen, in: Literatur und Geistesgeschichte, Festgabe für O. Burger, hg. von R. Grimm und C. Wiedemann, Berlin 1968

Neesen, Peter, Vom Louvrezirkel zum »Prozeß«. Franz Kafka und die Psychologie Franz Brentanos, Göppingen 1972 (Diss. Münster 1972)

Neider, Charles, The Frozen Sea. A Study of Franz Kafka, New York 1948

Nemec, Friedrich, Kafka Kritik. Die Kunst der Ausweglosigkeit, München 1981

Neumann, Gerhard, Umkehrung und Ablenkung: Franz Kafkas ›Gleitendes Paradox‹, in: DVjS. 42, 1968, S. 702–744, auch in Heinz Politzer (Hg.), Franz Kafka, Darmstadt 1973, S. 459–515

Neumann, Gerhard, »Ein Bericht für eine Akademie«. Erwägungen zum »Mimesis«-Charakter Kafkascher Texte, in: DVjS. 49, 1975, S. 166—183

Neumann, Gerhard, Die Arbeit im Alchimistengäßchen (1916—1917), in: Kafka-Handbuch, Bd. 2, hg. von Hartmut Binder, Stuttgart 1979, S. 313—349

Neumann, Gerhard, Franz Kafka. »Das Urteil«. Text, Materialien, Kommentar, München/Wien 1981

Neumann, Gerhard, Werk oder Schrift? Vorüberlegungen zur kritischen Edition von Kafkas »Bericht für eine Akademie«, Ms. Freiburg 1981

Neumeister, Sebastian, Der Dichter als Dandy. Kafka-Baudelaire-Thomas Bernhard, München 1973

Nicolai, Ralf, Konflikt zweier Welten. Kafkas Triadik und der »Bau«, in: Jb. des Fr. dt. Hochstifts 1975, S. 381—408

Nicolai, Ralf, Ende oder Anfang. Zur Einheit der Gegensätze in Kafkas *Schloß*, München 1977

Pasley, J. Malcolm S., (Hg.), Franz Kafka. Short Stories, Oxford 1963, darin: Introduction S. 7—36

Pasley, J. Malcolm S., (Hg.), Franz Kafka. Der Heizer — In der Strafkolonie — Der Bau, Cambridge 1966, darin: Introduction S. 1—34

Pasley, [J.] Malcolm [S.], Drei literarische Mystifikationen Kafkas, in: Kafka-Symposion, hg. von Jürgen Born, L. Dietz, M. Pasley, P. Raabe, K. Wagenbach, Berlin 1966 (1. Aufl. 1965), S. 21–37

Pasley, [J.] Malcolm [S.], und Wagenbach, Klaus, Datierung sämtlicher Texte Franz Kafkas, in: Kafka-Symposion, hg. von Jürgen Born u.a., Berlin 1966 (1. Aufl. 1965), S. 55–83

Pasley, J. Malcolm S., Ascetism and Cannibalism: Notes on an Unpublished Kafka-Text, in: Oxford German Studies 1, 1966, S. 102–113

Pasley, J. Malcolm S., Two Literary Sources of Kafka's »Der Prozeß«, in: Forum for Modern Language Studies 3, 1967, S. 142—147

Pasley, J. Malcolm S., Kafkas Semi-Private Games, in: Oxford German Studies 6, 1971/72, S. 112—131

Pestalozzi, Karl, Nachprüfung einer Vorliebe. Franz Kafkas Beziehung zum Werk Robert Walsers, in: Akzente 13, 1966, S. 322–344

Philippi, Klaus-Peter, Reflexion und Wirklichkeit. Untersuchungen zu Kafkas Roman »Das Schloß«, Tübingen 1966

Philippi, Klaus-Peter, ›Parabolisches Erzählen‹. Anmerkungen zu Form und möglicher Geschichte, in: DVjS. 43, 1969, S. 297–332

Pierre, Rolland, Odradek. Loi de Kafka, Paris 1976

Politzer, Heinz, Franz Kafka. Parable and Paradox, Ithaca / New York 1962 (expanded edition 1966)

Politzer, Heinz, Das Schweigen der Sirenen, in: Ders., Das Schweigen der Sirenen, Stuttgart 1968, S. 13—42

Politzer, Heinz, Franz Kafka. Der Künstler, Frankfurt a.M. 1978 (1. Aufl. Frankfurt 1965) (= Übers. von: Parable and Paradox)

Pongs, Hermann, Franz Kafka. Dichter des Labyrinths, Heidelberg 1960

Pott, Hans Günter, Die aphoristischen Texte Franz Kafkas: Stil und Gedankenwelt, Diss. Freiburg i.Br. 1958 (Masch.)

Ramm, Klaus, Reduktion als Erzählprinzip bei Kafka, Frankfurt a.M. 1971

Rattner, Josef, Kafka und das Vater-Problem. Ein Beitrag zum tiefenpsychologischen Problem der Kindererziehung. Interpretation von Kafkas »Brief an den Vater«, München/Basel 1964

Reh, Albert M., Psychologische und psychoanalytische Interpretationsmethoden in der Literaturwissenschaft, in: Psychologie in der Literaturwissenschaft, hg. von Wolfgang Paulsen, Heidelberg 1971, S. 34—55

Rehfeld, Werner, Das Motiv des Gerichtes im Werke Franz Kafkas: Zur Deutung des »Urteils«, der »Strafkolonie«, des »Prozesses«, Diss. Frankfurt a.M. 1960

Richter, Helmut, Franz Kafka. Werk und Entwurf, Berlin 1962

Richter, Helmut, Entwurf und Fragment. Zur Interpretation von Kafkas »Prozeß«, in: ZfdPh. 84, 1965, S. 47—73

Richter, Peter, Variation als Prinzip. Untersuchungen an Franz Kafkas Romanwerk, Bonn 1975

Ries, Wiebrecht, Transzendenz als Terror. Eine religionsphilosophische Studie über Franz Kafka, Heidelberg 1977

Robert, Marthe, Kafka, Paris 1960

Robert, Marthe, Das Alte im Neuen. Von Don Quichotte zu Franz Kafka, München 1968 (= Übers. von: L'Ancien et le Nouveau. De Don Quichotte à Kafka, Paris 1967)

Rochefort, Robert, Kafka ou l'irréductible espoir, Paris 1947

Rolleston, James, Kafka's Narrative Theater, Pennsylvania 1974

Rösch, Ewald, Getrübte Erkenntnis. Bemerkungen zu Franz Kafkas Erzählung *Ein Landarzt*, in: Dialog, Festgabe für Josef Kunz, hg. von Rainer Schönhaar, Berlin 1973, S. 204—243

Rubinstein, C. William, Franz Kafka. A Hunger Artist, in: Monatshefte 44, 1952, S. 13–19

Ruf, Urs, Franz Kafka. Das Dilemma der Söhne, Berlin 1974

Ruhleder, Karl H., Franz Kafka's »Das Urteil«. An Interpretation, in: Monatshefte 55, 1963, S. 13–22

Ryan, Lawrence, »Zum letztenmal Psychologie!« — Zur psychologischen Deutbarkeit der Werke Franz Kafkas, in: Psychologie in der Literaturwissenschaft, hg. von Wolfgang Paulsen, Heidelberg 1971, S. 157—173

Salinger, Herman, More Light on Kafka's »Landarzt«, in: Monatshefte 53, 1961, S. 97–104

Sautermeister, Gert, Sozialpsychologische Textanalyse: Franz Kafkas Erzählung »Das Urteil«, in: D. Kimpel u. B. Pinkerneil, (Hg.), Methodische Praxis der Literaturwissenschaft, Kronberg 1975, S. 179—222

Sebald, W.G., Thanatos. Zur Motivstruktur in Kafkas »Schloß«, LuK 7, 1972, S. 399—411

Seidler, Ingo, »Das Urteil«: Freud natürlich? Zur Problem der Multivalenz bei Kafka, in: Psychologie in der Literaturwissenschaft, hg. von Wolfgang Paulsen, Heidelberg 1971, S. 174—190, S. 221—222

Siefken, Hinrich, Kafka. Ungeduld und Lässigkeit. Zu den Romanen »Der Prozeß« und »Das Schloß«, München 1977

Sokel, Walter H., Franz Kafka — Tragik und Ironie. Zur Struktur seiner Kunst, München/Wien 1964

Sokel, Walter H., Das Verhältnis der Erzählperspektive zu Erzählgeschehen und Sinngehalt in »Vor dem Gesetz«, »Schakale und Araber« und »Der Prozeß«, in: ZfdPh. 86, 1967, S. 267—300

Sokel, Walter H., The Programme of K.'s Court: Oedipal and Existential Meanings of The Trial, in: Franz Kuna, (Hg.), On Kafka. Semi-Centenary Perspectives, London 1976, S. 1—21

Sussman, Henry, The All-Embracing Metaphor: Reflections on Kafka's »The Burrow«, in: Glyph I (= John Hopkin's Textual Studies Nr. 1), hg. von Samuel Weber und Henry Sussmann, Baltimore 1977, S. 100—131

Sussman, Henry, The Court as Text. Inversion, Supplanting, and Derangement in Kafka's Der Prozeß, in: PMLA 92, 1977, S. 41—55

Swander, Homer, Zu Kafkas »Schloß«, in: Interpretationen 3, Deutsche Romane von Grimmelshausen bis Musil, hg. von J. Schillemeit, Frankfurt a.M. 1966, S. 269—289

Sparks, Kimberly, Drei schwarze Kaninchen. Zu einer Deutung der Zimmerherrn in Kafkas »Die Verwandlung«, in ZfdPh. 84, 1965, S. 73—82

Steffan, Jürgen, Darstellung und Wahrnehmung der Wirklichkeit in Franz Kafkas Romanen, Nürnberg 1979 (= Erlanger Beiträge zur Sprach- und Kunstwissenschaft Bd. 60)

Steinmetz, Horst, Suspensive Interpretation am Beispiel Franz Kafkas, Göttingen 1977

Steinberg, Erwin R., »The Judgement«, in: Modern Fiction Studies 8, 1962, S. 23—30

Stephens, Anthony, »Er ist aber zweigeteilt«: Gericht und Ich-Struktur bei Kafka, Text & Kontext 6.1/6.2, 1978, S. 215—238

Stierle, Karlheinz, Mythos als ›bricolage‹ und zwei Endstufen des Prometheusmythos, in: Terror und Spiel. Probleme der Mythenrezeption, hg. von M. Fuhrmann, München 1971 (= Poethik und Hermeneutik IV), S. 455—472

Stölzl, Christoph, Kafkas böses Böhmen. Zur Sozialgeschichte eines Prager Juden, München 1975

Strohschneider-Kohrs, Ingrid, Erzähllogik und Verstehensprozeß in Kafkas Gleichnis »Von den Gleichnissen«, in: Probleme des Erzählens, Fs. für Käte Hamburger, hg. von Fritz Martini, Stuttgart 1971, S. 303—329

Schillemeit, Jost, Welt im Werk Franz Kafkas, in: DVjS. 38, 1964, S. 168–191

Schillemeit, Jost, Zum Wirklichkeitsproblem der Kafka-Interpretation, in: DVjS. 40, 1966, S. 577–596

Schoeps, Hans Joachim, Die geistige Gestalt Kafkas, in: Die Christliche Welt, H. 16/17, 1929 S. 761—771

Schoeps, Hans Joachim, Das verlorene Gesetz. Zur religiösen Existenz Franz Kafkas, in: Der Morgen, H. 2, 1934, S. 71–75

Schoeps, Hans Joachim,, Franz Kafka oder der Glaube in der tragischen Position, in: Schoeps H.J., Gestalten an der Zeitenwende: Burckhardt, Nietzsche, Kafka, Berlin 1936, S. 54—76

Schoeps, Hans Joachim, Theologische Motive in der Dichtung Franz Kafkas, in: Die Neue Rund-

279

schau 62, H. 1, 1951, S. 21–37, auch in: Günter Heintz (Hg.), Interpretationen. Zu Franz Kafka, Stuttgart 1979, S. 16–28

Schoeps, Hans Joachim, The Tragedy of Faithlesness, in: The Kafka Problem, hg. von Angel Flores, New York 1963 (1. Aufl. 1946), S. 287ff. (= H.J. Sch., Franz Kafka, 1936)

Tauber, Herbert, Franz Kafka. Eine Deutung seiner Werke, New York 1941 (Diss. Zürich 1941)

Ter-Nedden, Gisbert, Kafka. Prometheus, in: Fragen, Kritische Texte für den Deutschunterricht, Kommentar-Band, bearbeitet von U. Anacker, H. Schwimmer, G. Ter-Nedden, München 1972, S. 17—22

Thalmann, Jörg, Wege zu Kafka. Eine Interpretation des Amerikaromans, Frauenfeld/Stuttgart 1966

Thieberger, Richard, Ein Käfig ging einen Vogel suchen, in: Literatur und Kritik 86/87, 1974, S. 403—407

Tiefenbrun, Ruth, Moment of Torment. An Interpretation of Franz Kafka's Short Stories, Carbondale/Edwardsville/London/Amsterdam 1973

Tomberg, Friedrich, Kafkas Tiere und die bürgerliche Gesellschaft, in: Das Argument 28, 1964, S. 1–13

Turk, Horst, Die Wirklichkeit der Gleichnisse, in: Poetica 8, 1976, S. 208–225

Turk, Horst, »betrügen ... ohne Betrug«. Das Problem der literarischen Legitimation am Beispiel Kafkas, in: Urszenen. Literaturwissenschaft als Diskursanalyse und Diskurskritik, hg. von Friedrich A. Kittler und Horst Turk, Frankfurt a.M. 1977, S. 381—409

Unseld, Joachim, Franz Kafka. Ein Schriftstellerleben. Die Geschichte seiner Veröffentlichungen, München/Wien 1982 (ersch. nach Fertigstellung dieser Arbeit)

Uyttersprot, Hermann, Eine neue Ordnung der Werke Kafkas?, Antwerpen 1957

Volkmann-Schluck, Karl Heinz, Bewußtsein und Dasein in Kafkas »Prozeß«, in: Die Neue Rundschau 62, 1951, S. 38–48

Wahl, Jean, Kierkegaard and Kafka, in: The Kafka Problem, hg. von Angel Flores, New York ²1963

Walser, Martin, Beschreibung einer Form, München 1961 (Diss. Tübingen 1951)

Walter-Schneider, Margret, Denken als Verdacht. Untersuchungen zum Problem der Wahrnehmung im Werk Franz Kafkas, Zürich/München 1980

Walther, Hans, Franz Kafka. Die Forderung der Transzendenz, Bonn 1977

Wagenbach, Klaus, Franz Kafka. Eine Biographie seiner Jugend 1883—1912, Bern 1958

Wagenbach, Klaus, Franz Kafka 1883–1924. Manuskripte, Erstdrucke, Dokumente, Photographien, Ausstellungskatalog der Akademie der Künste, Berlin 1966

Wagenbach, Klaus, Franz Kafka in Selbstzeugnissen und Bilddokumenten. Dargestellt von Klaus Wagenbach, Reinbek 1972 (1. Aufl. 1964)

Wagenbach, Klaus, (Hg.), Franz Kafka. In der Strafkolonie. Eine Geschichte aus dem Jahre 1914. Mit Quellen, Abbildungen, Materialien [...] und Anmerkungen von Klaus Wagenbach, Berlin 1975

Weinberg, Kurt, Kafkas Dichtungen. Die Travestien des Mythos, Bern/München 1963

Weltsch, Felix, Religion und Humor im Leben und Werk Franz Kafkas, Berlin 1957

Weiss, Peter, Der Prozeß, in: Stücke II/2, Frankfurt a.M. 1977, S. 519–595, (Dramatisierung)

White, John J., Franz Kafka's »Das Urteil« — An Interpretation, in: DVjS. 38, 1964, S. 208–229

White, John S., Psyche and Tuberculosis. The Libido Organization of Franz Kafka, in: The Psychoanalytic Study of Society 4, New York 1967, S. 185—251

Wiese von, Benno, Franz Kafka. Ein Hungerkünstler, in: B. v. W., Die deutsche Novelle von Goethe bis Kafka, [Bd. 1], Düsseldorf 1956, S. 325–342

Wiese von, Benno, Die Verwandlung, in B. v. W., Die deutsche Novelle von Goethe bis Kafka, Bd. 2, Düsseldorf 1962, S. 319–345

Winkelman, John, Felice Bauer and The Trial, in: The Kafka Debate, hg. von Angel Flores, New York 1977, S. 311—334

Wirkner, Alfred, Kafka und die Außenwelt. Quellenstudien zum »Amerika«-Fragment, Stuttgart 1976

Wondratschek, Wolf, Weder Schrei noch Lächeln. Robert Walser und Franz Kafka, in: Text und Kritik 12, 1965, S. 17—21

Wöllner, Günter, E.T.A. Hoffmann und Franz Kafka. Von der ›fortgeführten Metapher‹ zum ›sinnlichen Paradox‹, Bern/Stuttgart 1971

Wyatt, Frederick, Nachträgliche Bemerkungen zu Lawrence Ryan »Zum letzenmal Psychologie?«, in: Psychologie in der Literaturwissenschaft, hg. von Wolfgang Paulsen, Heidelberg 1971, S. 223—227

Allgemeine Literatur

Adorno, Theodor W., Ästhetische Theorie, hg. von Gretel Adorno und Rolf Tiedemann, Frankfurt a.M. 1970 (= Gesammelte Schriften Bd. 7)

Adorno, Theodor W., Soziologische Schriften I, hg. von Rolf Tiedemann, Frankfurt a.M. 1972 (= Gesammelte Schriften Bd. 8)

Adorno, Theodor W., Studien zum autoritären Charakter, hg. vom Institut für Sozialforschung an der Johann Wolfgang Goethe-Universität, Frankfurt a.M. 1973

Austin, John L., Zur Theorie der Sprechakte, Stuttgart 1972

Barthes, Roland, Introduction à l'analyse structurale des récits, in: Communications 8, Paris 1966, S. 1—27

Barthes, Roland, Mythen des Alltags, Frankfurt a.M. 1974

Barthes, Roland, S/Z, Frankfurt a.M. 1976

Barthes, Roland, Image-Music-Text. Essays Selected and Translated by Stephen Heath, o.O. 1977 (= Fontana)

Bataille, Georges, Das theoretische Werk, Bd. 1, Die Aufhebung der Ökonomie: Der Begriff der Verausgabung. Der verfemte Teil. Kommunismus und Stalinismus, München 1975

Bateson, Gregory; Jackson, Don D.; Laing, Roland D. u.a., Schizophrenie und Familie, Frankfurt a.M. 1974

Beckett, Samuel, Werke, Frankfurt a.M. 1976

Beckett, Samuel, Der Verwaiser, in: Werke, Bd. 4, Frankfurt a.M. 1976

Beckett, Samuel, Erzählungen, in: Werke, Bd. 4, Frankfurt a.M. 1976

Benjamin, Walter, Gesammelte Schriften, unter Mitwirkung von Theodor W. Adorno und Gershom Scholem hg. von Rolf Tiedemann und Hermann Schweppenhäuser, Bd. I/1/2/3, Frankfurt a.M. 1974, Bd. II/1/2/3, Frankfurt a.M. 1977

Bernfeld, [Siegfried], Reich [Wilhelm], Jurinetz [W.], Sapir, [I.], Stoljarov, [A.], Psychoanalyse und Marxismus. Dokumentation einer Kontroverse, Einleitung von Hans Jörg Sandkühler, Frankfurt a.M. 1971

Bertau, Karl, Zwei Studien zu Wolfram, in: Acta Germanica, Bd. 12, Windhoek 1980, S. 1ff.

Bertau, Karl, Versuch über tote Witze bei Wolfram, in: Acta Germanica, Bd. 10, Kapstadt 1977, S. 87—139

Blüher, Hans, Die Rolle der Erotik in der Männlichen Gesellschaft. I. Der Typus inversus, Jena 1917

Blumenberg, Hans, Arbeit am Mythos, Frankfurt a.M. 1979

Bremond, Claude, Le message narratif, in: Communications 4, Paris 1964, S. 4—32

Bremond, Claude, La logique des possibles narratifs, in: Communications 8, Paris 1966, S. 60—76

Buber, Martin, (Hg.), Die Erzählungen der Chassidim, Zürich 1949

Busse, Werner, Verwandtschaftsstrukturen im ›Parzival‹, in: Wolfram-Studien 5, Berlin 1979, S. 116—134

Canetti, Elias, Masse und Macht, 2 Bde., [München] 1975 (2. Aufl.)

Cassirer, Ernst, Philosophie der symbolischen Formen. Zweiter Teil: Das mythische Denken, Darmstadt 1973

Chréstien de Troyes, Le Roman de Perceval ou Le conte du Graal, hg. von W. Roach, Genf/Paris 1959

Clastres, Pierre, Staatsfeinde. Studien zur politischen Anthropologie, Frankfurt a.M. 1976

Deleuze, Gilles / Guattari, Félix, Rhizom, Berlin 1977

Deleuze, Gilles, Différence et répétition, Paris 1976

Deleuze, Gilles / Guattari, Félix, Anti-Ödipus. Kapitalismus und Schizophrenie I, Frankfurt a.M. 1974

Deleuze, Gilles, Woran erkennt man den Strukturalismus?, in: Geschichte der Philosophie, Bd. VIII, Das XX. Jahrhundert, hg. von François Châtelet, Frankfurt/Berlin/Wien 1975, S. 269—298

Deleuze, Gilles, Sacher-Masoch und der Masochismus, in: Leopold von Sacher-Masoch, Venus im Pelz, Frankfurt a.M. 1968, S. 167—291

Derrida, Jacques, Die Schrift und die Differenz, Frankfurt a.M. 1972

Derrida, Jacques, Randgänge der Philosophie: Die différance, Ousia und gramme, Fines hominis, Signatur-Ereignis-Kontext, Frankfurt a.M. / Berlin / Wien 1976

Donzelot, Jacques, Die Ordung der Familie, Frankfurt a.M. 1980

Duhm, Dieter, Angst im Kapitalismus, Lampertheim 1974

Eco, Umberto, Das offene Kunstwerk, Frankfurt a.M. 1977

Elias, Norbert, Über den Prozeß der Zivilisation. Soziogenetische und psychogenetische Untersuchungen, 2 Bde., Frankfurt a.M. 1978

Flaubert, Gustave, La légende de saint Julien l'Hospitalier, in: Oeuvres complètes, 2 Bde., hg. v. B. Masson, Paris 1964

Flickinger, Hans Georg, Neben der Macht. Begriff und Krise des bürgerlichen Rechts, Frankfurt a.M. 1980

Foucault, Michel, (Hg.), Der Fall Rivière. Materialien zum Verhältnis von Psychiatrie und Strafjustiz, Frankfurt a.M. 1975

Foucault, Michel, Psychologie und Geisteskrankheit, Frankfurt a.M. 1972

Foucault, Michel, Sexualität und Wahrheit. Der Wille zum Wissen, [1. Bd.], Frankfurt a.M. 1977

Foucault, Michel, Überwachen und Strafen. Die Geburt des Gefängnisses, Frankfurt a.M. 1977

Foucault, Michel, Wahnsinn und Gesellschaft. Eine Geschichte des Wahns im Zeitalter der Vernunft, Frankfurt a.M. 1973

Fohrer, Georg, Glaube und Leben im Judentum, Heidelberg 1979

Fox, Robin, Totem and Taboo reconsidered, in: The Structural Study of Myth and Totemism, hg. von Edmund Leach, London 1976, S. 161—179

Freud, Anna, Das Ich und die Abwehrmechanismen, München 91977

Freud, Sigmund, Studienausgabe, 10 Bde., Frankfurt a.M. 1969—1975 (Sigle: SA)

Freud, Sigmund, Das Ich und das Es (1923), in: Studienausgabe Bd. III, Frankfurt a.M. 1975

Freud, Sigmund, Das ökonomische Problem des Masochismus (1924), in: Studienausgabe Bd. III, Frankfurt a.M. 1975

Freud, Sigmund, Der Untergang des Ödipuskomplexes (1924), in: Studienausgabe Bd. V, Frankfurt a.M. 1972

Freud, Sigmund, Der Witz und seine Beziehung zum Unbewußten (1905), in: Studienausgabe Bd. IV, Frankfurt a.M. 1972 (1. Aufl. 1970)

Freud, Sigmund, Die Ichspaltung im Abwehrvorgang (1940), in: Studienausgabe Bd. III, Frankfurt a.M. 1975

Freud, Sigmund, Die Traumdeutung, Studienausgabe Bd. II, Frankfurt a.M. 1973 (1. Aufl. 1972)

Freud, Sigmund, Die Verneinung (1925), in: Studienausgabe Bd. III, Frankfurt a.M. 1975

Freud, Sigmund, Dostojewski und die Vatertötung (1928), in: Studienausgabe Bd. X, Frankfurt a.M. 1972 (1. Aufl. 1969)

Freud, Sigmund, Einige Charaktertypen aus der psychoanalytischen Arbeit (1916), in: Studienausgabe Bd. X, Frankfurt a.M. 1972 (1. Aufl. 1969)

Freud, Sigmund, Einige psychische Folgen des anatomischen Geschlechtsunterschieds (1925), in: Studienausgabe Bd. V, Frankfurt a.M. 1972

Freud, Sigmund, Jenseits des Lustprinzips (1920), in: Studienausgabe Bd. III, Frankfurt a.M. 1975

Freud, Sigmund, Psychoanalytische Bemerkungen über einen autobiographisch beschriebenen Fall von Paranoia (1911), in: Studienausgabe Bd. VII, Frankfurt a.M. 1973

Freud, Sigmund, Totem und Tabu (Einige Übereinstimmungen im Seelenleben der Wilden und der Neurotiker) (1912—13), in: Studienausgabe Bd. IX, Frankfurt a.M. 1974

Freud, Sigmund, Über weibliche Sexualität, in: Studienausgabe Bd. V, Frankfurt a.M. 1972

Freud, Sigmund, Zur Psychopathologie des Alltagslebens. Über Vergessen, Versprechen, Vergreifen, Aberglaube und Irrtum, Frankfurt a.M. 1954

[Fromm, Erich, Horkheimer, Max, Marcuse, Herbert, Mayer, Hans, u.a.,] Studien über Autorität und Familie. Forschungsberichte aus dem Institut für Sozialforschung, Paris 1936

Fuhrmann, Manfred, (Hg.), Terror und Spiel. Probleme der Mythenrezeption, München 1971 (= Poetik und Hermeneutik IV)

Genette, Gérard, Figures I, Paris 1966; Figures II, Paris 1969; Figures III, Paris 1972

Goux, Jean-Joseph, Freud, Marx: Ökonomie und Symbolik, Frankfurt a.M. / Berlin / Wien 1975

Green, André, Un oeil en trop. Le complexe d'OEdipe dans la tragédie, Paris 1969

Greimas, A.J., Éléments pour une théorie de l'interprétation du récit mythique, in: Communications 8, Paris 1966, S. 28—59

Greimas, Algirdas Julien, Strukturale Semantik, Braunschweig 1971

Heidegger, Martin, Sein und Zeit, Tübingen [10]1963

Hegel, Georg Wilhelm Friedrich, Werkausgabe, Bd. 7, Grundlinien der Philosopie des Rechts, Frankfurt a.M. 1970

Hesiod, Erga, Zürich 1968

Hiebel, Hans H., Individualität und Totalität. Zur Geschichte und Kritik des bürgerlichen Poesiebegriffs von Gottsched bis Hegel anhand der Theorien über Epos und Roman, Bonn 1980 (1. Aufl. 1974)

Hiebel, Hans H., Robert Walsers *Jakob vor Gunten*. Die Zerstörung der Signifikanz im modernen Roman, in: Über Robert Walser, 2 Bde., hg. v. K. Kerr, Frankfurt a.M. 1978, Bd. 2, S. 308—345

Hirsch, E.D., Prinzipien der Interpretation, München 1972

Hobbes, Thomas, Leviathan, Stuttgart 1976

Hoerster, Norbert, Recht und Moral. Texte zur Rechtsphilosophie, München 1977

Holenstein, Elmar, Roman Jakobsons phänomenologischer Strukturalismus, Frankfurt a.M. 1975

Horkheimer, Max; Adorno, Theodor W., Dialektik der Aufklärung. Philosophische Fragmente, Amsterdam 1947

Hughes, Patrick; Brecht, George, Die Scheinwelt des Paradoxons. Eine kommentierte Anthologie in Wort und Bild, Braunschweig 1978

Jakobson, Roman, Randbemerkungen zur Prosa des Dichters Pasternak, in: Poetik. Ausgewählte Aufsätze 1921—1971, hg. v. E. Holenstein und T. Schelbert, Frankfurt a.M. 1979

Jakobson, Roman, Zwei Seiten der Sprache und zwei Typen aphatischer Störungen, in: Aufsätze zur Linguistik und Poetik, hg. v. W. Raible, Frankfurt a.M. / Berlin / Wien 1979 (2. Aufl.)

Jauß, Hans Robert, Zeit und Erinnerung in Marcel Prousts »A la recherche du temps perdu«, Heidelberg 1970

Kierkegaard, Sören, Die Krankheit zum Tode und anderes. Die Krankheit zum Tode, Furcht und Zittern, Die Wiederholung, Der Begriff der Angst, München 1976

Kierkegaard, Sören, Entweder-Oder, München 1975

Kittler, Friedrich A., »Das Phantom unseres Ichs« und die Literaturpsychologie: E.T.A. Hoffmann — Freud — Lacan, in: Urszenen, hg. von F.A. Kittler und H. Turk, Frankfurt a.M. 1977, S. 139-166

Kittler, Friedrich A., Der Dichter, die Mutter, das Kind. Zur romantischen Erfindung der Sexualität, in: Romantik in Deutschland, hg. von R. Brinkmann, Stuttgart 1978 (= DVjS. Sonderband), S. 102—114

Kittler, Friedrich A., Die Irrwege des Eros und die »absolute Familie«. Psychoanalytischer und diskursanalytischer Kommentar zu Klingsohrs Märchen in Novalis' ›Heinrich von Ofterdingen‹, in: Psychoanalytische und psychopathologische Literaturinterpretation, hg. von B. Urban und W. Kudszus, Darmstadt 1981, S. 421—470

Kittler, Friedrich A., »Erziehung ist Offenbarung«. Zur Struktur der Familie in Lessings Dramen, in: Schiller-Jb. 21, Stuttgart 1977, S. 111—137

Kittler, Friedrich A., Über die Sozialisation Wilhelm Meisters, in: Kaiser, Gerhard und Kittler, Friedrich, Dichtung als Sozialisationsspiel, Göttingen 1978, S. 13—124

Kittler, Friedrich A., u. Turk, Horst, (Hg.), Urszenen. Literaturwissenschaft als Diskursanalyse und Diskurskritik, Frankfurt a.M. 1977

Lacan, Jacques, Écrits, Paris 1966

Lacan, Jacques, Schriften I, hg. von N. Haas, Olten 1973 und Frankfurt a.M. 1975

Lacan, Jacques, Schriften II, hg. von N. Haas, Olten und Freiburg i.Br. 1975

Lacan, Jacques, Schriften III. Aus dem Französischen von Norbert Haas, Franz Kaltenbeck,

Friedrich A. Kittler, Hans-Joachim Metzger, Monika Metzger und Ursula Rütt-Förster, Olten und Freiburg i.Br. 1980

Lacan, Jacques, Das Seminar von Jacques Lacan II (1954–1955). Das Ich in der Theorie Freuds und in der Technik der Psychoanalyse, Olten und Freiburg i.Br. 1980

Lacan, Jacques, La Famille, in: Encyclopédie française, Bd. 8, hg. von Henri Wallon, Paris 1938, 8' 40—3 — 8' 40—16 u. 8' 42—1 — 8' 42—8

Lacan, Jacques, Die Familie, in: Schriften III, Olten und Freiburg i.Br. 1980, S. 39—100

Lacan, Jacques, Das Spiegelstadium als Bildner der Ichfunktion, wie sie uns in der psychoanalytischen Erfahrung erscheint, in: Schriften I, Olten 1973, S. 61—70

Lacan, Jacques, Funktion und Feld des Sprechens und der Sprache in der Psychoanalyse, in: Schriften I, Olten 1973, S. 71—169

Lacan, Jacques, Das Drängen des Buchstabens im Unbewußten oder die Vernunft seit Freud, in: Schriften II, Olten und Freiburg i.Br. 1975, S. 15—59

Lämmert, Eberhard, Bauformen des Erzählens, Stuttgart ²1967

Lang, Hermann, Die Sprache und das Unbewußte. Jacques Lancans Grundlegung der Psychoanalyse, Frankfurt a.M. 1973

Lange, Wolf-Dieter, (Hg.), Französische Literaturkritik der Gegenwart in Einzeldarstellungen, Stuttgart 1975

Laplanche, J. / Pontalis, J.-B., Das Vokabular der Psychoanalyse, 2 Bde., Frankfurt a.M. 1973

Leach, Edmund, (Hg.), The Structural Study of Myth and Totemism, London 1976

Leclaire, Serge, Der psychoanalytische Prozeß. Versuch über das Unbewußte und den Aufbau einer buchstäblichen Ordnung, Frankfurt a.M. 1975

Lemaire, Anika, Jacques Lacan, Brüssel 1977

Lepenies, Wolf; Ritter, Hanns Henning, (Hg.), Orte des wilden Denkens. Zur Anthropologie von Claude Lévi-Strauss, Frankfurt a.M. 1974

Lévi-Strauss, Claude, Das Ende des Totemismus, Frankfurt a.M. 1965

Lévi-Strauss, Claude, Das wilde Denken, Frankfurt a.M. 1973

Lévi-Strauss, Claude, Die Struktur der Mythen, in: Strukturale Anthropologie, Frankfurt a.M. 1971, S. 226–254

Lévi-Strauss, Claude, Die Struktur und die Form, in: Vladimir Propp, Morphologie des Märchens, hg. von Karl Eimermacher, Frankfurt a.M. 1975, S. 181—215

Lévi-Strauss, Claude, Mythologica I. Das Rohe und das Gekochte, Frankfurt a.M. 1976

Lévi-Strauss, Claude, Strukturale Anthropologie, Frankfurt a.M. 1971

Lindner, Hermann, Fabeln der Neuzeit, München 1978, Einleitung S. 12—46

Lorenzer, Alfred, Zur Begründung einer materialistischen Sozialisationstheorie, Frankfurt a.M. 1973

Lorenzer, Alfred; Dahmer, Helmut; Horn, Klaus; Brede, Karola; Schwanenberg, Enno, Psychoanalyse als Sozialwissenschaft, Frankfurt a.M. 1971

Lorenzen, Paul / Schwemmer, Oswald, Konstruktive Logik, Ethik und Wissenschaftstheorie, Mannheim 1973

Lugowski, Clemens, Die Form der Individualität im Roman, Berlin 1932

Marcuse, Herbert, Triebstruktur und Gesellschaft, Frankfurt a.M. 1968

Marquard, Odo, Schwierigkeiten mit der Geschichtsphilosophie, Frankfurt a.M. 1973

Marx, Karl, Das Kapital, 3 Bde., Berlin 1969—70 (= MEW Bd. 23, 24, 25)

Marx, Karl, Grundrisse der Kritik der politischen Ökonomie, Frankfurt/Wien o.J.

Mauron, Charles, Des métaphores obsédantes au mythe personnel. Introduction à la psychocritique, Paris 1963

Mayer, Reinhold, (Hg.), Der Babylonische Talmud, München 1978

Mendel, Gérard, Generationskrise. Eine soziopsychoanalytische Studie, Frankfurt a.M. 1972

Moser, Tilmann, (Hg.), Psychoanalyse und Justiz: Reik, Theodor, Geständniszwang und Strafbedürfnis (1925), Alexander, Franz, u. Staub, Hugo, Der Verbrecher und seine Richter (1929), hg. von Tillmann Moser, Frankfurt a.M. 1974

Némcová, Božena, Großmutter. (Babička), München 1969

Nietzsche, Friedrich, Werke in drei Bänden, hg. von Karl Schlechta, München ⁷1973

Nolte, Helmut, Psychoanalyse und Soziologie, Bern/Stuttgart/Wien 1970

Nolte, Reinhard B., Einführung in die Sprechakttheorie John R. Searles. Darstellung und Prüfung am Beispiel der Ethik, Freiburg i.Br. / München 1978

Oelmüller, Willi; Dölle, Ruth; Piepmeier, Rainer; Philosophische Arbeitsbücher 1, Diskurs: Politik, Paderborn 1977

Poser, Hans, (Hg.), Philosophie und Mythos. Ein Koloquium, Berlin / New York 1979

Propp, Vladimir, Morphologie des Märchens, hg. von Karl Eimermacher, Frankfurt a.M. 1975

Rad, Gerhard von, Das erste Buch Mose. Genesis, Göttingen [10]1976

Reich, Wilhelm, Der Einbruch der sexuellen Zwangsmoral, Köln/Berlin 1972

Reich, Wilhelm, Massenpsychologie des Faschismus. Zur Sexualökonomie der politischen Reaktion und zur proletarischen Sexualpolitik, Kopenhagen/Prag/Zürich 1933

Riedel, Manfred, Materialien zu Hegels Rechtsphilosophie, Bd. 2., Frankfurt a.M. 1975

Riedel, Manfred, Studien zu Hegels Rechtsphilosophie, Frankfurt a.M. 1969

Rilke, Rainer Maria, Sämtliche Werke, hg. vom Rilke-Archiv in Verbindung mit R. Sieber-Rilke u. besorgt durch Ernst Zinn, Frankfurt a.M. 1955

Safouan, Moustafa, Die Struktur in der Psychoanalyse. Beitrag zu einer Theorie des Mangels, in: F. Wahl, (Hg.), Einführung in den Strukturalismus, Frankfurt a.M. 1973, S. 259—321

Safouan, Moustafa, Études sur l'OEdipe. Introduction à une théorie du sujet, Paris 1974

Sartre, Jean-Paul, Der Idiot der Familie. Gustave Flaubert 1821 bis 1857, Bd. 4, Reinbek 1978

Sebeok, Thomas A., (Hg.), Myth. A Symposium, Bloomington/London [7]1974

Sperber, Dan, Über Symbolik, Frankfurt a.M. 1975

Starobinski, Jean, Psychoanalyse und Literatur, Frankfurt a.M. 1973

Strindberg, August, Märchenspiele. Ein Traumspiel, München 1920 (= Werke im G. Müller-Verlag)

Schlaffer, Heinz, Faust Zweiter Teil. Die Allegorie des 19. Jahrhunderts, Stuttgart 1981

Schlaffer, Heinz, Denkbilder. Eine kleine Prosaform zwischen Dichtung und Gesellschaftstheorie, in: Poesie und Politik, hg. von Wolfgang Kuttenkeuler, Bonn 1973, S. 137—154

Schneider, Manfred, Die kranke schöne Seele der Revolution. Heine, Börne, das »Junge Deutschland«, Marx und Engels, Frankfurt a.M. 1980

Scholem, Gershom, Über einige Grundbegriffe des Judentums, Frankfurt a.M. 1976

Schreber, Daniel Paul, Denkwürdigkeiten eines Nervenkranken, hg. von Samuel M. Weber, Frankfurt a.M. / Berlin / Wien 1973, Einleitung S. 5—58 von S.M. Weber

Schumann, Karl F., Der Handel mit Gerechtigkeit, Frankfurt a.M. 1977

Todorov, Tzvetan, Les catégories du récit littéraire, in: Communication 8, Paris 1966, S. 125—151

Todorov, Tzvetan, Die Kategorien der literarischen Erzählung, in: Strukturalismus in der Literaturwissenschaft, hg. v. H. Blumensath, Köln/Berlin 1972, S. 263—294

Todorov, Tzvetan, Poetik, in: F. Wahl, (Hg.), Einführung in den Strukturalismus, Frankfurt a.M. 1973, S. 105—179

Tripp, Edward, Reclams Lexikon der antiken Mythologie, Stuttgart 1975

Vernant, Jean-Pierre, Les origines de la pensée grecque, Paris [3]1975

Vernant, Jean-Pierre, Mythe et pensée chez les Grecs. Etudes de psychologie historique, 2 Bde., Paris 1965

Wagner, Richard, Die Musikdramen, München 1978

Wahl, François, (Hg.), Einführung in den Strukturalismus. Mit Beiträgen von Oswald Ducrot, Tzvetan Todorov, Dan Sperber, Moustafa Safouan, Frankfurt a.M. 1973

Watzlawick, Paul; Beavin, Janet H.; Jackson, Don D., Menschliche Kommunikation. Formen, Störungen, Paradoxien, Bern, Stuttgart, Wien [4]1974

Weber, Max, Die drei reinen Typen der legitimen Herrschaft, in: Philosophische Arbeitsbücher 1. Diskurs: Politik, hg. von W. Oelmüller, R. Dölle, R. Piepmeier, Paderborn 1977, S. 193—207

Weber, Max, Wirtschaft und Gesellschaft. Grundriß der verstehenden Soziologie, 1. und 2. Halbband, hg. von Joh. Winckelmann, Köln/Berlin 1964

Weber, Max, Rechtssoziologie, in: Wirtschaft und Gesellschaft, 2 Bde., Köln/Berlin 1964, Bd. 1, S. 495—656

Weber, Max, Die Typen der Herrschaft, in: Wirtschaft und Gesellschaft, 2 Bde., Köln/Berlin 1964, Bd. 1, S. 157—222

Weber, Max, Soziologie der Herrschaft, in: Wirtschaft und Gesellschaft, 2 Bde., Köln/Berlin 1964, Bd. 2, S. 691—1102

Weber, Samuel M., Rückkehr zu Freud. Jacques Lacans Ent-Stellung der Psychoanalyse, Frankfurt/Berlin/Wien 1978

Wilden, Anthony, System and Structure, London 1972

Wilden, Anthony, The Language and the Self, Baltimore 1973

Wolff, Erwin, Der englische Roman im 18. Jahrhundert, Göttingen 1964

Ziehe, Thomas, Pubertät und Narzißmus. Sind Jugendliche entpolitisiert?, Frankfurt a.M. / Köln ³1979

Zu den Abbildungen

1. Titel:
Max Ernst, Prometheus, in: La femme 100 têtes. Une semaine de bonté, Frankfurt a.M. o.J. (nicht paginiert; 31. Abbildung von La femme 100 têtes); (1. Aufl. Berlin 1962 und 1963) — Im antiken Mythos grub ein Adler dem Frevler Prometheus die ›Zeichen des Gesetzes‹ ins Fleisch: er hackte ihm auf Zeus' Geheiß täglich die über Nacht nachwachsende Leber aus, zur Strafe dafür, daß er sich (ähnlich wie Tantalos, Sisyphos und Ixion) gegen die Götter vergangen und ihnen das Feuer entwendet hatte.

2. Zu Seite 136:
Tätowierte Frau der Nuba (Sudan). Die Grapheme markieren die Geschlechtsreife (nach dem Eintritt der Periode) sowie das Ende der dreijährigen Entwöhnung bzw. Separation vom ersten Kind. Mit den Graphemen sind bestimmte Gesetze verknüpft: Heiratsregeln bzw. sexuelle Enthaltsamkeitsvorschriften. In: Leni Riefenstahl, Die Nuba von Kau, München 1982 (= dtv), S. 135 und S. 139

Neo-Sumerische Tontafel mit Keilschrift, die Dynastien der Könige von Sumer und Akkad verzeichnend (hierarchisch gegliederte Palastkulturen, für welche die Herausbildung der Schrift und die Entwicklung neuer Herrschaftstechniken bedeutsam waren). Baked clay prism, c. 1817 B.C., Ashmolean Museum, Oxford

Prinz Rahotep (4. Dynastie, 2723—2563) mit Hieroglyphen (den Übergang von der Bilderschrift zur Lautschrift markierend; die heterogenen Zeichen, aus Bild- und Lautsymbolen, aus metonymisch und metaphorisch fungierenden Signifikanten zusammengesetzt, erinnern — wenn der Anachronismus erlaubt ist — an das moderne Rebus bzw. die *écriture* des Traumes oder auch die *»écriture automatique«*). In: Kurt Lange und Max Hirmer, Ägypten, München 1957, S. 23

3. Zu Seite 140:
Nietzsches Schreibmaschine, in: Ivo Frenzel, Friedrich Nietzsche in Selbstzeugnissen und Bilddokumenten, Reinbek 1966, S. 99. (Die neuzeitliche Schriftkultur und ihre Maschinerien haben teil an der Konstitution des modernen Individuums und seiner Psyche. In der STRAFKOLONIE ist vermutlich auch das Bild des Grammophons impliziert: es geht sozusagen um den Prägevorgang mit dem Schneidstichel, der seinerseits bereits einem »Programm« gehorcht, einer schon geprägten, geschnittenen Platte.)

4. Zu Seite 195:
Jean Léon Gérôme, Phryne vor den Richtern, 1861, Hamburger Kunsthalle. (Phryne war von Euthias, einem ihrer Geliebten, nachdem sie ihn verstoßen hatte, wegen Religionsfrevels angeklagt worden. Der Redner Hypereides, auch ein Geliebter Phrynes, übernahm die Verteidigung. Auf dem Höhepunkt seines Plädoyers zog er Phryne das Gewand von der Brust und behauptete, eine so schöne Frau könne nicht schuldig sein. Phryne wurde freigesprochen.)

5. Zu Seite 231:
Max Ernst, La femme 100 têtes. Une semaine de bonté, Frankfurt a.M. o.J. (19. Abbildung im Zyklus »Element: Das Blut. Bei-Spiel: Ödipus, das Scheusal in der Wolfsschlucht«)

Schriftenverzeichnis

Hans Helmut Hiebel

Hans Helmut Hiebel ist o. Prof. an der Universität Graz. Er hat Germanistik und Anglistik in Erlangen und Brighton studiert, promovierte 1972 (mit einer Diss. über Epos- und Romantheorie), habilitierte sich 1982 (mit einer Arbeit über Franz Kafka) und lehrt seit 1972 Neuere Deutsche Literaturgeschichte. Buchveröffentlichungen: Individualität und Totalität. Zur Geschichte und Kritik des bürgerlichen Poesiebegriffs von Gottsched bis Hegel anhand der Theorien über Epos und Roman, Bonn 1974/1980. – Theorie und Deutung. Eine ästhetische Propädeutik, München 1976. – Die Zeichen des Gesetzes. Recht und Macht bei Franz Kafka, München 1983. – Franz Kafka – »Ein Landarzt«, München 1984. – Theo Elm/Hans H. Hiebel (Hg.), Die Parabel. Parabolische Formen in der deutschen Dichtung des 20. Jahrhunderts, Frankfurt a. M. 1986 (=stm 2060). – Franz Kafka, Hagen 1987 (=Lehrbrief). – Aufsätze: Poesie und Politik. Die Poetik H. M. Enzensbergers [. . .], 1974. – Witz und Metapher in der psychoanalytischen Wirkungsästhetik, GRM 1978. – Antihermeneutik und Exegese. Kafkas ästhetische Figur der Unbestimmtheit, DVjS 1978. – Robert Walsers *Jakob von Gunten,* 1978. – Mißverstehen und Sprachlosigkeit im »Bürgerlichen Trauerspiel«, Schiller-Jb. 1983. – Das Absurde und der Witz. Zu drei Erzählungen Samuel Becketts, 1983. – Parabelform und Rechtsthematik in Franz Kafkas Romanfragment ›Der Verschollene‹, 1986. – »Ich habe – eine Vergangenheit«. Zur Semantik der ›psychoanalytischen‹ Dramenform bei Henrik Ibsen, Schiller-Jb. 1987. – Das Rechtsbegehren des Michael Kohlhaas. Kleists und Kafkas Rechtsvorstellungen, 1988.